新时代卓越中学数学教师丛书

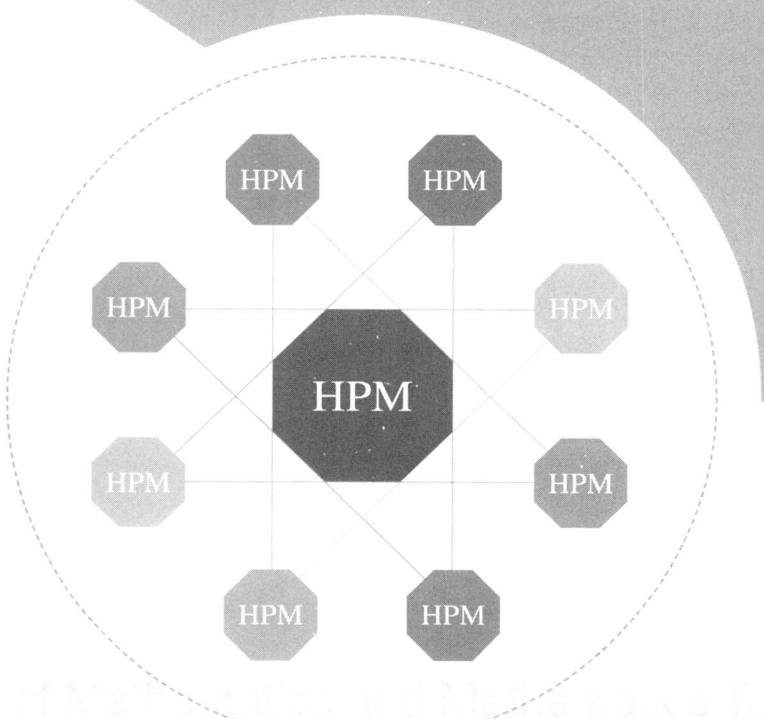

History of Mathematics and Mathematics Teaching in Junior Middle School

数学史与初中数学教学

——理论、实践与案例

汪晓勤　栗小妮　　著

 华东师范大学出版社

·上海·

图书在版编目(CIP)数据

数学史与初中数学教学:理论、实践与案例/汪晓勤,栗小妮著. 一上海:华东师范大学出版社,2019
(新时代卓越中学数学教师丛书)
ISBN 978-7-5675-8897-4

Ⅰ.①数… Ⅱ.①汪…②栗… Ⅲ.①中学数学课—教学研究—初中 Ⅳ.①G633.602

中国版本图书馆 CIP 数据核字(2019)第 070029 号

数学史与初中数学教学——理论、实践与案例

SHUXUESHI YU CHUZHONG SHUXUE JIAOXUE
——LILUN、SHIJIAN YU ANLI

著　　者　汪晓勤　栗小妮
策划编辑　李文革
责任编辑　平　萍
特约审读　徐惟简
责任校对　时东明
装帧设计　刘怡霖

出版发行　华东师范大学出版社
社　　址　上海市中山北路 3663 号　邮编 200062
网　　址　www.ecnupress.com.cn
电　　话　021-60821666　行政传真 021-62572105
客服电话　021-62865537　门市(邮购)电话 021-62869887
地　　址　上海市中山北路 3663 号华东师范大学校内先锋路口
网　　店　http://hdsdcbs.tmall.com

印 刷 者　上海昌鑫龙印务有限公司
开　　本　787毫米×1092毫米　1/16
印　　张　22.75
字　　数　394 千字
版　　次　2019 年 6 月第 1 版
印　　次　2025 年 10 月第 8 次
书　　号　ISBN 978-7-5675-8897-4/G·11901
定　　价　49.80 元

出 版 人　王　焰

(如发现本版图书有印订质量问题,请寄回本社客服中心调换或电话 021-62865537 联系)

目　录

前　言

早在 20 世纪 70 年代，数学史与数学教育之间的关系（HPM）就成为数学教育的一个学术领域。早期，人们主要讨论数学史的教育价值，即为什么要在数学教学中运用数学史，随着时间的推移，人们开始尝试将数学史运用于课堂教学，但教学案例并不多见。2005 年，首届“全国数学史与数学教育学术研讨会”在西北大学召开，HPM 开始进入我国数学史研究者和数学教育工作者的视野。当年，组委会向全国征集“将数学史融入数学教学”的案例，但无果而终。在 HPM 的起步阶段，很少有人做实践研究，而停留在思辨层面的关于数学史教育价值的讨论却越来越多，在各类期刊上随处可见。于是，在国内 HPM 领域，出现了“高评价、低应用”的现象，这种现象至今依然普遍存在。

歌德曾经说过，不能产生行动的思想是一种疾病。在教育领域，这样的“疾病”比比皆是，知易行难。我们何曾缺少过理论和理念？我们缺少的是精彩的案例。就 HPM 实践而言，教师的困难主要体现在以下几个方面。

其一，心里无信念。在巨大的升学压力下，一些教师变得很现实：一切围绕考试进行，提高分数才是硬道理。在这类教师心中，数学教学就是解题教学，数学的教育价值就在于获取高分，而表面上看，HPM 无助于分数的提升，只能与他们形同陌路。

其二，手头无史料。一些教师认同 HPM 的理念，对 HPM 实践也抱有浓厚兴趣，但苦于找不到资料，因而陷入“巧妇难为无米之炊”的困境。

其三，课上无时间。在每一节数学课上，教师要完成教学目标，赶上教学进度，确保解题数量，达到训练效果，实属不易！哪还有时间运用数学史呢？

其四，胸中无方法。一些教师误认为教学中运用数学史就是讲数学家的故事，或在教学中“插入”数学史，就像电视台在播出连续剧的间隙“插入”广告一样。倘若教师持有如此肤浅的认识，那么即便他们拥有丰富的数学史料，也会与 HPM 视角下的数学教学失之交臂。

其五，身边无同道。中学数学教师是一个庞大而复杂的群体，他们身处不同的学校文化，有着不同的教育背景、不同的教育理念、不同的教学风格、不同的兴趣爱好，其中研究和实践 HPM 的教师只占了少数，这些教师往往感到曲高和寡、知音难觅，有时还会受到身边同事的质疑。

出版本书的目的之一就是解决上述问题。第1章追溯HPM作为一个学术领域的历史，介绍HPM领域的各类研究课题；第2章基于教学案例构建了HPM对学生教育价值的分类框架，并讨论了HPM与教师专业知识之间的联系；第3章展示了HPM案例研究的流程和方法；第4～17章分别呈现了14个初中数学HPM案例，包括相关史料、教学过程、学生反馈、案例评价等；第18～20章分别对HPM视角下的新知引入方式、概念教学特点以及问题提出策略进行了较为深入的分析。

我们希望通过本书，彰显HPM对于初中数学教学的巨大价值，提供丰富的数学史素材，再现精彩的HPM教学过程，展示数学史融入数学教学的多元方法，从而改善教师的数学信念，激发教师对HPM的兴趣，指导教师的HPM教学实践，扩大HPM专业学习共同体，促进教师的专业发展。

关于HPM的知识，有一半来自书本，即数学的历史(H)，而另一半则来自课堂，即教学(P)。不走进课堂，人们永远无法获得完整而深刻的HPM知识。因此，在HPM领域，我们始终坚持“自下而上”的研究路径。希望本书的出版能够引发更多的实践研究，为HPM注入新鲜的血液，使HPM成为数学教育中充满活力和魅力的领域，并成为初中数学教育教学改革不可或缺的抓手。

本书所有案例都是HPM专业学习共同体的成果，部分案例由华东师范大学HPM研究团队与上海市普陀区张德荣数学教师工作室合作开发，部分案例由华东师范大学HPM研究团队与HPM工作室的初中数学教师合作开发。案例中的执教者王进敬老师、孙洲老师、宋万言老师、蔡颖慧老师、贾彬老师、顾海萍老师、汤雪川老师、仇扬老师、沈琰老师、张莉萍老师、李莉老师、岳秋老师等都为有关案例的实施付出了辛劳。华东师范大学教师教育学院邹佳晨老师，华东师范大学数学科学学院博士研究生岳增成、沈中宇、孙丹丹等，华东师范大学教师教育学院硕士研究生王鑫、陈晏蓉、丁倩文、姜浩哲、瞿鑫婷等在案例的设计、实施、分析、评价等方面贡献了智慧。华东师范大学出版社李文革副总编审读了整本书稿，对本书的出版给予了鼎力支持和重要指导；平萍、徐惟简、时东明等编辑就有关行文和图片提出了宝贵的意见和建议，对本书的出版给予了积极推进；刘怡霖美编为本书的版式和封面作了精心设计。在此一并致谢。

汪晓勤　栗小妮

2019年4月25日

理论篇

1 HPM：一个富有魅力的研究领域

1.1 滥觞

根据文献的记载，早在公元前 4 世纪，古希腊学者欧德姆斯（Eudemus）就撰写过《算术史》、《几何史》和《天文史》。1758 年，法国数学家蒙蒂克拉（J. E. Montucla, 1725—1799）出版《数学史》（2 卷，后被补充为 4 卷）。1880 年开始，德国数学史家康托尔（M. Cantor, 1829—1920）陆续出版《数学史讲义》（4 卷，1880—1908，其中第四卷由来自不同国家的 9 位数学史家合作完成），取代了蒙蒂克拉的《数学史》，成为 19 世纪里程碑式的标准数学史著作，并奠定了数学史作为一门学科的地位。但是，蒙蒂克拉和康托尔以及同时代其他学者研究数学史的目的并不是为教育服务，而是要揭示数学史的文化价值，揭示数学在一个民族文化生活中的地位。

随着数学史学科的建立，数学史逐渐成了一门教师教育课程。1891 年，美国著名数学史家史密斯（D. E. Smith, 1866—1940）在密歇根州立师范学院开设数学史课程；20 世纪初，史密斯在哥伦比亚大学师范学院创建数学教育博士点，数学史是最重要的学位课程。史密斯在其《数学史》第 1 卷（1923，图 1 - 1）前言中指出，数学史已被公认为教师教育的重要学科。他认为，数学史为数学教学改革提供了借鉴；他还强调历史相似性对于数学教学的重要意义：困扰世界的东西也会困扰儿童，世界克服其困难的方式提示教师，儿童在其发展过程中会以类似的方式来克服类似的困难。（汪晓勤，2017）

同时代另一位美国数学史家卡约黎（F. Cajori, 1859—1930）也是关注数学史教育价值的早期学者之一。他认为，教师在课堂上讲述数学史，可以激发学生的学习兴趣，并让学生正确认识数学的本质：数学并不是枯燥、呆板的，而是不断进步、生动有趣的学科。他在为数学教师所撰写的《初等数学史》（1897，图 1 - 2）中指出，数学史乃是数学教学的有效工具。卡约黎也认识到学生的学习困难所具有的历史相似性。（汪晓勤，2017）

史密斯和卡约黎的数学史著作对我国数学史家钱宝琮（1892—1974）产生了

很大的影响。20 世纪 20 年代开始，钱先生相继在南开大学、浙江大学、华东师范大学开设数学史课程。他认为，数学史研究的一个重要目标是为中学数学教师服务。他还提出，师范院校有必要开设数学史课程。

HISTORY OF MATHEMATICS

VOLUME I

GENERAL SURVEY OF THE HISTORY OF ELEMENTARY MATHEMATICS

BY

DAVID EUGENE SMITH

ABCD EFGH IJKL MN&

THE ATHENÆUM PRESS

GINN AND COMPANY

BOSTON · NEW YORK · CHICAGO · LONDON

ATLANTA · DALLAS · COLUMBUS · SAN FRANCISCO

图 1-1　史密斯《数学史》第 1 卷扉页

A HISTORY

OF

ELEMENTARY MATHEMATICS

WITH

HINTS ON METHODS OF TEACHING

BY

FLORIAN CAJORI, PH.D.

PROFESSOR OF PHYSICS IN COLORADO COLLEGE

New York

THE MACMILLAN COMPANY

LONDON: MACMILLAN & CO., LTD.

1897

All rights reserved

图 1-2　卡约黎《初等数学史》扉页

19 世纪，德国生物学家海克尔(E. Haeckel, 1834—1919)提出生物发生学定律："个体发育史重演种族发展史。"他将该定律运用于心理学领域，指出"儿童的心理发展不过是种族进化的简短重复而已"。人们将该定律运用于数学教育，历史发生原理应运而生。从 19 世纪末开始，历史发生原理受到广泛的推崇和讨论，这大大促进了数学教育研究者对于数学史的关注。除了史密斯和卡约黎，F·克莱因(F. Klein, 1849—1925)、庞加莱(H. Poincaré, 1854—1912)、波利亚(G. Pólya, 1887—1985)、弗赖登塔尔(H. Freudenthal, 1905—1990)、M·克莱因(M. Kline, 1908—1992)等著名数学家都是该原理的倡导者。例如，M·克莱因认为，历史上数学家所遇到的困难，正是学生也会遇到的学习障碍，因而数学史是教学的指南。以负数为例，M·克莱因指出："从主流数学诞生开始，数学家花了

1 000 年才得到负数概念，又花了 1 000 年才接受负数概念，因此我们可以肯定，学生学习负数时必定会遇到困难。”(Kline, 1966)

然而，数学史的价值并不仅仅局限于历史相似性给予教学的启示。20 世纪 50 年代，美国学者琼斯(P. S. Jones, 1912—2002)总结了数学史更多的教育价值(Jones, 1957)。对学生而言：

- 数学史能够澄清数学的意义，揭示数学的本质，加深学生对数学的理解；
- 数学史能够激发学生的学习兴趣，并让他们欣赏和热爱数学；
- 数学概念漫长而曲折的历史，让学生获得心理安慰，不会因自己的不理解而担忧。

对教师而言：

- 数学史为教师提供了丰富的教学素材；
- 数学史是教师改进教学的工具；
- 数学史提供新课引入的话题以及帮助学生“发现”新概念或新思想的方法。

总之，20 世纪 70 年代以前，关于数学史与数学教育之间的关系，数学家、数学史家和数学教育家主要局限于对数学史教育价值的讨论，这些讨论并未建立在教育实践的基础之上；数学史家著述数学史，其目的主要是为数学教师了解和运用数学史提供资源，但并未涉及“如何将数学史运用于数学教学中”的问题。

1.2 教学实践

1972 年，第二届国际数学教育大会(ICME-2)在英国埃克塞特举行。为了促进数学史在各学段数学教学上的运用、数学史与数学教育关系之探讨等方面的国际交流与合作，促进数学家和数学教师对数学史与数学教学关系的认识，琼斯、罗杰斯(L. Rogers)等组建“数学史与数学教学之关系国际研究小组(International Study Group on the Relations between the History and Pedagogy of Mathematics，简称 HPM)，标志着数学史与数学教育之关系(通常也称为 HPM)作为一个学术研究领域的诞生。4 年后，在德国卡尔斯鲁厄举行的第三届国际数学教育大会上，HPM 正式成立，隶属于国际数学教育委员会。

HPM 成立之后，人们从单纯的理论探讨逐渐转向 HPM 课堂实践。表 1-1 给出了部分例子。

随着理论和实践研究的深入开展，人们发现了数学史的更丰富的教育价值。1991年，英国数学史家福韦尔（J. Fauvel，1947—2001）基于已有的研究文献，总结了15种之多（Fauvel，1991）：

（1）增加学生的学习动机；

（2）改变学生的数学观；

（3）让学生获得心理安慰；

（4）使数学不那么可怕；

（5）有助于学生保持对数学的兴趣；

（6）给予数学以人文的一面；

（7）有助于解释数学在社会中的作用；

（8）有助于发展多元文化进路；

（9）有助于安排课程内容顺序；

表1-1　数学史融入课堂教学的部分例子

作者	课题	数学史
Gardner(1991)	风速测量	梅森（M. Mersenne，1588—1648）测声速的故事和伽利略（Galileo Galilei，1564—1642）测光速的实验
Ofir(1991)	记数制度	古埃及、古巴比伦、古罗马的记数制
Ofir(1991)	乘法运算	古埃及的乘法和分数拆分；古代巴比伦人、古希腊阿基米德（Archimedes，公元前287—公元前212）、中国刘徽以及犹太人求圆周率的方法和结果
Führer(1991)	弧长公式	埃拉托色尼（Eratosthenes）测量地球的大小
Ransom(1991)	勾股定理	1747年拉丁文版《几何原本》第一卷命题47（图1-3）；波尼卡斯特（J. Bonnycastle，1750？—1821）《测量与实用几何引论》（图1-4）中的勾股定理应用题
Perkins(1991)	概率计算	同时掷两颗骰子，比较出现9点和10点的概率哪个更大
Perkins(1991)	女性与数学	16世纪德国百科全书《知识明珠》中的插图（图1-5）
Van Maanen(1992)	尺规作图	14世纪意大利法律教授巴托鲁斯（Bartolus，1313—1357）的河畔淤积地分配方案

（续表）

作者	课题	数学史
Chun Ip Fung 等(2000)	面积计算	达·芬奇(L. Da Vinci，1452—1519)的“猫眼图”
Chun Ip Fung 等(2000)	相似三角形	刘徽和海伦(Heron)的测量问题
Radford & Guérette (2000)	一元二次方程的求根公式	古巴比伦人的几何方法
Kool(2003)	问题解决	16 世纪荷兰数学教科书上的行程问题、年龄问题和“手指算”问题
Farmaki 等(2004)	行程问题	14 世纪法国数学家奥雷姆(N. Oresme，1323—1382)的几何方法

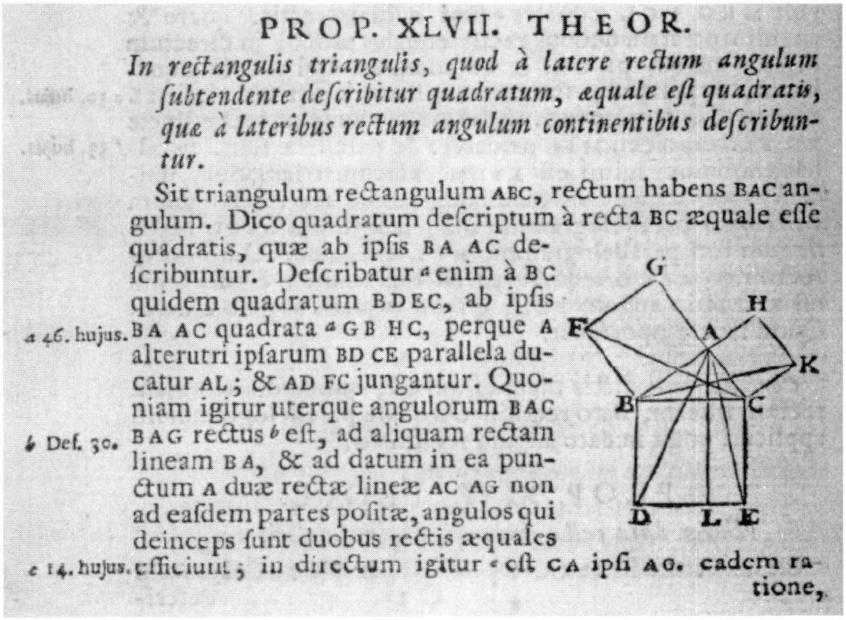

PROP. XLVII. THEOR.

In rectangulis triangulis, quod à latere rectum angulum ſubtendente deſcribitur quadratum, æquale eſt quadratis, quæ à lateribus rectum angulum continentibus deſcribuntur.

Sit triangulum rectangulum ABC, rectum habens BAC angulum. Dico quadratum deſcriptum à recta BC æquale eſſe quadratis, quæ ab ipſis BA AC deſcribuntur. Deſcribatur [a] enim à BC quidem quadratum BDEC, ab ipſis
a 46. hujus. BA AC quadrata [a] GB HC, perque A alterutri ipſarum BD CE parallela ducatur AL; & AD FC jungantur. Quoniam igitur uterque angulorum BAC
b Def. 30. BAG rectus [b] eſt, ad aliquam rectam lineam BA, & ad datum in ea punctum A duæ rectæ lineæ AC AG non ad eaſdem partes poſitæ, angulos qui deinceps ſunt duobus rectis æquales
c 14. hujus. efficiunt; in directum igitur [c] eſt CA ipſi AG. eadem ratione,

图 1-3 拉丁文版《几何原本》(1747)书影

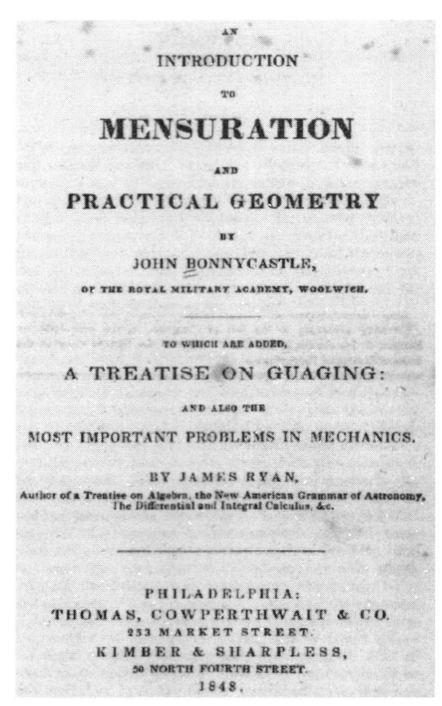

AN

INTRODUCTION

TO

MENSURATION

AND

PRACTICAL GEOMETRY

BY

JOHN BONNYCASTLE,

OF THE ROYAL MILITARY ACADEMY, WOOLWICH.

TO WHICH ARE ADDED,

A TREATISE ON GUAGING:

AND ALSO THE

MOST IMPORTANT PROBLEMS IN MECHANICS.

BY JAMES RYAN,

Author of a Treatise on Algebra, the New American Grammar of Astronomy, The Differential and Integral Calculus, &c.

PHILADELPHIA:

THOMAS, COWPERTHWAIT & CO.

253 MARKET STREET.

KIMBER & SHARPLESS,

50 NORTH FOURTH STREET.

1848.

图 1-4　波尼卡斯特《测量与实用几何引论》扉页(1848 年美国版)

图 1-5　《知识明珠》(*Margarita Phylosophica*, 1503)中的插图

（10）有助于学生对概念的理解；

（11）对比古今方法，确立现代方法的价值；

（12）为学生提供探究的机会；

（13）有助于解释今天学生的学习困难；

（14）培养资优生的远见卓识；

（15）提供跨学科合作的机会。

在我国台湾，基于数学史的教学设计主要采用学习单的方式，已有案例涉及圆与圆周率、扇形面积、分数乘除法等等。

1.3 教育取向的历史研究

要将数学史融入数学教学，教师需要拥有必要的数学史料，因此，教育取向的数学史研究和数学史素材的整理、裁剪和加工是 HPM 的基础性工作。在 HPM 成立之后，教育取向的历史研究文献日益增多。早在 1969 年，全美数学教师协会（NCTM）出版了《用于数学课堂的历史专题》（Hallerberg，1969），书中的材料大多取自史密斯、卡约黎等先驱者的著述，且与数学课程的关联还不够紧密。2004 年，美国数学史家卡茨（V. Katz）率领一个由 22 名中学数学教师组成的团队历时 2 年编成《用于数学教学的历史模块》一书（Katz & Michalowicz，2004），供数学教师使用。该书中的材料与数学课程的关系更为密切，作者还给出课堂中如何实施各个模块的具体建议。

历届 HPM 卫星会议、欧洲"数学教育中的数学史与认识论"暑期大学（ESU）的文集，以及 HPM 领域的文集，如美国数学协会出版的《向大师学习》（图 1－6）（Swetz，1995）、《数学之魂：历史研究与教学融入》（图 1－7）（Calinger，1996）、《用历史来教数学》（Katz，2000）等等，都包含有大量教育取向的历史研究成果。在 Gulikers 和 Blom 的有关几何历史与教学的文献综述（Gulikers & Blom，2001）中，教育取向的历史研究占了相当大的比例。

1.4 历史相似性研究

发生原理或历史相似性对数学教学具有重要意义。事实上，如果某一概念的历史相似性是客观存在的，那么，教师可以借鉴历史，重构知识的自然发生过程来设计教学。

图 1-6 《向大师学习》封面

图 1-7 《数学之魂》封面

一些欧美学者以若干数学主题为载体开展了实证研究，印证了历史相似性的存在。以角的概念为例，历史上数学家对角的认识(Heath, 1908)见表 1-2。

表 1-2 历史上数学家对角的认识

时间	数学家	对角的认识	类别
公元前 6 世纪	泰勒斯(Thales)	将"相等的角"称为"相似的角"	质
公元前 4 世纪	亚里士多德(Aristotle)	将"相等的角"称为"相似的角"	质
公元前 4 世纪	欧德姆斯(Eudemus)	角源于"折断"或"偏斜"	质
公元前 3 世纪	欧几里得(Euclid)	若一直线与另一直线构成的两个相邻的角相等，则称这两个角为直角；钝角是大于直角的角；锐角是小于直角的角	质/量
	欧几里得(Euclid)	角是平面上相遇，且不在同一直线上的两条线彼此之间的倾斜度	关系
公元前 3 世纪	阿波罗尼斯(Apollonius)	角是折线或折面所含的面或体收缩到某点处	量
公元 1 世纪	普鲁塔克(Plutarch)	角是折线或折面在某点处的初距	量
公元 1 世纪	卡普斯(Carpus)	角是包含它的两线或两面之间的距离	量

美国学者 Keiser 通过课堂观察和访谈调查发现，六年级学生对角的理解恰好可以分为“质”、“量”和“关系”三个方面（Keiser，2004）。国内相关研究也得到类似的结论。更多有关历史相似性的研究，可参阅《HPM：数学史与数学教育》一书。

历史相似性的另一种教育价值在于，教师可以根据历史上数学家所遭遇的困难来预测学生的学习困难或认知障碍，从而制定相应的教学策略，让学生有效地跨越学习障碍、克服学习困难。以字母表示数为例。西方学者将初等代数的历史分成修辞代数、缩略代数和符号代数三个阶段。古代两河流域的代数属于代数学的第一阶段，即问题求解的过程是以纯粹的文字语言来表达的。到了公元 3 世纪，古希腊数学家丢番图（Diophantus）首次采用字母来表示未知数，使得代数学的发展进入第二个阶段。直到 16 世纪，法国数学家韦达（F. Viète，1540—1603）首次扩大字母的功能，用字母来表示一类数或任意数，标志着代数学进入第三个阶段。代数学的历史表明，从修辞代数到缩略代数，从缩略代数到符号代数，每一次的跨越都经历了十分漫长的时间。而英国学者 Harper 的研究表明，学生对符号代数的认识具有一定的历史相似性（Harper，1987）。由此我们可以断言，学生在学习字母表示数时，一定会遇到困难。一方面，我们需要设计恰当的探究活动，让学生实现从一个阶段到另一个阶段的跨越；但另一方面，我们也必须有充分的心理准备，这种跨越绝不可能是一蹴而就的。

1.5 教师专业发展

上文我们看到，琼斯、福韦尔等都提及数学史对于课堂教学的帮助。Tzanakis 和 Arcavi 曾总结数学史对丰富教师知识储备的重要意义（Tzanakis & Arcavi，2000）：

- 通过数学史，教师可以确定引入一种新数学知识的动机；
- 通过数学史，教师可以了解历史上出现过、课堂上可能会再现的困难或障碍；
- 通过数学史，教师可以理解“做数学”的创造性过程，从而提高数学素养，更好地理解数学活动的本质；
- 通过数学史，教师可以丰富自己的教学知识储备，包括例子、解决问题的另类方法等；
- 数学史让教师对于表达思想或解决问题的非传统方法、非常规方法更加宽容或尊重。

在福韦尔和冯马南主编的《数学教育中的历史》(2000)一书中，专门用一章的篇幅来讨论数学史在教师教育中的作用(Fauvel & Van Maanen，2000)。而2004年在瑞典乌普萨拉举行的第六届HPM卫星会议上，“数学史对教师培训的作用”被列为重要的主题之一。

已有的研究表明，HPM可以有效地促进教师的专业发展。西方学者已经讨论了数学史与教师面向教学的数学知识(MKT，图1-8)之间的密切关联(Mosvold等，2014；Smestad等，2014；Jankvist等，2015)。Clark的研究表明，数学史改变了职前教师的MKT，特别是其中的专门内容知识(SCK)和教学内容知识(KCT)(Clark，2012)；Huntley等的研究表明，数学史课程对于发展职前教师的教学知识具有积极的作用(Huntley，2012)；Weldeana等，以及Charalambous等先后通过研究发现，数学史有助于职前教师树立积极的数学和数学教学信念(Charalambous等，2009；Weldeana & Abraham，2014)。

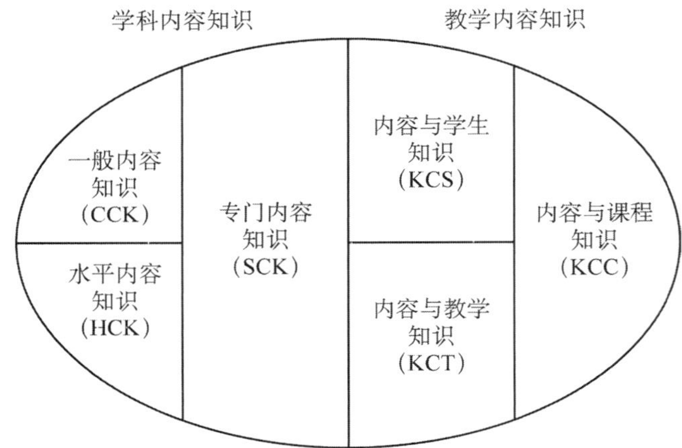

图1-8　数学教师用于教学的数学知识分类框架

克服自我为中心的思维习惯，倾听学生，走进学生的心灵之中，是一名教师胜任教学工作的重要前提。教师在学习数学史的时候，同样需要克服自我为中心的思维习惯，走进另一个时代、另一种文化背景下的数学家的心灵之中，因此，数学史对于教师有着不同于知识层面的另一种重要价值。Arcavi和Isoda(2007)在针对职前教师所设计的“倾听学生”工作坊上，将莱茵德纸草书上的“猫和老鼠”问题(有7座房屋，每一座房屋内有7只猫，每只猫每天吃7只老鼠，每只老鼠每天吃7

个麦穗，每个麦穗含 7 个容积单位的麦粒，问：房屋、猫、鼠、麦穗和容积数的总和是多少？）进行改编（将僧侣文改为象形文），让学生猜测象形文所表示的数字，并复原古埃及的乘法运算。作者试图通过该研究，建立一种让职前教师养成倾听学生的习惯的策略。

1.6 教材中的数学史

数学史融入数学教材有着悠久的历史，近年来也受到 HPM 领域研究者的关注。2010 年，在维也纳召开的第六届欧洲“数学教育中的数学史与认识论”暑期大学（ESU－6）上，来自法国、意大利、波兰、希腊等国的学者们组织了一次小组讨论，与会者考察了有关国家数学教科书中的数学史，并讨论了教科书中融入数学史的目标、方式和评价标准。

数学史在教科书中的运用方式有“点缀式”、“附加式”、“复制式”、“顺应式”、“重构式”五种（汪晓勤，2012），见表 1－3。

表 1－3 教材中运用数学史的方式

类别	呈现内容	功能
点缀式	插图，如数学家画像、历史上的测量工具、古代数学著作的书影、反映数学主题的绘画等	以图辅文，图文相配；装饰、美化、人性化
附加式	数学史文字阅读材料，如附于某个主题之后的历史注解、独立成节的专题历史、附于正文之后的历史介绍或人物简介、数学术语的辞源等	追溯历史起源，补充历史知识，提供辅助材料
复制式	直接采自历史的数学问题、问题解法、定理证法等，或作为教材开篇的学科历史溯源	提供数学问题，再现古人智慧，促进数学学习
顺应式	改编自历史上数学问题的习题，或根据历史材料而编制的数学问题，或源于数学史，但经过简化的思想方法	提供数学问题，增加探究机会，激发学习兴趣
重构式	借鉴或重构知识的发生、发展历史，以发生的方法来引入的数学概念，或借鉴了历史、以符合现代学生认知的方式编排的知识	把握认知基础，激发学习动机，促进知识理解

例如，法国初中数学教科书用 16 世纪德国绘画作品《几何学家在测量》作为“泰勒斯定理”一章的章头图（图 1－9），即属于“点缀式”运用数学史。

图 1 - 9　法国 Belin 版初中数学教科书中的绘画作品

在美国 Prentice Hall 版代数教科书中，有一则介绍中国元代数学家朱世杰的阅读材料(图 1 - 10)，这类阅读材料属于“附加式”。

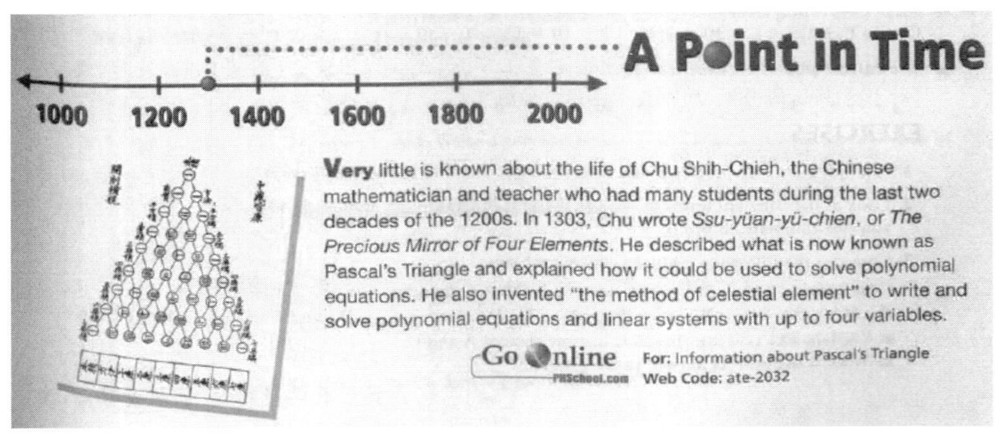

A Point in Time

1000　1200　1400　1600　1800　2000

Very little is known about the life of Chu Shih-Chieh, the Chinese mathematician and teacher who had many students during the last two decades of the 1200s. In 1303, Chu wrote *Ssu-yüan-yü-chien*, or *The Precious Mirror of Four Elements*. He described what is now known as Pascal's Triangle and explained how it could be used to solve polynomial equations. He also invented "the method of celestial element" to write and solve polynomial equations and linear systems with up to four variables.

Go Online　PHSchool.com　For: Information about Pascal's Triangle　Web Code: ate-2032

图 1 - 10　Prentice Hall 版代数教科书中的阅读材料

在 Prentice Hall 版几何教科书中，有这样一道练习题(图 1 - 11)：

大约公元前 220 年，埃拉托色尼估算了地球的周长。他利用埃及的两处地点完成这项伟业。他假设地球是一个球，且太阳光是平行的。在估算时，他利用了$\angle 1$和$\angle 2$的大小。(1)判断$\angle 1$和$\angle 2$是内错角、同旁内角还是同位角；(2)埃拉托色尼何以知道$\angle 1=\angle 2$？

31. History About 220 B.C., Eratosthenes estimated the circumference of Earth. He achieved this remarkable feat by using two locations in Egypt. He assumed that Earth is a sphere and that the sun's rays are parallel. He used the measures of ∠1 and ∠2 in his estimation.

a. Classify ∠1 and ∠2 as alternate interior, same-side interior, or corresponding angles.

b. How did Eratosthenes know that ∠1 ≅ ∠2?

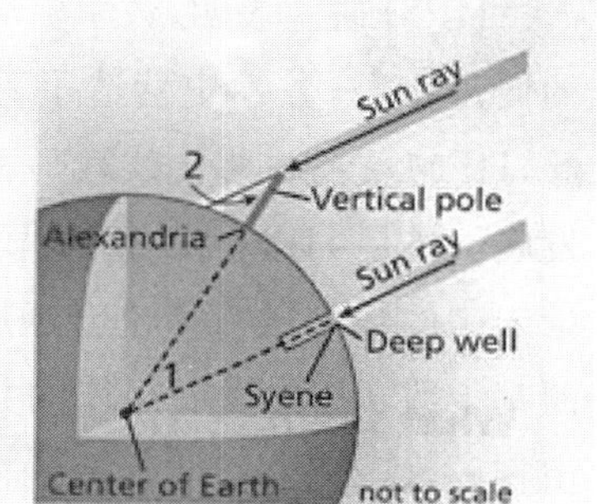

图 1－11　Prentice Hall 版几何教科书中的练习题

该问题根据古希腊数学家埃拉托色尼测量地球周长这则史料，提出有关平行线性质的问题，属于“顺应式”。

1.7　结语

综上，HPM 领域的研究课题包括理论探讨（为何与如何）、教育取向的数学史研究、数学史融入数学教学的实践研究、历史相似性实证研究、教师专业发展研究、数学史融入数学教材研究等，如图 1－12 所示。教育取向的数学史研究是 HPM 研究的基础；历史相似性研究为数学史融入数学教学和数学史融入数学教材提供依据；数学史融入数学教学的实践与 HPM 理论始终处于良性互动的过程之中；教师专业发展是 HPM 专业学习共同体的目标，相关研究为教师成长提供重要借鉴。

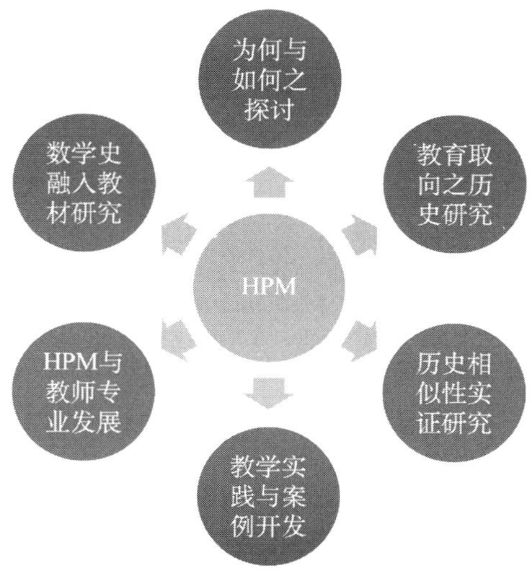

图 1－12　HPM 的研究课题

HPM研究表明，数学史对于学生的数学学习和教师的专业发展都有着重要的促进作用，数学史营造了不一样的数学课堂，改变了学生，也改变了教师。因此，HPM受到许多一线教师和职前教师的喜爱。在未来，课例研究以及教师专业发展仍将是HPM领域的重要课题。不论未来的数学教育会经历怎样的变革，不论未来的数学教育理论会经历怎样的新旧更替，数学的历史都永远无法改变，因而基于数学历史发展规律的数学教育研究也必将经得起历史的考验。我们有理由相信，HPM必将成为数学教育中的亮丽风景！

参考文献

[1] 汪晓勤. 法国初中数学教材中的数学史[J]. 数学通报，2012，51(3)：16—23.
[2] 汪晓勤. HPM：数学史与数学教育[M]. 北京：科学出版社，2017.
[3] Arcavi, A., Isoda, M. Learning to listen: from historical sources to classroom practice [J]. *Educational Studies in Mathematics*, 2007, 66(2): 111 - 129.
[4] Calinger, R. *Vita Mathematica: Historical Research and Integration with Teaching* [M]. New York: Mathematical Association of America, 1996.
[5] Charalambous, C. Y. et al. Using the history of mathematics to induce changes in preservice teachers' beliefs and attitudes: insights from evaluating a teacher education program [J]. *Educational Studies in Mathematics*, 2009(71): 161 - 180.
[6] Clark, K. M. History of mathematics: illuminating understanding of school mathematics concepts for prospective mathematics teachers [J]. *Educational Studies in Mathematics*, 2012(81): 67 - 84.
[7] Farmaki, V., Klaoudatos, N., Paschos, T. 2004. Integrating the history of mathematics in educational praxis. An Euclidean geometry approach to the solution of motion problems [C]. In *Proceedings of the 28th Conference of the International Group for the Psychology of Mathematics Education*, 2004(vol. 3): 505 - 512.
[8] Farmaki, V., Paschos, T. Employing genetic 'moments' in the history of mathematics in classroom activities [J]. *Educational Studies in Mathematics*, 2007, 66(1): 83 - 106.
[9] Fauvel, J. Using history in mathematics education [J]. *For the Learning of Mathematics*, 1991, 11(2): 3 - 6.
[10] Fauvel, J., Van Maanen, J. *History in Mathematics Education* [M]. Dordrecht: Kluwer Academic Publishers, 2000.
[11] Führer, L. Historical stories in the mathematics classroom [J]. *For the Learning of Mathematics*, 1991, 11(2): 24 - 31.
[12] Gardner, J. H. "How fast does the wind travel?": history in the primary mathematics classroom [J]. *For the Learning of Mathematics*, 1911, 11(2): 17 - 20.
[13] Gulikers, I., Blom, K. A historical angle: A survey of recent literature on the use and value of history in geometrical education [J]. *Educational Studies in Mathematics*, 2001 (47): 223 - 258.
[14] Hallerberg, A. et al. *Historical Topics for the Mathematics Classroom* [M]. Washington, D. C.: NCTM, 1969.
[15] Harper, E. Ghosts of Diophantus [J]. *Educational Studies in Mathematics*, 1987(18): 75 - 90.
[16] Heath, T. L. *The Thirteen Books of Euclid's Elements* (Vol. I) [M]. Cambridge: The

University Press, 1908.
[17] Huntley, M. A. A History of Mathematics Course to Develop Prospective Secondary Mathematics Teachers' Knowledge for Teaching [J]. *PRIMUS*, 2012,20(7): 603 - 616.
[18] Jankvist, U. T. et al. Analysing the use of history of mathematics through MKT [J]. *International Journal of Mathematical Education in Science and Technology*, 2015,46 (4): 495 - 507.
[19] Jones, P. S. The history of mathematics as a teaching tool [J]. *Mathematics Teacher*, 1957,50(1): 59 - 64.
[20] Katz, V. *Using History to Teach Mathematics: An International Perspective* [M]. New York: Mathematical Association of America, 2000.
[21] Katz, V., Michalowicz, K. D. *Historical Modules for the Teaching and Learning of Mathematics* [M]. New York: Mathematical Association of America, 2004.
[22] Keiser, J. M. Struggles with developing the concept of angle: comparing sixth-grade students' discourse to the history of angle concept [J]. *Mathematical Thinking and Learning*, 2004,6(3): 285 - 306.
[23] Kline, M. A proposal for the high school mathematics curriculum [J]. *Mathematics Teacher*, 1966,59(4): 322 - 330.
[24] Kool, M. An extra student in your classroom: How the history of mathematics can enrich interactive mathematical discussions at primary school [J]. *Mathematics in School*, 2003, 32(1): 19 - 22.
[25] Van Maanen, J. Teaching geometry to 11 year old "medieval lawyers" [J]. *The Mathematical Gazette*, 1992,76(475): 37 - 45.
[26] Mosvold, R. et al. How mathematical knowledge for teaching may profit from the study of history of mathematics [J]. *Science and Education*. 2014,23(1): 47 - 60.
[27] Ofir, R. Historical happenings in the mathematical classroom [J]. *For the Learning of Mathematics*, 1991,11(2): 21 - 23.
[28] Perkins, P. Using history to enrich mathematics lessons in a girls' school [J]. *For the Learning of Mathematics*, 1991,11(2): 9 - 10.
[29] Ransom, P. Whys and hows [J]. *For the Learning of Mathematics*, 1991,11(2): 7 - 9.
[30] Radford, L., Guérette, G. Second degree equations in the classroom: a Babylonian approach. In: V. J. Katz (ed.), *Using History to Teach Mathematics* [M]. Washington, D. C.: Mathematical Association of America, 2000.
[31] Smestad, B. et al. Teachers' mathematical knowledge for teaching in relation to the inclusion of history of mathematics in teaching [J]. *Nordic Studies in Mathematics Education*, 2014,19(3 - 4): 169 - 183.
[32] Swetz, F., et al. *Learn from the Masters* [M]. Washington, D. C.: Mathematical Association of America, 1995.
[33] Tzanakis, C., Arcavi, A. Integrating history of mathmatics in the classroom: an analytic survey. In: J. Fauvel & J. van Maanen (Eds.), *History in Mathematics Education* [M]. Dordrecht: Kluwer Academic Publishers, 2000.
[34] Weldeana, H. N., Abraham, S. T. The effect of an historical perspective on prospective teachers' beliefs in learning mathematics [J]. *Journal of Mathematics Teacher Education*, 2014(17): 303 - 330.

2 HPM 课例研究的价值

2.1 数学史对学生的教育价值

继福韦尔之后，许多西方学者，如 Gulikers 和 Blom(2001)、Tzanakis 和 Arcavi(2000)、Jankvist(2009)等相继对数学史的教育价值进行总结或分类，但他们的讨论大多停留在思辨层面上，许多教育价值有待于实践的检验。在我国，讨论数学史教育价值的文献更是层出不穷，但思辨远远多于实践和实证研究。不同作者的总结或分类互有不同，也不尽完善，缺乏统一的标准。

自 2005 年第一届全国数学史与数学教育会议之后，国内学术界普遍认识到，数学史融入数学教学的实践与案例开发是 HPM 研究的重要方向。近年来，HPM 视角下的数学教学案例(以下简称 HPM 课例)日益增多，促进了 HPM 的传播，越来越多的数学教育研究者、中小学一线教师开始关注，并乐于实践 HPM。然而，对于 HPM 课例，我们还缺乏一个深入分析数学史教育价值的理想框架。

此外，HPM 业已成为部分师范院校数学教育方向的研究生(包括学术型研究生和教育硕士)课程。教学实践表明，案例教学法在促进职前和在职教师理解数学史教育价值方面是十分有效的。这也凸显了建立数学史教育价值分类框架的必要性。

根据已有的有关数学史教育价值的讨论，结合 HPM 课例分析，我们将数学史对学生的教育价值分成“知识之谐”、“方法之美”、“探究之乐”、“能力之助”、“文化之魅”和“德育之效”六类。

2.1.1 知识之谐

基于人的自然发展规律的教育方法，在西方文艺复兴之后，曾受到许多教育家的推崇。裴斯泰洛齐(J. H. Pestalozzi，1746—1827)在《葛笃德如何教育她的子女》中断言：“人类发展的自然进程是不可改变的。在这方面，没有也不可能有两种好的教育方法，只有一种——这就是那种完全建立在自然的永恒法则基础上的教育方法。”(裴斯泰洛齐，1992)第斯多惠(F. A. W. Diesterweg，1790—1866)在《德国教师培养指南》中指出：“课堂教学必须紧密结合人的天性和自然发展规律，这一教学原则是一切课堂教学的最高原则。”(第斯多惠，1990)斯宾塞(H. Spencer，1820—1903)则声称：“一般教起来使人觉得枯燥甚至讨厌的知识，依照自然的方法就会成为极其有趣和非常有益的。”(斯宾塞，2005)这些观点都一致强调，教育应符合人的心智演化的自然过程。

古罗马哲学家西塞罗(M. T. Cicero，公元前106—公元前43)曾经说过：“如果我们以自然为向导，那么自然是决不会让我们误入歧途的。”(夸美纽斯，1999)我们同样可以说：如果我们以历史为向导，那么历史是决不会让我们误入歧途的。实际上，斯宾塞将“重演说”视为教育的基本原理：“儿童所受的教育必须在方式和安排上同历史上人类的教育一致。换句话说，个人知识的起源应该按照种族中知识的起源的同一途径。”(斯宾塞，2005)尽管这种观点受到后世学者的批判，但将历史作为教育的指南，却是必要的。

数学史告诉我们，任何数学概念、公式、定理、思想都不是天上掉下来的，都有其自然发生发展的过程。以史为鉴，方能确保课堂上每一种新知识的产生是自然而然、水到渠成的，符合学生的认知发展规律，从而使新知易于为学生所理解。这种知识的自然性和可学性就是所谓的“知识之谐”。

以平方差公式为例。现行教科书中的平方差公式是以多项式乘法的特例出现的，表2-1给出了人教版、沪教版、华师大版、苏科版和北师大版中的引入方式。

表2-1　五个版本教科书中的平方差公式的引入方式

初中教科书	平方差公式
人教版	计算 $(x-1)(x+1)$、$(m+2)(m-2)$ 和 $(2x-1)(2x+1)$
沪教版	计算 $(y+2)(y-2)$、$(3-a)(3+a)$ 和 $(2a+b)(2a-b)$
华师大版	直接计算 $(a+b)(a-b)$
北师大版	计算 $(x+2)(x-2)$、$(1+3a)(1-3a)$、$(x+5y)(x-5y)$ 和 $(2y+z)(2y-z)$
苏科版	先计算阴影部分面积，然后得出平方差公式 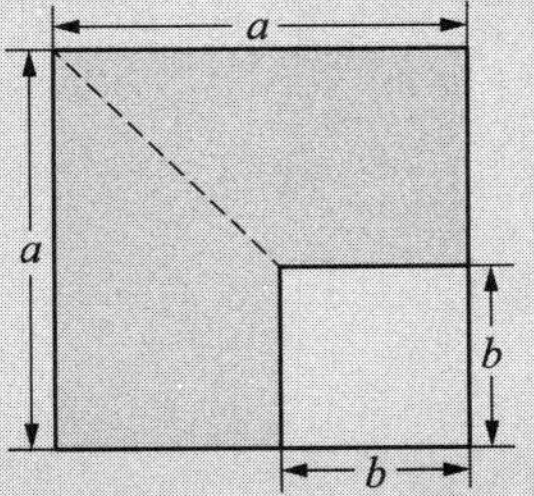 (图：边长 a 的正方形去掉边长 b 的正方形，标注 a、a、b、b)

由表 2-1 可见，人教版、沪教版和北师大版教科书都试图让学生通过具体的符号操作结果来发现规律，得出平方差公式。华师大版则采用了直截了当的方式来引入公式。四种教科书的逻辑顺序十分清晰：先呈现两个一般多项式的乘法，再呈现两个一般二项式的乘法，最后呈现具有一个相同项和一个相反项的两个二项式的乘法。苏科版则通过几何表征引入。

然而，五种教科书都没有交代：为什么要学平方差公式？该公式何以产生？换言之，公式的引入不够自然，学生感受不到知识之谐，多项式的乘法运算、图形面积计算都仿佛从天而降。那么，平方差公式又有着怎样的历史呢？

古巴比伦泥版上记载了大量的二元二次方程组问题，与今天的方法不同，这些问题往往是用所谓的“和差术”来求解的。所谓“和差术”，是指利用恒等式——

$$\begin{cases} x=\dfrac{x+y}{2}+\dfrac{x-y}{2}, \\ y=\dfrac{x+y}{2}-\dfrac{x-y}{2} \end{cases}$$

所进行的换元（更详细的内容可参阅《HPM：数学史与数学教育》）。如古巴比伦数学泥版 YBC 4663 上载有以下二元问题（汪晓勤 & 张安静，2010）：

$$\begin{cases} x+y=6\dfrac{1}{2}, \\ xy=7\dfrac{1}{2}。 \end{cases}$$

用我们今天的符号来表达，祭司的解法是：因 $x+y=6\frac{1}{2}$，故设 $x=3\frac{1}{4}+t$，$y=3\frac{1}{4}-t$，于是由 $xy=7\frac{1}{2}$ 得

$$\left(3\frac{1}{4}+t\right)\left(3\frac{1}{4}-t\right)=7\frac{1}{2},$$

即

$$\left(\frac{13}{4}\right)^2-t^2=\frac{15}{2},$$

于是 $t=1\frac{3}{4}$，从而得 $x=5$，$y=1\frac{1}{2}$。

公元3世纪,古代希腊数学家丢番图也利用和差术来解二元二次问题(如:已知两数的和为20,乘积为96,求这两个数)。

在中国古代数学中,平方差公式的一个重要应用是解直角三角形。设a、b和c分别是直角三角形的勾、股和弦,已知a和$c \pm b$,求b和c,《九章算术》中给出的公式是:

$$b=\frac{1}{2}\left[(c+b)-\frac{a^2}{c+b}\right]$$

或

$$b=\frac{1}{2}\left[\frac{a^2}{c-b}-(c-b)\right],$$

显然,上述解法源于平方差公式$(c+b)(c-b)=c^2-b^2=a^2$。赵爽在注解《周髀算经》时,给出了平方差公式的几何证明(汪晓勤 & 张安静,2010)。

在古希腊,欧几里得在《几何原本》第二卷中用几何语言给出了平方差公式的等价形式(命题6)。后来的希腊数学中,平方差公式与等周问题密切相关。芝诺多鲁斯(Zenodorous,公元前2世纪)著《论等周图形》一书,证明了如下命题:"在边数相同的等周多边形中,等边且等角的多边形面积最大。"(Heath, 1921)特别地,周长为$4a$的长方形中,正方形面积最大。设长方形的长为$a+b$,宽为$a-b$,则其面积为$(a+b)(a-b)=a^2-b^2$。显然,当$b=0$时面积最大。

12世纪,印度数学家婆什迦罗(Bhāskara, 1114—1185)在其《莉拉沃蒂》中给出了一种平方算法(Colebrooke, 1817):

$$a^2=(a+b)(a-b)+b^2。$$

例如:

$$297^2=(297+3)(297-3)+3^2=300\times294+9=88\ 209。$$

婆什迦罗实际上运用了平方差公式的另一种形式。

在西方数学史上,16世纪法国数学家韦达创立符号代数之前,并没有出现多项式的概念,更谈不上多项式的运算了。透过历史我们看到,平方差公式产生的动因是一类二元问题、直角三角形问题、等周长方形问题的求解以及平方运算。这些动因为今日教学提供了借鉴。我们可以采用以下导入方式。

设计一:巧算平方

我们能够背出很多正整数的平方，比如，12 的平方等于 144，18 的平方等于 324，等等。但是，当数字比较大的时候，就不容易记住了，需要做具体的运算。比如，97 的平方是多少？教师脱口说出 9 409 后问学生：为什么老师能这么快说出答案呢？由此引出婆什迦罗的便捷算法：$97^2=(97+3)(97-3)+3^2$，从中我们得到一个等式：

$$(97+3)(97-3)=97^2-3^2。$$

将上述具体数字换成字母，引出平方差公式。上述情形中，两数乘积 $(a+b)(a-b)$ 较 a^2 易于计算。我们也可以采用相反的情形来引入。如，如何快速求出 97×103 呢？

设计二：等周求原

在小学里，我们曾经听老师讲过大数学家欧拉（L. Euler，1707—1783）小时候围羊圈的故事，从这个故事中得知，周长相同的不同长方形，其面积是不同的，其中正方形的面积最大。你知道为什么吗？老师可以把这个问题说得再具体一些。设正方形的边长为 a，周长为 $4a$，面积为 a^2。将正方形的一边增加 b，将其邻边减少 $b(0\leqslant b<a)$，得到一个周长为 $4a$ 的长方形，它的长和宽分别为 $a+b$ 和 $a-b$，面积为 $(a+b)(a-b)$。现在，我们需要比较 a^2 和 $(a+b)(a-b)$ 的大小。

设计三：跨越时空

公元 3 世纪，古希腊数学家丢番图在其《算术》一书中设置了以下问题：已知两数的和为 20，乘积为 96，求这两个数。你能解决这个问题吗？学生可能会采用凑的方法，此时教师可以将数字改得更大一些，让学生感到凑数不现实。学生也可能设一个数为 x，另一个数为 $20-x$，但此时得到一个还没有学过的方程，无法求出它的根。此时，教师引导学生思考：两个数不能同时大于 10，不能同时等于 10，也不能同时小于 10，必定一个大于 10，一个小于 10。

如图 2-1 所示，可设一个数为 $10+x$，另一个数为 $10-x$，于是，需要计算 $(10+x)(10-x)$，由此引出平方差公式。

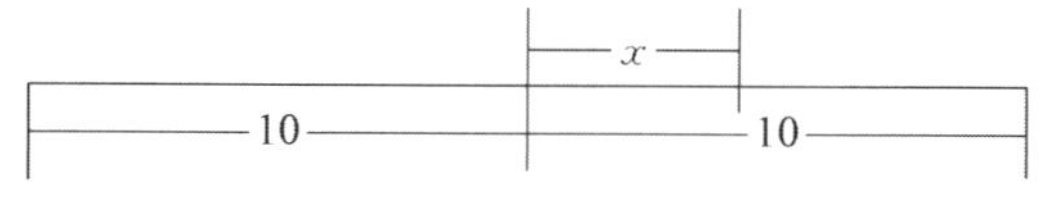

图 2-1　和为 20 的两数之设法

任何数学知识不会凭空产生，历史揭示它们的自然与和谐，赋予它们以鲜活的生命，折射出人类在相关主题上的学习与应用方式，引导教师以最易理解、最生动的方式将其呈现于课堂中。

2.1.2 方法之美

数学定理或公式的教学绝非仅仅为了应用，其背后所蕴含的思想方法本身也是教学目标之一。然而，教科书只能为我们提供一两种证明或推导方法。翻开历史的画卷，古今中外、上下数千年，无数先哲留下了精彩纷呈的数学思想方法。历史积淀了这些思想精华，形成了巨大的宝藏，从中我们可以汲取丰富的思想养料，用以浸润我们的数学课堂。不同时空的灵活、多样、精彩的思想方法，展示了方法之美，它们在课堂上的交汇，拓宽了学生的思维，激发了学生的创新意识。

初中数学中的很多命题、公式、问题求解，如三角形内角和定理、勾股定理、三角形中位线定理、一元二次方程求根公式、根与系数关系（韦达定理）、因式分解等等，其背后都蕴藏着精彩的思想方法。这里，我们以韦达定理的证明为例。

沪教版九年级数学拓展教材利用求根公式对韦达定理加以证明，导致学生的质疑：根都求出来了，还要韦达定理干什么？用求根公式来证明韦达定理，既不能呈现方法之美，也不符合历史。

事实上，韦达（图 2－2）在写于 1591 年、出版于 1615 年的《方程的理解与修正》中给出一系列根与系数关系的定理，其中第一个定理是关于一元二次方程的，该定理说：

一元二次方程 $-x^2+px=q(p,q>0)$ 的两根之和等于 p，两根之积等于 q。

那么，韦达是如何得到上述定理的？设方程 $-x^2+px=q$ 的两个根分别为 x_1 和 x_2，则

$$-x_1^2+px_1=q, \tag{1}$$

$$-x_2^2+px_2=q。 \tag{2}$$

由(1)和(2)得

$$-x_1^2+px_1=-x_2^2+px_2,$$

即

$$p(x_1-x_2)=x_1^2-x_2^2。 \tag{3}$$

由此，韦达得到 $x_1+x_2=p$。将 $p=x_1+x_2$ 代入(1) 或(2) 得 $x_1x_2=q$。(Viète, 2006)韦达并未考虑方程有重根的情形。

图 2-2　韦达

图 2-3　吉拉德

韦达也没有考虑负根的情形，因为当时西方人还没有接受负数概念。因此，韦达所说的根与系数关系只适用于有两个不相等正根的一元二次方程。

1629 年，荷兰数学家吉拉德(A. Girard, 1595—1632)(图 2-3)出版《代数新发明》一书。书中讨论了一般 n 次方程根与系数的关系。吉拉德对韦达的结论进行了推广：若一元二次方程 $x^2+px+q=0$ 的两个根为 x_1 和 x_2，则不论 x_1 和 x_2 是正数还是负数，是实数还是虚数，也不论它们是否相等，均有 $x_1+x_2=-p$，$x_1\cdot x_2=q$。因此，吉拉德完整地给出了我们今天所说的韦达定理。

吉拉德的上述一般定理也可用韦达的方法来证明。设一般的一元二次方程 $x^2+px+q=0$(p、q 为任意实数) 的两个根为 x_1 和 x_2，则有

$$x_1^2+px_1+q=0, \tag{4}$$

$$x_2^2+px_2+q=0。 \tag{5}$$

由(4)和(5)可得

$$x_1^2+px_1+q=x_2^2+px_2+q,$$

即

$$(x_1-x_2)(x_1+x_2+p)=0。 \tag{6}$$

故当 $x_1 \neq x_2$ 时有 $x_1 + x_2 = -p$，将 $p = -(x_1 + x_2)$ 代入(4) 或(5) 即得 $x_1 x_2 = q$。

当 $x_1 = x_2$ 时，吉拉德通过配方得到，方程 $x^2 + px + q = 0$ 左边为完全平方，于是，$x_1 = x_2 = -\frac{p}{2}$，故韦达定理仍然成立。

到了 18 世纪，欧拉在《代数基础》中给出了韦达定理的严格证明(Euler, 1822)。设方程的两个根分别为 x_1 和 x_2，则原方程可化成：

$$(x - x_1)(x - x_2) = 0,$$

亦即

$$(x - x_1)(x - x_2) = x^2 + px + q,$$

或

$$x^2 - (x_1 + x_2)x + x_1 x_2 = x^2 + px + q。$$

比较等式两边，即得 $x_1 + x_2 = -p$，$x_1 x_2 = q$。

上述证明成了韦达定理的标准证明。

ÉLÉMENS
D'ALGÈBRE,
A L'USAGE
DE L'ÉCOLE CENTRALE
DES QUATRE-NATIONS;
PAR S. F. LACROIX.

QUATORZIÈME ÉDITION,
revue et corrigée.

PARIS,
BACHELIER, SUCCESSEUR DE Mme Ve COURCIER,
LIBRAIRE POUR LES MATHÉMATIQUES,
QUAI DES AUGUSTINS, No 55.
1825.

图 2-4　拉克洛瓦《代数基础》法文版(1825)

18世纪法国数学家拉克洛瓦(S. F. Lacroix, 1765—1843)在其《代数基础》(图2-4)中除了沿用欧拉的证明,还给出了另一种证明(Lacroix, 1831)。设一元二次方程 $x^2+px+q=0$ 的一个根为 x_1,则有 $x_1^2+px_1+q=0$,于是

$$x^2+px+q=x_1^2+px_1+q,$$

整理得

$$(x-x_1)(x+x_1+p)=0。$$

由此可知,方程的另一根为 $x_2=-x_1-p$,因此得 $x_1+x_2=-p$。从而又可得到

$$x_1x_2=x_1(-x_1-p)=-x_1^2-px_1=q。$$

"方法之美"的另一个涵义是,同一种数学思想方法可以将不同领域的知识串联起来,展示统一美。一个典型的例子是中国古代数学家经常运用的出入相补原理。该原理是指将平面图形分割成若干部分,其面积等于各部分面积之和;一个图形移动之后面积不变。矩形面积公式与出入相补原理,是多边形面积理论的两个重要基础。

出入相补原理与其说是一个原理,毋宁说是一种方法。利用该原理,我们可以解决平面几何与代数中的许多问题,如图2-5所示。

图2-5 出入相补原理在初中数学中的应用

三国时代数学家赵爽和刘徽都利用出入相补法来证明平方差公式，如图 2-6 所示。

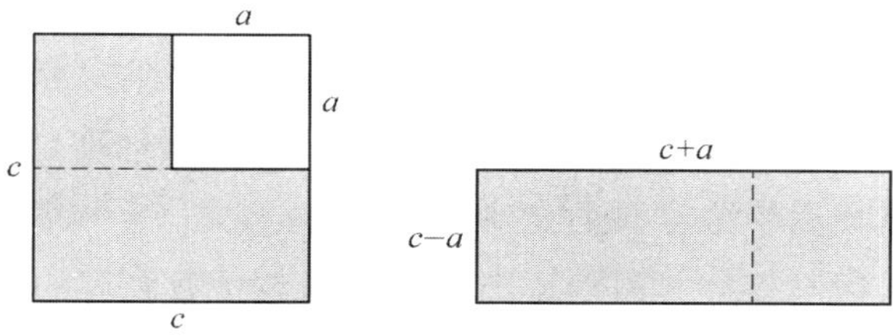

图 2-6 平方差公式 $c^2 - a^2 = (c - a)(c + a)$ 的证明

如图 2-7 和 2-8，三国时代数学家赵爽和刘徽都利用出入相补法来证明勾股定理。

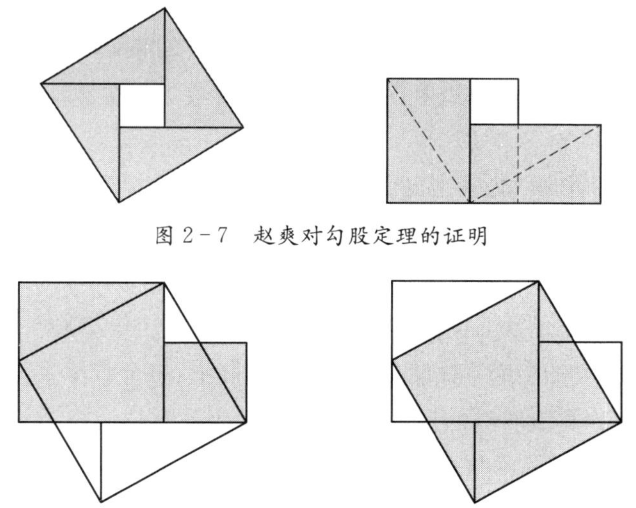

图 2-7 赵爽对勾股定理的证明

图 2-8 刘徽对勾股定理的证明

南宋数学家杨辉在《续古摘奇算法》中称："直田之长名股，其阔名勾。于两隅角斜界一线，其名弦。弦之内外分二勾股，其一勾中容横，其一股中容直，二积之数皆同。以余勾除横积，得积外之股；以余股除直积，得积外之勾，二者相通。"（郭书春，1994）这就是"勾中容横、股中容直"原理。如图 2-9 所示，阴影部分两个小矩形面积相等，等价于两个直角三角形的对应边成比例。

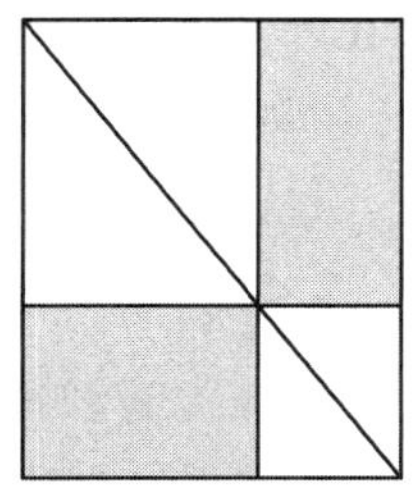

图 2-9 勾中容横、股中容直

2.1.3 探究之乐

“探究式教学”(Inquiry-based Teaching)最早由美国芝加哥大学施瓦布(J. Schwab)教授在20世纪50年代的“教育现代化运动”中提出，该理论倡导学生应当像科学家一样去发现问题、分析问题和解决问题，在探究的过程中建构知识(Pedaste, 2015)。2003年颁布的《普通高中数学课程标准(实验)》将“数学探究”列为贯穿于整个高中数学课程始终的重要内容之一(中华人民共和国教育部，2003)。自此，数学探究式教学逐渐受到我国数学教育界的关注。2017年新颁布的《普通高中数学课程标准(2017年版)》仍将“数学探究”作为一条内容主线贯穿于整个高中数学课程中，明确指出：“教师要把教学活动的重心放在促进学生学会学习上，积极探索有利于促进学生学习的多样化教学方式，不仅限于讲授与练习，也包括引导学生阅读自学、独立思考、动手实践、自主探索、合作交流等。”(中华人民共和国教育部，2017)研究表明，在数学教学中开展探究活动有助于增强学生数学学习的动机，促进学生对数学的理解，同时也有助于培养学生更加积极的数学学习态度和数学信念，加强数学与生活、数学与社会之间的联系(Chin, 2016)。

在第1节我们看到，“为学生提供探究机会”乃是福韦尔所总结的数学史的教育价值之一。Tzanakis 和 Arcavi 则指出，通过数学史，教师可以理解“做数学”的创造性过程(Tzanakis & Arcavi, 2000)，因而数学史可以帮助教师建立动态的数学观。这种动态的数学观，正是数学探究学习的认识论基础(宁连华，2006)。M・克莱因曾指出，“数学史是教学的指南”(汪晓勤，2017)。实际上，一个数学主题的发生和发展过程，往往就是前人解决问题的探索和研究过程，因而数学历史为数学探究式教学提供了参照。由于HPM视角下的数学教学注重知识自然发生和发展的过程，而这样的过程往往是通过问题的探究来实现的，因此，一个理想的HPM案例往往离不开学生探究的环节。运用基于历史的数学问题或借鉴概念发生发展的历史脉络，我们在课堂上可以设计有关探究活动，让学生在探究过程中经历知识的发生发展过程、积累数学活动经验、获得成功的体验。这就是“探究之乐”的内涵。

一般来说，数学探究式教学包含以下几个成分(Chapman, 2011)：

- 学生对与数学主题(如概念、方法或问题)相关的可能结果进行预测；
- 在没有教师指导的情况下，学生围绕主题进行自由探究；
- 教师通过提问或特定的探究任务，引导学生进行聚焦式探究；
- 数学主题的应用；

- 对学生的学习进行比较、评价和反思；
- 将主题拓展至其他情境或相关主题中。

美国哥伦比亚大学的西格尔(M. Siegel)教授早在1998年就提出了数学探究式教学的四阶段模式(Siegel等,1998)：

(1) 准备与聚焦：教师对活动进行介绍,唤起学生的初始想法,激活所探究主题之知识基础,并且挑战学生的原始想法,将学生的注意力聚焦在需要讨论的课题上,激发学生的学习动机,确定问题与探究的方向。

(2) 探索与发现：教师鼓励学生猜想、分析、推理与试验,并经讨论后获得初步的结果。

(3) 综合与交流：教师协助学生进行讨论,借由辨析、论证、研讨的过程,获得最后结果,在此过程中,学生阐述自己的想法(如运用表格、图形、证明等),回应他人的意见,教师适时引导或帮助学生得出结论。

(4) 评估与延伸：教师整理、归纳学生的数学发现,对学生的学习进行比较、评价和反思,利用否定属性策略提出新问题,借以发现其他更系统化的探究问题的方法。

这里,我们以HPM工作室贾彬老师的“三角形内角和”一课为例,来说明基于数学史的探究活动的具体实施过程。

数学史上,三角形内角和定理大致经历以下四个发展阶段(汪晓勤,2012;汪晓勤,2017)：

(1) 三角形内角和的发现

公元前6世纪,古希腊数学家泰勒斯(Thales)通过拼图方法发现三角形内角和定理。泰勒斯已经知道等腰三角形底角相等,因而知道等边三角形三个内角两两相等。他先是发现,将六个同样的正三角形顶点置于同一点,恰好填满该点周围区域,因而六个内角之和等于四个直角,三个内角之和等于二个直角,如图2-10所示。

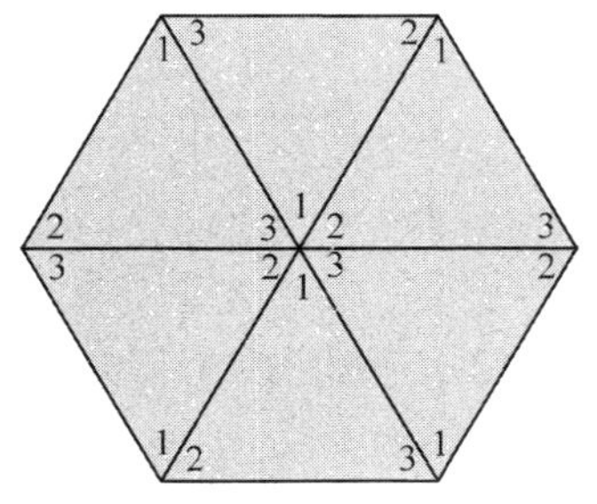

图2-10 等边三角形的拼图

接下来,将六个同样的等腰三角形的不同顶点置于同一点,其中的每一个顶点出现两次,结果也恰好填满该点周围区域,没有缝隙。因而六个内角之和等于四个直角,三个内角之和等于二个直角,如图2-11所示。

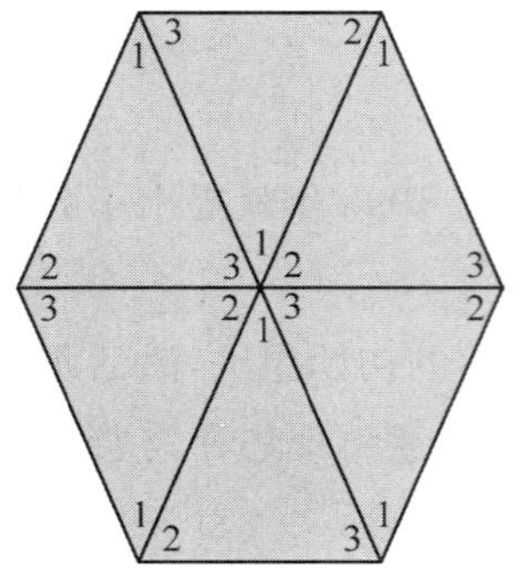

图 2－11　等腰三角形的拼图

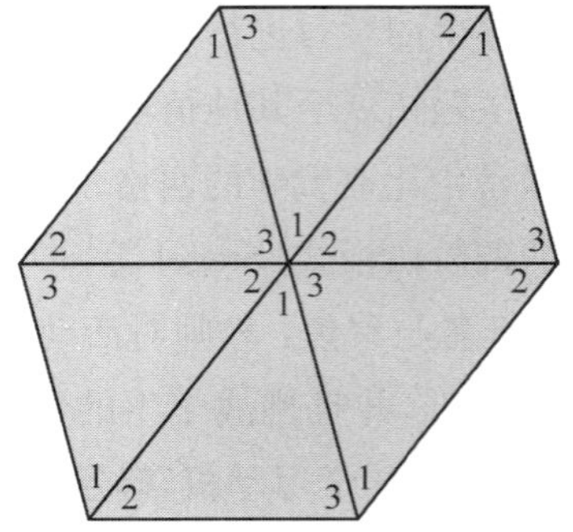

图 2－12　不等边三角形的拼图

最后，用三个同样的不等边三角形来拼图，发现同样的结论，如图 2－12 所示。

18 世纪，法国数学家克莱罗（A. C. Clairaut，1713—1765）在其《几何基础》中设计了另一种发现方法。如图 2－13，设$\triangle ABC$ 的顶点 C 沿 AC 运动到 C'、C''、C'''，等等。在这个过程中，$\angle A$ 保持不变，而$\angle C$ 越来越小，$\angle B$ 越来越大。猜想：$\angle C$ 减少部分与$\angle B$ 增大部分相等，也就是说$\angle C$ 和$\angle B$ 之和保持不变。由此可以猜测：任何一个三角形的三个内角之和是恒定不变的。当 C 运动到无限远处，BC 与 AC 平行，$\triangle ABC$ 三内角变成了两个同旁内角，其和为 $180°$。

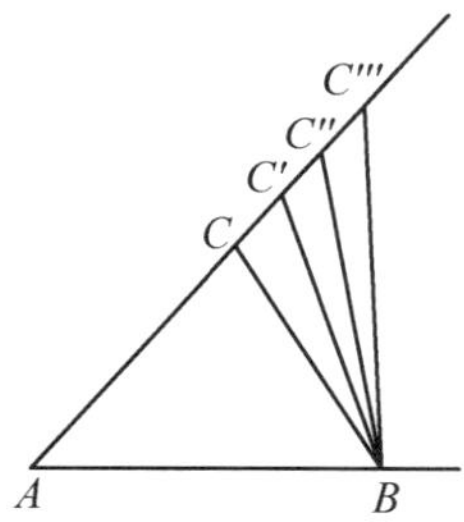

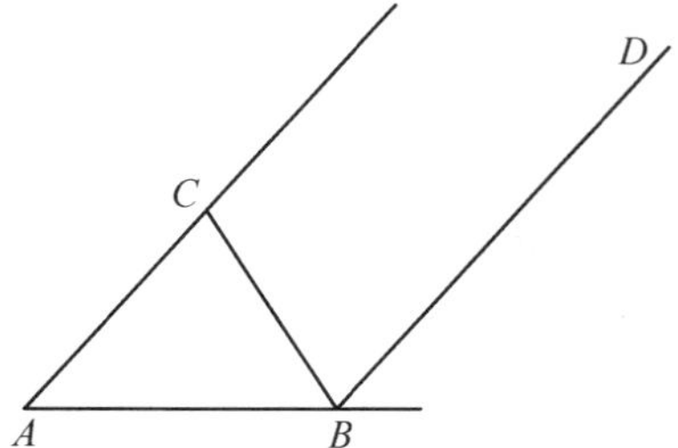

图 2－13　克莱罗的方案

（2）三角形内角和定理的证明

泰勒斯之后，毕达哥拉斯学派发现了更多的几何定理，如："两直线平行，内错角相等"及其逆定理。知道了平行线的上述性质，再根据泰勒斯的拼图 2－10、2－11 和 2－12，毕达哥拉斯学派很容易证明内角和定理：如图 2－14 所示，过$\triangle ABC$ 的顶点 A 作 BC 的平行线，利用两对内错角相等，即得 $\angle BAC+\angle B+\angle C=\angle BAC+\angle 1+\angle 2=180°$。公元前 3 世纪，欧几里得在《几何原本》中用图 2－15 所示方法证明了内角和定理：过点 C 作 BA 的平行线 CE，则 $\angle ACE=\angle A$，

$\angle ECD = \angle B$。故得 $\angle A + \angle B + \angle ACB$ 为一平角。今天的教科书即采用了毕达哥拉斯或欧几里得的方法。

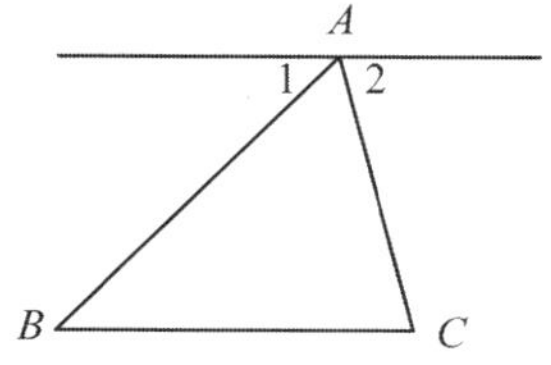

图 2－14　毕达哥拉斯的证明

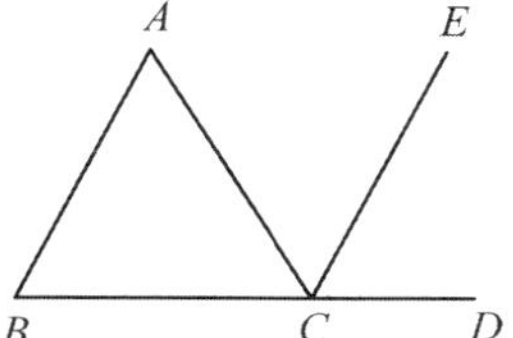

图 2－15　欧几里得的证明

（3）避免使用平行线的尝试

古希腊数学家普罗克拉斯（Proclus，410—485）试图避开毕达哥拉斯学派和欧几里得的平行线方法，但实际上仍应用了平行线。如图 2－16①，过$\triangle ABC$ 的三个顶点 A、B 和 C，分别作底边 BC 的垂线，则 $\angle BAD = \angle EBA$，$\angle CAD = \angle ACF$。因此，$\angle BAC = \angle ABE + \angle ACF$。因此 $\angle BAC + \angle ABC + \angle ACB = \angle EBC + \angle FCB = 180°$。实际上，上述方法无需局限于垂线情形，如图 2－16②。

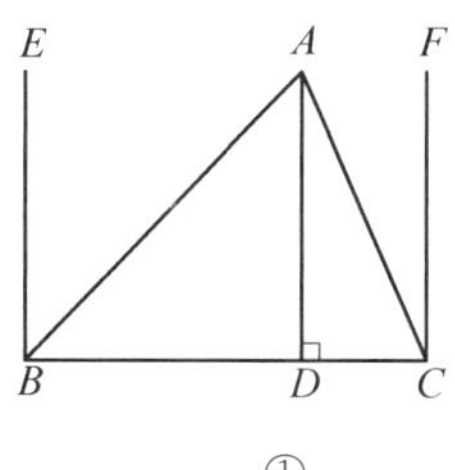

①

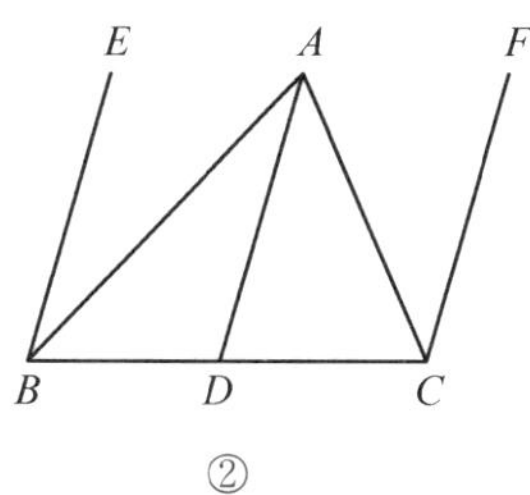

②

图 2－16　普罗克拉斯的证明

1809 年，德国数学家提波特（B. F. Thibaut，1775—1832）首次利用旋转方法证明了三角形内角和定理。如图 2－17，将 AB 所在的直线 XY 绕点 A 沿逆时针方向旋转角度 α，到 AC 所在直线 $X'Y'$；将 $X'Y'$ 绕点 C 沿逆时针方向旋转角度 γ，到 BC 所在直线 $X''Y''$。最后 $X''Y''$ 绕点 B 沿逆时针方向旋转角度 β，到 AB 所在直线 $Y'''X'''$。从 XY 到 $Y'''X'''$，总共转过 $180°$。

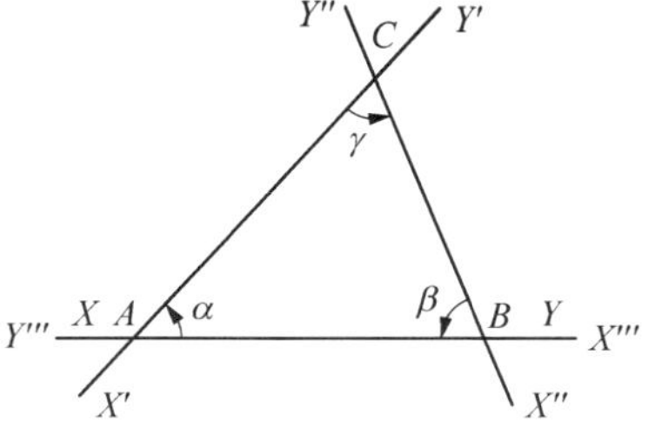

图 2－17　提波特的证明

(4) 证明方法的一般化

19 世纪，西方教科书将古希腊的方法推广到一般情形：不在某一顶点处作某一边的平行线，而是过三角形某一条边上的任一点作另两边的平行线，甚至过三角形所在平面内任一点同时作三条边的平行线。这也可看作是将提波特的绕三点旋转改成了绕同一点旋转。

在课例“三角形内角和”中，教师根据三角形内角和定理的历史设计了如下探究活动。

(1) 准备与聚焦

上课一开始，播放微视频，介绍三角形内角和定理的历史：泰勒斯受生活中地砖镶嵌的启示，通过六个同样的等边三角形的拼图，发现每个三角形的内角之和等于两个直角；进而通过六个同样的等腰三角形和不等边三角形的拼图，发现了同样的结果。之后，毕达哥拉斯和欧几里得相继通过平行线证明了该定理。在学生观看视频后，教师要求学生分组合作，探究以下问题：

- 如何通过不等边三角形的拼图，发现三角形内角和定理?
- 如何用不同于教科书和视频中的方法(即毕达哥拉斯学派和欧几里得的方法)来证明三角形内角和定理?

(2) 探索与发现(Ⅰ)

学生将六个同样的不等边三角形拼成不同的图形，部分拼图如图 2－18 所示。

图 2－18　学生拼成的部分图形

根据这些拼图方案，都能得到三角形内角和等于 180°。“探索与发现”的目标之一并非三角形内角和定理的结论，而是定理结论的发现过程。学生通过探究得到的结果是：通过不等边三角形的拼图，也能发现三角形内角和定理；从特殊到一般，这是定理的一般发现过程。

(3) 探索与发现(Ⅱ)

“探索与发现”的目标之二是内角和定理的新证法。图 2-19 是一位学生利用同旁内角来证明，与克莱罗的证明方法一致。

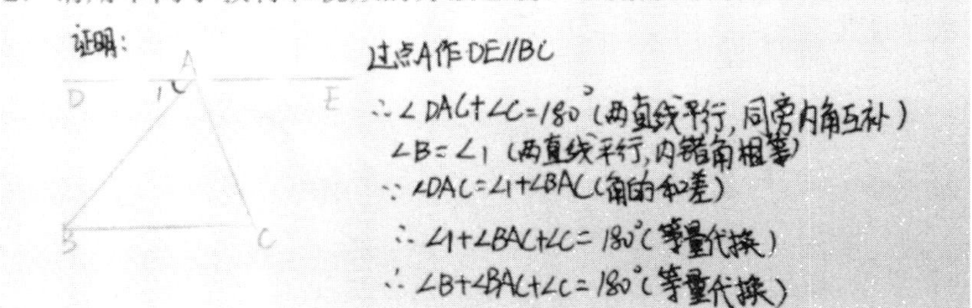

图 2-19　学生的证明方法之一

部分学生通过过三角形一条边上任意一点作另两边的平行线来完成证明，如图 2-20 所示。

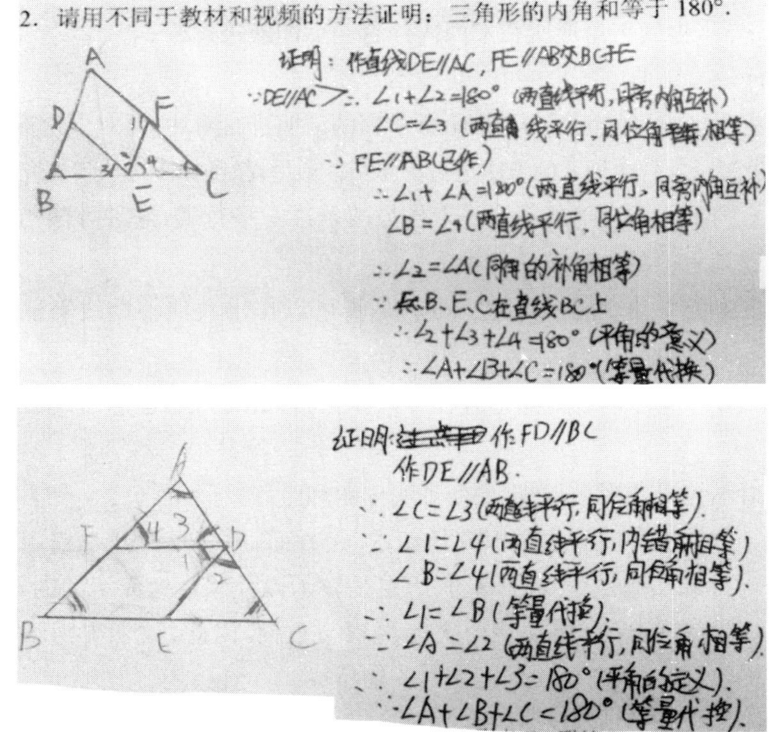

图 2-20　学生的证明方法之二

学生通过探究得到的初步结果是，为实现角的转化，不仅可以过三角形顶点，还可以过三角形一边上的某一点作平行线。

（4）综合与交流

在本环节，教师引导学生思考新的问题：将三角形的三个内角进行转化时，所造成的角的顶点可否不位于边上？通过讨论，部分学生猜想，顶点可以位于三角形的内部。教师要求学生画图验证自己的猜想。图 2－21 给出了部分学生的证明。

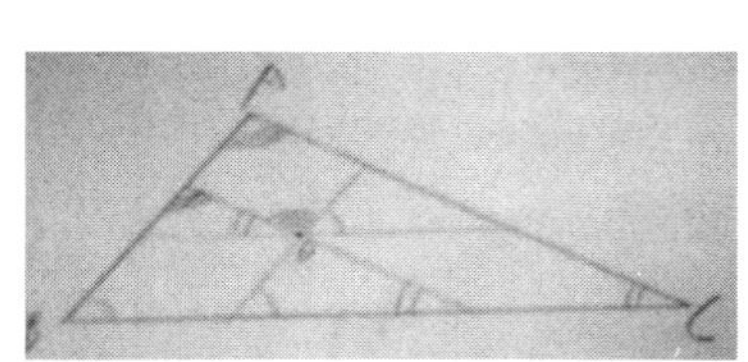

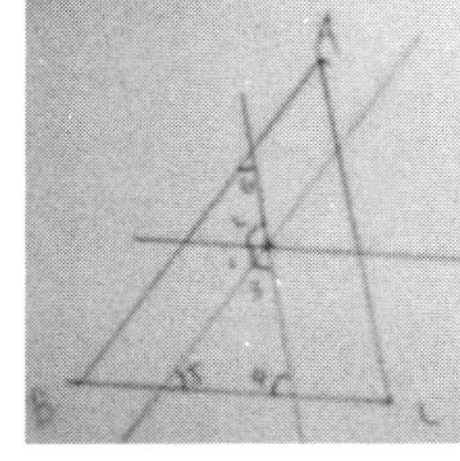

图 2－21　学生的证明方法之三

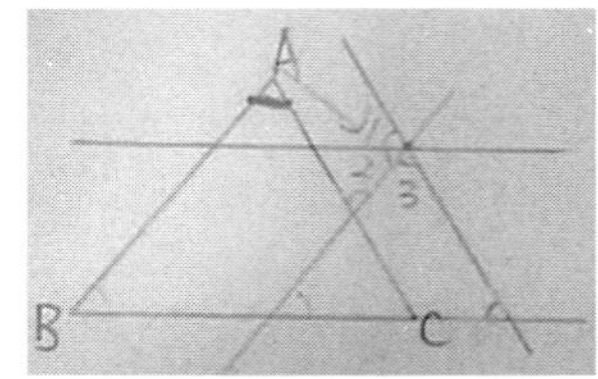

图 2－22　学生的证明方法之四

上述证明大大激发了学生的思维。经过讨论，部分学生将顶点设在三角形之外，如图 2－22 所示。至此，学生通过探究，实现了平角顶点从三角形顶点到三角形一边上一点，再到三角形所在平面内任意一点的演进过程。

（5）评估与延伸

教师将学生给出的证明与历史上数学家的证明进行对比，并对三角形内角和背后的转化思想以及数学探究的方法进行了总结。最后，教师提出进一步探究的课题：

- 过三角形一条边上的任意一点作另两条边的平行线，这种方法与毕达哥拉斯学派和欧几里得的方法有何联系？
- 过三角形一条边上的任意一点，是否可以作出其他辅助线来证明内角和定理？
- 运用在三角形内或三角形外任一点作平行线的方法，能否证明三角形外角和定理？
- 如果不允许使用平行线，如何证明内角和定理？

在基于数学史开展的数学探究活动中，一方面，教师根据数学概念的历史发展脉络来设计和实施数学探究活动，历史是教师设计课堂探究活动的重要参照；另一方面，课堂上的探究活动是历史的再现与重构，因此，数学史为学生提供了“再创造”机会，成了沟通历史与现实的一座桥梁。

2.1.4 能力之助

《普通高中数学课程标准(2017 年版)》(以下简称《标准》)指出:"数学学科核心素养是数学课程目标的集中体现,是具有数学基本特征的思维品质、关键能力以及情感、态度与价值观的综合体现,是在数学学习和应用的过程中逐步形成和发展的。数学学科核心素养包括:数学抽象、逻辑推理、数学建模、直观想象、数学运算和数据分析。这些数学学科核心素养既相对独立、又相互交融,是一个有机的整体。"(中华人民共和国教育部,2017)

《标准》指出:"数学抽象是指通过对数量关系与空间形式的抽象,得到数学研究对象的素养。主要包括:从数量与数量关系、图形与图形关系中抽象出数学概念及概念之间的关系,从事物的具体背景中抽象出一般规律和结构,并用数学语言予以表征。"(中华人民共和国教育部,2017)抽象性是数学的基本特点之一(亚历山大洛夫等,2001)(另外两个特点是精确性和应用的广泛性)。事实上,我们在做一道简单的整数四则运算问题时,就已经抛开了现实世界的具体对象了。任何一个正整数,实际上只不过是物体集合的一个性质而已,是经过数学抽象而得到的结果。几何上的点、线、面都是舍去现实世界具体对象的物理属性而得到的结果。

"数学的抽象是经过一系列阶段而产生的。"(亚历山大洛夫等,2001)19 世纪英国数学家德·摩根(A. De Morgan, 1806—1871)曾指出,代数学上一般数量关系的发现始于特例。如:

$$\frac{16+10}{2}+\frac{16-10}{2}=16,$$

$$\frac{27+8}{2}+\frac{27-8}{2}=27,$$

$$\frac{15+9}{2}+\frac{15-9}{2}=15,$$

等等。将上述特例进行抽象,得到用文字语言表达的一般结论:

$$\frac{\text{第一数}+\text{第二数}}{2}+\frac{\text{第一数}-\text{第二数}}{2}=\text{第一数},$$

进一步对上述结果进行抽象,用 x 表示"第一数",用 y 表示"第二数",则上面的恒等式可以写成:

$$\frac{x+y}{2}+\frac{x-y}{2}=x。$$

一个代数恒等式，从特例到文字表达，再到字母表示，正是从特殊到一般的数学抽象过程。

一个人从现实生活中发现数学规律，实际上已经蕴含了他的数学抽象过程。比如，我们看到哥本哈根步行街的地砖（图 2－23），就会想到平面图形的镶嵌（图 2－24），进而发现每一个多边形的形状（图 2－25）。在此过程中，地砖的一切物理属性被舍弃，只留下空间形式和大小。

图 2－23　哥本哈根的步行街

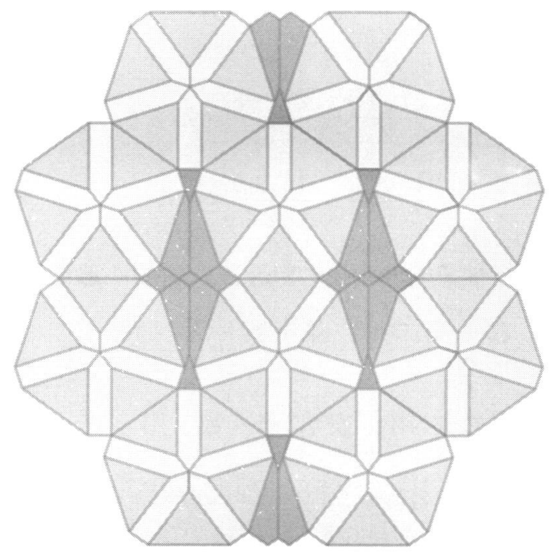

图 2－24　哥本哈根步行街的镶嵌图案

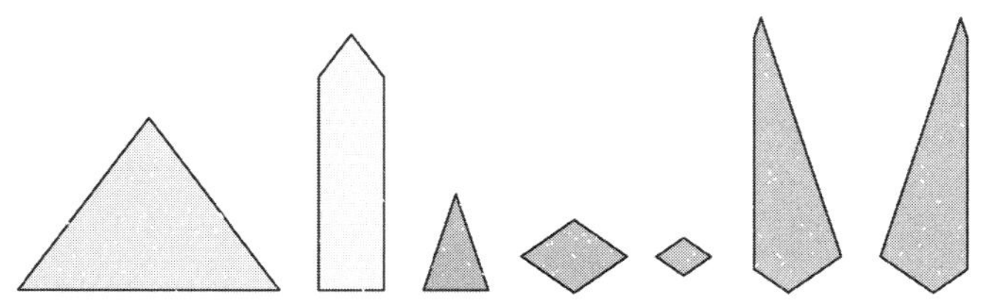

图 2-25　镶嵌图案中的七类多边形

在课堂上再现数学知识的历史发生过程，必然会让学生经历数学抽象的过程。在 HPM 课例“三角形内角和”（汪晓勤，2017）中，古希腊数学家泰勒斯从密铺的地砖中发现三角形内角和的史料，蕴含了从具体事物中抽象出三角形内角和的过程。在 HPM 课例“全等三角形的应用”（汪晓勤，2017）中，学生需要从泰勒斯测量海上船只与海岸之间距离的工具中，抽象出两个全等的三角形。但一些学生会将上述工具抽象成圆规这一作图工具，可见，对于这类学生来说，抽象出全等三角形并非易事，需要教师的引导。

《标准》指出：“逻辑推理是指从一些事实和命题出发，依据规则推出其他命题的素养。主要包括两类：一类是从特殊到一般的推理，推理形式主要有归纳、类比；一类是从一般到特殊的推理，推理形式主要有演绎。”（中华人民共和国教育部，2017）

弗赖登塔尔曾说过：“没有哪一种数学思想是以被发现的方式发表的。如果一个问题得到了解决，人们就会开发和运用技术，将解法颠倒过来……从而将火热的发明变成了冰冷的美丽。”（Tzanakis & Arcavi, 2000）同样，人们在教科书中看到的许多知识点也因为逻辑的包装而迥异于其发生和发展的历史。如果我们追溯某个知识点背后的历史，我们就会发现，归纳和类比乃是数学发现的重要途径。

在 HPM 案例“分数指数幂”（汪晓勤，2017）中，教师让学生根据下表思考：2 的 0 次和 2 次幂与 1 次幂、2 的 1 次和 3 次幂与 2 次幂、2 的 2 次和 4 次幂与 3 次幂之间的关系，得出结论：两个指数的算术平均数所对应的幂等于这两个指数所对应幂的乘积的算术平方根。然后，让学生探讨：在 0 和 1 之间插入算术平均数$\frac{1}{2}$，则对应的幂是多少？类比整数指数幂情形中的上述结论，得出 $2^{\frac{1}{2}}=\sqrt{1\times2}=\sqrt{2}$ 的结果。

0	1	2	3	4	5	6	7	8	9	…
1	2	4	8	16	32	64	128	256	512	…

HPM视角下的数学教学注重知识的再创造过程，为逻辑推理提供了舞台，因而为培养学生的逻辑推理素养提供了机会。

《标准》又指出："直观想象是指借助几何直观和空间想象感知事物的形态与变化，利用空间形式特别是图形，理解和解决数学问题的素养。主要包括：借助空间形式认识事物的位置关系、形态变化与运动规律；利用图形描述、分析数学问题；建立形与数的联系，构建数学问题的直观模型，探索解决问题的思路。"（中华人民共和国教育部，2017）

美国数学家柯朗（R. Courant，1888—1972）与罗宾（H. Robbins，1915—2001）称："那种创造发明的要素，那种起指导和推动作用的直观要素，虽然常常不能用简单的哲学公式来表述，但是它们却是任何数学成就的核心，即使在最抽象的领域里也是如此。"（柯朗 & 罗宾，2005）M·克莱因则认为："直观和构造乃是数学的动力。"（Kline，1958）"理解是通过直观的方法获得的，而逻辑的陈述充其量是学习的次要的、从属的辅助工具。"（Kline，1970）可见直观对于数学教学的重要性。

从历史上看，在16世纪符号代数诞生以前，人们在解代数问题时，往往离不开几何直观。古希腊毕达哥拉斯学派通过点阵来研究数的性质，建立形数理论；古代巴比伦、希腊、中国、阿拉伯的数学家均以几何方法来解一元二次方程；古代阿拉伯数学家以几何方法来解决二次和三次幂和问题。在中国古代，直观的出入相补法成了人们处理代数或几何问题的不可或缺的重要方法。

"平方差公式"（汪晓勤，2017）、"三角形内角和"（汪晓勤，2017）、"解一元二次方程的配方法"（沈志兴 & 洪燕君，2015）等HPM课例都较好地利用了数学史来落实直观想象素养。

毋庸讳言，不用数学史，数学教学无疑也能培养这些素养。但数学史还能培养更多的一般能力，如阅读能力、写作能力、文献查阅能力、分析能力、说数学的能力等。（Tzanakis & Arcavi，2000）

2.1.5 文化之魅

《标准》将"四基"、"四能"、"核心素养"和"情感信念"列为数学课程的目标。关于"情感信念"目标，《标准》中的表述是：

通过高中数学课程的学习，学生能提高学习数学的兴趣，增强学好数学的自信心，养成良好的数学学习习惯，发展自主学习的能力；树立敢于质疑、善于思考、严谨求实的科学精神；不断提高实践能力，提升创新意识；认识数学的科学价值、

应用价值、文化价值和审美价值。(中华人民共和国教育部,2017)

这里,学习兴趣、自信心、习惯、科学精神都属于德育的内涵,下一小节将会涉及这些主题。而数学的价值则与数学文化密切相关。根据西方学者所总结的数学史的教育价值以及《标准》所提出的数学的四类价值,结合 HPM 视角下的数学教学实践,我们将基于数学史的数学文化内涵分成知识源流、学科联系、社会角色、审美娱乐和多元文化等维度,见表 2-2。

表 2-2 HPM课例中的数学文化内涵分类框架

类别	代表性观点	作者
知识源流	数学史有助于学生从内容(问题与解答、猜想与证明等)和形式(数学符号、术语、表征、语言等)两个方面认识数学的演进过程	Tzanakis & Arcavi
学科联系	(1) 数学史给予数学以人文的一面; (2) 数学史是数学与其他学科之间的一座桥梁	福韦尔; Tzanakis & Arcavi
社会角色	(1) 数学史有助于解释数学在社会中的作用; (2) 数学史提供了社会与文化因素决定数学发展的例子	福韦尔; Gulikers & Blom; Tzanakis & Arcavi
审美娱乐	数学史告诉学生,促进数学发展的不仅有实用性因素,还有美学标准、智力好奇、趣味娱乐等因素	Tzanakis & Arcavi
多元文化	(1) 数学史有助于发展多元文化进路; (2) 数学史让学生认识数学文化的多元性; (3) 历史上数学通过许多不同文化演进; (4) 不同文化都对数学的形成产生过影响	福韦尔; Tzanakis & Arcavi; Jankvist

五个维度在《标准》中都有涉及。"知识源流"指的是某个知识点的历史发展过程以及相关的人物、事件、思想等。《标准》在必修课的函数主题上,要求"收集、阅读函数的形成与发展的历史资料,撰写小论文,论述函数发展的过程、重要结果、主要人物、关键事件及其对人类文明的贡献"(中华人民共和国教育部,2017);关于对数函数,要求"收集、阅读对数概念的形成与发展的历史资料,撰写小论文,论述对数发明的过程以及对数对简化运算的作用"(中华人民共和国教育部,2017)。在必修课的几何与代数主题上,要求"收集、阅读几何学发展的历史资料,撰写小论文,论述几何学发展的过程、重要结果、主要人物、关键事件及其对人类文明的贡献"(中华人民共和国教育部,2017);关于数列,在"教学提示"中指出"可以组织学生收集、阅读数列方面的研究成果,特别是我国古代的优秀研究成果,如'杨辉三角'、《四元玉鉴》等,撰写小论文,论述数列发展的过程、重要结果、主要人物、关键事件及其

对人类文明的贡献，感悟我国古代数学的辉煌成就”(中华人民共和国教育部，2017)。在选修课的对应主题上，也有类似要求。

“学科联系”指的是数学与其他学科之间的关联。《标准》在“课程性质”中指出：“数学是自然科学的重要基础，并且在社会科学中发挥越来越大的作用。”(中华人民共和国教育部，2017)在“基本理念”中要求“强调数学与生活以及其他学科的联系，提升学生应用数学解决实际问题的能力，同时注重数学文化的渗透”(中华人民共和国教育部，2017)；在“教学建议”中要求教师“了解数学知识之间、数学与生活、数学与其他学科的联系，开发出符合学生认知规律、有助于提升学生数学学科核心素养的优秀案例”(中华人民共和国教育部，2017)。

“社会角色”指的是数学对人类文明进步、社会发展所起的重要作用。《标准》在“课程性质”中称，“数学与人类生活和社会发展紧密关联……数学的应用已渗透到现代社会及人们日常生活的各个方面。……数学直接为社会创造价值，推动社会生产力的发展”(中华人民共和国教育部，2017)。

“审美娱乐”指的是数学美与趣味数学。《标准》在 D 类课程中设置了“美与数学”，包括“美与数学的简洁”、“美与数学的对称”、“美与数学的周期”、“美与数学的和谐”等。但《标准》几乎没有涉及趣味数学。

“多元文化”指的是不同文明、不同地域在同一数学课题上的成就和贡献。《标准》在“教材编写建议”中强调：“教材应当把数学文化融入到学习内容中，可以适当地介绍数学和科学研究的成果，开拓学生的数学视野，激发学生的学习兴趣与好奇心，培养学生的科学精神。‘课程内容’中在相应的地方给出了数学文化的提示，供编写者参考。希望教材编写者重视中国传统文化中的数学元素。”(中华人民共和国教育部，2017)

各维度与数学价值之间的联系如图 2-26 所示。

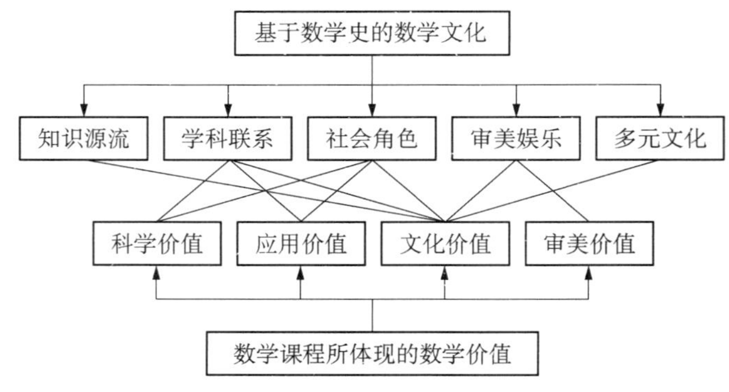

图 2-26　数学文化各维度与数学价值的对应关系

在HPM视角下的数学教学中，教师以不同方式运用了有关的数学史料（人物、事件、概念、术语、命题、思想、方法、工具、符号等），这些课例都让学生或多或少地了解、感悟了数学知识的源与流。按照Jankvist的“工具-目标”二维说，数学史本身就是数学学习的目标之一；数学史是数学文化不可或缺的一部分，在课堂上追溯知识之源，是揭示数学的文化价值的重要途径之一。

课例“平方差公式”（汪晓勤，2017）展示了赵爽的几何方法和他的治学精神；课例“同底数幂的运算”（齐春燕 & 顾海萍，2015）再现了古希腊数学家阿基米德数沙的方法和他与叙拉古王子的故事；课例“全等三角形的应用”（陈嘉尧，2016）融入了古希腊数学家泰勒斯的测量方法并讲述了他的故事；课例“可化为一元一次方程的分式方程”（洪燕君 & 顾海萍，2015）以13世纪斐波那契（L. Fibonacci，1175? —1250?）的雇工付酬问题来引入新课题；课例“一元二次方程的配方法”（沈志兴 & 洪燕君，2015）采用了阿拉伯数学家花拉子米（al-Khwarizmi，780? —850?）的几何解法；课例“函数的概念”（方倩 & 杨泓，2016）追溯了“函数”概念从解析式定义到变量依赖关系定义的历程以及“函数”一词的来历；等等。这些课例往往都涉及一个人物、一个问题、一种方法、一个主题，使课堂洋溢着文化的芬芳。

数学史告诉我们，数学与人类其他知识领域（自然科学、人文与社会科学、艺术等）息息相关，M·克莱因曾将“文化原理”列为数学课程四大原理之一，认为数学教学中应该将数学与其他学科知识联系起来（Kline，1958）。数学史正是沟通数学与其他学科的一座桥梁。因此，数学与其他学科之间的联系乃是课堂上数学文化的重要内涵之一。

在课例“有理数的乘法”的引入环节，教师采用了19世纪法国著名作家司汤达（Stendhal，1783—1842）自传中所记载的作者学习“负负得正”法则的故事。故事中，司汤达的两个老师夏贝尔和迪皮伊都未能为他解释为什么负负得正，当老师将负数解释为欠债时，司汤达追问：500法郎的债务乘以10 000法郎的债务，何以能得到5 000 000的收入？直接导致老师“崩溃”。教师由此提出：如何帮司汤达解决这一困惑？

在课例“勾股定理”（李秀娟，2016）中，教师尝试从海涅（H. Heine，1797—1856）的一首诗开始：

真理，她的标志是永恒

暗昧世界始见她的光明

毕氏定理今犹在

恰似初授时的情形

缪斯女神把这光芒馈赠
毕达哥拉斯要把祭礼行
百牛烤熟又切片
难表心中感激之情

从那天起，当它们臆测
又一个真理揭开了面容
在地狱般的圈栏
暴发出一阵阵哀鸣

难阻真理发现者的暴行
毕氏让它们永不得安宁
它们瑟瑟颤抖着
绝望地闭上了眼睛

这首诗表达了诗人对弱者的同情之心，诗中的施暴者正是发现勾股定理(后人称之为“百牛定理”)的毕达哥拉斯学派。教师由此提出问题：究竟是怎样的一个几何定理，能让数学家和牛结下“千古仇怨”呢?

利用文学作品来教数学，是数学教学中体现学科联系的途径之一。体现学科联系的 HPM 课例富有吸引力，令人耳目一新。

数学在人类文明史上发挥着举足轻重的作用，应用的广泛性正是数学的基本特点之一。比利时-美国科学史家萨顿(G. Sarton, 1884—1956)甚至认为，数学史是文明史的核心。数学的“社会角色”，主要指的是数学的应用价值。

在上一章的表 1－1 中我们看到，荷兰 HPM 学者冯马南曾将 14 世纪意大利的一个法律案例用于课堂教学：如图 2－27，甲、乙两块土地的主人都想获得洪水过后所产生的肥沃的淤积地，问：二人如何分配这块淤积地？意大利法律教授巴托鲁斯给出了分配方案：淤积地离谁家原有土地的边界更近，就归属谁家(Van Maanen, 1992)。学生经过探究得出，图中两条边界线所构成角的平分线就是两家各得的淤积地的分界线。接着，将边界线换成圆弧以及更一般的曲线，让学生进一步探究淤积地的分配方法。这是法律问题用于数学教学的例子，体现了数学

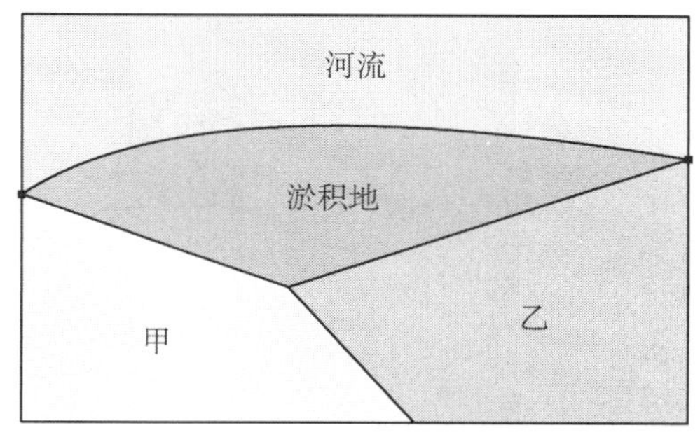

图 2 - 27 淤积地分配问题

文化的“学科联系”内涵。

王进敬老师在课例“相似三角形的应用”(王进敬 & 汪晓勤,2011)中将古希腊萨默斯隧道的设计问题用于课堂教学,深受学生的喜爱。

萨默斯隧道(图 2 - 28)全长 1 036 米,横断面宽和高均为 1.8 米,被誉为古代水利工程的奇迹。教师在介绍该隧道的基本信息之后,提出问题:公元前 6 世纪的古希腊人究竟是如何设计隧道的?他们何以能将隧道开凿得如此精准?在学生热烈讨论之后,教师揭开了隧道背后的秘密。如图 2 - 29 所示,隧道的北、南入口分别为 A 和 B。从南入口 B 出发,在山外筑一条水平的道路 $BCDEFGHIJ$,接近北入口,这条路由若干直线段首尾连接而成,相邻两段互相垂直。再从北入口 A 筑一条路 AK 垂直于 IJ,垂足为 K。过 A 作 CB 延长线的垂线,垂足为 L,连结 AB,于是得 $\mathrm{Rt}\triangle ALB$,利用山外路段的长度,易于算出直角边 AL 和 BL 的长

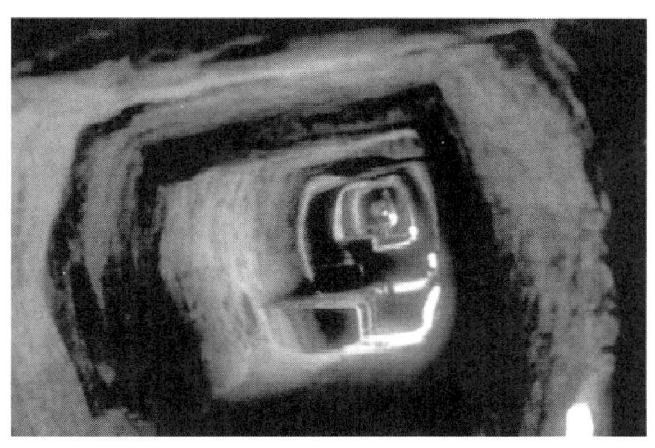

图 2 - 28 萨默斯隧道

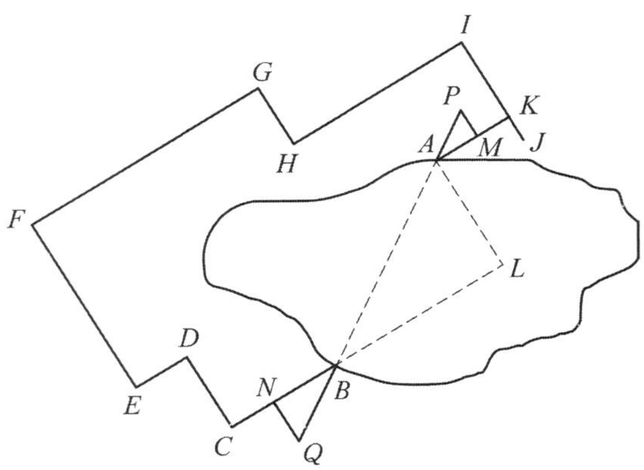

图 2-29　古希腊数学家海伦所记载的隧道设计方法

度。分别在 AK 和 BC 上取点 M 和 N，过点 M 作 AK 的垂线段 MP，过点 N 作 BC 的垂线段 NQ，使得 $PM:AM=QN:BN=AL:BL$，于是 $\mathrm{Rt}\triangle AMP$、$\mathrm{Rt}\triangle BLA$、$\mathrm{Rt}\triangle BNQ$ 两两相似，因此，P、A、B、Q 四点共线。因此，只要在 P、Q 两处放置标志物，南北两个工程队在开凿过程中始终能看到标志物，即能确保方向正确了。

绝大多数学生对数学史产生了浓厚的兴趣，也十分认可数学史融入数学教学的方式。海伦所记载的上述隧道设计方法让学生惊叹几何学的应用价值和神奇力量，真切感受到了数学与现实生活之间的密切联系，深刻体会到了数学的社会角色。

世界因数学而美丽，数学因教育而精彩。虽然数学美无处不在，但这种美是针对具备一定鉴赏力的学生而言的。而学生对于数学美的鉴赏，需要教师在课堂上创造机会并给予引领。在课例“字母表示数”（王进敬，2011）中，教师用英国幽默作家杰罗姆（J. K. Jerome，1859—1927）《懒人懒办法》中的一段文字来说明字母表示数的意义：

12 世纪的青年堕入情网，你可别指望他会后退三步，凝视情人的眼睛，然后告诉他：你太美了，美得简直不像活人。他会说他要到外边去看看。倘若正好碰上那么一位仁兄，并打破他的脑袋——我指的是另外那个家伙的脑袋，这就说明他——前一个人的情人是个漂亮姑娘。但要是另一个家伙打破他的头——不是他自己的，这你知道，而是另一个家伙的——另一个家伙是对第二个家伙而言的，这就是说，因为事实上另一个家伙仅仅对于他来说是另一个家伙，而不是第一个家伙——好了，如果他的头被打破，那么他的女孩——不是另一个家伙的，而这个家伙——你瞧，如果 A 打破了 B 的头，那么 A 的情人就是一个漂亮女孩；反之，如果 B 打破了 A 的头，那么 A 的情人就不是个漂亮女孩，而 B 的情人才是。

尽管这段文字无关数学，但从侧面展示了数学的简洁之美。而在课例“完全平方公式”中，教师介绍了古希腊数学家欧几里得在《几何原本》卷二中给出的命题：“任意分一线段成两段，则整段上的正方形等于两分段上的正方形与两分段所构成矩形的二倍之和。”让学生感受今日符号语言的简洁之美和对称之美。

历史上的趣味数学问题是 HPM 课例的重要素材。在课例“一元一次方程”中，教师运用了《希腊选集》中的丢番图墓志铭；在课例“二元一次方程组的概念”中，教师采用了古希腊数学家欧几里得的著名趣味问题：骡子和驴驮着酒囊行走在路上，为酒囊重量所压迫，驴痛苦地抱怨着，听到驴的怨言，骡子给她出了这样一道题——“妈妈，你为何眼泪汪汪，满腹牢骚，抱怨的应该是我才对呀！因为，如果你给我一袋酒，我负的重量就是你的 2 倍；若你从我这儿拿去一袋，则你我所负重量刚好相等。”好心的先生，数学大师，请你告诉我，他们所负酒囊各几袋？

历史上的趣味问题仿佛陈年佳酿，历久弥香；学生仿佛穿越时空，与古人一起感受数学带来的愉悦。

古人云：心同理同。数学并非某一个国家、某一个民族的专利，不同时空的数学家都做出了自己的贡献，数学史揭示了数学文化的多元性。因此，“多元文化”构成了数学文化的重要内涵。

在课例“二元一次方程组的应用”（汪晓勤，2017）中，教师运用了古代中国、古巴比伦、中世纪欧洲的数学问题。学生认为，古代数学问题让他们体会到古代不同文明的数学文化，开阔了他们的视野。在课例“分数指数幂”（汪晓勤，2017）中，教师展示了 14 世纪法国数学家奥雷姆、16 世纪荷兰数学家斯蒂文（S. Stevin，1548—1620）、17 世纪荷兰数学家吉拉德、英国数学家牛顿（I. Newton，1643—1727）等对分数指数幂概念和符号表达的贡献（图 2 - 30），呈现了数学的演进性和数学文化的多元性。

图 2-30　分数指数幂概念和符号的历史演进

2.1.6　德育之效

《左传·襄公二十四年》:“太上有立德,其次有立功,其次有立言,虽久不废,此之谓不朽。”立德、立功和立言后来就被称为“三不朽”。德才兼备一直是中国古代对人才的要求,司马光称:“才德全尽谓之圣人,才德兼亡谓之愚人,德胜才谓之君子,才胜德谓之小人。”古希腊“三杰”苏格拉底、柏拉图和亚里士多德都倡导以陶冶人的美德和训练人的理性作为教育的目标,其中,美德包括正义、智慧、勇敢和节制。意大利人文主义教育家弗吉利奥(P. P. Vergerio, 1349—1420)认为,学问和品行是一个人共同的学习目标,而学问从属于道德。(博伊德 & 金,1985)今天,“立德树人”是教育的根本任务,如何在教育教学中落实“立德树人”,是数学教育研究的重要课题。

19 世纪以前,西方学者对数学的教育价值有过长期的讨论。概括起来,有训练思维、发展心智、获得真知、知识基础、现实应用、美化心灵、消遣娱乐、惩戒浮躁等。(Cajori, 1928)其中,美化心灵、惩戒浮躁等已经与德育相关了。20 世纪初,英国工程师、教育家培利(J. Perry, 1850—1920)提出数学的一种全新的教育价值:“数学让一个人知道独立思考的重要性,摆脱权威之桎梏;让他相信,无论他是服从还是命令,他都只是最高等动物中的一个而已。”(Mock, 1963)这一价值也属于德育的范畴:数学让一个人树立在“真理面前人人平等”的意识,不迷信权威,不盲从他人，思想独立，不卑不亢。

在《标准》所提出的情感信念目标中，兴趣、自信心、习惯、科学精神都属于德育的范畴。HPM 视角下的数学教学由于在数学与人文之间架起一座桥梁，因而在德育上可以发挥独特的优势。根据西方学者对于数学史教育价值的讨论与《标准》的要求，结合 HPM 视角下的数学教学实践，我们将数学史的德育价值分为理性、信念、情感、品质四个维度，见表 2-3。

表 2-3 基于数学史的数学学科德育的内涵分类框架

类别	部分代表性观点	作者
理性	数学史可以培育学生坚持真理、不懈探究、追求创新的精神。	Tzanakis & Arcavi
信念	数学史可以改变学生的数学观。 数学史揭示： (1) 是人类参与了数学的演进，数学乃是人类的一种文化活动，因此，数学是一门人性化的学科； (2) 数学是一门不断演进的学科，而不是一个僵化的真理系统； (3) 在数学上，错误、启发式论证、不确定性、怀疑、直观论证、死胡同、争议、问题的另类解法不仅是合情合理的，而且也是数学在发展过程中不可分割的一部分	福韦尔； Tzanakis & Arcavi； Jankvist
情感	数学史可以 (1) 增加学生的学习动机； (2) 使数学不那么可怕； (3) 使数学变得更亲和、更令人愉悦、更激动人心； (4) 增加对数学的兴趣； (5) 让学生认识到学习数学不可避免会遇到困难，因而获得心理安慰； (6) 消除数学学习上的性别差异，从而鼓励女生学习数学	福韦尔； Gulikers & Blom； Jankvist
品质	(1) 数学史告诉学生：面对挫折、失败和错误，不必灰心丧气； (2) 数学史可以让学生学会摈弃自我为中心的思维习惯，学会倾听、尊重和包容； (3) 数学史可以培养优秀生的远见卓识	Tzanakis & Arcavi； Arcavi & Isoda； 福韦尔； Gulikers & Blom

这里，我们以陈嘉尧老师的 HPM 课例“全等三角形的应用”(陈嘉尧，2016)为例，说明数学史融入数学教学的“德育之效”。教师首先播放小黄人过天堑的动画片片段(图 2-31)，据此提出问题：小黄人如何测量天堑的宽度？学生经过交流讨论，提出构造全等三角形的方案；然后经过质疑、辨析，不断对测量方案进行完善，最终得到古希腊数学家泰勒斯的基于角边角定理的测量方法。

图 2-31　小黄人过天堑

如图 2-32 所示，将两根木棍钉在一起，成了一个类似圆规的工具。将其中一根木棍垂直地面固定，从 C 看向 B 处，调整角度，得到 $\angle ACB$，接着向后转 $180°$，从 C 瞄过去，小黄人依次从 A 躺到 B'，一看到 B' 有人，就停止即可。

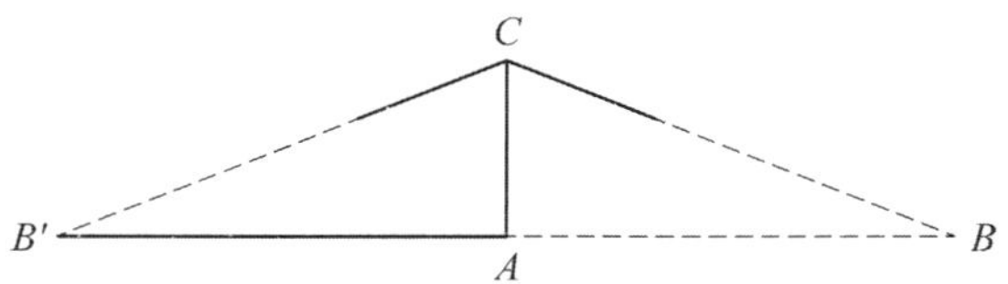

图 2-32　学生在课堂上构想的泰勒斯测量法

接着，教师播放讲述泰勒斯故事的微视频。然后是课堂练习、小结。教师让学生课后写下对于本节课的感受。

首先是信念。通过本节课，许多学生认识到数学的价值、数学与现实生活之间的联系。

生 1： 这节课引发了大家内心的思考。从小黄人问题开始，我就对数学有了一种新的认识。学过的知识可以运用于生活实际，这令我感到奇妙，带给我学习数学的新动力。

生 2： 经过小黄人问题探究后，我对数学有了一个全新的认识。如果以前完全是为了数学而学数学的话，现在就有了实践应用的成分。数学有很强的实践性和广泛的应用，长期的解题，让我们几乎失去了将数学应用于实际生活中的能力。在小黄人问题中，我至少写出了四五种甚至更多种的办法。

生 3： 真的，我渐渐发现了数学的美丽，它绝不仅仅是一个死板枯燥的学科，它是一个广阔无垠的世界，一个拥有无限可能、无限机会和无限美丽的新世界。

其次是品质。数学家的故事引发学生对困难、挫折、失败甚至人生成败等的深刻思考。此外，本节课的探究过程让学生对倾听、交流、合作等有了新的认识。

生 4： 在学习知识、研究问题时，应该有不懈的钻研精神。对于课上的问题，刚开始，大家想了半天，也就得出一种方案。但现在不就有五种方案了吗？没有成功做到极限值，就轻言放弃，只会失去即将得到的成功。即使 100 次你也未成功，那么为何不尝试第 101 次呢？经历本节课之后，我认为学习时知难而进，终能成功。

生 5： 多少人正如泰勒斯，在探索的道路上太过专注却遭受了打击，多少人中途放弃，又有多少人坚持下来最后取得了成功，而那些放弃了的人依旧平庸，而大部分的人选择默默一生，他们就像那些永远躺在坑底，从来不仰望高空的人，生活安逸却从不探索新知，纵然不会遭受磨难，也不会有大的成就，只有专注走在探索这条路上的人，不怕磨难打击，风雨过后定会有彩虹。

生 6： 人生遇到挫折要积极想办法度过，就算是同样的低谷，也有不同的应对方法；就算是同一条道路，你也可以选择倒着走，跳着走，要是本事再大一点，还可以飞嘛！

生 7： 这节课中，我印象最深的就是老师在视频中所讲的泰勒斯的故事。第一，观星而掉坑，说明他很专注；第二，准确预言天气，说明他很博学，且对所学知识运用得当。这些令我十分钦佩，至于掉坑，我认为那实在是十分次要的事。天才总会有些与众不同，而那些不掉坑而关注脚下的人，他们已忘了求知，他们的思维已僵化，终其一生，也只是个普通人。

生 8：今天的问题是全班齐心协力想出来的，一个接一个补充，这样就想出这些办法，这让我又一次感受到了团结就是力量。思考＋团结＝答案。

生 9：我收获了三点，一是成功的方法永远不止一种；二是团结合作；三是每个人都有多种思想，与别人一交换，自己就多了各种思想。

在 HPM 教学案例的实施过程中，数学家似乎成了班级里一名"额外"的学生，而每一位学生在不知不觉中都成了数学家。跨越时空的交流，让学生亲近数学、热爱数学、树立学习的自信心，成为数学学习的主人，这也是数学学科德育的内涵。

2.1.7 小结

数学史对学生的教育价值的六维度框架涵盖了一个世纪以来（特别是 20 世纪 70 年代以来）西方学者所总结的各类价值，与我国数学课程目标（四基四能、核心素养、情感信念）具有密切的对应关系。在实践篇中，我们将看到，该框架进一步得到各 HPM 课例的检验，是有效的。

在不同的 HPM 课例中，数学史所体现的教育价值不尽一致，其中，"知识之谐"、"文化之魅"和"德育之效"三类价值为所有课例所共有；"方法之美"主要出现于涉及公式或定理的课例中，"探究之乐"主要出现于有关概念、公式或定理的课例中。"能力之助"可以出现于任何 HPM 课例，不过，因数学史融入数学教学并非能力培养之唯一途径，故并非所有课例中的数学史料都能够在这方面发挥独特作用。

2.2 HPM 课例对教师的教育价值

数学教师专业发展的目标包括知识、信念、能力等方面，其中，教师的知识可以用美国数学教育家鲍尔提出的 MKT 理论来刻画。所谓 MKT，是 Mathematical

Knowledge for Teaching 的简称，指的是“完成数学教学工作所需要的数学知识”(Ball 等，2008)，其组成成分如图 2-33 所示。

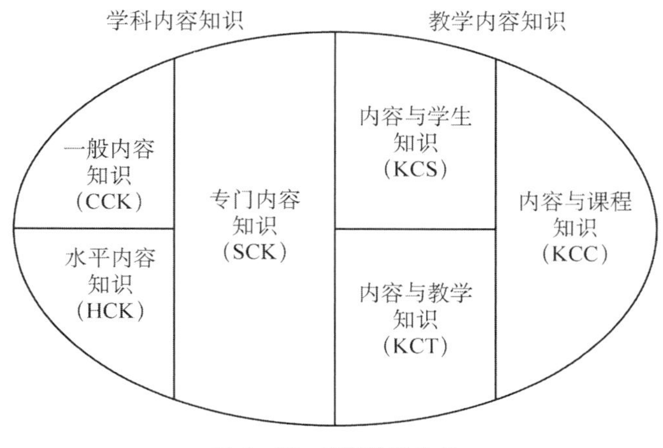

图 2-33 MKT 的结构

“一般内容知识”是指除教学外，在其他背景下也使用的数学知识和技能；“专门内容知识”是指教学所特有的数学知识和技能；“水平内容知识”是关于整个数学课程中数学主题之间联系的知识；“内容与学生知识”是指对学生的了解和对数学的了解相结合的知识；“内容与教学知识”[对应于范良火的“教学的内容知识”和“教学的方法知识”(范良火，2013)]是指对如何教授的了解和对数学的了解相结合的知识；“内容与课程知识”[对应于范良火的“教学的课程知识”(范良火，2013)]是指关于课程大纲、课程标准、教科书、教学材料以及其他教学资源的知识。

在 HPM 领域的研究课题(见第 1 章)中，“HPM 与教师专业发展”这一课题主要研究数学教师在学习 HPM 知识(HPM 的教育价值、研究方法等)、了解 HPM 课例、实践 HPM 视角下的数学教学过程中在专业发展上所发生的变化。本节探讨数学史与教师的 MKT 之间的关系。

2.2.1 数学史与专门内容知识

就一个知识点(概念、公式、定理、法则等)而言，一般内容知识与专门内容知识的重要区别是，前者属于“知其然”，而后者则属于“知其所以然”或“何由以知其所以然”。例如，“三角形内角和等于 180°”是一般内容知识，“为什么三角形内角和等于 180°”、“三角形内角和是如何发现的”则是专门内容知识。韩愈云：“师者，所以传道、受业、解惑也。”回答学生提出的各种“为什么”问题，属于“解惑”，是数学教师课堂内外要做的事，需要教师拥有专门内容知识。但在数学教学中，教师常常会遇到两类不同的“为什么”：一类是“逻辑上的为什么”，另一类则是“历史上的为什么”。

“逻辑上的为什么”问题往往针对公式、定理、法则而提出，尽管这类问题并不一定需要通过数学史来解决，但数学史提供了解决这类问题的丰富多彩的方法(方法之美)。在欧氏几何中，为什么三角形内角和等于180°？全等三角形诸判定定理如何证明？三角形中位线定理是如何发现，又如何证明？一元二次方程根与系数关系是如何发现，又是如何证明的？为什么负负得正？从历史上我们可以找到课本上没有，却更为精彩的多种不同的方法。可见，有关公式、定理、法则的专门内容知识都与数学史息息相关。

“历史上的为什么”问题往往是与数学名词、数学观相关的一些问题。小数是很小的数吗？有理数是有道理的数、无理数是无道理的数吗？为什么称未知数为“元”？平面直角坐标系中，平面为坐标轴所分成的四部分何以称为象限？为什么要学习乘法公式？为什么要学习演绎证明？诸如此类的问题并不能通过逻辑推理，而只能通过数学史来回答。因此，有关数学名词、术语以及数学观的专门内容知识实际上都与数学史密切相关。

2.2.2 数学史与水平内容知识

在整个数学课程中，知识点之间的纵向联系往往是按照某种逻辑体系来建立的，但在很多情况下，这种联系的逻辑性并不强，或者，并不符合学生的认知基础；而数学史却是联系这些知识点的桥梁。

以函数概念为例。初中的变量说定义和高中的对应说定义是属于函数概念历史演进过程(图 2-34)中的两个不同阶段，因而函数概念的历史成了数学教师的水平内容知识。

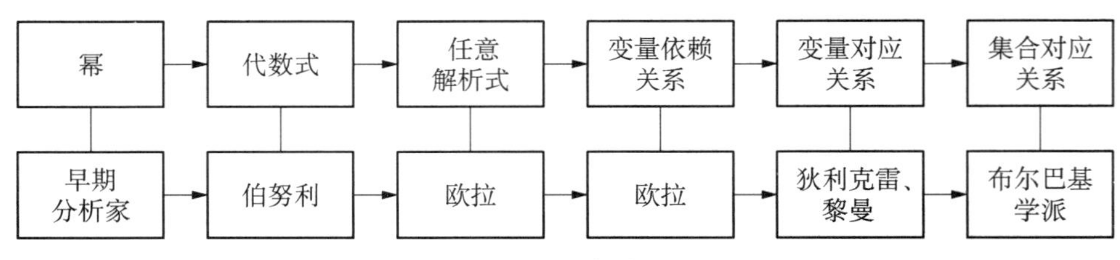

图 2-34　函数概念的演进

另一个例子是平面三角学。初中的锐角三角比概念和高中三角函数概念之间有何联系？三角函数的历史清晰地为我们提供了答案。在古希腊，三角学只是人们研究天文学的一个工具，天文学家关心的是，已知弧长，求对应的弦长。这里，弧所对的圆心角均为锐角。到了15世纪，三角学脱离天文学，成了几何学的一部分，其主要任务是解三角形。18世纪以后，角的概念得到了拓广，三角函数不再局限于锐角或钝角，而是任意角，三角函数的周期性应运而生，因而三角函数成了刻画现实世界各种周期现象的数学模型。因此，初中数学中的三角学对应于三角学历史演进过程的第二阶段，高中数学中的三角学则对应于第三阶段。这样，初高中三角学之间的联系也就昭然若揭了。

2.2.3 数学史与学生知识

数学理解的历史相似性使得“内容与学生知识”与数学史具有密切的关系：历史是一面镜子，前人在数学概念理解过程中所遇到的困难和障碍，往往也是今天的数学课堂上学生会遇到的困难和障碍。从数学理解的意义上说，了解历史，也就了解了学生，通过历史，可以解释学生的学习困难。

在数学史上，数系的每一次扩充都伴随着人们在认识上的困惑和困难。尽管在古代中国，数学家出于解方程组的需要而引入了负数，但在西方，18世纪还有人问：“世界上还有什么小于一无所有？”直到19世纪，还有数学家认为负数是“荒谬的”。负数大小比较问题也完全没有我们想象的那样简单。历史上，笛卡儿(R. Descartes，1596—1650)、牛顿、欧拉、波尔查诺、阿贝尔等数学家都有不同于今天的理解，他们的观点都可以归结为“数轴上离原点越远的数越大”或“绝对值越大，数越大”(Thomaidis & Tzanakis，2007)。据此有$-4>-1$。至于“负负得正”这一运算法则，更是历史上的一个难点，司汤达就是因为自己的两位数学老师未能解释“为什么负负得正”而失去了对数学的兴趣。数学家对负数及其序关系以及负数运算法则的认识论障碍提示我们：学生在学习负数概念时必会遭遇困惑或出现错误。

另一个例子是用字母表示数。从用字母表示未知数到用字母表示任意数，人类花了1300年时间！据此完全可以预测，学生在学习字母表示数时，一定存在困难，而从算术思维到代数思维的跨越必是一个缓慢的过程，不可能一蹴而就。

可见，数学史丰富、完善或深化了“内容与学生知识”。而对于缺乏教学实践经验的职前或职初教师来说，数学史本身就构成了“内容与学生知识”的一部分。

2.2.4 数学史与教学知识

在讨论数学史对教师的价值时，许多西方学者都认为，数学史乃是教师改善教学的工具。琼斯认为，数学史提供新课引入的话题以及帮助学生“发现”新概念或新思想的方法；F・克莱因认为，教师未能采用自然的、真正科学的教学方法，原因就是数学史知识的缺乏；M・克莱因断言，数学史是教学的指南；Tzanakis 和 Arcavi 指出，通过数学史，教师可以确定新知引入的动机。（汪晓勤，2017）

历史上，一个概念、公式、定理、法则甚至一个数学分支学科的产生都有其内在或外在的动因，也都有演进的过程。这种动因和过程为“怎么教”提供了参照。本书实践篇中的许多课例，其设计都是借鉴历史而产生的。历史上的无理数诞生于正方形对角线与边长之比问题，故我们从 A4 纸的长宽之比问题引入；由于历史上完全平方公式源于开方，故我们从正方形边长问题引入；历史上三角形或梯形中位线源于土地分割，故我们从四等分三角形土地问题引入；古人在缺乏符号代数的情况下借助几何方法来解一元二次方程，故我们同时采用了几何与代数表征来讲授该主题；等等。

2.2.5 数学史与课程知识

数学史在多方面丰富、完善教师的“内容与课程知识”。首先，数学史的六类教育价值有助于教师对数学课程目标以及教科书的理解。其次，数学史知识有助于教师对数学课程中的知识体系的理解。

再次，数学史也为教师鉴别、创造性使用教科书提供了依据。例如，沪教版初中数学教科书中，“边边边”定理是未加证明给出的，但数学史告诉我们，早在公元 1 世纪，拜占庭数学家菲罗（Philo）就利用等腰三角形性质以及“边角边”定理来证明该定理，也就是说，在学习了等腰三角形性质之后，教师可以补充该定理的证明。

最后，数学史是一座宝藏，其中含有取之不尽、用之不竭的教学素材和思想养料，因而是数学教师的重要教学资源。针对某一个特定的知识点，教师关于相关数学史素材的知识是“内容与课程知识”不可或缺的一部分。

2.2.6 结语

以上我们看到，数学史不仅有助于发展和完善教师的 MKT，而且在很多情况下就是教师 MKT 的不可或缺的一部分。图 2 - 35 给出了数学史与 MKT 之间的关系。从知识的角度来看，数学史融入数学教学的实践乃是教师专业发展的有效途径之一。

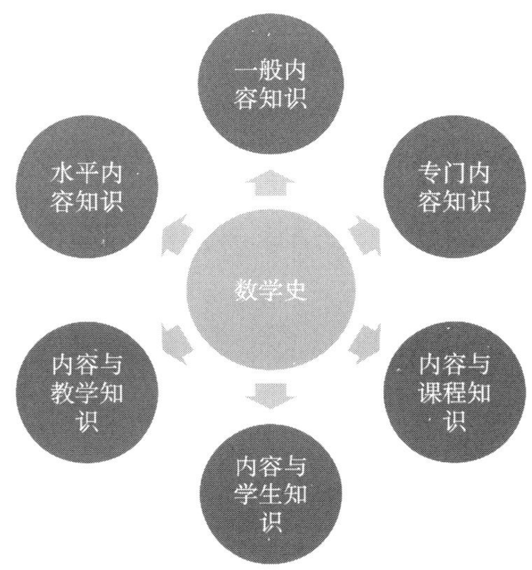

图 2-35 数学史与 MKT

目前,关于 HPM 与数学教师专业发展的关系的实证研究还远远不够,我们有理由相信,它将是未来 HPM 研究的最重要、最有吸引力的方向之一。

参考文献

[1] 陈嘉尧. HPM 微课在全等三角形教学中的应用[J]. 数学教学,2016(6): 41—45.
[2] 博伊德,金. 西方教育史[M]. 任宝祥,吴元训,主译. 北京: 人民教育出版社,1985.
[3] 第斯多惠. 德国教师培养指南[M]. 袁一安,译. 北京: 人民教育出版社,1990.
[4] 范良火. 教师教学知识发展研究[M]. 上海: 华东师范大学出版社,2013.
[5] 方倩,杨泓. HPM 视角下的初中函数概念教学[J]. 中学数学月刊,2016(11): 40—43.
[6] 郭书春. 中国科学技术典籍通汇(数学卷)卷一[M]. 沈阳: 辽宁教育出版社,1994.
[7] 洪燕君,顾海萍. "可化为一元一次方程的分式方程": 按五项原则融入数学史[J]. 教育研究与评论(中学教育教学),2015(1): 42—46.
[8] R·柯朗,H·罗宾. 什么是数学[M]. 左平,张饴慈,译. 上海: 复旦大学出版社,2005.
[9] 夸美纽斯. 大教学论[M]. 傅任敢,译. 北京: 教育科学出版社,1999.
[10] 李秀娟. 数学史融入勾股定理教学的行动研究[D]. 上海: 华东师范大学,2016.
[11] 宁连华. 动态数学观: 数学探究学习的本体论基础[J]. 徐州师范大学学报(自然科学版),2006,24(2): 46—49.
[12] 裴斯泰洛齐. 裴斯泰洛齐教育论著选[M]. 夏之莲,等,译. 北京: 人民教育出版社,1992.
[13] 齐春燕,顾海萍. "同底数幂的运算": 以重构和顺应的方式融入数学史[J]. 教育研究与评论(中学教育教学),2015(3): 39—42.
[14] 沈志兴,洪燕君. 一元二次方程的配方法: 用历史体现联系[J]. 教育研究与评论(中学教育教学),2015(10): 38—42.

[15] 斯宾塞. 斯宾塞教育论著选[M]. 胡毅,王承绪,译. 北京:人民教育出版社,2005.
[16] 司马光. 资治通鉴(卷第一,周纪一)[M]. 北京:中华书局,1956.
[17] 汪晓勤. 三角形内角和定理:从历史到课堂[J]. 中学数学月刊,2012(6):38—40.
[18] 汪晓勤. HPM:数学史与数学教育[M]. 北京:科学出版社,2017.
[19] 汪晓勤,郭锦融. 古希腊数学中的"均值不等式"[J]. 中学数学月刊,2015(2):54—56.
[20] 汪晓勤,张安静. 平方差公式的历史[J]. 中学数学教学参考(初中版),2010(11):64—66,20.
[21] 王进敬. 数学史融入七年级数学教学的行动研究[D]. 上海:华东师范大学,2011.
[22] 王进敬,汪晓勤. 运用数学史的"相似三角形应用"教学[J]. 数学教学,2011(8):22—25,32.
[23] A·D·亚历山大洛夫,等. 数学:它的内容,方法和意义(第一卷)[M]. 王元,万哲先,译. 北京:科学出版社,2001.
[24] 中华人民共和国教育部. 普通高中数学课程标准(实验稿)[M]. 北京:人民教育出版社,2003.
[25] 中华人民共和国教育部. 普通高中数学课程标准(2017 年版)[M]. 北京:人民教育出版社,2017.
[26] Arcavi, A., Isoda, M. Learning to listen: from historical sources to classroom practice [J]. *Educational Studies in Mathematics*, 2007,66(2): 111 - 129.
[27] Ball, D. L. et. al. Content Knowledge for Teaching [J]. *Journal of Teacher Education*, 2008 (59): 389 - 407.
[28] Cajori, F. *Mathematics in Liberal Education* [M]. Boston: The Christopher Publishing House, 1928.
[29] Chapman, O. Elementary school teachers' growth in inquiry-based teaching of mathematics [J]. *ZDM*, 2011,43(6): 951 - 963.
[30] Chin, E. et al. Analyzing changes in four teachers' knowledge and practice of inquiry-based mathematics teaching [J]. *The Asia-Pacific Education Researcher*, 2016, 25 (5): 845 - 862.
[31] Colebrooke, H. T. *Algebra with Arithmetic and Mensuration, from the Sanscrit of Brahmegupta and Bhascara* [M]. London: J. Murray, 1817.
[32] Euler, L. *Elements of Algebra* [M]. London: Longman, Hurst, Rees, Orme, & Co, 1822.
[33] Fauvel, J. Using history in mathematics education [J]. *For the Learning of Mathematics*, 1991,11(2): 3 - 6.
[34] Gulikers I., Blom K. A historical angle: A survey of recent literature on the use and value of history in geometrical education [J]. *Educational Studies in Mathematics*, 2001 (47): 223 - 258.
[35] Jankvist U. T. A categorization of the 'whys' and 'hows' of using history in mathematics education [J]. *Educational Studies in Mathematics*, 2009(71): 235 - 261.
[36] Kline, M. The ancients versus the moderns: a new battle of the books [J]. *Mathematics Teacher*, 1958,51(6): 418 - 427.
[37] Kline, M. Logic versus pedagogy [J]. *American Mathematical Monthly*, 1970, 77 (3): 264 - 282.
[38] Lacroix, S. F. *Elements of Algebra* [M]. Boston: Hilliard, Gray, Little and Wilkins, 1831.
[39] Van Maanen, J. Teaching geometry to 11 year old "medieval lawyers" [J]. *The Mathematical Gazette*, 1992,76(475): 37 - 45.
[40] Mock, G. D. The Perry Movement [J]. *Mathematics Teacher*, 1963,55(3): 130 - 133.
[41] Neugebauer, O. & Sachs, A. *Mathematical Cuneiform Texts* [M]. New Haven: American Oriental Society, 1945.
[42] Pedaste M, et al. Phases of inquiry-based learning: Definitions and the inquiry cycle [J]. *Educational Research Review*, 2015(14): 47 - 61.
[43] Siegel, M., et al. Supporting students' mathematical inquiries through reading [J].

Journal for Research in Mathematics Education, 1998,29(4): 378 - 413.

[44] Thomaidis, Y. , Tzanakis, C. The notion of "parallelism" revisited: historical evolution and students' conception of the order relation on the number line [J]. *Educational Studies in Mathematics*, 2007(66): 165 - 183.

[45] Tzanakis, C. , Arcavi, A. Integrating history of mathmatics in the classroom: an analytic survey. In: J. Fauvel & J. Van Maanen (Eds.), *History in Mathematics Education* [M]. Dordrecht: Kluwer Academic Publishers, 2000.

[46] Viète, F. *The Analytic Art* [M]. New York: Dover Publications, 2006.

3 HPM 课例研究的方法

数学史融入数学教学的实践和案例开发是 HPM 研究的重要方向之一。所谓"HPM 视角下的数学教学",是指借鉴数学知识的发生发展、再现历史上的数学思想方法、充分利用数学历史资源的数学课堂教学,所涉及的数学史料包括人物、事件、概念、术语、公式、定理、问题、思想、方法、符号、工具等,其运用方式有附加式、复制式、顺应式和重构式四种,如图 3-1 所示。

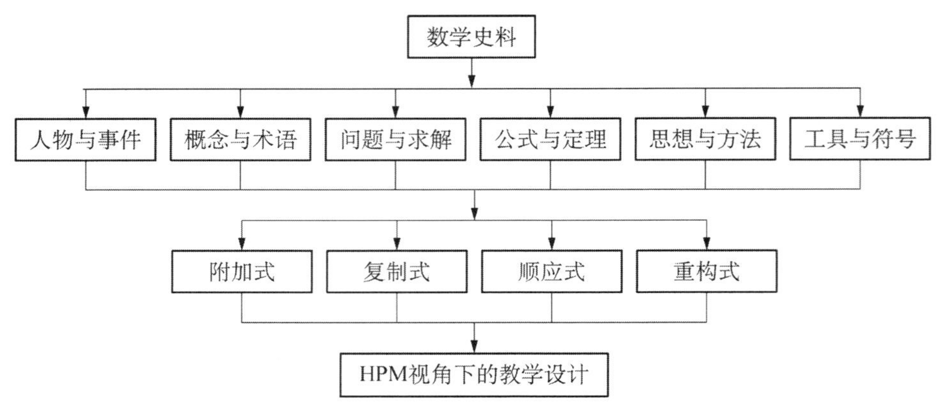

图 3-1　HPM 视角下的数学教学设计

所谓"HPM 课例",是指以解决某个教学问题为主旨、将数学史融入具体知识点的课堂教学案例,包括教学的缘起、设计、改进、实施、反馈和评价整个过程。

要开发出一个理想的 HPM 课例,既需要有好的历史材料,也需要有好的教学设计,就像一道好菜,既需要有好的食材,也需要有好的烹饪技术。中学数学教师手头往往缺乏合适的历史材料,而一个刚刚进入 HPM 领域的新手往往对于史料的运用方式不甚了了(如,误以为"将数学史融入数学教学"就是"讲点数学家的故事")。因此,在 HPM 领域,我们建立了一种专业学习共同体协同工作的模式,该共同体由大学研究者、中小学一线教师以及教师专业发展指导者组成。本书实践篇中的每一个 HPM 课例并不仅仅是执教者个人的成果，同时也是 HPM 专业学习共同体的成果。图 3 - 2 给出了 HPM 课例开发的具体流程。

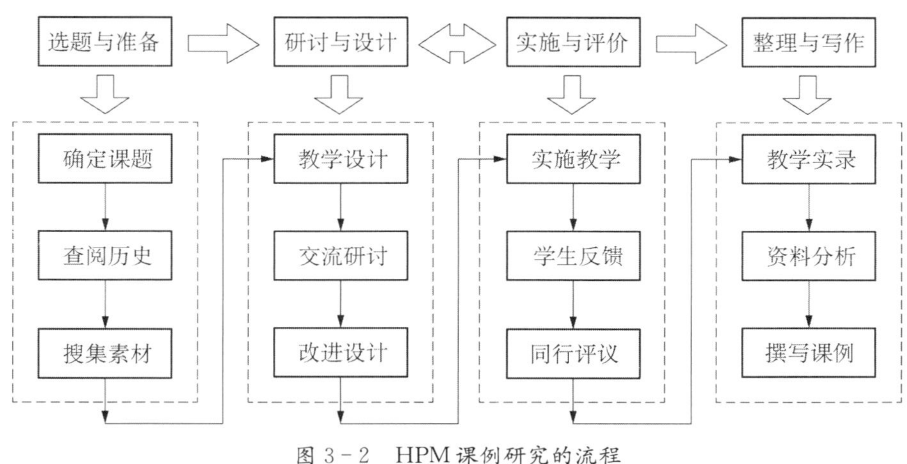

图 3 - 2 HPM 课例研究的流程

3.1 选题与准备

HPM 课例研究的选题取决于日常教学的进度以及 HPM 专业学习共同体对相关主题历史的了解程度和对史料的掌握情况。在正常教学进度下，若某个主题的历史脉络清晰，史料丰富，则该主题就会被优先考虑。

确定课题之后，高校研究者基于原始文献和二手研究文献，对有关主题的历史进行深入研究。其中，一手文献包括原始文献[如两河流域泥版书（图 3 - 3）、古埃及纸草书（图 3 - 4）、东西方历代数学名著（图 3 - 5）等]和历史上的数学教科书；二手文献包括权威的数学通史（如史密斯的《数学史》、卡约黎的《初等数学史》、博耶的《数学史》、伊夫斯的《数学史概论》、卡茨的《数学史通论》等）、数学国别史[如希思的《希腊数学史》（图 3 - 6）、钱宝琮的《中国数学史》（图 3 - 7）、刘钝的《大哉言数》、Sirinivasiengar 的《印度数学史》（图 3 - 8）等]、数学专题史（如范德瓦登的《古代文明的几何与代数》、卡茨等的《驯服未知数：从古代到 20 世纪初的代数史》等）以及专业数学史论文。一些数学史家相继编辑了东西方的数学史原始文献，如史密斯的《数学原始文献》、斯特洛伊克的《数学原始文献：1200～1800》、福韦尔的《数学史读本》、李文林的《数学珍宝》、卡茨的《东方数学选粹》等。

MATHEMATICAL CUNEIFORM TEXTS

EDITED BY

O. NEUGEBAUER AND A. SACHS

WITH A CHAPTER BY

A. GOETZE

Published jointly by the

AMERICAN ORIENTAL SOCIETY

AND THE

AMERICAN SCHOOLS OF ORIENTAL RESEARCH

NEW HAVEN, CONNECTICUT

1945

图 3－3 《数学泥版书》扉页

THE

RHIND MATHEMATICAL PAPYRUS

BRITISH MUSEUM 10057 AND 10058

PHOTOGRAPHIC FACSIMILE, HIEROGLYPHIC TRANSCRIPTION, TRANSLITERATION, LITERAL TRANSLATION, FREE TRANSLATION, MATHEMATICAL COMMENTARY, AND BIBLIOGRAPHY

IN TWO VOLUMES

MATHEMATICAL ASSOCIATION OF AMERICA

OBERLIN, OHIO, U. S. A.

1927

图 3－4 《莱茵德数学纸草书》扉页

THE THIRTEEN BOOKS

OF

EUCLID'S ELEMENTS

TRANSLATED FROM THE TEXT OF HEIBERG

WITH INTRODUCTION AND COMMENTARY

BY

T. L. HEATH, C.B., Sc.D.,

SOMETIME FELLOW OF TRINITY COLLEGE, CAMBRIDGE

VOLUME I

INTRODUCTION AND BOOKS I, II

CAMBRIDGE:

at the University Press

1968

图 3－5 希思《几何原本》译注本扉页

A HISTORY

OF

GREEK MATHEMATICS

BY

SIR THOMAS HEATH

K.C.B., K.C.V.O., F.R.S.

SC.D. CAMB.; HON. D.SC. OXFORD

HONORARY FELLOW (FORMERLY FELLOW) OF TRINITY COLLEGE, CAMBRIDGE

'. . . An independent world,

Created out of pure intelligence.'

WORDSWORTH.

VOLUME I

FROM THALES TO EUCLID

OXFORD

AT THE CLARENDON PRESS

1921

图 3－6 希思《希腊数学史》扉页

图 3－7 钱宝琮《中国数学史》

The History of
Ancient Indian Mathematics

By
C. N. SRINIVASIENGAR, D.SC.,
Formerly, Professor of Mathematics at the Mysore and
Karnatak Universities ; at present, Hon. Professor
of Mathematics, Bangalore University

CALCUTTA
THE WORLD PRESS PRIVATE LTD
1988

图 3－8 Sirinivasiengar 的《印度数学史》

数学史是一个巨大的宝藏，其中蕴含着丰富的教学资源；但另一方面，一线教师常常感叹“巧妇难为无米之炊”。在 HPM 专业学习共同体中，高校研究者的历史研究为一线教师解决了史料缺乏的问题。

除了历史研究，HPM 专业学习共同体的成员还需要通过查阅文献，对同一课题已有的教学设计进行总结与分析，以确保 HPM 视角下的教学设计的新颖性。

完成了文献研究之后，高校研究者选取合适的历史素材（包括已经发表的涉及相关课题的历史研究文献，如图 3－9），供一线教师学习、参考。后者利用相关素材，进行初步的教学设计。

3.2 研讨与设计

在 HPM 专业学习共同体定期举行的讨论班上，一线教师汇报自己的教学设计，共同体成员根据教学目标和 HPM 理论，对教学设计展开研讨。研讨的主题有教学目标、史料选择、史料运用、前人设计等。

首先是教学目标。将数学史融入数学教学，主要是为了达成特定的教学目标，而不是为了数学史本身。也就是说，数学史主要是达成教学目标的工具，而不是教学目标本身。就三维目标而言，在数学史的六类教育价值中，“知识之谐”对

三角形内角和定理：从历史到课堂

汪晓勤 （华东师范大学数学系 200241）

HPM视角下的数学教学设计正在引起越来越多中学数学教师的兴趣，但这种教学设计是建立在有关历史研究基础之上的．最近，一位初中数学教师希望开发一个有关三角形的HPM案例，希望笔者能够提供有关的历史材料，这促成了本文的撰写．

三角形内角和定理是平面几何学中最重要的三个定理[1]之一（另两个定理是勾股定理和相似三角形性质定理），和其他许多几何定理一样，它有着十分悠久的历史．

古希腊七贤之一、哲学家泰勒斯（Thales，公元前6世纪）很可能已经知道这个定理．公元3世纪初，古希腊哲学家的传记作者Diogenes Laertius曾引用古希腊学者Pamphile（公元1世纪）的话说："他（泰勒斯）从埃及人那里学习几何知识，第一个作出圆内接直角三角形，并宰杀一头牛作为祭品．"[2] 由此可知，泰勒斯最早发现"半圆上的圆周角为直角"这个定理．但众所周知，该定理的证明需要用到三角形内角和定理：如图1，AB为半圆直径，C为圆上一点．因$\angle A=\angle ACO$，$\angle B=\angle BCO$，故$\angle A+\angle B+\angle C=2\angle ACB=180°$，于是得$\angle ACB=90°$．

图1 半圆上的圆周角为直角

那么，泰勒斯是如何知道三角形内角和的？公元6世纪，数学家欧多修斯（Eutocius）在关于阿波罗尼斯《论圆锥曲线》的评注中告诉我们，古希腊学者Geminus（公元前1世纪）如是说：

"古人针对各类三角形，对两直角定理作了研究，先是等边三角形，再是等腰三角形，最后是不等边三角形．但后世几何学家证明了一般定理——任意三角形三个内角和等于两直角．"[3-4]

这里的"古人"指的应该就是泰勒斯和他的同代人，"两直角定理"就是三角形内角和定理．英国数学史学家希思（T. L. Heath，1861～1940年）曾作过这样的推测：如图2，泰勒斯作等边三角形或等腰三角形顶角的平分线，将正三角形或等腰三角形分成两个同样的直角三角形，将它们拼成矩形．由于矩形的四个内角均为直角，故一个直角三角形的内角和等于两直角．因此，原来的等边或等腰三角形的内角和等于四个直角减去两个直角，仍为两直角．对于一般三角形，只要作底边上的高线，将三角形分成两个直角三角形，即得同样结论．但上述方法中，不等边三角形的情形并不比等边三角形、等腰三角形情形难，泰勒斯似乎没有必要对每一种情形分别作出探究．希思本人也觉得这种推测不太可能符合史实．

我们认为，泰勒斯是通过拼图方法发现三角形内角和定理的．毕达哥拉斯学派已经知道，只有三种正多边形（正三角形、正方形和正六边形）能铺满整个平面．可以推测，他们的前辈泰勒斯已经利用正三角形拼图进行数学探究．泰勒斯已经知道等腰三角形底角相等，因而知道等边三角形三个内角相等．他先是发现，将六个同样的正三角形顶点置于同一点，恰好填满该点周围区域，因而六个内角之和等于四直角，三个内角之和等于二直角，如图3所示．

图3 等边三角形拼图 图4 等腰三角形拼图 图5 不等边三角形拼图

接下来，将六个同样的等腰三角形的不同顶点置于同一点，其中的每一个顶点出现两次，结果也恰好填满该点周围区域，没有缝隙．因而六个内角之和等于四直角，三个内角之和等于二直角，如图4所示．最后，用三个同样的不等边三角形来拼图，发现同样的结论，如图5所示．

美国数学史家和数学教育家史密斯（D. E. Smith，1860～1944年）认为，从等边三角形到等腰三角形，再到不等边三角形，这是三角形内角和定理的自然发现顺序[5]．美国数学史家和数学教育家M·克莱因（M. Kline，1908～1992年）曾

全等三角形的应用：从历史到课堂

华东师范大学数学系 汪晓勤 王甲

"全等三角形的判定"是初中平面几何的重要内容之一，新课程的要求是"探索并掌握两个三角形全等的条件"．华东师大版讨论了"边角边""角边角""角角边"和"边边边"四种判别法，但并没有涉及知识的历史背景和实际应用，这与同一教材对"相似三角形"的处理并不一致，对照发生教学法，教材在体现"主题之必要性"上，做得远远不够．本文的目的是将有关知识的历史背景融入该知识点的教学设计之中．

从历史上看，和相似三角形情形一样，古人对全等三角形的认识也源于测量，这可以追溯到古埃及和古巴比伦文明，但很难判断古人认识"边角边""角边角"和"边边边"三个全等条件的先后顺序．表1给出三个定理在《几何原本》和华东师大版教材中分别出现的先后顺序以及证明方法．华东师大版中的顺序也是现代教材通常采用的顺序，与美国数学史家和数学教育家史密斯（D. E. Smith，1860—1944）《几何的教学》[1]中安排的顺序一致．采用与《几何原本》不同的顺序，显然是由于证明的需要．

表1 全等定理的顺序与证法

定理	《几何原本》		华师大版教材	
	顺序	证法	顺序	证法
边角边	1（卷1命题4）	叠置	1	叠置
边边边	2（卷1命题8）	反证法	3	利用边角边定理
角边角	3（卷1命题26）	反证法	2	叠置

尽管欧几里得在《几何原本》中利用叠置的方法来证明边角边定理，但这似乎出于无奈，因为他实际上总是尽量地避免使用这种证法．16世纪法国数学家佩勒蒂埃（J. Peletier，1517—1582）在注释《几何原本》时对叠置法提出质疑，他指出，如果可以随意把叠置当作证明方法，那么它将充斥于几何学中，如作一个角等于已知角，作一个角的平分线等．

对于边边边定理，欧几里得放弃了叠置法．他先引入如下命题（卷I命题7）：过线段两端点，在线段同一侧，不可能作出两组相交直线，使得过同一端点的线段对应相等．利用这一命题，欧几里得用反证法证明：将一个三角形移到另一个三角形上，使得其中一组对应边重合，且另两组对应边在同一侧时，这两组对应边分别重合．显然，后世数学家对这一证法并不满意．拜占庭时期数学家菲罗（Philo，公元前1世纪，又译斐隆）给出新证法：移动其中一个三角形，使其一条边与另一个三角形的对应边重合，而该边所对顶点与另一三角形的对应顶点位于它的两侧，连结这两个顶点，得到两个等腰三角形，故知重合边所对的角相等．于是，根据边角边定理，两个三角形全等．华东师大版教材即采用了这一证法．

对于角边角定理，欧几里得再次采用了反证法，后人同样感到不满意．10世纪阿拉伯数学家阿尔·奈里兹（Al-Nairizi）在注释《几何原本》时，仍采用了叠置法，但阿尔·奈里兹说，这种方法很久以前已经为人们所采用，因此，尽管叠置法并不完美，但从教学上看，它比反证法更易于接受，教材的处理还是比较合理的．

1 边角边

我们认为，历史上人们认识三种全等条件的先后顺序大致是由测量的难易程度来决定的，因此，《几何原本》中的顺序可能更符合历史顺序，教师可以从最简单的长度测量方法入手．

古人往往"就地取材"，用自己的手或脚来测量长度．在古巴比伦和古埃及，常用的长度单位为"肘尺"（cubit）——从肘到中

图1

图3－9 供教师参考的专题史论文

应的是知识与技能目标，“方法之美”和“探究之乐”对应的是过程与方法目标，而“德育之效”和“文化之魅”对应的是情感、态度、价值观目标。而“能力之助”对应于数学核心素养，是三维目标的综合体现。

因此，我们在分析和讨论一份HPM视角下的教学设计时，首先需要考虑如下问题：为什么要在设计中运用数学史？没有数学史的融入，是否一样可以达成所拟定的教学目标？数学史的融入是否有其独特价值？如果数学史在教学设计中并没有发挥独特的作用，就有“为历史而历史”之嫌了。

其次是史料的选取。任何一个主题的背后，都有丰富的史料，但并非所有史料都适合于课堂教学。数学史料的选取必须遵循某些原则。

波利亚在《数学的发现》中曾提出数学教学的三个原则——主动学习原则、最佳动机原则和循序渐进原则（波利亚，2016）。主动学习原则指的是在给定条件下应当让学生尽可能多地靠他们自己去发现；最佳动机原则指的是教师应当注意选择好的问题，这些问题最好是有趣的、带有一些实际应用的特色，从而激发学生的学习兴趣；循序渐进原则指的是学习过程从行动和感知开始，进而发展到词语和

概念，以养成合理的思维习惯而结束。

M·克莱因提出数学课程的四个原理——兴趣原理、动机原理、直观原理和文化原理(Kline, 1958)。其中，兴趣原理指的是数学课程应激发学生的学习兴趣；动机原理指的是数学课程应该揭示相关知识的必要性，激发学生的学习动机；直观原理是指数学课程必须直观地揭示每个数学思想或过程的涵义；文化原理则是指数学课程应反映数学与其他知识领域(科学、哲学、艺术等)之间的关联性。

通过对已有文献中的数学教学原则进行整合，结合数学史融入数学教学的六类价值，我们总结出数学史料选取的五项原则——趣味性、可学性、有效性、人文性和科学性。各项原则的具体内涵见表3-1。

表3-1 选择用于教学的数学史材料所依据的五项原则

原则	内涵	教学原则或课程原理	数学史的教育价值
趣味性	选取的数学史材料应该能够激发学生的学习兴趣和动机	最佳动机原则，兴趣原理，动机原理	德育之效
可学性	所选取的历史材料知识应符合学生的认知基础	循序渐进原则	知识之谐
有效性	所选取的数学史料应有助于学生理解、掌握和运用相关知识	主动学习原则，直观原理	知识之谐，方法之美，探究之乐，能力之助
人文性	所选取的数学史料应与数学家相关联，反映数学背后的人文精神；或反映数学与其他知识领域之间的联系，揭示数学的科学价值、应用价值、文化价值和审美价值	文化原理	文化之魅，德育之效
科学性	所选取的数学史料应有明确的文献出处，符合史实		知识之谐，方法之美，文化之魅，德育之效

例如，课例“平方差公式”(李玲 & 顾海萍，2014)运用了佃户租地的故事激发了学生的学习兴趣与动机，赵爽“负薪余日、聊观《周髀》”的故事反映了数学背后的人文精神，两则史料符合趣味性和人文性原则；赵爽证明平方差公式的几何方法，促进学生对平方差公式的直观理解，并有助于提高学生表征转换的能力，丢番图的二元问题增强了学生运用平方差公式解决问题的意识，并认识到平方差公式的价值，因而两则史料符合可学性和有效性原则。佃户租地的故事改编自古人对周长与面积关系的误解；赵爽的故事采自其《周髀算经注》；赵爽的平方差公式证

明源于其《周髀算经注》中的“勾股圆方图注”；丢番图的“已知两数的和与积，求这两数”问题，采自其《算术》一书。这些史料都符合科学性。

教学设计研讨的第三个主题是数学史的运用方式。与教科书中数学史的运用方式类似，数学史在教学中的运用方式也是多元的，可分为“附加式”、“复制式”、“顺应式”和“重构式”四种。

“附加式”是指教师在课堂上展示有关数学家的图片，讲述有关数学家的故事等，去掉后对教学内容没有什么影响。例如，在课例“全等三角形的应用”（陈嘉尧，2016）和“对顶角与邻补角”（见本书实践篇）中，教师通过微视频讲述了古希腊数学家泰勒斯的故事；在课例“同底数幂的运算”（齐春燕 & 顾海萍，2015）中，教师讲述了古希腊数学家阿基米德数沙的故事。

“复制式”是指教师在课堂上直接采用历史上的数学问题、问题解法、证明方法等。例如，在课例“二元一次方程组的应用”（顾海萍 & 汪晓勤，2014）中，教师直接利用了斐波那契《计算之书》、程大位《算法统宗》中的数学问题；在课例“可化为一元一次方程的分式方程”（洪燕君 & 顾海萍，2015）中，教师利用斐波那契《计算之书》中的原题来引入新课；在课例“一元二次方程的配方法”（沈志兴 & 洪燕君，2015）中，教师采用了花拉子米的几何方法来解一元二次方程。

“顺应式”是指教师根据历史材料编制数学问题，或对历史上的思想方法进行改编，以适合于课堂教学。例如，在课例“一元二次方程的配方法”中，教师将花拉子米《代数学》中的一元二次方程 $x^2+10x=39$ 改为 $x^2+10x=20$，使其不易用因式分解法来求解；在课例“相似三角形的应用”（王进敬 & 汪晓勤，2011）中，教师根据泰勒斯测量金字塔的故事提出数学问题。

“重构式”是指教师借鉴或重构知识的发生、发展历史来设计课堂教学，即采用发生教学法。例如，在课例“分数指数幂”（汪晓勤，2017）中，教师在教学中按照“正整数指数幂——零指数幂——负整数指数幂——正分数指数幂”的顺序再现分数指数幂的发生发展过程；在课例“三角形中位线”（见本书实践篇）中，教师通过三角形土地四等分问题的探究，让学生运用中位线，进而通过实验操作，让学生发现中位线的性质，最后让学生对三角形中位线定理作出严格的证明，在课堂上再现了三角形中位线定理的历史。

四种运用方式，尽管从水平上有高下之分，但并没有优劣之别。教师采用何种应用方式，要看教学的实际需要以及对历史的理解程度。当然，这里会产生一个问题：究竟什么样的设计属于 HPM 的视角？我们认为，一份教学设计，若仅仅采用附加式一种方式，则称不上真正的 HPM 视角下的教学设计；若采用了复制式、顺应式或重构式中的任何一种，或采用了四种方式中的两种或两种以上，则可称之为 HPM 视角下的教学设计。

最后，为了确保设计的新颖性，在研讨过程中，学习共同体成员（通常是高校研究生）对已发表的同一课题的教学设计进行总结和分析。

根据研讨的结果，教师对其教学设计的初稿进行改进。实际上，一个较为完善的教学设计往往是经过多次研讨和改进才形成的。

3.3 实施与评价

教学设计形成之后，教师通常需要试讲一次或多次。试讲也是在正常的数学课上完成的。如果一次试讲的效果不理想，教师还会进行第二次甚至第三次试讲。然后是正式开课，HPM 专业学习共同体成员（有时还有当地教研员、教师所在的教研组、高校数学教育方向的研究生）前往观摩（图 3－10）。教学之后，让学生完成一份问卷，并在适当的时候（通常是中午休息时间）选择部分学生进行访谈，了解教学目标的达成情况以及学生对 HPM 教学的看法。

图 3-10　初中 HPM 课堂

针对教学设计与实施情况，共同体成员课后会进行深入的交流和研讨（图 3-11）。图 3-12 给出了 HPM 课例的分析框架。

图 3-11　HPM 课例研讨

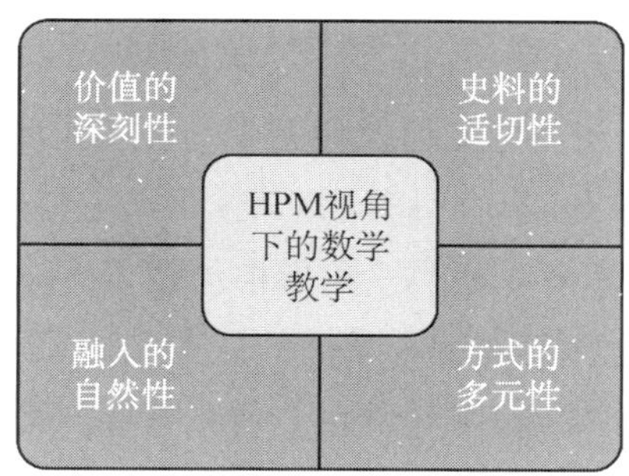

图 3-12　HPM视角下的数学教学分析框架

史料的适切性，指的是教学中所选历史材料是否符合趣味性、可学性、有效性、人文性和科学性五项原则。方式的多元性，指的是教师在教学中是以何种方式融入数学史的（具体可参阅上文）。融入的自然性，指的是教师在运用数学史时，是否关注到知识的历史顺序、逻辑顺序和学生心理发生顺序的统一。刚刚步入 HPM 大门的教师，数学史往往用得比较生硬，从诠释学循环的角度来说，就是尚未将教学循环和数学史循环联结起来，以致顾此失彼。价值的深刻性指的是数学史在课例中所发挥的教育价值涵盖了六类中的哪几类，每一类价值体现得是否深刻。

这里，我们以课例"三角形中位线定理"①为例。该课例的教学过程可以分为四个环节（沈中宇等，2017）。首先，通过让学生快答，复习旧知。在"探究新知"环节，教师先给每组学生一个三角形，要求他们给出将一个三角形分成两个等积三角形的方案；又让学生剪出四个面积相等的三角形，目的是通过剪纸活动引出中位线的概念；再让学生猜想中位线和底边的位置关系和数量关系，由此得到中位线定理。在"定理证明"环节，教师给出了欧几里得的面积法和刘徽的割补法，讲完两种方法之后，播放微视频，介绍其他三种证明方法。最后，教师让学生总结本节课的关键词，并写出学完本节课后存在的疑问。

（1）史料的适切性

本节课选取了以下史料：

- 古巴比伦泥版记载的三角形土地分割问题；
- 古希腊数学家欧几里得在《几何原本》中所给的证明方法；

① 实践篇中的同名课例是通过对该课例进行改进而形成的。

- 中国古代数学家刘徽在《九章算术注》中给出的证明三角形面积公式的出入相补法；
- 19 世纪末 20 世纪初美国几何教科书中的证明方法。

四则史料皆有明确出处，符合科学性原则；四则史料分别对应于“让学生理解三角形中位线的由来”、“理解并证明三角形中位线定理”的教学目标，符合有效性的原则。古巴比伦土地分割问题符合学生的认知基础；而欧几里得与刘徽的证明方法有点脱离学生的认知基础，在可学性上稍差一些。第一则史料反映了数学与现实生活的联系，而所有四则史料反映了数学文化的多元性，反映了一定的人文性。土地分割问题改编成剪纸活动，符合趣味性。

(2) 方式的多元性

本课例的设计初衷是重构中位线的历史，让学生通过探究活动，经历定理的发现、证明过程，但是由于在剪纸活动后，几乎成了教师的一言堂，因而算不上真正的“重构式”。将古巴比伦泥版上记载的土地分割问题改编为剪纸活动，使用了“顺应式”。直接采用欧几里得、刘徽以及早期教科书中的证明方法，属于“复制式”。使用“顺应式”的剪纸活动激发了学生的学习动机，较为合理，而使用“复制式”的两种证明方法的介绍有些生硬，未能很好地与学生的认知基础相契合。此外，本节课没有使用“附加式”，缺乏中位线定理背后的人文元素。

(3) 融入的自然性

以下是两个教学片段。

【片段 1】

在学生给出有关中位线性质的猜想后，教师没有搭建任何脚手架，而是直接给出图 3 - 13，并板演欧几里得的证明方法，数学史的应用比较突兀。实际上，欧几里得的证明用到了等积变换的思想，学生对此并不熟悉。

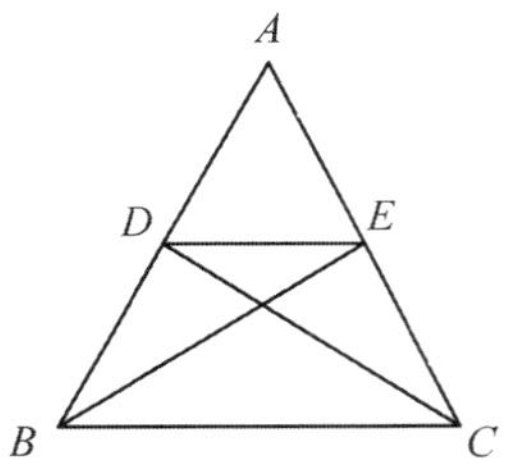

图 3 - 13　欧几里得的面积方法

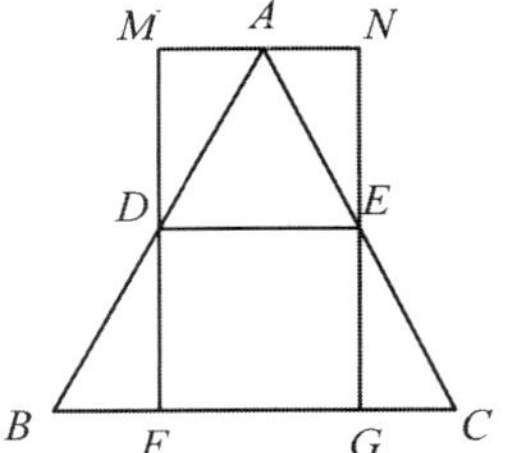

图 3 - 14　刘徽的出入相补法

【片段 2】

教师要求学生作出三角形的中位线，并证明三角形面积公式。学生一时未能找到有效的方法，鉴于所剩时间不多，教师直接给出图 3－14，讲解刘徽的出入相补法。其实，有一名学生已经采用了教科书中的方法：沿中位线剪开，将所得小三角形与梯形拼成一个平行四边形。但是，教师对这一做法视而不见。

刘徽的出入相补法需要对三角形实施两次分割，最终拼成矩形，学生不易想得到；而教科书上的割补法只需要割一次，最终拼成一般平行四边形，更符合学生的认知基础。因此，在此片段中，数学史的融入也是不够自然的。教师需要将数学史上的方法与学生的方法建立联系。例如，根据学生的探究，教师可以采用图 3－15 所示的方法来完成三角形面积公式的证明：将所拼成的平行四边形实施分割，将右边的直角三角形移至左边，最终得到一个矩形。这与刘徽的方法（图 3－16）实际上是一致的，只不过是分割中位线上方的三角形的顺序不同而已。

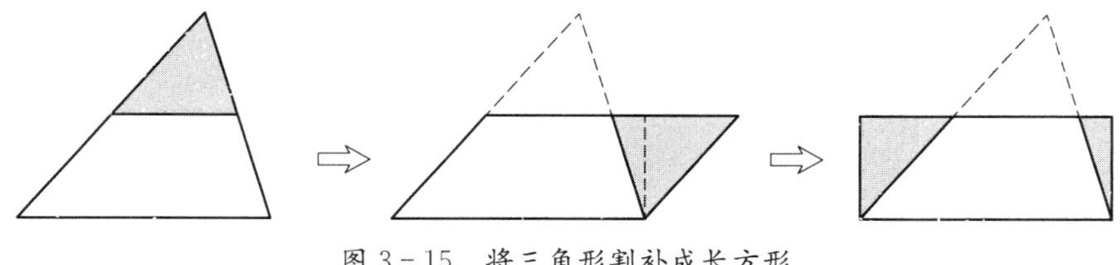

图 3－15　将三角形割补成长方形

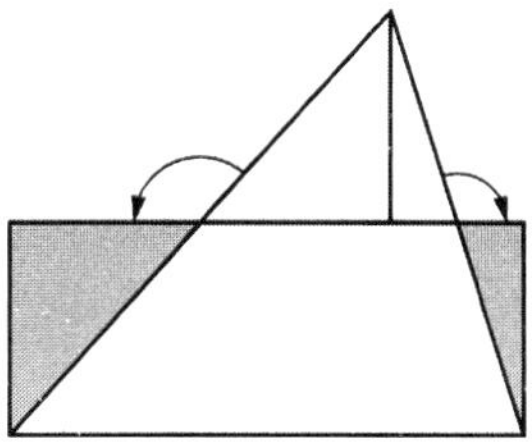

图 3－16　刘徽用出入相补法证明三角形面积公式

（4）价值的深刻性

【片段 3】

教师出示任务：用一把剪刀将一个三角形（硬纸片）分成面积相等的四部分。一组学生首先想出如图 3－17 所示的将底边四等分的方案。接着另一组学生给出了如图 3－18 所示的第二种方案，教师据此引出中位线的概念。

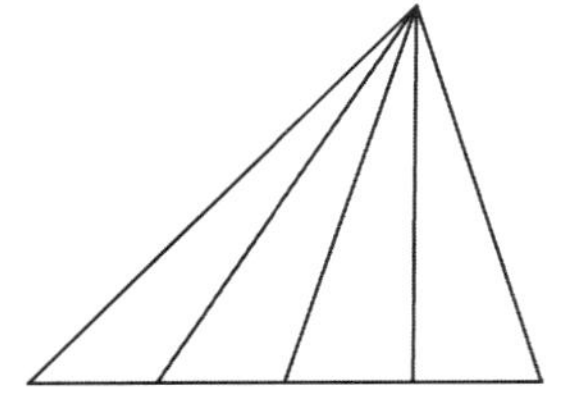

图 3－17　将三角形四等分的方案之一

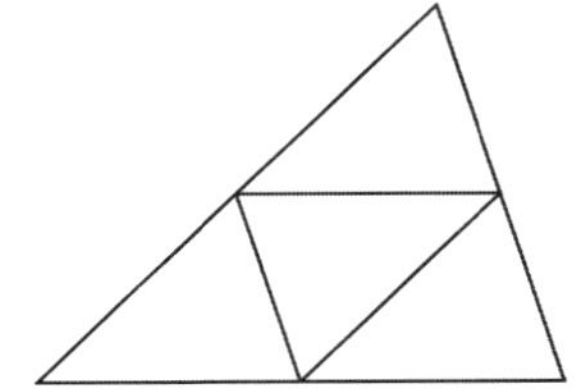

图 3－18　将三角形四等分的方案之二

以历史为出发点设计剪纸活动，重构三角形中位线概念的发生过程，同时为中位线性质的猜想做好铺垫，体现了“探究之乐”。但在反馈中，有学生问：“中位线定理有何应用?”表明在引入部分，教师忽视了中位线与现实生活的联系——古代两河流域先民分土地问题，致使学生不了解中位线之用。因此，该片段未能很好地体现“文化之魅”。

【片段 4】

教师在给出三角形中位线概念之后，提出问题：中位线有何性质呢？学生先后回答说“它是底的一半”、“它与底边平行”。教师立即指出：“这些是我们的猜想。接下来我们就证明这个定理，我们称它为三角形中位线定理。”

在反馈中，有学生提问：“为什么我们要证明三角形中位线定理?”反映了定理发现过程的缺失。在片段 3 中，学生通过剪纸，得到四个两两全等的三角形。教师可以设问：为什么这四个三角形面积两两相等？如果不对这个问题进行探究，又怎能凭空发现中位线的性质？实际上，通过所剪四个三角形的重合可以猜想出它们两两全等，从而可以进一步猜想中位线的性质。因此，本片段中，“探究之乐”是完全缺失的。

中位线定理背后蕴含着丰富的历史文化内涵，古巴比伦、希腊、中国的数学文献中都有相关素材。但是，在教学中，教师尽管采用微视频，介绍了中位线定理的多种证明，但剥离了文化元素，只字不提欧几里得、刘徽等数学家的名字，因而未能让学生感受到数学史的“文化之魅”。由于剪纸活动没有得到充分利用，学生在课堂上失去了穿越时空与古人对话的机会，因而本节课也未能彰显数学史的“德育之效”。

3.4　整理与写作

在接下来的时间里，教师需要完成一份课堂实录，并在共同体成员（通常为高校研究者)的指导下,撰写完整的课例。实践证明,HPM课例的撰写对于教师专业发展具有显著的促进作用,而HPM课例的发表则对HPM理念的传播起着重要的推动作用。

HPM课例通常由背景、历史材料及其运用、教学设计与实施、学生反馈和结语五部分组成。

(1) 背景

交代课例研究的背景。为什么要采用HPM的视角进行教学设计?围绕所教的知识点,对教材、教学现状进行简明扼要的分析,归纳、提炼出一些不足或问题,说明数学史有助于解决这些问题。同时,交待教学目标和重、难点。

(2) 历史材料及其运用

概述相关主题的历史,交待历史材料的选取、裁剪、加工和在教学设计中的运用方式。

(3) 教学设计与实施

按照教学环节(如"引入——新授——例题——练习——小结")来写,应有必要的教学片断设计。这一部分,重在教学过程的再现,重在数学史的呈现,而不是空谈理论、理念,叨絮教学效果(如"激发了学生的学习兴趣"、"拓宽了学生的思维"之类)。

(4) 学生反馈

呈现课堂观察、问卷调查、访谈的结果,并作分析。

(5) 结语

总结教学目标达成情况,提炼数学史所起的作用。反思教学设计与实施过程的不足,展望未来。

参考文献

[1] 陈嘉尧. HPM微课在全等三角形教学中的应用[J]. 数学教学,2016(6): 41—45.
[2] 波利亚. 数学的发现[M]. 刘景麟,等,译. 北京: 科学出版社,2016.
[3] 顾海萍,汪晓勤. 一次方程组的应用: 从历史到课堂[J]. 教育研究与评论(中学教育教学),2014(6): 30—34.
[4] 洪燕君,顾海萍."可化为一元一次方程的分式方程: 按五项原则融入数学史[J]. 教育研究与评论(中学教育教学版),2015(1): 42—46.
[5] 李玲,顾海萍. 平方差公式: 以多种方式融入数学史[J]. 教育研究与评论(中学教育教学),2014(11): 43—47.
[6] 李霞,汪晓勤. 三角形中位线定理的历史[J]. 中学数学月刊,2016(9): 58—60.

[7] 齐春燕，顾海萍.“同底数幂的运算”：以重构和顺应的方式融入数学史[J]. 教育研究与评论(中学教育教学)，2015(3)：39—42.
[8] 沈中宇，李霞，汪晓勤. HPM视角下的三角形中位线定理教学案例评析[J]. 教育研究与评论(中学教育教学)，2017(1)：35—41.
[9] 沈志兴，洪燕君.“一元二次方程的配方法”：用历史体现联系[J]. 教育研究与评论(中学教育教学)，2015(10)：38—42.
[10] 王进敬，汪晓勤. 运用数学史的“相似三角形应用”教学[J]. 数学教学，2011(8)：22—25，32.
[11] 汪晓勤. HPM：数学史与数学教育[M]. 北京：科学出版社，2017.
[12] Kline，M. The ancients versus the moderns：a new battle of the books [J]. *Mathematics Teacher*，1958，51(6)：418-427.
[13] Pólya，G. *Mathematical Discovery* [M]. New York：John Wiley & Sons，1965.

实践篇

古人困惑今人解：有理数的乘法

4.1　背景

初中阶段，学生要经历两次数系的扩充，第一次为负数和有理数，而有理数乘法法则作为有理数的部分学习内容，是将学生已知的正整数范围内的运算法则推广到有理数范围的一个重要载体。有理数乘法法则的理解，可以让学生深化对负数和已有正数范围内运算法则和运算律的理解和运用，如何向学生解释“负负得正”是本节课教学的难点。表 4－1 给出了“有理数乘法”一节在人教版、沪教版和苏科版教科书中的位置、呈现方式以及前后知识顺序。

表 4－1　三个版本教科书中的“有理数乘法”

教科书版本	位置	呈现方式	前后知识顺序
人教版	七年级上册 1.4.1：有理数的乘法	用归纳模型解释有理数乘法法则	初中阶段的第一章节，前面学习负数、有理数的加减法
沪教版	六年级下册 5.6：有理数的乘法	用“汽车东西行驶”模型解释有理数乘法法则	初中阶段第五章的前几节学习负数、有理数的加减法
苏科版	七年级上册 2.5：有理数的乘法与除法	用“水位的上升与下降”模型解释有理数乘法法则	初中阶段的第二章节，前面学习负数、有理数的加减法

由表 4－1 可见，沪教版和苏科版教科书中的呈现方式相似，均从现实情境引入，归纳总结出有理数乘法法则。人教版教科书舍弃原来的“蜗牛爬行”模型，改用归纳模型引入有理数乘法法则。

在已有的教学设计中，很多教师参考教科书的编排利用一个或两个现实模型引入有理数乘法法则，如王丽（2016）、韩诗贵（2017）、张洋和荆小兵（2017）采用“蜗牛爬行”模型，或者“水位变化”模型，或者归纳模型引入法则。在教学实践中，有教师发现，用现实模型解释有理数乘法法则存在困境，学生需要弄清不同情境中正负的规定，运动中方向的确定与正负的对应，还要将静态的负数理解为一个动态的过程，认为这样做增加了思维的难度。所以，有教师改编教科书中的设计，运用加法法则解释“负正得负”，再利用相反数的意义得到“负负得正”，或辅以现实模型得到或验证“负负得正”，强化学生对法则的理解，如邹施凯(2013)、谢鸿飞(2015)、卜以楼(2016)等；还有教师通过将正整数范围内的运算律推广到有理数范围来引入有理数乘法法则，先用加法法则解释“负正得负”，再利用分配率解释“负负得正”，如吴增生(2013)、彭林(2016)等。

很多教师试图在教学中证明“负负得正”，而事实是，“负负得正”在数学上是无法证明的。德国数学家 F・克莱因早已在其《高观点下的初等数学》中告诫数学教师们“不要把不可能的证明讲得似乎成立”。美国数学家 M・克莱因以史为鉴，断言学生在学习负数时必定会遇到困难：“毋庸置疑，历史上大数学家所遇到的困难，恰恰正是学生会遇到的学习障碍，试图利用逻辑的冗长语言来消除这些困难是不可能成功的。从一流数学诞生开始，数学家花了 1 000 年才得到负数的概念，又花了另外的 1 000 年才接受负数概念，因此我们可以肯定，学生学习负数时必定会遇到困难。而且，学生克服这些困难的方式与数学家大致也是相同的。”

因此，在学习有理数乘法时，教师有必要弄清以下问题：“负负得正”既然是一种“规定”，那么这种规定的根源何在？除了课本上给出的运动模型外，还可以采用哪些方式来解释规定的合理性？在历史的发展进程中，“负负得正”经历过怎样的曲折？再具有前瞻性一些，在后续的数学学习中，怎样看待“规定”的内容？是毫无疑问地全盘接受？还是从多个角度加以质疑，并在探索中寻找问题的答案，从而获得终身学习的能力？鉴于上述问题，我们从 HPM 的视角来设计本节课。

4.2 历史素材

4.2.1 有理数乘法法则的历史

两个正数相乘为正数，这毋庸置疑，所以我们的关注点主要在于负数与正数相乘以及两个负数相乘的符号法则。

负数的概念与运算法则有着漫长的历史发展过程。负数概念以及负数的加减运算法则最早诞生于中国。刘徽在《九章算术》注中称：“今两算得失相反，要令正负以名之。”《九章算术》提出“正负术”，用来处理方程组的消元过程中所出现的“不够减”的情形。“正负术”给出了负数的加减运算法则。公元 7 世纪，印度数学家婆罗摩笈多(Brahmagupta, 598—670)也明确提出了正负数的概念以及四则运算法则：“正负相乘得负，两负数相乘得正，两正数相乘得正。”在中国，13 世纪数学家朱世杰在《算学启蒙》(1299)中首次提出负数的乘除运算法则：“明乘除法，同名相乘得正，异名相乘得负。”

负数概念在西方却出现得较晚。古希腊数学家对负数一无所知，丢番图在其《算术》中称方程 $4x+20=4$ 是没有意义的。13 世纪意大利数学家斐波那契在其《花朵》中称方程 $x+36=33$ 无解。16 世纪法国数学家韦达只接受方程的正根，而 17 世纪法国数学家帕斯卡（B. Pascal，1623—1662）则认为：从 0 减去 4 纯属无稽之谈！最早全面解释和系统使用负数的是笛卡儿，但他仍称之为“假数”。直到 18 世纪，还有一些西方数学家不理解“小于一无所有”的数，甚至到了 19 世纪，英国还有数学家不接受负数。

与负数概念不同的是，“负负得正”的运算法则却较早就被人们用于多项式的乘法运算。在《计算之书》中，斐波那契已给出并“证明”了“负负得正”的法则（参阅 4.2.2 节）。16 世纪，德国数学家斯蒂菲尔（M. Stifel，1487—1557）在《整数算术》（图 4－1）中给出乘法的符号法则：“同号相乘为正，异号相乘为负。”（Stifel，1544）17 世纪初，德国数学家克拉维斯（C. Clavius，1538—1612）在《代数学》（图 4－2 和图 4－3）中给出如下符号法则：“正数乘以正数，或负数乘以负数，乘积为正数；正数乘以负数，或负数乘以正数，乘积为负数。”（Clavius，1608）但斯蒂菲尔和克拉维斯并未试图对“负负得正”作出解释。到了 18 世纪，英国著名盲人数学家、

ARITHMETI
CA INTEGRA.
Authore Michaele Stifelio.

Norimbergæ apud Iohan. Petreium.
Anno Christi M. D. XLIIII.
Cum gratia & priuilegio Cæsareo
atq; Regio ad Sexennium.

图 4－1　斯蒂菲尔《整数算术》(1544)扉页

ALGEBRA
CHRISTOPHORI
CLAVII
BAMBERGENSIS
E SOCIETATE
IESV.

ROMAE,
Apud Bartholomæum Zannettum.
Anno M. DC. VIII.
SVPERIORVM PERMISSV.

图 4－2　克拉维斯《代数学》(1608)扉页

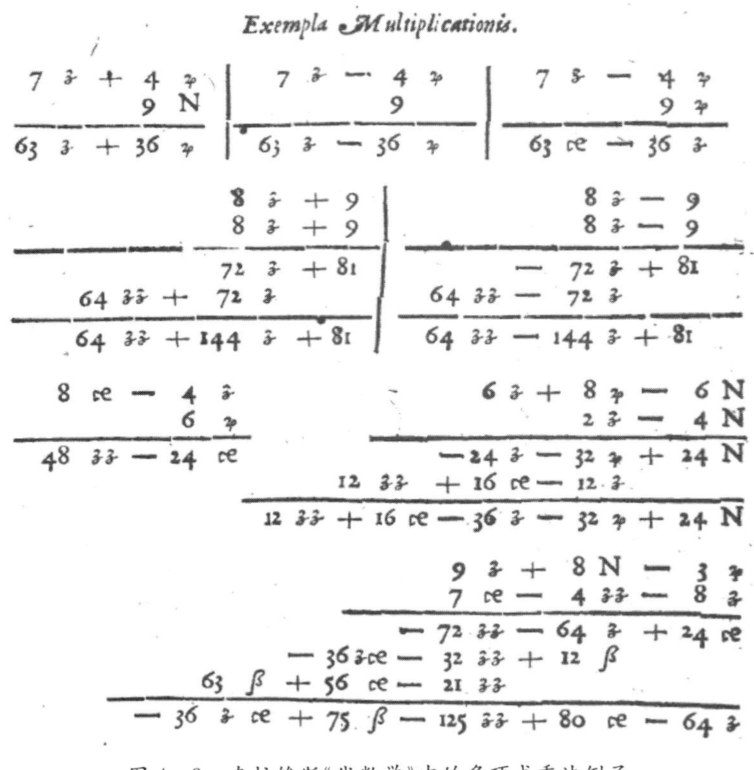

图 4-3　克拉维斯《代数学》中的多项式乘法例子

剑桥大学第四任卢卡斯数学教授桑德森(N. Saunderson, 1682—1739)在其《代数基础》(1739)中给出并“证明”了符号法则:“若乘数与被乘数同号,即同正或同负,则乘积为正,否则乘积为负”,并将其简记为“++得+,-+得-,+-得-,--得+。”(Saunderson, 1739)(“证明”见 4.2.2 节)

F·克莱因曾说过:“‘负负得正’常常是一块危险的绊脚石。”(Klein, 1945)19 世纪中叶以前,“负负得正”这一运算法则在学校代数课本中并没有得到合理的解释,有很多名人在学习“负负得正”时都遇到了困难。

司汤达在其自传(图 4-4)中描述了他学习“负负得正”的负面经历。小时候,他很喜爱数学,但当格勒诺布尔中心学校的数学教师迪皮伊先生教到“负负得正”这个运算法则时,司汤达一点都不理解,他希望老师能对负负得正的缘由作出解释。面对司汤达的提问,迪皮伊先生“只是不屑一顾地莞尔一笑”,而靠死记硬背学数学的一位高材生则对于司汤达的疑问“嗤之以鼻”。补习学校的数学教师夏

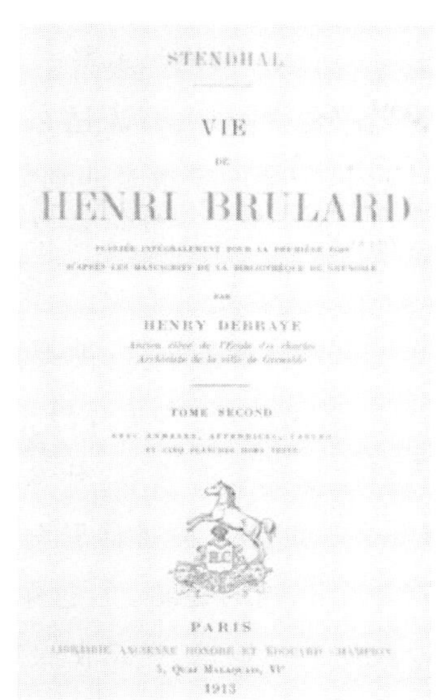

STENDHAL

VIE

DE

HENRI BRULARD

PAR

HENRY DEBRAYE

TOME SECOND

PARIS

1913

图 4－4　司汤达和他的自传(1913 年版)

贝尔先生被司汤达问得十分尴尬，只得不断重复课程内容，说什么负数如同欠债，而那正是司汤达的疑问所在："一个人该怎样把 500 法郎的债与 10 000 法郎的债乘起来，才能得到 5 000 000 法郎的收入呢？"最终，夏贝尔先生只得搬出大数学家欧拉和拉格朗日(J. L. Lagrange，1736—1813)来：

这是惯用格式，大家都这么认为，连欧拉和拉格朗日都认为此说有理，我们知道你很聪明，但你也别标新立异嘛。(斯丹达尔①，1998)

司汤达被"负负得正"困扰了很久，最后，在万般无奈之下只好接受了它。他一直将数学视为"放之四海而皆准的真理"，认为数学可用来"求证世间万物"，可是，"负负得正"却动摇了他对于数学与数学教师的信心：

究竟是迪皮伊先生和夏贝尔先生在骗我呢(就像到我外公家来做弥撒的那些神甫一样)，还是数学本身就是一场骗局呢？我弄不清楚。哎！那时我多么迫切希望有人能给我讲讲逻辑学或是寻找真理的方法啊！我渴望学习德·特拉西先生的《逻辑》！如果当时我能如愿以偿，也许今天我就不是现在的我了，我会比现在聪明得多。

---

① 斯丹达尔即司汤达.

当时我得出的结论是：迪皮伊先生很可能是个迷惑人的骗子；夏贝尔先生只是个追慕虚荣的小市民，他根本提不出什么问题。(斯丹达尔，1998)

法国著名昆虫学家、文学家法布尔(J. H. Fabre，1823—1915)在其《昆虫记》(图 4－5)中记述了他做家教时遇到“负负得正”的情形(法布尔，2001)：

加减法没说的，一看就觉得简单；而乘法可就难多了。有个公式证明负负得正，这个悖论可让我尝到了苦头。

看来是书上对此解释不清，或者更确切地说是书上的方法太抽象。我白白读了一遍又一遍，冥思苦想，不明白的还是不明白。这就是书本通常带有的缺点，它只能告诉我们印在纸上的内容，什么也不会多说。假如你不懂，它也不会给你任何建议，不会尝试走另一条将你引向光明的路。有时哪怕只是多说一句话，就足以将你重新领上正确的道路，可它却不说，而一味坚持自己的写作方式……在这凶险的符号规则的沼泽里，我正在被淹没，却没有希望得到救助。

SOUVENIRS

ENTOMOLOGIQUES

ÉTUDES

SUR L'INSTINCT ET LES MŒURS

DES INSECTES

Par J.-H. FABRE

Pour tous les yeux attentifs, c'est un spectacle à la fois étrange et d'une grandeur singulière que celui des insectes industrieux déployant dans leurs travaux l'art le plus raffiné. L'instinct porté ainsi au plus haut degré dont la nature offre des exemples, confond la raison humaine. Le trouble de l'esprit augmente, lorsque intervient l'observation patiente et minutieuse de tous les détails de la vie des êtres les mieux doués sous le rapport de l'instinct.

E. Blanchard.

PARIS

LIBRAIRIE CH. DELAGRAVE

15, RUE SOUFFLOT, 15

1879

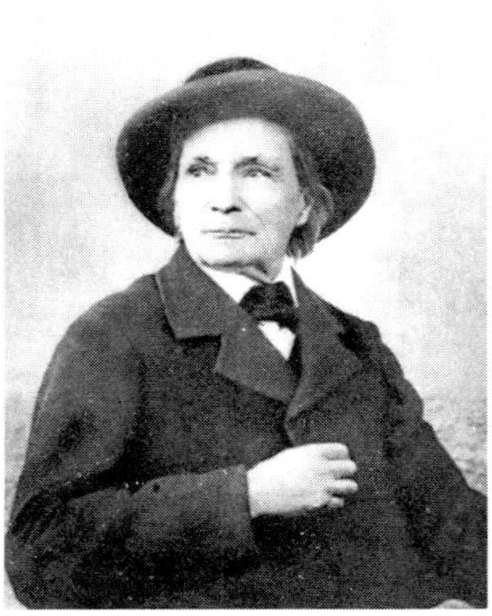

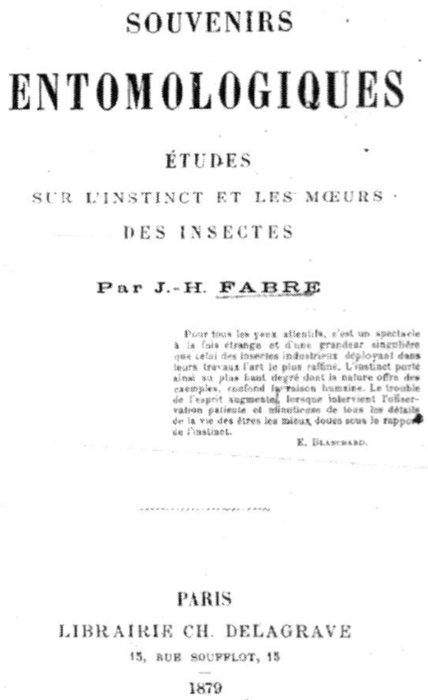

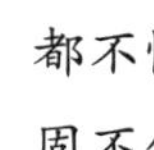

图 4－5　法布尔和他的《昆虫记》(1879 年版)

我的学生想必感觉到了，我凭着自己隐约想到的一点儿线索，试着做了一番解释。“你听明白了吗?”我问道。这等于白问，但却有益于节省时间。连我自己都不懂，我相信他也不懂。也许这老实人在谴责自己的脑筋对这些卓越的真理顽固不化。

“我们试试别的方法吧。”我重新用这样或那样的方法证明，学生的眼神是我的晴雨表，它告诉我一次次冲锋的进展情况。一丝细微的满意的延伸告诉我，我成功了。我刚才击中了要害，找到了进攻点。负负得正的结果把它的秘密告诉了我们。

我们不知道法布尔说的“别的方法”究竟是什么方法，但无论如何，让学生相信“负负得正”确实并非易事。

4.2.2 解释有理数乘法法则的模型

(1) 债务模型

19 世纪，司汤达的老师未能解决“债务乘以债务等于收入”的悖论。到了 20 世纪，美国数学家 M·克莱因成功地解决了这个难题。他声称：“如果记住物理意义，那么负数的运算以及负数和正数的混合运算是很容易理解的。”M·克莱因的解释如下：

假定一人每天欠债 5 美元，而在给定日期他身无分文(0 美元)。那么，给定日期 3 天后他欠债 15 美元，如果将 5 美元的债记成 -5，那么每天欠债 5 美元，欠债 3 天，可以用数学式子表达为 $3\times(-5)=-15$；在给定日期 3 天前，他的财产比给定日期多 15 美元，如果用 -3 表示 3 天前，-5 表示每天欠债数，那么 3 天前他的经济情况可表示为 $(-3)\times(-5)=+15$。

美国数学家杜雷尔(F. Durell, 1859—1946)在《代数入门》中给出另一种解释(Durell, 1912)：

100 美元取 5 次，得 500 美元，即 $(+100)\times(+5)=+500$；

100 美元的债务取 5 次，得 -500 美元，即 $(-100)\times(+5)=-500$；

100 美元扣除 5 次，得 -500 美元，即 $(+100)\times(-5)=-500$；

100 美元的债务扣除 5 次，相当于增加了 500 美元，即 $(-100)\times(-5)=+500$。

(2) 运动模型

1882 年，美国数学家奥利弗(J. E. Oliver, 1829—1895)等在《代数专论》(图 4-6)中给出了运动模型：一列火车以 20 英里/时的速度从西往东开，现经过 A 处，则 5 小时后，将到达 A 处以东 100 英里处，此即 $20\times(+5)=100$；5 小时前，位于 A 处以西 100 英里处，此即 $20\times(-5)=-100$。若火车以 20 英里 / 时的速度从东往西开，现经过 A 处，则 5 小时后，将到达 A 处以西 100 英里处，此即 $(-20)\times$

$(+5)=-100$；5 小时前，位于 A 处以东 100 英里处，此即 $(-20)\times(-5)=100$（Oliver，Wait & Jones，1887），如图 4-7 所示。

A

TREATISE

ON

ALGEBRA

BY

PROFS. OLIVER, WAIT AND JONES

OF

CORNELL UNIVERSITY.

ITHACA:
PUBLISHED BY THE AUTHORS.
1882.

图 4-6　奥利弗等《代数专论》书影

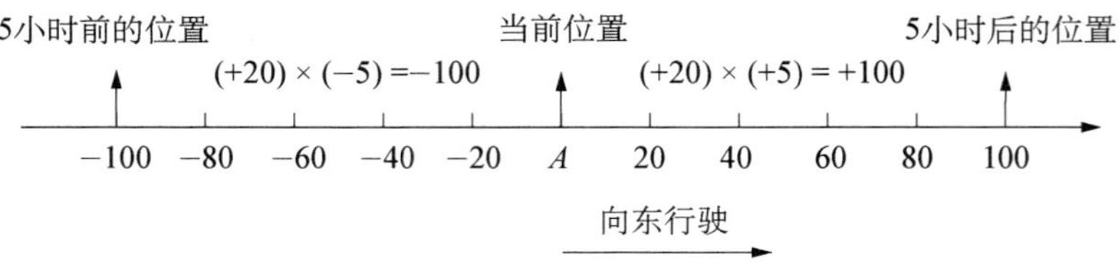

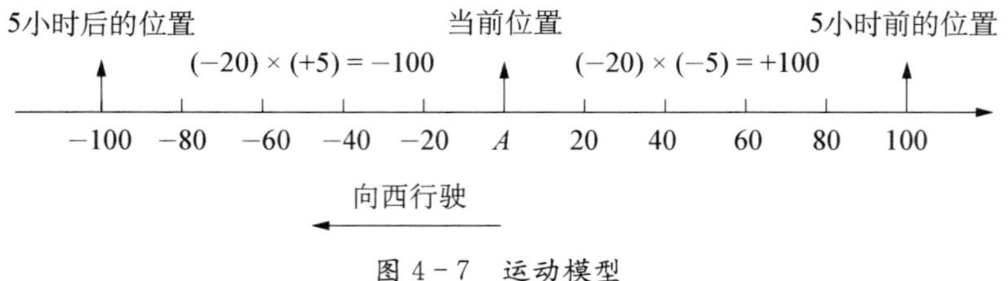

图 4-7　运动模型

沪教版中的“车辆东西行驶”模型属于这一类型。

(3) 气温模型

某气象站测得海拔每升高 1 千米，温度就降低 0.6℃。现在观察点的气温为 0℃。我们规定，气温升高为正，气温下降为负，观察点以上为正，观察点以下为负，问：在观察点以下 3 千米的地方，气温是多少摄氏度？易得$(-0.6)\times(-3)=1.8$，即气温为 1.8℃。

(4) 气球模型

美国数学家斯劳特(H. E. Slaught，1861—1937)等在《初等代数》中用如下实例来说明正、负数的乘法。一位气球驾驶员在出发之前，做了如下准备工作：(a)他给气球充入 9 000 立方英尺的气体，气体每 1 000 立方英尺的上升力为 75 磅，则气球受到的浮力为$(+75)\times(+9)=+675$ 磅；(b) 他取了 8 袋沙子，每袋重 15 磅，可表示为-15，则$(-15)\times(+8)=-120$，即气球受到的阻力为 120 磅。

若在气球飞行过程中，驾驶员打开阀门，放掉 2 000 立方英尺的气体，可表示为$(+75)\times(-2)=-150$，相当于气球受到的阻力增加了 150 磅；驾驶员扔掉 4 袋沙子，相当于气球受到的浮力增加了$(-15)\times(-4)=+60$ 磅。(Slaught & Lennes，1915)

(5) 收支模型

美国数学家贝曼(W. W. Beman，1850—1922)和数学史家史密斯在《代数基础》中通过一个现实生活中的例子来解释符号法则。某镇上每人每周需纳税 1 美元，若有 5 人迁入该镇，则该镇每周收入$(+5)\times(+1)=+5$ 美元；若有 5 人迁出该镇，则该镇每周收入$(-5)\times(+1)=-5$ 美元。该镇每周为每个流浪汉支付 1 美元，若有 5 个流浪汉迁入，则该镇每周收入$(+5)\times(-1)=-5$ 美元；若有 5 个流浪汉迁出，则该镇每周收入$(-5)\times(-1)=+5$ 美元。(Beman & Smith，1900)

后人将其改编成类似的故事模型：好孩子用正数表示(+)，坏孩子用负数表示(−)；进城用正数表示(+)，出城用负数表示(−)；好事用正数表示(+)，坏事用负数表示(−)。好孩子(+)进城(+)，对城市来说是件好事(+)，所以$(+)\times(+)=+$；坏孩子(−)出城(−)，对城市来说是件好事(+)，所以$(-)\times(-)=+$。

(6) 减法模型

此方式将乘法的意义加以拓广：两数相乘，乘数为正时，连加被乘数；乘数为负时，连减被乘数(Hill，1857；Wentworth，1881；Smith，1890；Lilley，1894；

Fisher & Schwatt，1899；Tanner，1907；Young & Jackson，1910；Stone & Millis，1911；Hallett & Anderson，1917；Lyman & Darnell，1917）。例如：

$(+5)\times(+3)=(+5)+(+5)+(+5)=+15$；

$(+5)\times(-3)=-(+5)-(+5)-(+5)=-15$；

$(-5)\times(+3)=+(-5)+(-5)+(-5)=-15$；

$(-5)\times(-3)=-(-5)-(-5)-(-5)=+15$。

（7）归纳模型

桑德森在其《代数基础》（图 4－8 和图 4－9）中试图对“负负得正”加以“证明”。他首先提出一个命题：一个等差数列的各项依次乘以同一个数，所得乘积构成等差数列，或一个数依次乘以一个等差数列的各项，所得乘积也构成等差数列。利用这一命题，等差数列 4，0，-4 依次乘以 3，所得乘积构成等差数列，前两个乘积依次为 12 和 0，故第三个乘积为 -12，即 $(-4)\times3=-12$；$+4$ 依次乘以等差数列 3，0，-3 的各项，所得乘积构成等差数列，前两个乘积依次为 12 和 0，故第三个乘积为 -12，即 $4\times(-3)=-12$；-4 依次乘以等差数列 3，0，-3 的各项，所得乘积构成等差数列，前两个乘积依次为 -12 和 0，故第三个乘积为 12，即 $(-4)\times(-3)=12$。（Saunderson，1739）

图 4－8　桑德森和他的《代数基础》

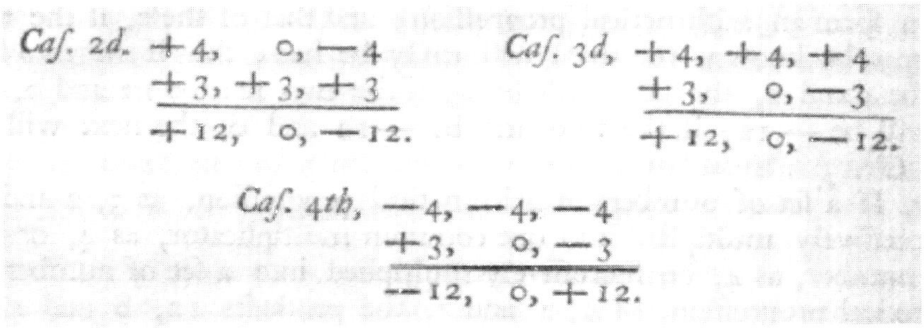

Caſ. 2d. +4, o, −4
+3, +3, +3
+12, o, −12.

Caſ. 3d, +4, +4, +4
+3, o, −3
+12, o, −12.

Caſ. 4th, −4, −4, −4
+3, o, −3
−12, o, +12.

图 4-9 桑德森对负负得正的“证明”

后人将桑德森的解释作了改进，让学生观察等式

$(-4)\times 3=-12$，

$(-4)\times 2=-8$，

$(-4)\times 1=-4$，

$(-4)\times 0=0$，

从上到下，被乘数不变，乘数每减少 1，积就增加 4，所以可知 $(-4)\times(-1)=4$，$(-4)\times(-2)=8$。

(8) 相反数模型

桑德森在《代数基础》中还给出了另一种解释：+4 乘以+3 等于 12，所以−4 乘以+3，或+4 乘以−3，应为 12 的相反数−12，因此，−4 乘以−3 应为−12 的相反数+12，即负负得正。这种解释可称为“相反数模型”。

欧拉在《代数基础》(图 4-10)中也对“负负得正”作出了自己的解释。他首先通过债务的倍数来说明正负得负：将 $-a$ 视为债务，取 3 次，则债务必变成 3 倍，故 $(-a)\times 3=-3a\ (a>0)$，一般地，有 $(-a)\times b=-ab\ (a>0,\ b>0)$，故正负得负。由于 $(-a)\times(-b)\ (a>0,\ b>0)$ 要么等于 ab，要么等于 $-ab$，但前面已经证明 $(-a)\times b=-ab$，而 $(-a)\times(-b)$ 不可能与 $(-a)\times b$ 的结果相同，故只能有 $(-a)\times(-b)=ab$。因此有负负得正。(Euler, 1822)

19 世纪，也有教科书(如 Shoup, 1880)作了如下推导：首先，推导出

$$(-a)\times(+b)=(-a)+(-a)+\cdots+(-a)=-ab,$$
$$(+a)\times(-b)=(-b)+(-b)+\cdots+(-b)=-ab,$$

故得

$$(-a)\times(-b)=-(+a)\times(-b)=-(-ab)=+ab。$$

ÉLÉMENS
D'ALGEBRE
PAR
M. LÉONARD EULER,
TRADUITS DE L'ALLEMAND,
AVEC DES NOTES ET DES ADDITIONS.
TOME PREMIER.
DE L'ANALYSE DÉTERMINÉE.

A LYON,
Chez JEAN-MARIE BRUYSET, Pere & Fils,
ET A PARIS,
Chez la Veuve DESAINT, Libraire,
rue du Foin-Saint-Jacques.
M. DCC. LXXIV.
Avec Approbation & Privilege du Roi.

ELEMENTS OF ALGEBRA,
BY
LEONARD EULER,
TRANSLATED FROM THE FRENCH;
WITH THE
NOTES OF M. BERNOULLI, &c.
AND THE
ADDITIONS OF M. DE LA GRANGE.
THIRD EDITION,
CAREFULLY REVISED AND CORRECTED.
BY THE REV. JOHN HEWLETT, B.D. F.A.S. &c.
TO WHICH IS PREFIXED
A Memoir of the Life and Character of Euler,
BY THE LATE
FRANCIS HORNER, ESQ., M. P.
LONDON:
PRINTED FOR LONGMAN, HURST, REES, ORME, AND CO.
PATERNOSTER-ROW.
1822.

图 4-10　欧拉《代数基础》1774 年法文版(左)和 1822 年英文版(右)书影

(9) 分配模型

斐波那契在《计算之书》中已经涉及 $(a-b)\times(c-d)(a>b>0,c>d>0)$ 的运算，他根据图 4-11，证明了如下等式(Fibonacci, 2002)：

$$(a-b)\times(c-d)=ac-ad-bc+bd \tag{1}$$

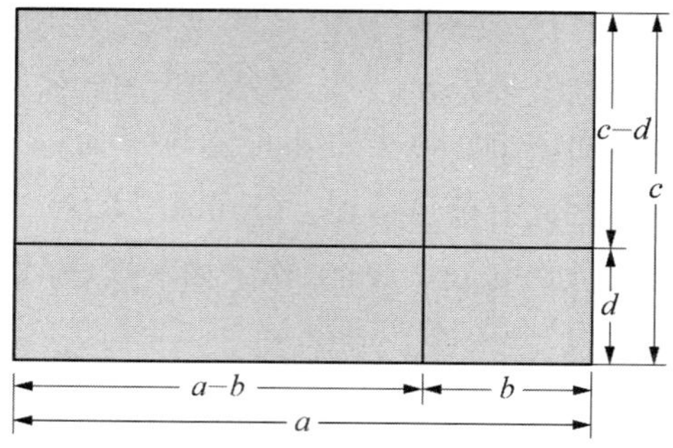

图 4-11　$(a-b)\times(c-d)=ac-ad-bc+bd$ 的几何证明

斐波那契的部分具体例子是：

$$
\begin{aligned}
&(3-\sqrt{5})\times(6-\sqrt{20})\\
=&18-3\sqrt{20}-6\sqrt{5}+\sqrt{5}\times\sqrt{20}\\
=&28-\sqrt{720},\\
&(4-\sqrt{\sqrt{2}})\times(5-\sqrt{\sqrt{8}})\\
=&20-4\sqrt{\sqrt{8}}-5\sqrt{\sqrt{2}}+\sqrt{\sqrt{2}}\times\sqrt{\sqrt{8}}\\
=&22-4\sqrt{\sqrt{8}}-5\sqrt{\sqrt{2}}。
\end{aligned}
$$

我们将等式(1)的适用范围扩大，若 $b=c=0$，则 $a\times(-d)=-ad$，所以正负得负；若 $a=c=0$，则 $(-b)\times(-d)=bd$，所以负负得正。19 世纪许多美、英代数教科书(如 Loomis，1876；Davies，1891；Ball，1897)均采用此方法来推导符号法则。F·克莱因认为，这种“半逻辑”的“证明”方法忽略了学生的心理，不可能为学生所理解。

斯劳特等在另一本教科书《高中代数》中采用另一种方法来“证明”符号法则。首先“证明”正负得负：设 $a\times(-b)=x$，则

$$a\times(-b)+ab=x+ab,$$

即

$$a\times[(-b)+b]=x+ab。$$

于是得

$$a\times 0=0=x+ab,$$

故 $x=-ab$，即 $a\times(-b)=-ab$。

再设 $(-a)\times(-b)=x$，则

$$(-a)\times(-b)+(-a)\times b=x-ab,$$

即

$$(-a)\times[(-b)+b]=x-ab。$$

于是得

$$(-a)\times 0=0=x-ab,$$

故 $x=ab$，即 $(-a)\times(-b)=ab$。(Slaught & Lennes, 1908)

上述"证明"逆向运用了乘法的分配率，故将其归入"分配模型"。

上述每一种模型，都只能算是有理数乘法法则的一种解释。正负得负、负负得正都是在数系扩充过程中，为保证正数所满足的运算律依然适用于负数的必然结果，无法证明，但可以用现实模型进行合理的解释。

4.3 教学设计与实施①

鉴于以上分析，拟定本节课教学目标如下：

(1) 通过现实模型和逻辑形式模型两方面理解有理数乘法法则，并会根据法则进行相关计算；

(2) 初步感知数轴对理解有理数乘法法则的作用，渗透数形结合思想，体会知识的前后联系；

(3) 通过数学史的渗透，充分理解"负负得正"的涵义，提高学生运用数学语言进行归纳、交流的能力，通过故事感悟求真、质疑精神。

具体教学流程如图 4-12 所示。

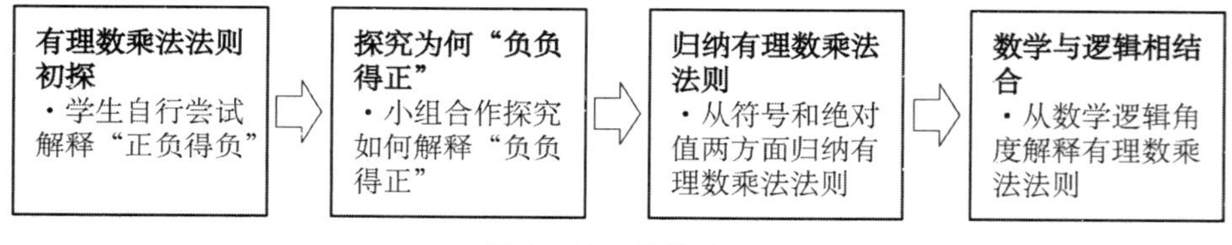

图 4-12 教学流程

4.3.1 有理数乘法法则初探

本节课之前，学生已经学习了有理数加减法法则，知道有理数加减法法则需要考虑符号和绝对值两个方面，所以类比于前面的学习方式，教师让学生类比加减法法则，通过例 1 中几个算式的计算，让学生从符号和绝对值两个方面初步探讨有理数乘法法则。

例 1 计算下列各题。

(1) 4×3；(2) $(-4)\times3$；(3) $4\times(-3)$；(4) $(-4)\times(-3)$。

① 执教者为 HPM 工作室成员、上海市市西中学王进敬老师。

（学生很快算出结果）

师：从计算结果来看，两个有理数相乘，也应该关注哪两方面？

生：符号和绝对值。

师：请分别说说上述 4 题中两个因数的符号和计算结果的符号有何关系？

生：正乘正得正，正乘负得负，负乘正得负，负乘负得正（同号得正，异号得负）。

师："正乘正得正"是小学就学过的，那么你能举一个生活中的实例解释一下吗？

生：妈妈每天给我 4 元钱，3 天后，我拥有 12 元。

师：仿照这个例子，你能给出 $(-4)\times 3=-12$ 的解释吗？

生：$(-4)\times 3=-12$，比如：规定收入为正，支出为负，每天支出 4 元 (-4)，与现在相比，3 天后 $(+3)$ 支出 12 元 (-12)。

生：规定向右运动为正，向左运动为负，从原点出发，以每小时 4 公里的速度向左运动 (-4)，3 小时后 $(+3)$，在原点左侧 12 公里处 (-12)。

4.3.2　探究为何"负负得正"

依据已有对负数的认识，学生可以很快解释为何"负正得负"，如何解释"负负得正"是本节课的难点，教师从让学生解释"正负得负"入手，再引入司汤达的故事，通过讲述司汤达的困惑引发学生探究和思考，然后引导学生将已经给出的模型进行扩展，解释"负负得正"，突破本节课的难点。

师：前面这些例子都是先给出一个因数的现实意义，再给出另一个因数的现实意义，从而得出乘积所表示的意义。$(-4)\times(-3)=12$ 的符号说明"负乘负得正"，这是为什么呢？

随后，教师生动地向学生讲述了司汤达的故事，并提出问题："你能为司汤达解释他的困惑吗？"

生： 反面的反面是正面，敌人的敌人是朋友。

师： 这些情感上的例子虽然有些道理，但远比不上同学举出的"负乘正的例子"具有说服力。根据前面的例子，正数与负数是相对意义下的两个量，要说明负数，就得先规定正数的意义，并与参照标准作比较而得。在这之前，你能仿照老师和同学给出的例子，先来说明 $4\times(-3)=-12$ 的结果吗？比如规定向右运动为正，向左运动为负，$+4$ 表示向右运动，-3 只能表示时间，那么怎样规定时间的正负呢？参照标准是什么呢？

生： 规定向右运动为正，向左运动为负，当下在原点，以每小时 4 公里的速度向右运动（$+4$），3 小时前（-3），在原点左侧 12 公里处（-12）。故 $4\times(-3)=-12$。

师： 在两个有理数的乘法中，两个因数分别有各自的正负规定，最终根据参照标准，得出乘积所表示的意义。你能根据上述知识，用文字或者数轴说明 $(-4)\times(-3)$ 的结果吗？

学生小组讨论交流，并展示讨论结果。

生： 规定向右运动为正，向左运动为负，当下在原点，向右运动为正，若以每小时 4 公里的速度向左行驶（-4），则 3 小时前（-3），在原点右侧 12 公里处（12）。故 $(-4)\times(-3)=12$。

师： 从上述模型中，我们解释了为什么"负负得正"，那么你能解释司汤达的困惑吗？

生： 根据我们的模型，"负负"其实包含两个层次，司汤达的错误在于混淆了"负负得正"中两个"负"的层次，也就是说，法郎×法郎＝法郎。

师： 司汤达的老师夏贝尔先生所说"负数如同欠债"，可以解释"负负得正"吗？

生： 其实夏贝尔先生找到了打开“负负得正”大门的钥匙，用欠债模型也可以解释：每天欠债 4 美元表示(－4)，与现在相比，(－3)表示 3 天前，那么，他的财产比现在多 12 美元。

师： 你觉得司汤达的故事给我们什么启示？

生： 我很佩服他的“不畏权威的质疑精神”，在今后的学习中，我也要多问一个“为什么”，并努力通过各种方式去解决它。

4.3.3 归纳有理数乘法法则

本环节，根据前面的探讨，教师学生一起总结有理数乘法法则。

师： 你能从符号和绝对值两方面叙述有理数乘法法则吗？

生： 有理数乘法法则：两数相乘，同号得正，异号得负，并把绝对值相乘。

师： 从有理数的符号分类来看，这个法则中还缺哪个数？

生： 任何数与零相乘，都得零。

师： 根据这个法则，在有理数计算中，通常我们会先考虑什么因素再实施计算？

生： 先确定符号，再把绝对值相乘。

师： 如果司汤达坐在我们的教室中，与同学共同讨论“负负得正”，而不是孤独地走在校园中，受同学们的启发，他对这一知识一定会有更深刻的理解。我们有理由相信，如果司汤达生活在今天，与你们同窗，他日后一定会成为数学家。

4.3.4 数学与逻辑相结合

本环节，教师从数系扩充的角度向学生解释了为什么“负负得正”，也为学生在后续乘法学习中验证已有的运算律打下基础。教师的解释如下：

数系的扩充原则之一就是运算律的无矛盾性，根据这一原则，我们也可以从逻辑形式上来解释“负负得正”。原有数系的运算律有：

① $0+a=a$，$0\cdot a=0$；

② 交换律：$a+b=b+a$，$a\cdot b=b\cdot a$；

③ 结合律：$a+(b+c)=(a+b)+c$；$a\cdot(b\cdot c)=(a\cdot b)\cdot c$；

④ 分配律：$a\cdot(b+c)=a\cdot b+a\cdot c$。

这些运算律在正数计算中起着非常重要的作用，当数集扩充到整个有理数集时，要保证它们依然成立，即运算律的无矛盾性。依据上述运算律，可以得到下面的算式：

$$
\begin{aligned}
&(-1)\times(-1)=(-1)\times(-1)+0\times1\\
&=(-1)\times(-1)+[(-1)+1]\times1\\
&=(-1)\times(-1)+(-1)\times1+1\times1\\
&=(-1)\times[(-1)+1]+1\times1\\
&=(-1)\times0+1\times1\\
&=0+1\\
&=1。
\end{aligned}
$$

从上述过程看，要使运算律在整个有理数集中成立，“负负得正”是必需的。总之，“负负得正”从现实模型中产生，最终又回到数学的抽象。

然后教师和学生一起进行了本节课的小结，有理数乘法法则无法证明，是一种规定，给出这种规定的原则是：“使原有的运算律保持不变，只有这样才能使数学的发展建立在原有的基础之上。”

4.3.5 学生课后问卷反馈

课后对 31 名听课学生进行了问卷调查。

对于问题“你以前了解为什么负负得正吗”，有 18 位同学（占 58%）知道“负负得正”，但不知原因，只是接受了这个结论，没有深入想过，也没有质疑过对错；还有学生认为老师教的都是对的，认为“负负得正”是公理，是严谨而准确的，没必要质疑。有 12 位同学（占 38.7%）了解过，途径有：从数形结合、生活方面、网查、父母讲解、数学书等。还有 1 位同学提到从“医学中的疫苗技术”了解的，即“体内原有病毒为负，当注射病毒疫苗时也为负，但产生抗体后结果是好的，变为正”。有 1 位同学了解过，也质疑过，但最终认为“负负得正”是一个定义，记住即可。

学生觉得从现实模型与数学逻辑两个角度明确“负负得正”，比单纯地用“规定”来说明“负负得正”有如下好处：现实模型更形象，逻辑语言更严谨；会让大家理解负负得正的根本原因；会让人心服口服，而非把知识强加给人；让理解更深刻，记忆更清晰，还能给人以启示，让我们更加热爱数学；拓宽视野。

在问到“作家司汤达的故事给你什么启示”时，有22位同学（占71%）提到了司汤达的质疑精神很值得我们学习，但认为质疑后更应该有探究问题的精神和能力，直到弄懂为止，不应该轻言放弃。也有学生说思考问题时一个人是不够的，需要团队合作讨论才能解决；理解问题时要有层次感；方向很重要，在错误的方向上得不到正确的答案。

对于印象最深环节，有14位同学（占45.2%）对大家一起讨论用各种现实生活的例子来解释“负负得正”印象最深。因为这时大家思维踊跃，话题开放，多了很多理解问题的角度，深刻理解了“负负得正”，是以前从未考虑过的，很有趣，让人更好地理解并记住了这个法则，感受到了数学的奥妙。8位同学（占25.8%）对司汤达的故事印象深刻，认为故事很有趣，听得很入神，故事告诉我们不懂就问，做题时要注意细节，如果司汤达注意到单位问题，说不定就可以解决困惑了，细节决定成败。也有同学认为，“司汤达的困惑很让人震惊，乍一看还好像是对的，引人深思，吸引了我来解决他的困惑”。5位同学（占16.1%）对用逻辑运算解释“负负得正”印象深刻，只有在这个环节才真正从数学的角度理解了该法则，感受到数学的美妙，这是以前从没有了解过的，显示了数学的理性表达。还有学生对“教师对负负得正思路的引导”和画数轴解释印象深刻。

4.4　课例评析

4.4.1　数学史的运用方式

本节课整体设计借鉴了数学史。从课后反馈可知，很多学生已知“负负得正”，但从未质疑过，而是将这一规定视为数学上的公理，认为只要会用即可。没有数学史，我们不会知道这一看似真理的符号法则，也曾经历缓慢曲折的发展过程，受到过很多人的质疑。在了解相关数学史后，我们的视角不仅仅停留在用教科书中的模型解释“负负得正”，而是借助司汤达的故事，让学生从质疑出发，再经过自主探究、合理解释后获得真知，学会研究数学的思想方法。一是通过“附加式”与“顺应式”运用了司汤达的故事，“附加式”讲述了司汤达学习“负负得正”的困惑，“顺应式”体现在学生探究用现实模型解释“负负得正”后，找出司汤达困惑的问题所在，并跨越时空为司汤达释惑；二是在小结阶段，教师“顺应式”利用数学史，用数学逻辑解释为什么“负负得正”，并告诉学生“负负得正”无法证明，只是为保证原有运算律成立的数学规定，可以用现实模型加以解释。

4.4.2 数学史的价值

司汤达关于“债务与债务相乘变为收入”的困惑，其根源在于将两个相乘的负数赋予了相同的现实意义，而这两个量相乘并无现实意义，M·克莱因将一个负数定义是负债，另一个负数定义为时间回溯后，很好地解决了司汤达的困惑。借助司汤达的故事，本节课从已有的“正乘正”现实模型出发，经过“负乘正”、“正乘负”两座桥梁，在司汤达的故事中展开“负负得正”的探究活动。学生发现在解释“负乘正”、“正乘负”时所举出的现实例子都是先给出一个因数的现实意义，再给出另一个因数的现实意义，从而得出乘积所表示的意义，进而对“负负得正”作出合理解释。这里，数学史帮助教师构建了“知识之谐”，营造了“探究之乐”。

让学生解决司汤达的困惑，是对学生是否理解“负负得正”的考查，学生能够指出司汤达的问题的不合理性在于：只是在“数”的形式上牵强附会，而未能注意到“负”与“负”的层次性。学生能够认识到“数量”是数学源于生活的体现，在认识和描述某一事物时，既要关注“数”，又要考虑“量”(量表示事物的某些特征属性，数表示量的大小)，二者相辅相成。用“数量”来解释“负负得正”，就要赋予两个负数不同的现实意义，且在现实意义下，这两个量相乘也具有实际意义，就能合理解释“负负得正”。对司汤达的疑问的解释，让学生再次体会解释“负负得正”的关键之处，这一设计正是在司汤达故事的指引下产生的，体现了数学史的“方法之美”与“能力之助”的价值。

日本数学家米山国藏说:“我做了多年的数学教育，发现：学生们在初中、高中等接受的数学知识，因毕业进入社会后几乎没有什么机会应用这种作为知识的数学，所以通常是出校门不到一两年，很快就忘掉了。然而，不管他们从事什么业务工作，唯有深深地铭刻于头脑中的数学的精神、数学的思维方法、研究方法、推理方法和着眼点等，却随时随地发生作用，使他们终生受益。”(米山国藏，1986)这正是数学文化的魅力。本教学设计以司汤达的亲身经历贯穿整个过程，以解决司汤达的困惑为主线，设计从“正乘负”、“负乘正”过渡到“负乘负”的探究路径，让学生明白要解释“负负得正”需要赋予两个负数不同的现实意义，让学生能亲切地感觉到：看似简单的“负负得正”，我们可以用“规定”二字一笔带过，也许并不影响日常生活，可失去的却是质疑、探究、团队合作讨论的机会。正如学生在课后反馈中所言，司汤达的故事告诉我们，“质疑后更应该有探究问题的精神和能力，直到弄懂为止，不应该轻言放弃”；“思考问题时一个人是不够的，需要团队合作讨论才能解决”。这些感悟体现了数学史的“文化之魅”和“德育之效”的价值。

4.4.3　小结

在问卷中，有学生谈到最喜欢的环节是证明 $(-1)\times(-1)=1$ 的过程，其实教师在课上讲解时已经说明过，这并不是严格意义上的“证明”，而是利用有理数集在扩充时运算律的无矛盾性，但学生对运算律已先入为主，习以为常，不是很理解这种说法。在讲解过程中教师应该讲清楚每一步所用到的运算律，让学生感受到正是这种“无矛盾性”的要求，才会导致“负负得正”的结果。

“负负得正”是学生在初中学习阶段第一次碰到的“规定”性的知识，本设计借助司汤达的困惑，让学生明白，在学习这类知识时，即使它是数学中的“规定”也要敢于质疑、求真，要明白“规定”背后蕴含的合理性所在。在初中数学中还有很多类似的知识，比如：a^n 叫幂，$a^0=1$ 等等，教科书所呈现的“冰冷”的知识，并不能告诉我们为什么这样规定，但当学生在学习这些知识时，学会了多问个为什么，那么学生的质疑精神和解惑能力自然而然就会增强，在深刻理解了这一类知识的同时，学生也学会了研究数学的思想和方法。

参考文献

[1] 卜以楼．也谈“有理数乘法”的教学设计[J]．中小学数学（初中版），2016(10)：81—83.

[2] 韩诗贵．梯度合理设置，法则自然生成——以“有理数乘法法则”的教学为例[J]．中小学数学（初中），2017(5)：42—44.

[3] F·克莱因．高观点下的初等数学[M]．舒湘芹，等，译．上海：复旦大学出版社，2008.

[4] 米山国藏．数学的精神、思想与方法[M]．毛正中，吴素华，译．成都：四川教育出版社，1986.

[5] 彭林．基于数系扩充思想的“负负得正”的教学设计[J]．中小学数学（初中版），2016(10)：53—57.

[6] 斯丹达尔．斯丹达尔自传[M]．周光怡，译．南京：江苏文艺出版社，1998.

[7] 王丽．预设“问题串”，渐次推进新知生成——以“有理数乘法”第1课时教学为例[J]．中学数学（初中版），2016(11)：15—17.

[8] 吴增生．有理数乘法法则形成过程教学的再思考——基于“3B”教育理念下的数学课堂教学实践研究[J]．中国数学教育，2013(1—2)：26—28.

[9] 谢鸿飞．“有理数乘法法则”的导学案[J]．中小学数学（初中版），2015(1—2)：26—27.

[10] 张洋，荆小兵．“有理数的乘法”教学设计[J]．中学数学教学参考（下旬），2017(1—2)：59—60.

[11] 邹施凯.授人以鱼不如授人以渔——"有理数乘法"的教学设计[J].中学数学(初中版),2013(7):76—79.
[12] Clavius, C. *Algebra* [M]. Romae: Apud Bartholomaeum Zannettum, 1608.
[13] Ball, W. W. *Elementary Algebra* [M]. Cambridge: The University Press, 1897.
[14] Beman, W. W., Smith, D. E. *Elements of Algebra* [M]. Boston: Ginn & company, 1900.
[15] Davies, C. *New Elementary Algebra* [M]. New York: American book company, 1891.
[16] Durell, F. *Introductory Algebra* [M]. New York: Charles E. Merrill Company, 1912.
[17] Euler, L. *Elements of Algebra* [M]. London: Longman, Hurst, Rees, Orme, & Co, 1822.
[18] Fibonacci, L. *Fibonacci's Liber Abaci: A translation into modern English of Leonardo Pisano's Book of Calculation* (translated by L. E. Siegler) [M]. New York: Springer-Verlag, 2002.
[19] Fisher, G. E., Schwatt, I. J. *Elements of Algebra* [M]. Philadelphia: Fisher & Schwatt, 1899.
[20] Hallett, G. H., Anderson, R. F. *Elementary Algebra* [M]. Boston: Silver, Burdett & Company, 1917.
[21] Hill, D. H. *Elements of Algebra* [M]. Philadelphia: J. B. Lippincott & Company, 1857.
[22] Klein, F. *Elementary Mathematics from an Advanced Viewpoint* [M]. New York: Dover Publications, 1945.
[23] Kline, M. Logic versus pedagogy [J]. American Mathematical Monthly, 1970, 77(3): 264-282.
[24] Lilley, G. *The Elements of Algebra* [M]. Boston: Silver, Burdett & Company, 1894.
[25] Loomis, E. *Elements of Algebra* [M]. New York: Harper, 1876.
[26] Lyman, E. A., Darnell, A. *Elementary Algebra* [M]. New York: American Book Company, 1917.
[27] Oliver, J. E., Wait, L. A., Jones, G. W. *A Treatise on Algebra* [M]. Ithaca: Dudley F. Finch, 1887.
[28] Shoup, F. A. *Elements of Algebra* [M]. New York: E. J. Hale & Son, Publishers, 1880.
[29] Slaught, H. E., Lennes, N. J. *High School Algebra* [M]. Boston: Allyn & Bacon, 1908.
[30] Slaught, H. E., Lennes, N. J. *Elementary Algebra* [M]. Boston: Allyn & Bacon, 1915.
[31] Smith, C. *A Treatise on Algebra* [M]. London: Macmillan & Company, 1890.
[32] Stifel, M. *Arithmetica Integra* [M]. Norimbergae apud Iohan Petreium, 1544.
[33] Stone, J. C., Millis, J. F. *Elementary Algebra* [M]. Boston: B. H. Sanborn & Company, 1911.
[34] Tanner, J. H. *High School Algebra* [M]. New York: American Book Company, 1907.
[35] Wentworth, G. A. *Elements of Algebra* [M]. Boston: Ginn & Heath, 1881.
[36] Young, J. W. A., Jackson, L. L. *A Second Course in Elementary Algebra* [M]. New York: D. Appleton and company, 1910.

5 千年障碍从头越：字母表示数

5.1 背景

“字母表示数”的使用是从算术过渡到代数的标志，是学生学习代数知识的开端，是学生后续学习方程、函数等知识的基础。有些小学教科书也包含“字母表示数”这一知识，我们主要研究初中阶段的“字母表示数”。表 5－1 给出了“字母表示数”一节在人教版、苏科版和沪教版教科书中的位置、呈现方式以及前后知识的顺序。

表 5－1　三个版本教科书中的“字母表示数”

教科书版本	位置	呈现方式	前后知识顺序
人教版	七年级上册第 2 章 2.1　整式一节的选学部分“阅读与思考”	通过数字 1 与字母 X 对话的方式，展示算术和代数的不同	本章学习整式的加减，下一章学习一元一次方程
苏科版	七年级上册 3.1　字母表示数	单独作为一节，利用一连串的例子展示字母可以简洁地表示实际问题中的数量关系、数学公式以及规律	本章学习代数式的基本运算，下一章学习一元一次方程
沪教版	七年级上册 9.1　字母表示数	单独作为一节，通过 4 个问题的设计展示用字母可以表示数学法则、公式、未知数以及规律	前面六年级已经学习了一元一次方程以及二元、三元一次方程组，本章学习整式的运算

从表 5－1 可见，人教版初中教科书并未将“字母表示数”专门列为一节，而是以故事的形式展示字母表示数的特征：“用字母的式子具有更一般的含义”、“用字母表示未知数，能更方便地表示数量关系”。苏科版和沪教版教科书都将“字母表

示数”单独作为一节，作为后续代数运算内容的开端，教科书中通过若干例子让学生明白，用字母可以表示任意数、表示特定的公式、表示符合条件的某一个数或具有某些规律的数等，字母表示数的特征在于“可以简明地表示数量关系”。

“字母表示数”看似简单，实则不然。蒲淑萍和汪晓勤(2012)研究了上海市七年级学生对字母的认知水平，结果显示，为数不少的学生对字母意义的认知水平停留在“记数符号”和“未知量”的层次，对于字母表示“一类量”存在认知困难。虞琳娜(2009)发现，学生能够理解用字母表示一个数，但是难以想象字母表示的数可以是任意的。薛文叙(2009)通过案例研究发现，学生学习字母表示数后，仍然不理解字母表示一类量，仍然依赖于文字叙述的方式解题。上述研究表明，学生基本上能够理解用字母表示未知数，但对于字母表示“已知数”或“一类量”存在认知困难。学生对“字母表示数”的理解存在一定的历史相似性，如何突破学生的认知障碍，是我们在教授这节课时需要突破的难点。

在已发表的“字母表示数”的课例中，教师采用不同的方式来突破用字母表示“任意数”这一难点，如陶红强(2014)从“关注知识的教学”到“关注思维的教学”再到“关注渗透数学思想”的三次磨课，引导学生厘清用同一个字母所表示的两个量之间的关系和变化规律，潜移默化地渗透函数的思想。也有教师融入数学史进行教学，如蔡宏圣(2008)遵循用字母表示数的历史发展顺序，通过两个问题情境，从学生比较熟悉的字母表示特定的未知数，过渡到用字母表示“一类数”，突破学生的认知障碍，并适时介绍用字母表示数的历史，激发学生的学习兴趣。叶晓娟和顾海萍(2014)基于字母表示数的历史发展顺序，设置问题，让学生感知字母表示数的发展；陆鼎元(2015)也参照历史，从趣味故事引入，让学生体会用字母表示的简洁性。但正如俞正强(2012)所言，“字母表示数”的教学重点在于“在碰到无法用确定的数来表示的时候，用字母表示”，要让学生体验某些情况下数的不确定性，用符号表示的必要性和简洁性。鞠文玲(2014)通过“用一个算式表示买任意本书的价钱”的探究活动，让学生用自己的方式表示买书的价钱，培养了学生的符号意识，感受字母表示数的简洁性，突破“字母表示数”的难点。

参照“字母表示数”的历史并借鉴已有的教学设计，我们尝试重新从 HPM 的视角来设计“字母表示数”的教学，力求突破学生的认知障碍，体会用字母表示任意数的必要性和简洁性，培养学生的符号意识。

5.2 历史素材

“字母表示数”有着悠久的历史，如今我们所述“代数”一词，就是源于中国第一部符号代数教科书《代数术》的翻译者李善兰(1811—1882)和伟烈亚力(A. Wylie, 1815—1887)所创“代数”一词，取“用字母代替数”之义。19世纪德国数学史家内塞尔曼(G. H. F. Nesselmann, 1811—1881)在《希腊代数》(1842)中将代数学的发展过程分成三个阶段：修辞代数(Rhetorical Algebra)、缩略代数(Syncopated Algebra)和符号代数(Symbolic Algebra)，以下具体介绍每个阶段。

5.2.1 修辞代数

在代数发展的早期，人们完全用文字来表示一个代数问题的解法，这便是修辞代数。古代两河流域的代数学就属于修辞代数，如大英博物馆所藏古巴比伦时期泥版 BM 13901 上记载的一元二次方程求解问题，第1题为：“将正方形面积与边长相加，和为$\frac{3}{4}$，求边长。”解法如下：“置系数1，半之，得$\frac{1}{2}$；$\frac{1}{2}$自乘，得$\frac{1}{4}$，将$\frac{1}{4}$与$\frac{3}{4}$相加，得1，此为1的平方，从1中减去$\frac{1}{2}$，得$\frac{1}{2}$，即为正方形的边长。”用符号语言表示就是：设边长为x，则$x^2+x=\frac{3}{4}$，解得$x=\sqrt{\left(\frac{1}{2}\right)^2+\frac{3}{4}}-\frac{1}{2}$。显然，用文字表述冗长而繁琐，不易理解，用符号表示则简洁明了。

由于不知道用字母表示数，当时并不存在数列“通项”的概念，所求数列的结果都只是针对具体的若干项。所以，公元前6世纪古希腊的毕达哥拉斯学派使用的也是修辞代数方法。毕达哥拉斯学派研究了多边形数，该学派晚期数学家尼可麦丘(Nicomachus，公元1世纪)在《算术引论》中列出：

三角形数：1　3　6　10　15　21　28　36　45　55…

正方形数：1　4　9　16　25　36　49　64　81　100…

五边形数：1　5　12　22　35　51　70　92　117　145…

六边形数：1　6　15　28　45　66　91　120　153　190…

七边形数：1　7　18　34　55　81　112　148　189　235…

……

他们可以轻易地说出一个具体的多边形数，却无法表达“任意一个三角形数”、“任意一个正方形数”、“任意一个五边形数”等的大小，更不能表达出“任意多边形数”。类似的情形在欧几里得《几何原本》中也有所体现。

5.2.2 缩略代数

从修辞代数到缩略代数大约经历了 2000 多年时间。公元 3 世纪，古希腊数学家丢番图在其《算术》中首次用希腊词尾字母“ς”来表示未知数(相当于我们今天的 x)，成为缩略代数最早的作者。然而，丢番图并不知道用字母来表示任意一个数，他只能用特殊的数来代替题目中的未知数。如《算术》(图 5 - 1)第 1 卷第 1 题为：“已知两数的和与差，求这两个数。”用今天的语言来表述，丢番图的解法是：“假设和为 100，差为 40，较小数为 x，则较大数为 $40+x$，于是有 $2x+40=100$，解得 $x=30$，较大的数为 70。”

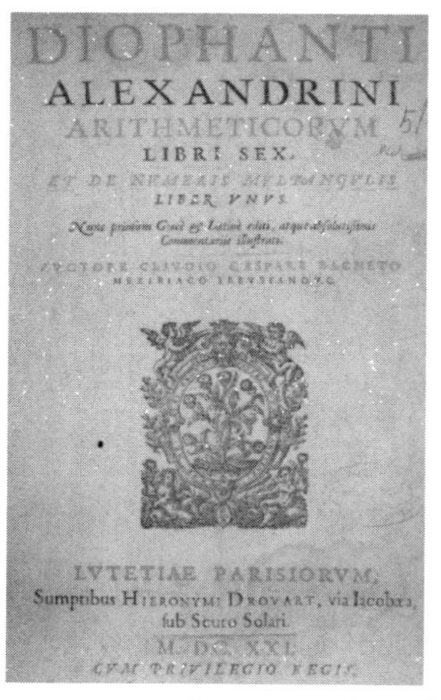

DIOPHANTI ALEXANDRINI ARITHMETICORVM LIBRI SEX.

ET DE NUMERIS MULTANGULIS LIBER VNVS.

LVTETIAE PARISIORVM,
Sumptibus HIERONYMI DROVART, via Iacobæa, sub Scuto Solari.
M. DC. XXI.
CVM PRIVILEGIO REGIS.

QVÆSTIO I.

PROPOSITVM numerum in duos numeros partiri, quorum datum sit interuallum. Esto datus numerus 100 interuallum verò 40. oportet inuenire numeros. Statuatur minor 1. N. Maior ergo erit 1. N. & 40. vnitates. Igitur vterq; simul erit 2. N. + 40. Dabantur autē esse 100. Proinde vnitates 100. æquales sunt 2. N. + 40. Aufero similia à similibus, nimirum aufero 40 vnitates, & à 100 & à 2. N. + 40 relinquuntur 2. N. æquales vnitatibus 60. Ergo alter numerorum est 30. Ad positiones. Erit minor quidem vnitatum 30. maior verò vnitatū 70. & demonstratio est manifesta.

图 5 - 1　丢番图《算术》(1621 年巴歇拉丁文校订注释版)书影

古代印度数学家婆罗摩笈多以及后来的婆什迦罗等都用梵文颜色名的首音节来表示未知数，而中国宋元时期数学家则用“天元”表示未知数(汪晓勤，2017)。他们都停留在用字母或者名词的缩写来表示未知数，而没有用字母或名词缩写来表达“任意数”，依然停留在缩略代数阶段。

5.2.3 符号代数

从缩略代数到符号代数大约经历了 1 300 多年时间。16 世纪，法国数学家韦达在《分析术引论》(1591，图 5－2)中使用字母来表示未知量和已知量，标志着符号代数的诞生。他用元音字母表示未知量，用辅音字母表示已知量，并将这种新的代数称为“类的算术”，以区别于旧的“数的算术”。于是，对丢番图《算术》中的代数问题就有了更一般的解答。如对《算术》第 1 卷第 1 题，韦达给出的解法是：

“设 B 为两数之差，D 为两数之和，要求这两个数。设较小数为 A，则较大数为 $A+B$，两数之和为 $2A+B$，于是 $2A+B=D$，$2A=D-B$，$A=\frac{1}{2}D-\frac{1}{2}B$；又设较大的数为 E，则较小数为 $E-B$，两数之和为 $2E-B$，于是 $2E=D+B$，$E=\frac{1}{2}D+\frac{1}{2}B$。”

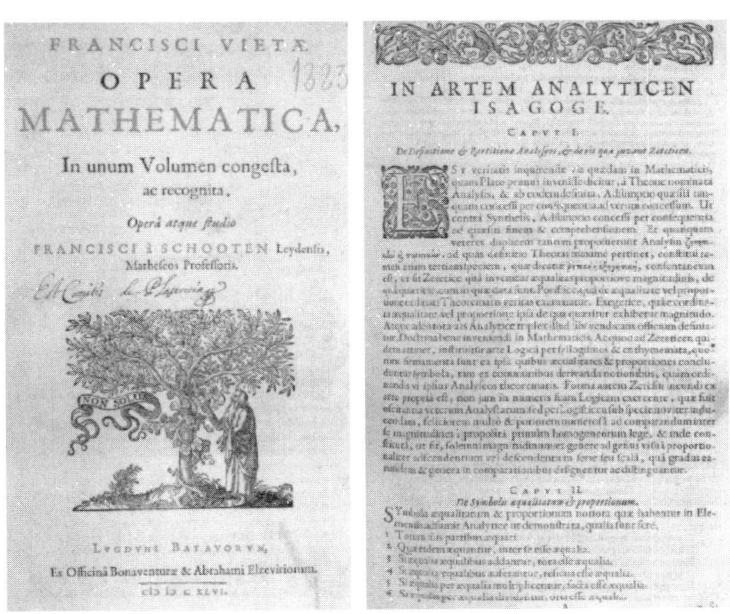
FRANCISCI VIETÆ
OPERA
MATHEMATICA,
In unum Volumen congesta,
ac recognita,
Operâ atque studio
FRANCISCI à SCHOOTEN Leydensis,
Matheseos Professoris.
NON SOLIS
LUGDUNI BATAVORUM,
Ex Officinâ Bonaventuræ & Abrahami Elzeviriorum.
CIƆ IƆ C XLVI.

IN ARTEM ANALYTICEN
ISAGOGE.
CAPUT I.
CAPUT II.

图 5－2 韦达全集(1646 年版)中的《分析术引论》

后来，法国数学家笛卡儿在韦达的基础之上，采用小写字母，用字母表中靠前的字母(如 a、b、c 等)表示已知数或常量，而靠后的字母(如 x、y、z 等)表示未知数或变量，自此，才有了我们今天的习惯用法。

5.3 教学设计与实施①

根据以上分析,本节课拟定的教学目标是:

(1) 理解字母表示数的意义。字母表示数是代数的基础,学生在学习本节课之前对字母表示数已有一定感知,知道字母可以表示未知数,通过本节课的学习进一步理解字母可以表示"已知数"和"任意数"。

(2) 会用字母表示数解决一些简单的问题,并能够规范书写,培养学生的符号意识,为后续的学习做铺垫。

(3) 通过对用字母表示数的相关数学史的了解,理解字母表示任意数的功能。通过探究,经历从由修辞代数到缩略代数再到符号代数的过程,体会字母表示数的优越性,感受一般化的数学思想。

具体教学流程如图 5-3 所示。

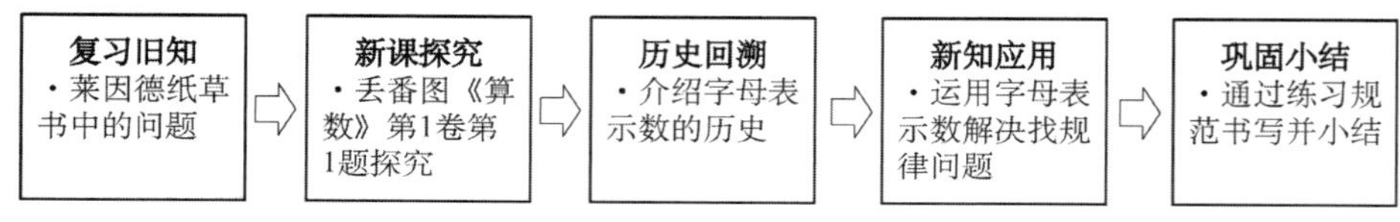

图 5-3 教学流程

5.3.1 复习旧知

问题 1:古埃及纸草书上的问题:一个量,加上它的$\frac{2}{3}$,它的$\frac{1}{2}$和它的$\frac{1}{7}$,等于 33,求该量。

在解决问题 1 时,学生很自然地想到这个所求的量是未知量,所以设出未知数 x 表示所求量,根据等量关系列出方程 $x+\frac{2}{3}x+\frac{1}{2}x+\frac{1}{7}x=33$。

学生列出方程后,教师追问了三个问题:这里的 x 表示什么?可不可以换成 a、b 或者其他字母?在一些问题的求解过程中,字母用来表示什么?目的是让学生回顾已学知识,得到字母可以用来表示未知数,为后面的学习埋下伏笔。

5.3.2 新课探究

问题 2:古希腊数学家丢番图一生中解过很多代数方程和不定方程,被人们

① 执教者为 HPM 工作室成员、上海市延河中学孙洲老师。

誉为“代数学鼻祖”。他所著《算术》一书的第1卷第1题，翻译成现代语言是这样的：已知两数的和与差，求这两个数。

这个问题是引入部分的关键，也是整节课的重点所在，设计的意图是，学生知道字母可用来表示未知数，故会去设出所求的两个数；而两数的和与差虽是已知的，题中却没有给出，所以产生了认知冲突。让学生分组讨论之后，展示各组的解法，学生展示的解法有如下三种。

(1) 不知道怎么表达已知数，如图5-4。

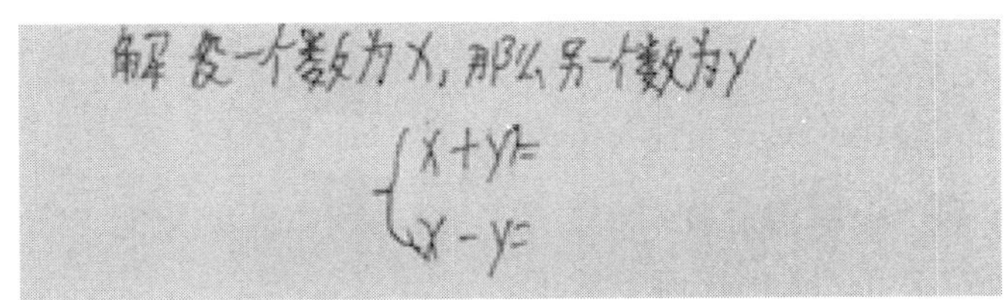

图5-4　学生的解答之一

以下是教学片段。

师：请你说说你的想法。

生：因为这两个数是让我们求的，是未知的，所以设它们分别为x和y。

师：那么你写出的$x+y$与$x-y$表示什么？

生：$x+y$与$x-y$分别表示这两个数的和与差。

师：那为什么等号后面什么都没写？

生：因为题目没告诉我们这两个数的和与差是多少。

师：题目中不是说已知两数的和与差吗？

生：但是没告诉我们具体是多少啊，这正是我不理解的地方，所以我就空着了。

学生在此形成了认知冲突，已有的知识让他们很自然地用字母表示未知数，但当已知的两数和与两数差没有具体给出时就不知道该如何处理了。

(2) 用特殊值来代替已知数，如图5-5所示。

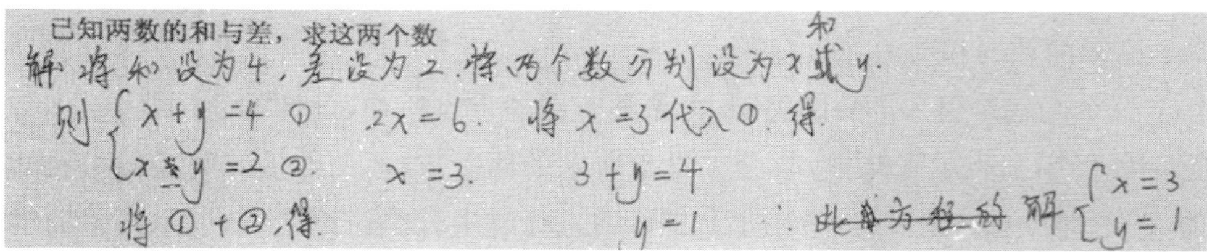

图 5－5　学生的解答之二

以下是教学片段。

师： 你说一下为什么这么做。

生： 因为没有告诉我们和与差是多少，所以我就想能否用特殊值代入，这样就可以求出这两个数了。

师： 这个做法好像比前面同学的做法有进步了，通过用特殊的数来表示两个数的和与差，可以求出这两个数的值，那么我想问一下大家，这个解法是否可行？（抛出问题，引发学生讨论，有人认为可行，有人认为不可行。教师让不认同该解法的同学说明理由）

生： 这样的做法答案不唯一，如果我设这两个数的和与差不是 4 与 2，设其他的数，这样求出来的两个数就不一样了。

师： 嗯，非常好，因为两数的和与差可以是任意的，所以这种解法具有一定的特殊性，在我们看来是不严密的。可是，如果在 1800 多年前，这个同学一定是伟大的数学家，因为丢番图就是用这个方法来解决这个问题的，我们可以叫她小丢番图。

展示此解法的目的主要是让学生看到用特殊值代替已知数的不严密性，从而促使学生进一步思考，为后面的新解法做好铺垫。通过将学生和丢番图作比较，让她获得成就感，而其他同学一下子感觉丢番图这个伟大的数学家离他们并不遥远，从而加深对历史上数学家的印象，也为后面的代数学发展史的学习打下基础。

（3）用符号表示已知数，如图 5－6。

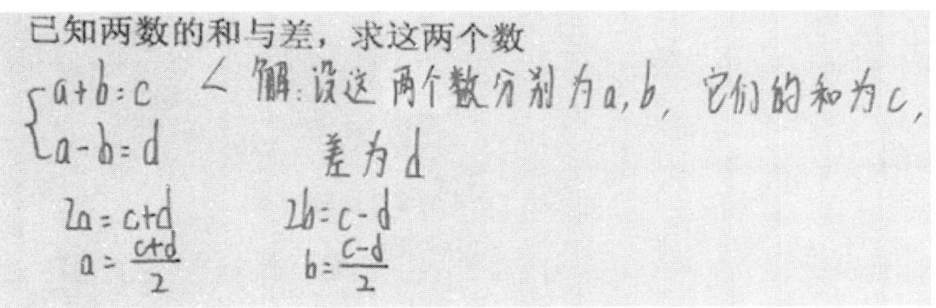

图 5 - 6　学生的解答之三

以下是教学片段。

> **师：** 请你来说说为什么这么做。
>
> **生：** 我发现题中并没有告诉我们这两个数的和与差具体是多少，于是我就将它们设为字母来做。
>
> **师：** 哦，你就是用字母来表示这两个数已知的和与差，而前面我们已经讨论出这里的和与差是任意的，所以你用字母来表示它们，那么这样我们不仅仅可以用字母来表示未知数，还可以用字母来表示什么？
>
> **生：** 还可以用字母来表示已知数。
>
> **师：** 也就是说，字母可以表示任意数。同学们非常棒，通过前一种解法，同学们成了小丢番图；而通过现在这种解法，同学们又成了小韦达。

通过上面第三种解法，学生发现，当题中没有给出已知量的具体数值时，也可以用字母来表示它们。于是，很自然得到结论：字母不仅可以用来表示未知数，也可以用来表示已知数。将学生与数学家韦达比较，进一步拉近他们与数学家之间的距离。

（4）文字表述，如图 5 - 7。

教师在另一个班级试讲时，有学生采用了修辞代数的做法。由于本班级中没有学生用这种做法，所以教师给学生展示了试讲班级中一位学生的做法。

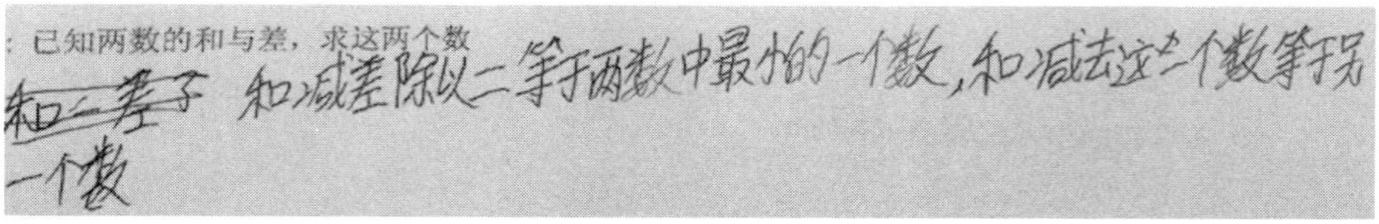

已知两数的和与差，求这两个数

和减差除以二等于两数中最小的一个数，和减去这个数等于另一个数

图 5-7　学生的解答之四

师：这个解法和前面用字母表示数的解法有什么区别和联系？

生：联系就是这两种解法实际上是一样的，区别就是，一种是用文字来表述结论，一种则是用字母来表示结论。

通过两种方法的比较，让学生体会到，字母表示要比文字表述简单得多，这也反映了代数学的演进过程。

5.3.3　历史回溯

教师介绍代数学的三个发展阶段，分别与上述三种解法相对应：

我们刚才的三种做法恰好对应了历史上代数学的三个发展阶段，即修辞代数、缩略代数和符号代数。解法 4 对应的阶段叫做修辞代数，就是完全用文字来表达一个问题的解法，因为古人一开始并不会用字母表示数，问题的求解是用文字表达的，没有出现任何字母符号。所以用文字来表达解法，可能一个很简单的问题都要写好几页纸，大家如果感兴趣可以去阅读《九章算术》、《计算之书》等数学经典。解法 2 对应于缩略代数阶段：用字母来表示未知数，这一阶段的代表人物就是古希腊数学家丢番图，由于不知道用字母来表示任意数，丢番图只能用特殊的数来代替题中的已知数。解法 3 对应于符号代数阶段：用字母表示任意数，这一阶段的代表人物是法国数学家韦达，他在《分析术引论》中使用字母来表示未知数和已知数，也就是用字母来表示任意数。

通过对代数学发展三阶段的介绍，让学生体会字母表示数思想产生的过程和字母表示数的意义，并且从历史的角度去理解：为什么要用字母表示数？字母可以表示什么数？这里，数学史的渗透达到了高潮。教师又强调，我们在课堂上用了短短的十几分钟就走完了当初数学家花 1 300 多年时间才走完的路，因此，我们站在了前人的肩膀上！

5.3.4　新知应用

在该环节，教师让学生寻找规律，并用字母来表示任意数。

例　用一盒火柴棒实施如下操作：

用 4 根火柴棒搭成一个正方形，接着用火柴棒按如图所示的方式搭成两个正方形，再用火柴棒搭成三个正方形、四个正方形……

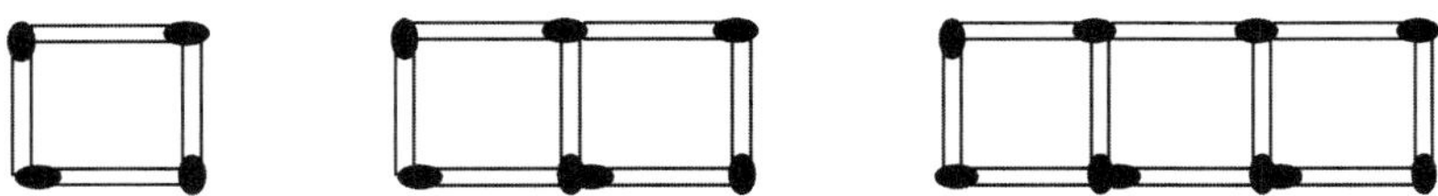

问题(1)：能否根据图示，完成下列表格呢？

正方形的个数	1	2	3	4	…
用去的火柴棒的数量					

问题(2)：那么 20 个正方形需要多少根火柴？(追问：怎么算出来的?)30 个呢？

问题(3)：那么搭任意个正方形需要多少根火柴呢？

在具体回答过程中发现，大部分学生能够顺利回答第一个和第二个问题。对于第三个问题，大部分学生已经摆脱了对修辞代数的依赖，能过渡到符号代数这一阶段，但是由于个体差异，也有少数未能顺利实现上述过渡。一名学生依然用文字来表述搭任意个正方形所需火柴棒的数目：4＋(正方形个数－1)×3，然后教师将其与 $4+3(n-1)$ 进行比较，让学生再次从修辞代数和符号代数之间的区别中体会符号代数的优越性和简洁性。

5.3.5　巩固小结

本教学环节，利用前面各问题中的结果，强调字母表示数的规范写法。

练习：设某数为 x，用 x 表示下列各数：

(1) 比某数的一半还多 2 的数；

(2) 某数减去 3 的差与 5 的积；

(3) 某数与 3 的和除以某数所得的商；

(4) 某数的 60%除以 m 的商。

答案分别为：(1) $\frac{1}{2}x+2$；(2) $5(x-3)$；(3) $\frac{x+3}{x}$；(4) $\frac{60\%x}{m}$。

介绍若干书写规范：(1)数字与字母之间的乘号可以省略；(2)数字通常写在字母前面；(3)除法运算的结果通常用分数的形式表示。

5.3.6 学生反馈

对于问题 2 的教学，教师本来预设学生会给出三种解法，见表 5－2。让学生经历从文字表述到字母表示未知数再到字母表示任意数的过程，从而对应代数学发展的三个阶段，让学生理解字母不仅可以表示未知数，还可以表示已知数，从而突破教学难点。

表 5－2 教师预设问题 2 的三种解法

代数学的三个阶段	具体解法
修辞代数	两数和加两数差再除以 2，得较大数；两数和减两数差再除以 2 得较小数
缩略代数	设两数分别为 x 和 y，两数和为 100，两数差为 40，求得 x 和 y 分别为 70 和 30
符号代数	设两数分别为 x 和 y，两数和为 m，两数差为 n，求得 $x=\frac{m+n}{2}$，$y=\frac{m-n}{2}$

然而，教学过程中，本班级中没有一个学生用文字来表述问题的解法，说明学生在文字表述上存在一定困难。他们一看到有未知数，就想到用字母来表示未知数，可见，多数学生已经掌握了缩略代数的解法。表 5－3 给出了课堂上学生对问题 2 的求解情况。从中可见，60％的学生能想到用字母来表示未知数；但其中有 7 名学生在用字母表示未知数后一筹莫展，说明他们对题中没有具体给出已知数还是感到困惑的。另 5 名学生用特殊值来代替已知数，虽然列出了方程组，得到所求数的值，但通过讨论，发现该解法是不恰当的，从而进一步形成认知冲突。只有 6 名学生用符号代数方法来解决问题并完全做对，表明这几名学生已经完全理解字母表示数的意义。

表 5－3　课堂上学生对番图问题的解法

解法	人数	百分比
修辞代数	0	0%
缩略代数	12(7 人只设未知数没有列出方程)	60%(35%)
符号代数	8(6 人做对)	40%(30%)

课后，对全班 20 名学生进行了问卷调查，有效问卷 20 份。对“听懂了这节课的内容”这一观点，选择“非常同意”和“同意”的有 16 个学生（占全班学生的 80%），说明多数同学能够理解“字母表示数”的意义。

对“我愿意了解字母表示数的历史知识”这一观点，选择“非常同意”和“同意”的有 18 个学生（占全班学生的）90%，说明这节课应用数学史来解决问题给了他们全新的视角，让他们产生了浓厚的兴趣。

从问卷中最后一个问题“本节课中你印象最深的是什么”的回答就可见一斑，全班有 12 名学生（占全班学生的 60%）都提到了对数学史的印象深刻。有的说数学史有趣，吸引了自己；有的说我们用短短的一节课时间完成了 1 300 多年的跨越：还有的惊叹于丢番图和韦达的聪明才智，是他们简化了数的表达方式，流传至今。

5.4　课例评析

5.4.1　数学史的运用方式

本课例在复习旧知环节引用古埃及数学问题，属于“复制式”运用数学史。但采用了符合学生现有认知基础的解法。目的在于让学生了解数学问题古而有之，并不稀奇；人们很早就开始研究数学问题，今日学生也能够利用自己目前所拥有的知识解决古代数学问题，而且方法比古人先进了很多，反映了数学的进步。

在新课探究环节，教师利用丢番图《算术》第 1 卷第 1 题作为让学生自主探究的问题，属于“复制式”运用数学史。整节课的设计重构了字母表示数的历史。根据课堂上学生给出的解法，教师对代数学三个发展阶段的顺序有所调整，而并非照搬历史，以期让学生了解“字母表示数”的发展历程，感悟数学活动的本质，认识字母表示数的必要性和简洁性（如图 5－8）。虽然并非所有的学生都能够在一节课中完全掌握字母表示数的意义，实现 1 300 多年的历史跨越，但至少可以让他们明白，自己所面对的只不过是古人曾经遇到过的困难而已。

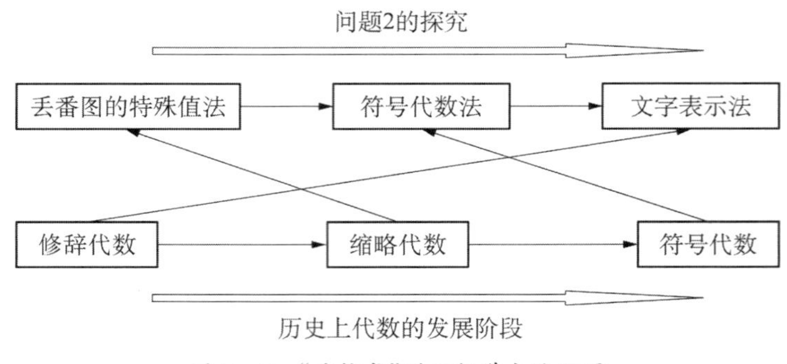

图 5－8 “重构式”利用数学史流程图

另外，结合学生给出的解法，教师对“字母表示数”的历史的介绍属于“附加式”运用数学史。学生由此知道，自己的做法在历史上也曾经出现过。因此，教师通过数学史的融入，营造了“人性化”的数学课堂，同时也培养了学生动态的数学观。

5.4.2 数学史的价值

虽然历史上代数学经历了从修辞代数到缩略代数再到符号代数的发展过程，但根据学生已有的认知基础，学生已经知道字母可以表示未知数，所以我们并没有严格按照历史顺序进行教学设计，而是从学生已知的“字母可以表示未知数”入手，选择丢番图《算术》第 1 卷第 1 题作为探究目标。结合学生给出的解法，融合历史序和逻辑序，构建了“知识之谐”。教师完全“放手”让学生分组探究丢番图问题的解法，给予了学生合作学习、发展思维、充分展示自己、表达自我的机会，营造了“探究之乐”。

另外，通过古今方法的对比，让学生体会到数学学习的历史相似性，看到历史上数学家也经历了同样的理解过程，感悟数学思想演进的缓慢过程；认识到古人历经数百年甚至数千年才解决的问题，我们今天通过努力也能加以解决。在探究过程中，学生仿佛成了数学家，获得了成就感，提升了自信心。而历史上的数学家仿佛成了班级里的一名学生，学生得以与他们“近距离接触”。此外，数学史将数学中有趣的一面呈现给了学生，让他们产生了新鲜感，极大地激发了学习的积极性。因此，数学史展示了“文化之魅”，达成了“德育之效”。

5.4.3 小结

数学史为学生经历数学知识的发展过程提供了很好的载体。教学中，一些教师往往直接告诉学生字母可以用来表示任意数，学生只是知识的被动接受者，并没有探究的机会，也未能经历知识发生和发展的过程。本课例利用两个经典历史问题引入教学，为学生创设了探究的历史情境。问题 1 的解决，表明大部分学生已经掌握了用字母表示未知数。在问题 2 的探究过程中，学生给出了不同的解法，与代数学的后两个发展阶段相对应。通过不同方法的展示，学生对用字母可以表示未知数、用字母可以表示已知数、用字母可以表示任意数这三个层次有了进一步的理解。

在试讲班级，有学生在探究问题 1 时利用了修辞代数的解法，所以教师在呈现学生探究结果时，先展示用文字语言表达的解法，完全与历史顺序相对应。而在正式授课的班级，学生并没有给出这类解法，所以教师调整了顺序，首先展示学生的解法，然后补充修辞代数解法。所以，在不同的课堂中，由于学生的基础不同，对于相同的教学设计，学生的反馈可能并不相同，要结合实际情况做出适当的调整。

参考文献

[1] 蔡宏圣. 捕捉数学史中的教育基因——以“用字母表示数”的教学为例[J]. 人民教育，2008(6)：38—40.
[2] 鞠文玲. 揭开“热闹”面纱，关注能力培养——“用字母表示数”教学案例及其思考[J]. 现代中小学教育，2014(3)：59—62.
[3] 陆鼎元. 数学史融入“字母表示数”的教学[J]. 上海中学数学，2015(11)：10—12.
[4] 蒲淑萍，汪晓勤. 学生对字母的理解：历史相似性研究[J]. 数学教育学报，2012，21(3)：38—42.
[5] 上海市教育委员会. 上海市中小学数学课程标准[M]. 上海：上海教育出版社，2004.
[6] 陶红强. 抓住本质　发展思维　凸显思维——谈“用字母表示数”的三次磨课经历[J]. 现代中小学教育，2014(3)：59—62.
[7] 汪晓勤，樊校. 用字母表示数的历史[J]. 数学教学，2011(9)：24—27.
[8] 薛文叙. 关于学生对数和数的表示形式认知情况的案例研究[J]. 数学教育学报，2009(3)：1—6.
[9] 叶晓娟，顾海萍. 基于历史相似性的“字母表示数”的教学[J]. 教育研究与评论，2014(10)：29—33.
[10] 虞琳娜. 在自然数的“表示”中感悟字母的含义——“用字母表示数”教学简录与思考[J]. 小学教学(数学版)，2009(1)：33—34.
[11] 俞正强. 我们都教对了吗？——小学数学“字母表示数”例谈[J]. 人民教育，2012(23)：35—37.
[12] 张连芳，汪晓勤. 初中生对符号代数的理解：历史相似性初探[J]. 中学数学月刊，2013(4)：49—51.

先哲足迹纸上探：实数的概念

6.1 背景

有理数系的扩充是人类对数的认识的一次飞跃，是理性思维的成果，也是生产和生活的实际需要。认识实数是初中阶段学生必备知识之一，在现行人教版、沪教版和苏科版教科书中都有“实数”一节，表 6 - 1 给出三个版本教科书中“实数”这一知识点的具体位置、呈现方式以及相关知识的顺序。

表 6 - 1　三个版本教科书中的“实数”

教科书版本	位置	呈现方式	前后知识顺序
人教版	七年级下册 6.3：实数	从有理数化小数问题出发，对数进行分类，引出无理数概念	前面学习开平方根、开立方根，对$\sqrt{2}$进行了估算，知道$\sqrt{2}$是无限不循环小数
沪教版	七年级下册 12.1：实数的概念	从问题“面积为 2 的正方形存在吗？”出发，设置与$\sqrt{2}$相关的问题串，引出无理数概念	本节之后学习开平方根、开立方根
苏科版	八年级上册 4.3：实数	从画$\sqrt{a}$、画圆出发，引出无理数概念	前面学习勾股定理、开平方根、开立方根

从表 6 - 1 中可见，在人教版和苏科版教科书中，实数一节安排在开平方和开立方运算之后。三个版本教科书基本上都从$\sqrt{2}$的认识开始介绍无理数，人教版和沪教版都将无理数定义为无限不循环小数，且介绍了$\sqrt{2}$的几何意义。苏科版采用“形式定义”给出无理数的概念，且之前一章学习勾股定理，更注重$\sqrt{a}$的几何画法。三个版本教科书在本章的阅读材料中，还介绍了无理数产生的历史，并给出了$\sqrt{2}$不是有理数的证明。但三个版本教科书给出无理数定义的方式互有不同，人教版是通过对一系列分数和整数化小数来指明“任何有理数都可以写成有限小数和无限循环小数的形式，反过来，任何小数和无限循环小数也是有理数”；然后指出“很多平方根和立方根是无限不循环小数，无限不循环小数又叫无理数”。而苏科版

是通过在数轴上表示$\sqrt{2}$、$\sqrt{3}$、$\sqrt{5}$……，将无理数定义为"形如$\sqrt{2}$、$\sqrt{3}$、……这样的数"，然后在实数的分类中指出无理数是无限不循环小数。沪教版则借助历史，对$\sqrt{2}$不是有理数作出解释，先说明"有理数都是分数，分数可以表示为有限小数或者无限循环小数"，但是"希帕索斯(Hippasus)发现$\sqrt{2}$不能表示成分数，也就不是有理数，那就不能是有限小数和无限循环小数，只能是无限不循环小数"。相较人教版和苏科版教科书，沪教版教科书解释了无理数和有理数的区别，并强调了它们之间的逻辑关系。

用"无限不循环小数"表征、定义无理数，虽从形式上能够让学生迅速掌握如何判断一个数是否无理数，但知识并非"速食品"，无限不循环小数是无理数的事实性定义，并不能让学生理解：为什么需要无理数？在数域扩充过程中无理数如何产生？有何用途？与有理数有何本质区别？初中学生接触的无理数通常有三类：不尽根、π 和构造的无限不循环小数。通过一定课时的学习和周而复始的练习，大多数学生能够从形式上判断什么样的数是无理数，但学生往往并不理解：到底什么是无限不循环小数？为什么无理数是无限不循环小数？已有研究表明，学生对无理数既"不能用整数和分数表示"同时也是"无限不循环小数"的理解存在障碍，对于无限不循环小数是无理数存在疑惑，常常忽视无限不循环小数的结构特征(Zazkis, 2005)。60%的初中生对无理数的无限不循环性缺乏坚定的信念，反映出学生对无理数概念的理解存在问题(Zazkis, 2005)。在一项对职前数学教师的调查中发现，虽然职前数学教师在高中和大学已经接触过许多其他形式的无理数，但他们对无理数的印象依然停留在"小数型"和"根号型"，且对这两种形式的掌握也不尽理想，没有对无理数的概念形成整体性的理解(Sirotic & Zazkis, 2004)。

卡约黎曾指出："学生所遭遇的困难往往是相关学科的创建者经过长期思索和探讨后所克服的实际困难。"(Cajori, 1899)史密斯则认为："困扰世界的东西也会困扰儿童，世界克服其困难的方式提示我们，儿童在其发展过程中会以类似的方式来克服类似的困难。"(Smith, 1900)因此，为了让学生深刻理解无理数产生的必要性和无理数的概念，我们尝试从 HPM 视角进行教学设计，突破无理数认识上的障碍。

6.2 无理数的历史

毕达哥拉斯学派信奉"万物皆数"，认为世界上一切事物均可用数来表达，这里的数指的是整数或整数之比，也就是我们今天所说的正有理数。公元前 5 世纪，毕达哥拉斯学派的希帕索斯发现正方形对角线与边长不可公度（图 6－1），即正方形对角线与边长之比不是毕达哥拉斯眼中的“数”。关于希帕索斯对于上述结论的证明，有两种猜测，一是他采用了亚里士多德提到过的以下证明：

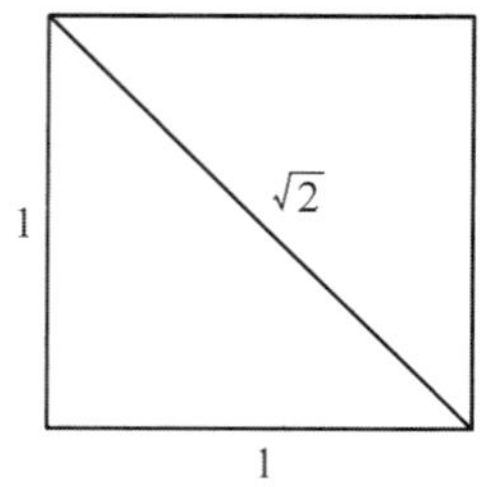

图 6－1　正方形对角线与边长不可公度

设 $\sqrt{2} : 1 = \alpha : \beta$，其中 $(\alpha, \beta) = 1$，则

$\alpha^2 = 2\beta^2$，

故 α 为偶数，设 $\alpha = 2\gamma$，则

$4\gamma^2 = 2\beta^2$，

即 $\beta^2 = 2\gamma^2$，

故 β 为偶数，

从而得到 $(\alpha, \beta) \neq 1$，矛盾！

另一种是几何证明。如图 6－2 所示，设正方形 $ABCD$ 的边长和对角线分别为 s_1 和 d_1；在 CA 上截取 $CE = CD$，过 E 作 $EF \perp AC$，交 AD 与 F；作正方形 $AEFG$，设其边长和对角线分别为 s_2 和 d_2；在 FA 上截取 $FH = FE$，过 H 作 $HI \perp AF$，作第三个正方形 $AHIJ$，设其边长和对角线依次为 s_3 和 d_3，等等。易知：

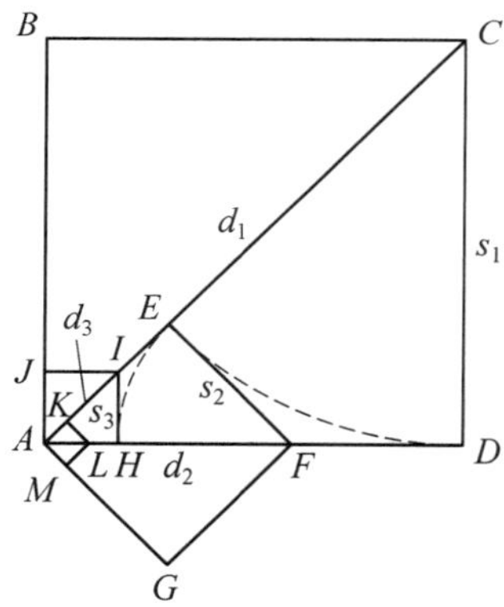

图 6－2　正方形对角线与边长不可公度的几何证明

$$d_1 - s_1 = s_2,\ s_1 - s_2 = d_2,$$
$$d_2 - s_2 = s_3,\ s_2 - s_3 = d_3,$$
$$\cdots\cdots$$
$$d_{n-1} - s_{n-1} = s_n,\ s_{n-1} - s_n = d_n。$$

若 s_1 和 d_1 可公度，即同时能被某个长度 l 量尽，则 l 也同时能量尽 s_2，d_2，s_3，d_3，…，但 s_n 和 d_n 越来越小，当 n 足够大时，s_n 和 d_n 会小于 l，从而导致矛盾。

在希帕索斯之后，柏拉图的数学老师、毕达哥拉斯学派的泰奥多鲁斯（Theodorus，公元前 465—公元前 398）首次在无理数理论上取得突破，证明了 3、5、6、7、8、10、11、12、13、14、15、17 的平方根亦为无理数。泰奥多鲁斯采用图 6－3 所示的作图方法来呈现上述无理数，后人将他的图形称为“毕达哥拉斯螺线”。

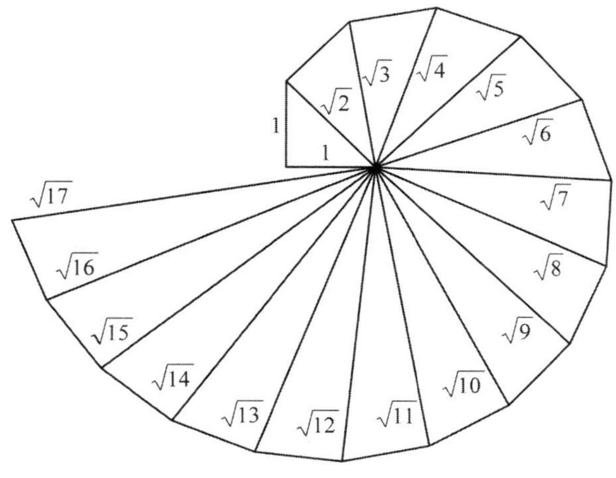

图 6－3　毕达哥拉斯螺线

在毕达哥拉斯学派之后，虽然无理数的使用越来越广泛，但人们对无理数究竟是不是真正的数一直存在分歧，直到 18 世纪，数学家们仍然没有弄清楚无理数的概念。

18 世纪是无理数理论体系建立的萌芽时期。1734 年，由贝克莱(G. Berkeley，1685—1753)挑起的数学分析大论战引发第二次数学危机，促进了以无理数理论为核心的实数理论的建立。在这一个世纪中，欧拉基本证明了 e、e^2 是无理数，兰伯特(J. H. Lambert，1728—1777)证明了 π 是无理数。

19 世纪是无理数理论体系从模糊到逐渐清晰的时期。1821 年，柯西(A. L. Cauchy，1789—1857)用有理数序列的极限定义无理数，但根据他的定义，该无理数应是预先给定的数。1872 年，康托尔(G. Cantor，1845—1918)引入实数的概念，用有理数的“基本序列”来定义无理数，他证明了每一基本序列都存在极限，该极限若不是有理数，则定义了无理数。戴德金(J. W. R. Dedekind，1831—1916)则吸取了柯西的教训，避免采用极限方法，在直线划分的启发下采用分割有理数来定义无理数：

实数 r 把有理数集分成两个子集：所有小于 r 的有理数构成的集合 A_1 和所有大于 r 的有理数构成的集合 A_2。满足：(1)A_1 中的每一个数都小于 A_2 中的每一个数；(2)A_1 中没有最大元，A_2 中没有最小元。则 r 为无理数。

魏尔斯特拉斯(F. Weierstrass，1815—1897)同样避免使用极限概念，用递增有界数列定义无理数。斯托尔兹(O. Stolz，1842—1905)证明了“每一个无理数均可表示成不循环小数”，并认为可用这一事实来定义无理数。

对早期美国教科书的研究表明，教科书对无理数的定义是曲折而往复的，总的说来，19 世纪以前，人们对无理数的认识仅局限于“根号型”。在 19 世纪末实数理论体系建立后，教科书逐渐趋向于将无理数定义为“无限不循环小数”，并从 20 世纪 50 年代开始成为主流趋势。（栗小妮，2017）

在我国，晚清数学家华衡芳（1833—1902）在翻译英国数学家华里司（W. Wallace，1768—1843）为《大英百科全书》（第八版）所撰写的代数学辞条（图 6－4）［中文书名《代数术》（图 6－5）］时，将 irrational 译为“无理的”，《代数术》东传日本后，日本数学家根据这一译名，将无限不循环小数译为“无理数”，后这一名称被广泛采用（汪晓勤，2014）。通过了解历史我们知道，“irrational”一词的原意为“不可比的”，即“不能表示成两个整数之比”的意思。无理数定义的历史表明，人们对任何新事物的认识都有一个曲折、缓慢而螺旋上升的过程。

SECT. IV. *Of Surds.*

79. IT has been already observed (71.), that the root of any proposed quantity is found by dividing the exponent of the quantity by the index of the root; and the rule has been illustrated by suitable examples, in all which, however, the quotient expressing the exponent of the result is a whole number; but there may be cases in which the quotient is a fraction. Thus if the cube root of a^2 were required, it might be expressed, agreeably to the method of notation already explained, either thus $\sqrt[3]{a^2}$, or thus $a^{\frac{2}{3}}$.

80. Quantities which have fractional exponents are called *surds*, or imperfect powers, and are said to be *irrational*, in opposition to others with integral exponents, which are called *rational*.

81. Surds may be denoted by means of the radical sign, but it will be often more convenient to use the notation of fractional exponents; the following examples will shew how they may be expressed either way.

$\sqrt[3]{a}=a^{\frac{1}{3}}$, $\sqrt{4ab^2}=2ba^{\frac{1}{2}}$, $\sqrt[4]{a^3b^2}=a^{\frac{3}{4}}b^{\frac{2}{4}}$, $\sqrt{a^2+b^2}=(a^2+b^2)^{\frac{1}{2}}$, $\sqrt[5]{(a-b)^3}=(a-b)^{\frac{3}{5}}$, $\frac{\sqrt{a+b}}{\sqrt{ab}}=(a+b)^{\frac{1}{2}}a^{-\frac{1}{2}}b^{-\frac{1}{2}}$.

图 6－4　华里司为《大英百科全书》（第八版）所撰写的代数辞条

图 6－5　《代数术》扉页

6.3　教学设计与实施[1]

通过以上对教科书分析以及对无理数历史的梳理，我们拟定本节课的教学目标如下：

(1) 通过动手操作体验发现无理数的过程，知道无理数是客观存在的数。

(2) 通过对比分析，理解无理数是不能用两个整数之比表示的数，是无限不循环小数，会辨别无理数。

(3) 了解数的范围从整数到有理数再到实数的扩展过程，知道实数的分类，体会分类的数学思想。

(4) 了解无理数的发展史以及历史上无理数的各种定义。

具体教学流程如图 6－6 所示。

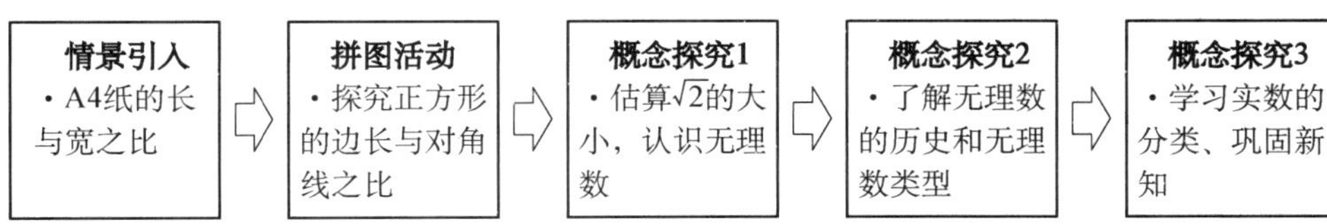

图 6－6　教学流程

① 执教者为上海市武宁中学宋万言老师。

6.3.1 探究A4纸的长、宽之比

无理数的诞生源于毕达哥拉斯学派“万物皆数”这一哲学信条的局限性——用整数或分数无法表达正方形对角线与边长之比，也就是说，有理数不够用了。沪教版教科书从面积为2的正方形的构造出发来引出$\sqrt{2}$，这种几何情境与历史上的情境异曲同工，但希帕索斯是在“万物皆数”信念的引导下去探究正方形对角线与边长之比的，他的内心有着强烈的动机。而教科书设计的任务——将两个单位正方形拼成一个正方形，较为突兀，未能有效地激发学生的学习动机。为此，我们从现实生活中学生熟悉的A4纸入手展开教学。

通过对有理数知识的复习，让学生明确有理数都可以写成两个整数之比的形式。教师进而提出新的问题，引入新课。

师： 在现实生活中，是否存在不能用两个整数之比来表示的数呢？让我们对以下问题进行探讨：你能用什么办法来求一张A4纸的长与宽的比？

生： 通过测量长和宽来求比值。

师： 测量出来的结果是否准确呢？

生： 不准确，因为我们测量读数时有误差。

师： 我来教你们一种折纸的方法，通过这种方法，我们可以找到一条线段，使它的长与A4纸的长相等。请同学们利用手中的A4纸，按照如下操作，和我一起折。（如图6-7所示）

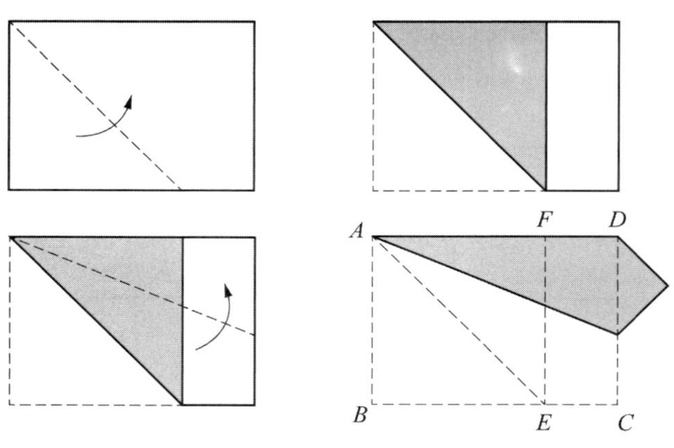

图6-7 折纸活动

师：通过折纸可以发现，折痕 AE（即正方形 $ABEF$ 的对角线）和 AD 的长度相等，若将 AB 看作 1，AE 的长度又是多少呢？

师：这个问题，是已知正方形的边长，求正方形的对角线长，我们没有学过。那么，已知正方形 $ABEF$ 的边 $AB=1$，我们会求什么？

生：正方形的面积。

师：等于几？

生：1。

师：面积为 1 的正方形的边长是多少？

生：1。

师：面积为 4 呢？

生：2。

师：知道了正方形的面积，就能知道正方形的边长。那么我们能否以 AE 为边长，构造一个正方形，通过这个正方形的面积，来求 AE 的长呢？

从学生现有的认知基础出发，通过对问题的探索，引出了解决问题的方法。同时，为学生掌握类似于$\sqrt{2}$的无理数的几何意义做好了铺垫。这一设计，也使得教科书中的“用两个边长为 1 的正方形拼成一个新的正方形”的引入，变得顺理成章。

6.3.2　发现无理数的存在

拼图，是古代中西方数学家研究和证明几何问题的主要方法。新课程倡导数学知识要与生活实际相联系，符合学生生活体验的数学情景能使数学更加生动，易于理解。把拼图探究活动融入教学，让学生真正成为课堂的主人，更好地领悟知识的发生发展过程，有利于学生对知识的理解，以下是探究活动过程。

探究活动：利用两个边长为 1 的正方形（如图 6－8），拼成一个以它的对角线为边长的大正方形，怎样拼？（学生 4 人一组，边尝试，边讨论，然后每组派一名代表汇报拼图方案）

图 6－8　两个单位正方形

拼法一：

将两个小正方形沿对角线剪开，并将得到的 4 个直角三角形的直角顶点重合（图 6－9）。

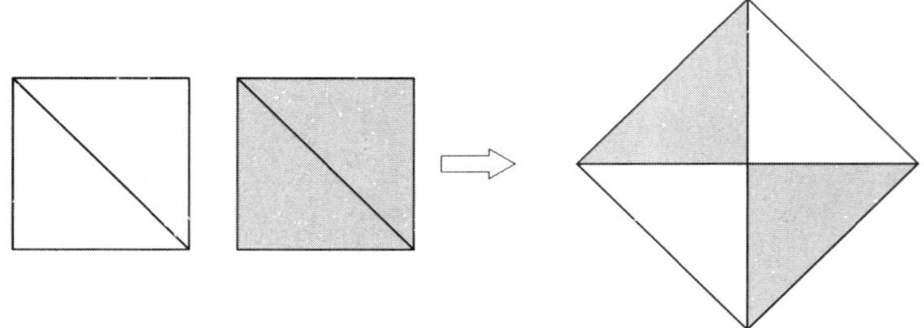

图 6 - 9 学生的拼图方案之一

拼法二：

将裁剪后的 4 个直角三角形的直角顶点作为大正方形的 4 个直角顶点，拼成图 6 - 10 右图所示的大正方形，中间空白的正方形即为我们所要拼的正方形；或者可以理解为，将拼法一所得的正方形中的 4 个直角三角形，分别沿斜边翻折。

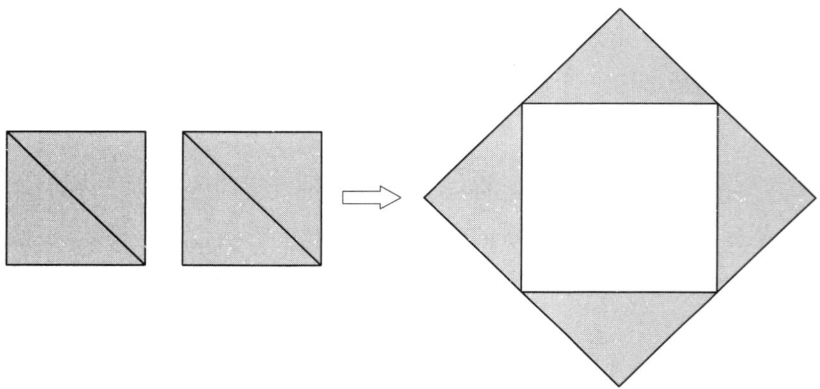

图 6 - 10 学生的拼图方案之二

拼法三：

将一个小正方形沿对角线裁成 4 个小的直角三角形，并将这 4 个小直角三角形的斜边与另一个小正方形的 4 边分别重合，拼成图 6 - 11 右图所示的大正方形。

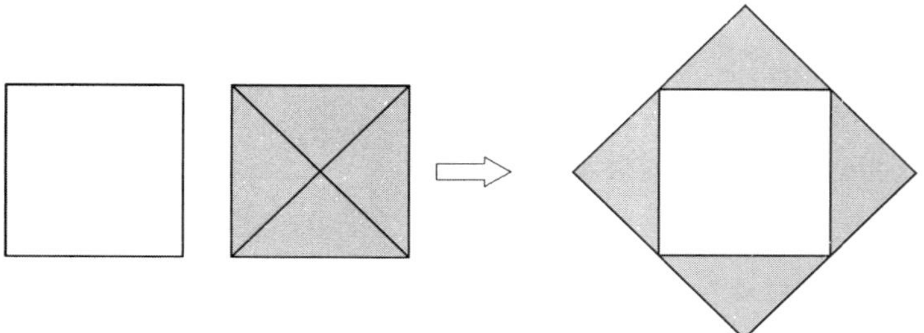

图 6 - 11 学生的拼图方案之三

在教学中，让学生通过动手实践，小组交流与展示，增强探索和创新意识，体验发现的过程，养成积极、生动、活泼的自主合作探究的学习氛围，符合新课程理念。本教学环节，让学生在后续教学活动中体会到无理数是一个真实存在的数。

6.3.3　估算$\sqrt{2}$的大小

“$\sqrt{2}$为什么不是有理数”这一问题，在古希腊之后，数学家又给出过多种证明。但根据初一学生的认知基础，不能完全采用纯理论性的证明，而需要寻求一个突破点，让学生认识到$\sqrt{2}$的确不同于我们所学过的有理数。$\sqrt{2}$的各种近似值，在很多国家都出现得较早，大约公元前1700年左右，古巴比伦人就有了平方根表和立方根表，他们给出的$\sqrt{2}$的近似值是1.414 213。我们引导学生对$\sqrt{2}$的大小进行估算，其目的，是要让学生感悟$\sqrt{2}$既不是有限小数也不是无限循环小数，认识$\sqrt{2}$与有理数的差异，接受它属于一个新数系的事实。

师：通过以上拼图活动，我们都得到了符合要求的新正方形，如果设该正方形的边长为x，那么$x^2=2$。这个x究竟是多少呢？若正方形的边长为1(即$x=1$)，那么x的平方等于多少？与2比较，大还是小？

生：x的平方等于1，比2小。

师：若边长为2(即$x=2$)呢？

生：x的平方等于4，比2大。

师：那说明这个x介于哪两个整数之间？

生：1和2之间。

师：1和2之间有很多数，x是一点几呢？如何确定？

生：可以一个一个试算一下。

师：那我们就算一下1.5的平方，等于多少？

生：等于2.25。

师：$2.25>2$，说明什么？

生：x小于1.5。

师：那1.4的平方呢？

生：1.96。

师：$1.96<2$，说明什么？

生：x 大于1.4。

师：我准备了一些数据，帮助同学们理解这个 x 的大小。

$1.4^2=1.96$；

$1.41^2=1.988\,1$；

$1.414^2=1.999\,396$；

$1.414\,2^2=1.999\,961\,64$；

$1.414\,21^2=1.999\,989\,942\,1$；

……………………………

通过这组数据，我们看到了：平方后的结果无限接近2，有兴趣的同学，课后还可以继续计算下去，这个 x 是一个无限不循环小数。

师：有理数都可以用两个整数之比，也就是分数来表示。一般的分数可以化成有限小数或无限循环小数，而这个 x 明显不属于这两类，也就是说，它不是一个有理数。我们用$\sqrt{2}$来表示这个 x。

师：在我们所探讨的这个问题中，x 表示什么？

生：正方形的边长。

师：那么$\sqrt{2}$表示什么意义呢？

生：面积为2的正方形的边长。

师：回答得非常好，这就是$\sqrt{2}$的几何意义。那你们知道根号是怎么演变过来的吗？“根”的拉丁语是radix，它是阿拉伯语的译名。鲁道夫、斯蒂文根据拉丁语radix(根)的首字母的变形，创用了“√”作为根号；17世纪，法国哲学家、数学家笛卡儿，巧妙地在原来的符号上面拖了一个尾巴，就形成了现在我们所熟悉的“$\sqrt{\ }$”。

6.3.4　形成无理数的概念

在给出无理数的定义时，我们没有照搬教科书，而是结合了“有理数可以用两个整数之比来表示”这一特征，凸显无理数与有理数的区别以及无理数存在的必要性。在此基础上给无理数下定义——不能用两个整数之比表示，再根据有理数的小数表征，揭示无理数的小数表征，加深学生对无理数概念和表征的理解。同时，也体现了知识的发生、发展过程，让学生了解一个术语并非凭空而来，而是衍生于旧知。

利用微视频，让学生深刻领会无理数从无到有、从发现到发展、从不完善到完善的发展历程，从中感受新知发展的艰辛。在 2 300 多年的历史长河中，出现了无理数的各种定义，现在看来，一些定义并不完善，但在当时也是一个历史性的突破。追求真理的道路崎岖坎坷，唯有坚持不懈，才能在学术上有所成就，古人也非圣人，也有过错误的定义，但在对真善美的不懈追求中，一切困难终将得到解决。

师： 通过上面的探索，我们得到边长为 1 的正方形的对角线长为 $\sqrt{2}$。也就是说，A4 纸的长、宽之比是 $\sqrt{2}$。这也说明，在现实生活中，的确存在不能用两个整数之比来表示的数。那么这类数就不是分数(整数可以看作分母为 1 的分数)，即不可能是有限小数或者无限循环小数。所以，它们一定是无限不循环小数，我们把这一类数称为无理数。

师： 无理数是没有道理的数吗？

生： 不是，无理数是存在的。

师： "无理数"这个名称是错误翻译的结果。无理数从被发现开始，历经几千年的发展，才最终形成了我们现在所学习的这个定义，让我们一起，跟着微视频的讲述，了解一下无理数的历史。(播放微视频)

初中阶段，学生所学习的无理数主要有三类：不尽根、π 和构造的无限不循环小数。接下来教师向学生介绍不尽根外的其他类型的无理数。

师： 除 $\sqrt{2}$ 外，你能举出其他一些无理数吗？

生： $\sqrt{3}$、$\sqrt{5}$、π。

师： 非常好，那 $\sqrt{4}$ 呢？

生： 不是，它是面积为 4 的正方形的边长，等于 2。

师： 刚刚我们学习了无理数是无限不循环小数，其实，我们也可以利用定义构造一些无理数，比如：0. 202 002 000 200 002…(它的位数不限，每相邻两个 2 之间 0 的个数依次增加)

6.3.5 巩固实数的分类

教师向学生介绍数系扩充后数的分类——有理数和无理数统称为实数(如图6-12),并进行了一定的概念辨析和应用。

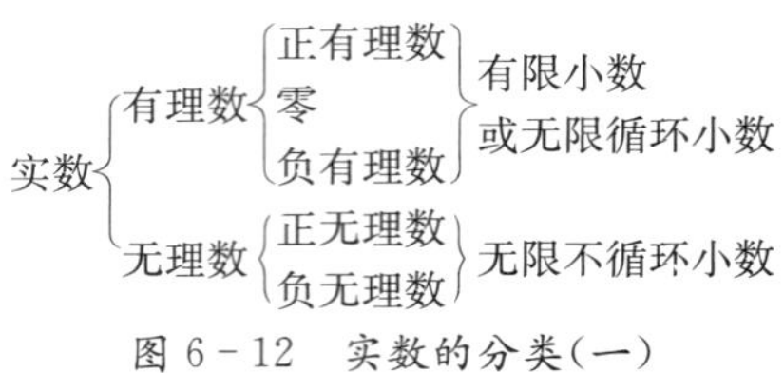

图 6-12　实数的分类(一)

例 1　判断下列说法是否正确,并说明理由:

(1) 无限小数都是无理数;

(2) 无理数都是无限小数;

(3) 正实数包括正有理数和正无理数;

(4) 负实数包括负有理数和负无理数。

在概念辨析问题中,我们利用早期美国教科书中关于无理数的一些错误定义设计了一些概念辨析题。让学生知道数学史上存在错误的定义;我们都会犯错,无论过程多曲折,真理终究会出现。从另一个角度说,这种钻研精神是当代学生所缺乏的,值得他们学习。通过例1的讲解和概念的辨析让学生进一步掌握实数的分类,区分不同类型的数,并引出实数的另一种分类方法(如图6-13)。

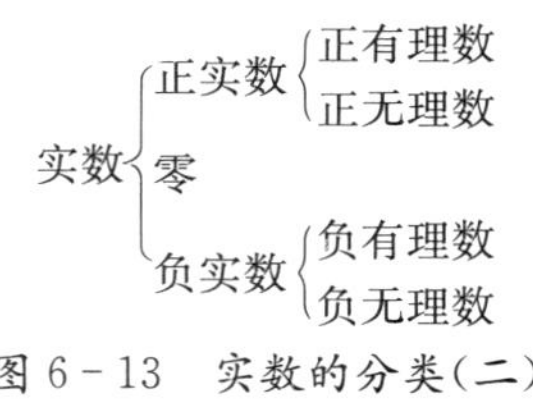

图 6-13　实数的分类(二)

例2考查目前学生所学过的所有各类数(如:本节课所涉及的三类无理数、整数、分数、有限小数、循环小数等),以此来巩固学生对实数分类的理解。

例 2　将下列各数填入适当的位置:

0、-2、$\sqrt{2}$、3.14、$0.\dot{2}\dot{3}$、$\frac{22}{7}$、$\sqrt{16}$、$\frac{\pi}{3}$、0.373 773 777 3…(它们的位数无限且相邻两个3之间7的个数依次增加1)。

无理数有________________,正有理数有________________,

非正数有________________，整数有________________。

其中，$\sqrt{16}$表示的是面积为 16 的正方形的边长，即为 4。让学生在还没有学习最简根式的概念的基础上，利用几何意义来理解$\sqrt{16}$不是无理数，无疑是一种简洁有效且符合学生认知规律的办法，易于被学生所接受。这也是本节课突出介绍$\sqrt{2}$几何意义的重要目的。通过对$\sqrt{16}$是不是无理数的辨析，也使学生认识到，并非所有带根号的数都是无理数，可谓一举两得。

对于"$\frac{\pi}{3}$是有理数还是无理数"这一问题，学生能够用"不是两个整数之比"来理解它为什么是无理数，在此体现通过"不能表示成两个整数之比"定义无理数的必要性。

6.3.6 学生课后反馈

课后，我们对学生进行了问卷调查，有 95.5%的学生喜欢本节课上所讲的数学史，他们认为：在学习数学的同时，了解相关历史，可以更好地帮助他们理解知识；能学到书本以外的知识，表示愿意接受，非常有兴趣。学生对这节课中印象最深的内容是：

- 通过拼图的方法来认识无理数，感受到了无理数的真实存在；
- 无理数的发展史以及根号的演变过程，既让他们了解了历史，又增长了知识，还感受到了数学的奇妙；
- $\sqrt{2}$的几何意义，感觉十分生动，知道了它是面积为 2 的正方形的边长。

从学生的主观意识来说，他们在本节课上基本没有遇到困惑之处；从客观上说，81.82%的学生所举的无理数例子完全正确，并包含了课上所讲的三种类型的无理数，部分学生所列出的数中出现个别错误；77.27%的学生对$\sqrt{5}$、$\sqrt{25}$、$\frac{\pi}{2}$和 1.121 221 222 1…(它们的位数无限且相邻两个 1 之间 2 的个数依次增加 1)这四个数的属性判断完全正确。

6.4 课例评析

6.4.1 数学史的运用方式

历史上，边长为 1 的正方形的对角线长不是"可比数"的发现，打破了人们原有对数的认识——万物皆数(有理数)，从而开启了无理数概念的漫长历史。我们通过 A4 纸长、宽之比的探究，过渡到正方形对角线与边长之比的探究，从中发现无理数的客观存在性；然后揭示无理数与有理数的差异，最后给出无理数的定义。上述过程是对无理数历史的重构。

本课例基于沪教版教科书而开发，学生在本节课第一次接触方根，所以我们向学生介绍了“$\sqrt{\ }$”这一符号的由来，以及利用微视频介绍无理数的历史，这是“附加式”运用数学史，让学生感知数学符号并非“冰冷的存在”，而是数学家在数学研究过程中的创造，让学生有机会理解数学活动的本质，了解数学知识的起源和发展。

6.4.2 数学史的价值

无理数的发现，在数学史上引发了“第一次数学危机”，不少数学家刚开始并不承认无理数是数，直到 2 300 多年后的 19 世纪末才出现了无理数的严格定义，建立了无理数的理论体系。沪教版教科书中用两个面积为 1 的正方形拼成一个大正方形的操作基本符合无理数发现的历史，我们将其与 A4 纸的长、宽之比相结合，再进行研究，让学生亲眼目睹$\sqrt{2}$的客观存在性，同时更深刻地体会有理数的局限性，凸显了无理数学习的必要性。在给出无理数定义之前，引导学生对$\sqrt{2}$的大小进行估算，初步了解$\sqrt{2}$不能表示成两个整数之比，由“不是两个整数之比”过渡到不是有限小数或无限循环小数，凸显无理数与有理数的差别。至此，确定了无理数的小数表征，也使无理数的“小数型”定义有理可依、有据可查。这一环节，通过“是否能表示成两个整数之比”，贯穿从有理数到无理数的过渡，两者无缝衔接，让学生体会数系扩充的过程。可见，数学史帮助教师构建了“知识之谐”。

《义务教育数学课程标准(2011 年版)》指出，教师“应注重数学知识与学生生活经验的联系、与学生学科之间的联系，组织学生开展实验、操作、尝试等活动，引导学生进行观察、分析，抽象概括，运用知识进行判断”。还应“揭示知识的数学实质及其体现的数学思想，帮助学生理清相关知识之间的区别和联系”。(中华人民共和国教育部，2011)我们通过一连串的探究活动，凸显无理数在现实生活中的真实存在，学生既认识到了数学源于生活，又知道了课本以外的知识，更显得对未知的事物充满了好奇，且通过探究活动还掌握了$\sqrt{2}$这一类无理数的几何意义，在这一过程中，学生收获了数学知识，掌握了解决问题的方法，获得了成功的体验。可见，数学史重构营造了“探究之乐”。

课上对“$\sqrt{\quad}$”的由来、无理数历史的介绍这一数学史的引入，让学生了解这一数学符号以及数学知识的发生、发展过程，是数学人文价值的一种体现；$\sqrt{2}$的几何意义，更体现了“数学文化”的核心，它不仅充分展示了数学知识发生、发展及其应用的过程，更包含“数形结合”等思想方法，也实现了从“一维”到“二维”的思维方式的跨越，体现了数学史的“文化之魅”。

无理数发展的微视频让学生清晰地认识到：数学知识是发展变化的，它的发展、完善的历程也不是一帆风顺的，其间也经历了发现——探索——验证——纠错等诸多环节，经历了上千年才将知识的完善推进了一小步，可以让学生体会数学不是“冰冷”的存在，而是在不断演进的，从而发展学生动态的数学观。在 2 000 多年的漫长历史长河中，数学家们对无理数这一概念的不断研究和探索，也让学生感受到了数学家们追求真理的过程，培养学生追求真理的态度和科学精神，视频中“无理数”这一中文译名的由来，让学生了解无理数并非“没有道理的数”，数学家也会犯错，犯错误是正常的，让学生可以亲近数学，感受数学的魅力，这些均体现了数学史的“德育之效”。

6.4.3 小结

无理数的诞生，引发了数学史上的第一次危机，促进了数学的发展。要让初中学生深刻地理解无理数这一概念，确实存在困难，而已有调查表明，学生对无理数的信念并不坚定。我们依托学生现有的认知水平，尽量还原历史，随着历史的进程向学生介绍无理数的产生和发展，以求让学生感知无理数出现的渊源以及无理数曲折发展的历史，体会无理数与有理数的区别和联系，增强学生对无理数的信念。

另外，三个版本的教科书在引入无理数时，鉴于学生已有的认知水平，基本都避开了证明$\sqrt{2}$是不可比的数，而是将证明作为阅读材料，供有兴趣有能力的学生自主阅读学习。我们遵循教科书的足迹，在教学中，也避开了证明，只是通过估算有限位，告诉学生$\sqrt{2}$是无限不循环小数，可能缺乏足够的说服力，这也是本节课的小缺憾之处。在美国早期教科书中，也有不同的方法证明$\sqrt{2}$不能表示为两个整数之比，例如：

假设$\sqrt{2}=\frac{p}{q}$，则$\left(\frac{p}{q}\right)^2=2$或者$\frac{p^2}{q^2}=\frac{2}{1}$，但是$\frac{p^2}{q^2}$是最简分数，利用已有结论，如

果两个最简分数相等，则它们的分母和分子分别相等，所以 $p^2=2$，这是不可能的，因为 p 是整数。所以$\sqrt{2}$ 不是有理数。（栗小妮，2017）

当然，这里用到了数论中的一个定理："如果一个整数 p 整除两个整数的乘积，且 p 与其中一个互素，则 p 整除另外一个整数"。在基础较好的班级中，可以尝试用这种方法介绍$\sqrt{2}$不能表示为两个整数之比，可以进一步增强学生对无理数的信念。

参考文献

[1] M·克莱因. 古今数学思想（第三册）[M]. 邓东皋，等，译. 上海：上海科学技术出版社，2014.

[2] 栗小妮. 美国早期教科书中的无理数概念[J]. 数学教育学报，2017，26(6)：86—91.

[3] 汪晓勤. 数学史与数学教育[J]. 教育研究与评论，2014(1)：8—14.

[4] 中华人民共和国教育部. 义务教育数学课程标准（2011 年版）[M]. 北京：北京师范大学出版社，2011.

[5] Cajori，F. The pedagogic value of the history of physics [J]. *The School Review*，1899，7(5)：278－285.

[6] Sirotic，N.，Zazkis，R. Irrational numbers：the gap between formal and intuitive knowledge [J]. *Educational Studies in Mathematics*，2004，65(1)：49－76.

[7] Smith，D. E. *Teaching of Elementary Mathematics* [M]. New York：The Macmillan Company，1900.

[8] Zazkis，R. Representing Members：Prime and Irrational [J]. *International Journal of Mathematical Education in Science and Technology*，2005，36(2－3)：207－218.

[9] Zazkis，R，Sirotic N. Making sense of irrational numbers：Focusing on repre-sentation. In：M J Hoines，A B Fuglestad (Eds.). *Proceedings of the 28th International Conference for Psychology of Mathematics Education* [M]. Norway：Bergen，2004.

7 于滥觞处寻动因：完全平方公式

7.1 背景

完全平方公式是初中数学中非常重要的知识点，是解决很多代数问题的重要工具。“配方”是解一元二次方程的基本思路，其求根公式就是通过配方而得到。而我们对二次函数图象的研究，也是通过“配方”，化成“顶点式”后进行。完全平方公式处于沪教版七年级上册、人教版八年级上册以及苏科版七年级下册。

在现行三个版本的教科书中，完全平方公式和平方差公式统称为乘法公式。乘法公式位于“整式的乘法”一节之后，分为平方差公式和完全平方公式，均为多项式与多项式乘积的特例。在人教版中，多项式与单项式乘法以及多项式与多项式的乘法均由现实问题引入，多项式与单项式乘法用销售问题引入，而多项式与多项式的乘法通过用两种方法解决“增加长方形绿地的长和宽，求扩大后的面积”引入。沪教版和苏科版中直接采用两种方法计算组合长方形的面积引入。从多项式乘法到乘法公式，三个版本的教科书均将“面积表示公式”作为暗线贯穿始终，体现多项式乘法以及乘法公式的几何表征。

人教版和沪教版教科书中，完全平方公式的呈现方式都是利用多项式相乘的计算方法，列出几个完全平方式的计算结果，然后归纳总结结果的结构特征，给出完全平方公式的文字语言和代数符号表征。在给出公式后，附加思考(或讨论)问题：能用图 7－1 中的图形面积来说明完全平方公式吗？苏科版教科书直接采用计算图 7－1 左侧组合图形的面积引入得到

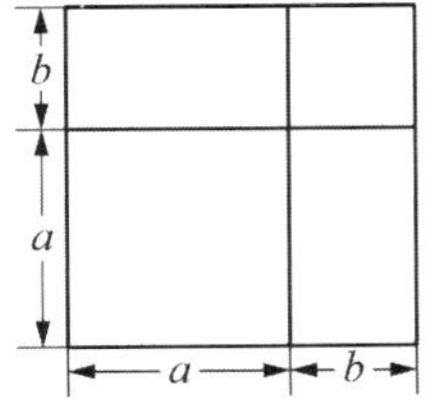

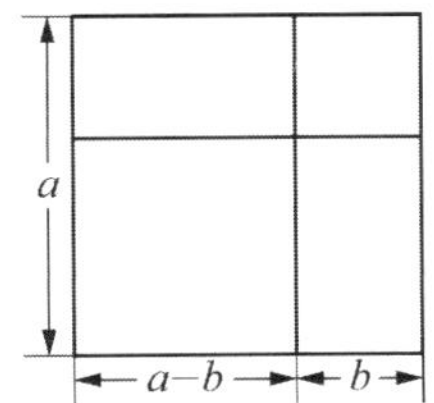

图 7－1　教科书中完全平方公式的几何表征

$$(a+b)^2=a^2+2ab+b^2, \tag{1}$$

然后采用例题的形式利用上述公式计算得到

$$(a-b)^2=a^2-2ab+b^2, \tag{2}$$

从而得到完全平方公式,但未给出完全平方公式的文字表征。

相对于完全平方公式的代数符号表征,教科书对几何表征和文字表征较为淡化。同时,很多学生在学习了完全平方公式后,依然采用多项式乘多项式的方式进行运算,并存在 $(a+b)^2=a^2+b^2$ 的错误,或混淆公式右边三个单项式的正、负号位置。在教学中,教师基本采用教科书中呈现的方式进行讲授,将完全平方公式作为多项式乘法的特例,利用组合图形的面积计算引入,或者利用一系列具体例子归纳得到完全平方公式,再展示几何图形表示(石树伟,2013;邵小英,张红,陈艳,2015;李海东,2016)。也有部分教师让学生通过拼图活动验证完全平方公式(罗振东,2015)。

波利亚曾提出数学教学三原则:主动学习原则、最佳动机原则和循序渐进原则(波利亚,2016)。学习的最好途径是自己去发现,学生对所学材料感兴趣,并在学习活动中找到乐趣才能有效地学习。现行教科书都从多项式乘法过渡到乘法公式,将乘法公式作为多项式乘法的特例,采用了知识的逻辑顺序,但既然可以利用多项式乘法法则进行计算,为什么要把完全平方公式单独作为一个乘法公式学习?完全平方公式有何用途?教科书和已有的课堂教学均未解决知识产生的必要性问题,导致完全平方公式学习动机的缺失。

追溯完全平方公式的历史,从中却可以找到其背后的动因。因此,我们从 HPM 的视角设计完全平方公式教学,力求让学生感受学习完全平公式的必要性和重要性,体会数学知识的整体性。

7.2 历史素材

7.2.1 完全平方公式的表征

公元前 3 世纪,古希腊数学家欧几里得在《几何原本》中首次将完全平方公式单独抽象出来以几何命题的形式呈现。卷二命题 4 称:"任意分一线段成两段,则整段上的正方形等于两分段上的正方形与两分段构成矩形的两倍之和。"(Heath,1908)这里,欧几里得给出了完全平方公式(1)的文字表征和图形表征(图 7-2)。其中,文字表征与今天不同,欧几里得将(1)中的 a 和 b 各看作一条线段。

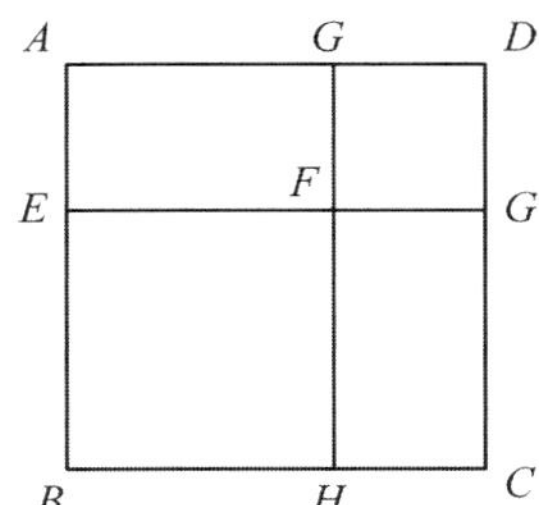

图 7－2 《几何原本》中卷二命题 4

上述命题成了后世数学家解决很多代数问题的重要依据。

12 世纪印度数学家婆什迦罗在其《莉拉沃蒂》中给出两种平方算法，其中一种为：将一个数分割为两个数，这两个数乘积的两倍，加上两个数的平方和，即为原数的平方。可以看出，婆什迦罗已知完全平方公式的文字表征，并能够利用完全平方公式简便计算一个数的平方。

斐波那契在其《计算之书》第 14 章（平方根、立方根及其运算）的开篇，提到了这一章所要用到的一些关键性结论，其中包括完全平方公式："若将一个数分成任意两份，每一部分自乘所得的积加上这两部分乘积的两倍，等于原数的平方。"(Siegler, 2002)这一表述与婆什迦罗的基本相同，与今天的文字表征也并无二致。

韦达在《分析术引论》中第一次用字母表示任意数，代数学开始进入符号代数阶段。书中，韦达给出完全平方公式（图 7－3）

$$(A+B)^2=A^2+2AB+B^2,$$

这是历史上首次出现的完全平方公式的符号表征。

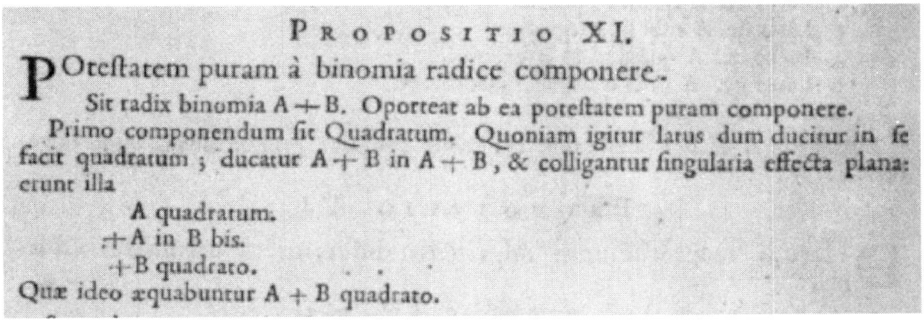

PROPOSITIO XI.

POteſtatem puram à binomia radice componere.

Sit radix binomia A + B. Oporteat ab ea poteſtatem puram componere.

Primo componendum ſit Quadratum. Quoniam igitur latus dum ducitur in ſe facit quadratum; ducatur A + B in A + B, & colligantur ſingularia effecta plana: erunt illa

A quadratum.
+ A in B bis.
+ B quadrato.

Quæ ideo æquabuntur A + B quadrato.

图 7－3 《分析术引论》(1646 年韦达全集版)中的完全平方公式

7.2.2 完全平方公式的应用

在两河领域，人们对数的认识仅仅局限于整数和分数，且处于修辞代数阶段，多采用文字语言或几何图形表征来表达数学问题。但从古巴比伦泥版 YBC 7289（图 7－4 和图 7－5，注意古巴比伦人采用六十进制）上可见，古巴比伦人已经估算出面积为 1 的正方形的对角线长约为

$$1+\frac{24}{60}+\frac{51}{60^2}+\frac{10}{60^3}=1.4142155,$$

这是我们迄今看到的关于$\sqrt{2}$的最早的一个近似值。相应地，边长为 30 的正方形的对角线长为

$$30\sqrt{2}\approx 42;25,35=42+\frac{25}{60}+\frac{35}{60^2}\approx 42.4264。$$

图 7－4　泥版 YBC 7289

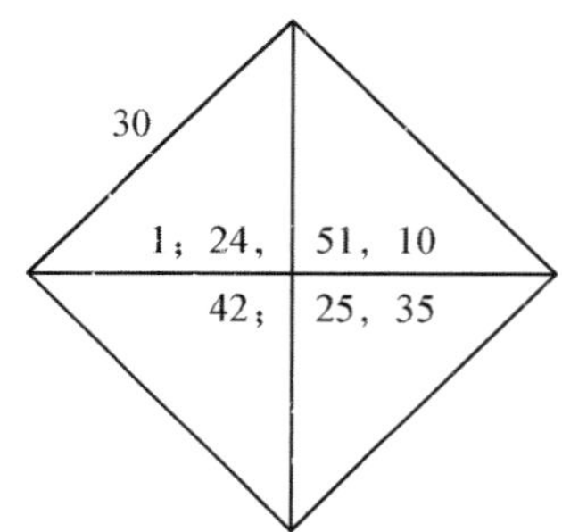

图 7－5　泥版 YBC 7289 上的图形和数字

根据泥版上的记载，数学史家推测他们运用了完全平方公式的几何图形表征进行计算。用现代代数方法解释如下：假定有一面积为 N 的正方形，要求 $\sqrt{N}$。先选择一个近似方根 a_1，则

$$a_2=\frac{1}{2}\left(a_1+\frac{N}{a_1}\right),$$

$$a_3=\frac{1}{2}\left(a_2+\frac{N}{a_2}\right),$$

$$a_4=\frac{1}{2}\left(a_3+\frac{N}{a_3}\right),$$

……

依次为越来越接近真实值的平方根。

以$\sqrt{2}$为例，先取 $a_1=1$，则(Neugebbauer & Sachs，1945)

$$a_2=\frac{1}{2}\times\left(1+\frac{2}{1}\right)=\frac{3}{2},$$

$$a_3=\frac{1}{2}\times\left(\frac{3}{2}+\frac{2}{\frac{3}{2}}\right)=\frac{17}{12},$$

$$a_4=\frac{1}{2}\times\left(\frac{17}{12}+\frac{2}{\frac{17}{12}}\right)\approx 1.414。$$

上述开方法的原理在于，取接近于 $\sqrt{N}$ 的数 a_1，令 $N=(a_1+c)^2=a_1^2+2a_1c+c^2$，接下来，选择 c，使得 $(a_1+c)^2$ 尽可能接近 N，若 a_1^2 足够接近 N，则 c^2 会很小，舍去 c^2，令 $N=a_1^2+2a_1c$，即选择 $c=\frac{N-a_1^2}{2a_1}$，于是

$$\sqrt{N}\approx a_1+\frac{N-a_1^2}{2a_1}=\frac{1}{2}\times\left(a_1+\frac{N}{a_1}\right)。$$

古巴比伦人还利用完全平方公式的几何图形处理一元二次方程求解问题，如泥版 BM 13901 上载有如下问题："正方形面积与边长之和为$\frac{3}{4}$，求边长。"泥版上给出了具体解法，相当于

$$x=\sqrt{\left(\frac{1}{2}\right)^2+\frac{3}{4}}-\frac{1}{2},$$

数学史家认为其解法依据如图 7－6 所示，用符号语言表示，即通过面积割补，将 $x^2+x=\frac{3}{4}$ 转化为

$$x^2+x+\left(\frac{1}{2}\right)^2=\frac{3}{4}+\left(\frac{1}{2}\right)^2=1,$$

即 $\left(x+\frac{1}{2}\right)^2=1$，从而求得 $x=\frac{1}{2}$。

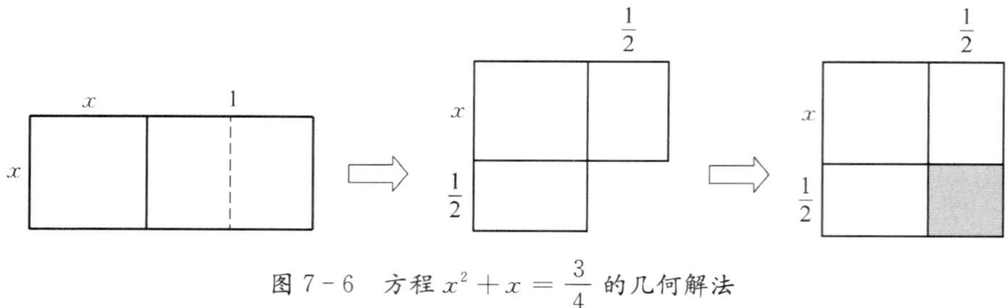

图 7 - 6　方程 $x^2+x=\frac{3}{4}$ 的几何解法

显然，古巴比伦人已经知道完全平方公式，但他们更注重于如何运用完全平方公式解决问题，而并没有将其单独作为一个结论呈现。

成书于公元 1 世纪的《九章算术》“少广”章第 12～16 题，都是处理“已知正方形面积，求其边长”的问题，但其算法与古巴比伦人的算法略有不同。公元 3 世纪，我国数学家刘徽在注释《九章算术》开平方程序时，也利用了完全平方公式。

刘徽采用的是“位值估计”，先估计平方根是几位数，然后从高位到低位，依次计算出它的每一位数。以第 12 题为例，用现代数学术语，该题可表述为：“已知一个正方形面积为 55 225，问：正方形的边长是多少？”即要求 $\sqrt{55\,225}$ 的值。利用刘徽的开方术，具体算法如下：

因 $300^2>55\,225>200^2$，故 $\sqrt{55\,225}$ 的百位数字是 2，设

$$55\,225=(200+x)^2=40\,000+400x+x^2,$$

则 $400x<15\,225$，可得 $\sqrt{55\,225}$ 的十位数字为 3，再设

$$55\,225=(230+y)^2=52\,900+460y+y^2,$$

则 $460y<2\,325$，得 $y=5$，又发现 $2\,325=460\times5+5^2$，所以 $\sqrt{55\,225}=235$，如图 7 - 7 所示。

青幂		黄丙
朱幂	黄乙	
黄甲	朱幂	青幂
200	30	5

图 7 - 7　刘徽对 55 225 平方根求法的几何解释

公元 4 世纪，亚历山大时期的数学家席翁（Theon）也用类似的方法估算平方根（Heath，1921）。

公元 3 世纪，古希腊数学家丢番图在其《算术》中首次用字母“ς”表示未知数，标志着代数学进入了缩略代数阶段。由于不处理负数的情况，9 世纪阿拉伯数学家花拉子米在其《代数学》中借助完全平方公式的几何图形给出了一元二次方程的几何解法。例如，花拉子米给出一元二次方程 $x^2+10x=39$ 的两种几何解法，都是利用图形的割补将方程 $x^2+10x=39$ 转化为 $(x+5)^2=64$，进而求得方程的根，如图 7-8 所示。（汪晓勤，2017）

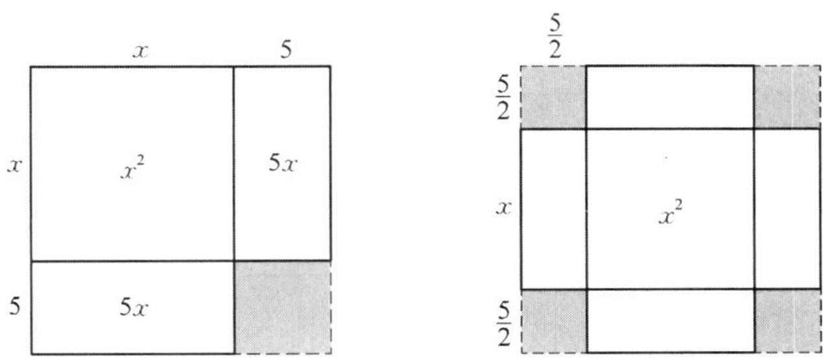

图 7-8　花拉子米解方程 $x^2+10x=39$ 的两种几何方法

在西方数学史上，在符号代数诞生之前，多项式的概念并没有出现，更不用说多项式乘法了。显然，完全平方公式并非源于多项式的运算。完全平方公式的历史揭示了其背后的真正动因。该公式的主要用途是求平方根、解一元二次方程、计算一个数的平方。

16 世纪以前，完全平方公式有两种表征方式，即文字语言表征和图形表征；16 世纪韦达创立符号代数之后才有了符号表征。三种表征方式在历史上出现的顺序与我们今天教科书中所给出的顺序并不相同。

了解完全平方公式的历史，有助于教师理解教科书中利用图形面积设计本节知识的缘由以及完全平方公式的地位，丰富教师对完全平方公式的认识，也可以帮助教师完成更有价值的教学设计。

7.3　教学设计与实施①

在了解了完全平方公式的历史后，我们进行了本节课的教学设计并付诸实

① 执教者为上海市华东师范大学第四附属中学李莉老师。

施。我们将本节课的教学目标设定为：

(1) 知道完全平方公式与多项式乘法的关系，熟悉完全平方公式的特征，并且能运用公式进行简单计算。

(2) 经历完全平方公式几何图形表征的探索过程，能够进行完全平方公式文字表征、几何表征和符号表征之间的转换，领悟数形结合及字母表示数的数学思想。

(3) 通过数学史的融入，了解完全平方公式的产生、发展和用途，拓宽视野，为后续学习打下基础。

具体教学流程如图 7-9 所示。

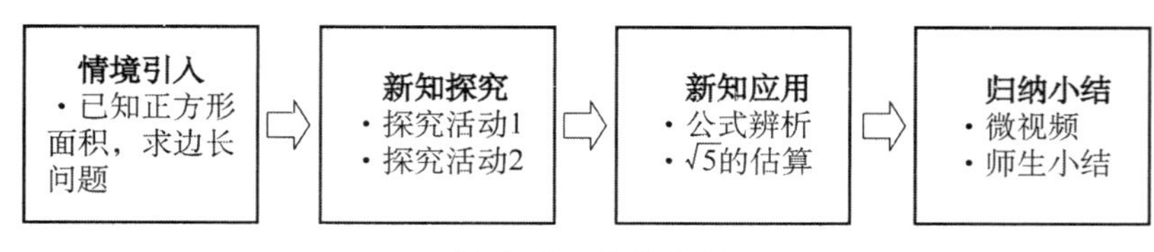

图 7-9 教学流程

7.3.1 情境引入

历史告诉我们，完全平方公式源于平方根的估算。借鉴历史，我们设计已知正方形面积求其边长的问题来引入，让学生产生认知冲突，感受学习完全平方公式的必要性。

师： 面积为 4 的正方形，边长是多少？

生： 2。

师： 面积为 9 的正方形，边长是多少？

生： 3。

师： 那面积为 5 的正方形，边长是多少？

生 1： 不知道。

生 2： 大约 1.5。

生 3： $\sqrt{5}$。

面积为 4 和面积为 9 的正方形学生很快可以口答出边长分别是 2 和 3，而面积为 5 的正方形，学生无法立即口答出其边长。课上有学生回答不知道，也有学生课前有过预习，已经知道平方根的表达，所以会说$\sqrt{5}$。

师：那你知道$\sqrt{5}$大约是多少吗？即面积为 5 的正方形，其边长大约是多少？

生：在 2 和 3 之间，大于 2 而小于 3，因为 5 比 4 大，比 9 小。

师：大多少呢？

生：不知道。

师：这个问题可以转化为：若设面积为 5 的正方形边长比 2 大 x，则可列出方程 $(2+x)^2=5$。那么，如何进一步去估算 x 的大小呢？方程左边究竟是什么代数式呢？今天我们主要学习如何计算形如$(2+x)^2$ 这样的代数式。

由估算面积为 5 的正方形的边长而产生认知冲突，激发学生学习的兴趣。由此引出本节课的新知。

7.3.2　新知探究

新知探究环节主要设计了两个活动，活动一探究两数和的平方公式，活动二探究两数差的平方公式，然后对公式特征进行简单辨析小结。

首先，学生能够利用多项式乘法计算出 $(2+x)^2=x^2+4x+4$。随后，教师给出更一般的$(a+b)^2$。利用多项式乘法，学生很快得到公式(1)。

接着，教师提出本环节的第一个探究活动。学生小组合作讨论探究后，在教室前的展板上进行展示说明。

小组探究活动一

你是否能够利用手中的 3 块正方形纸片的面积关系来说明这个等式？（课前已将学生分为 4 人一小组，每小组分发 3 块大小不同的正方形彩色纸片，其中两个较小正方形的边长之和正好等于大正方形的边长，如图 7－10 所示）

图 7-10　学生手中的三块正方形彩色纸片

师： 哪个小组愿意给大家展示一下你们的拼图方法，并进行解释？

生 1： 设中间正方形的边长为 a，最小正方形的边长为 b，则它们的面积分别为 a^2 和 b^2，大正方形的边长为 $a+b$，面积为 $(a+b)^2$，大正方形的面积还等于两个小正方形的面积加上两个长方形的面积，所以 $(a+b)^2=a^2+2ab+b^2$。（图 7-11，图 7-12①）

生 2： 还可以将两个小正方形都拼到大正方形的一条边上，同样可以得到 $(a+b)^2=a^2+2ab+b^2$。（图 7-12②）

图 7-11　学生展示拼图方案

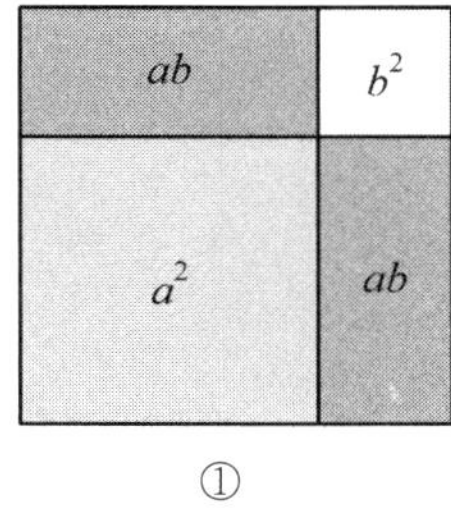

①

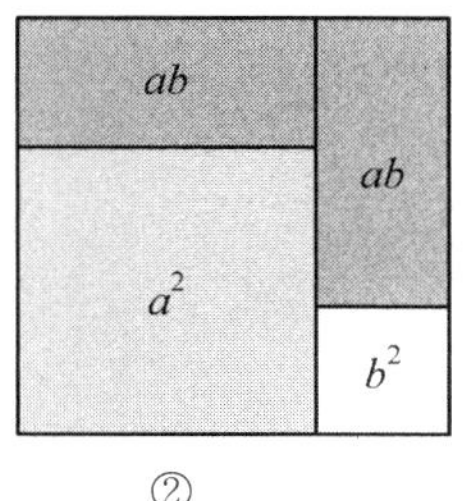

②

图 7－12　学生的拼图方法

师：你们所给出的第一种拼法与《几何原本》中卷 2 命题 4 的图形一模一样，第二种拼法在此基础上还进行了再创造，大家都非常棒！

小组探究活动二

若将 $(a+b)^2$ 中的“＋”改为“－”，那么 $(a-b)^2=$? 请同学们利用你所学过的代数知识，或者你手中的 3 块正方形纸片进行探究。

师：你可以用哪些方法得到 $(a-b)^2$ 的计算结果？

生 3：我通过计算得到，$(a-b)^2=(a-b)(a-b)=a^2-ab-ba+b^2=a^2-2ab+b^2$。

生 4：把 $(a+b)^2=a^2+2ab+b^2$ 中的 b 换成 $-b$ 就可以得到 $(a-b)^2=a^2-2ab+b^2$。

生 5：可以利用拼图解释。设最大正方形的边长为 a，最小正方形的边长为 b，则它们的面积分别为 a^2 和 b^2，则中间正方形的边长为 $a-b$，面积为 $(a-b)^2$，中间正方形的面积还等于大正方形的面积减去边上两个长方形的面积 $2ab$，但重叠部分小正方形减了 2 次，所以要再加上 b^2，所以 $(a-b)^2=a^2-2ab+b^2$。（图 7－13①）

生 6：类似于刚才 $(a+b)^2$ 的拼图（图 7－12②），也可以用来解释 $(a-b)^2=a^2-2ab+b^2$。

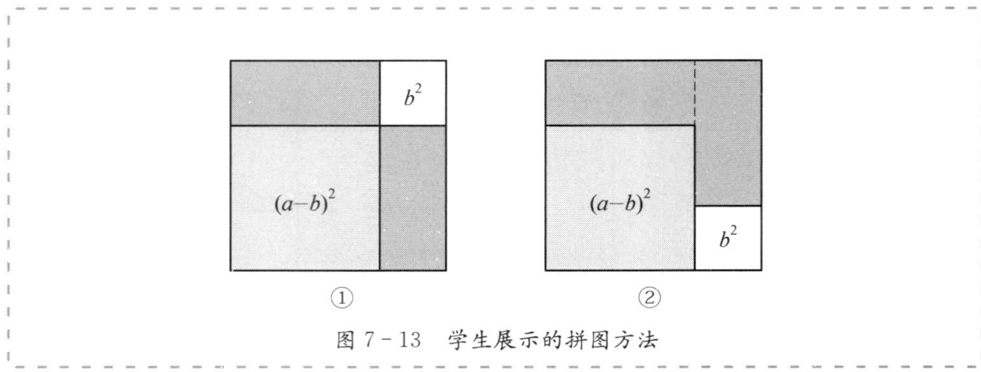

图 7-13　学生展示的拼图方法

由和的平方到差的平方，拼图以及解释的难度有所增加，探究活动二所花时间较长。

对比图 7-12 和图 7-13 可以看出，两数和的平方公式和两数差的平方公式都可以用同样的图形进行解释，只是将 3 个正方形纸片的边长赋予不同的字母表示，则所表示的公式不同。另外，教师补充了图 7-13②的另外一种解释方法，小正方形的面积$(a-b)^2$ 等于大正方形的面积减去两个小长方形的面积以及另一个小正方形的面积 b^2，即

$$(a-b)^2=a^2-2b(a-b)-b^2=a^2-2ab+b^2,$$

其中 $2b(a-b)$ 表示图中两块小长方形的面积。

然后，教师对公式(1)和(2)进行了结构上的分析，总结出完全平方公式的文字语言表达："两个数的和(差)的平方等于这两个数的平方和加上(减去)两数乘积的两倍。"到此为止，学生了解了完全平方公式的文字语言、图形语言和数学符号三种表征方式。

公式(1)和(2)之间有怎样的关系呢？一方面学生发现公式(2)可由公式(1)得到，只需要将公式(1)中的 b 换为$-b$。另一方面，通过对两个公式的图形表征的探究过程可以看出，这两个公式可以用同一个图形进行解释，只是将图中正方形的边长取不同的字母表示。即将图 7-12 中的 a 换成$a-b$ 即可变为图 7-13，那也就是说将公式(1)中的 a 换为$a-b$，即可得到

$$(a-b+b)^2=(a-b)^2+2(a-b)b+b^2,$$

整理后可得 $a^2=(a-b)^2+2ab-b^2$，移项可得公式(2)。

从图形结构观察到利用符号表征的公式推导，提升了学生的思维品质，也让

学生对两个完全平方公式有更深刻的认识。公式中的 a、b 可以表示任意数，也可以表示任意的代数式，本质上这两个公式是相同的。

7.3.3　新知应用

在本环节，首先教师通过判断题和一组常规例题，让学生辨析完全平方公式和平方差公式之间的区别以及应用公式时的注意点。

例 1　判断下列各式的计算是否正确，并说明理由。

(1) $(a+b)^2=a^2+b^2$；　　　　(　　)

(2) $(a-2b)^2=a^2-2ab+4b^2$；　　　　(　　)

(3) $(3-a)^2=9-6a+a^2$。　　　　(　　)

例 2　计算：(1) $(2x+3y)^2$；(2) $(6x-5)^2$；(3) $(-2a+b)^2$；(4) $(-3a-2b)^2$。

然后重新展示引入中的问题，并提出以下问题。

例 3　你能利用今天所学估算出面积为 5 的正方形，其边长约为多少吗？（保留一位小数）

> **师**：在没有符号代数、没有计算器的时代，古代数学家就是利用完全平方公式的几何图形表示来估算这样的正方形的边长。若设 $(2+x)^2=5$，利用今天所学的完全平方公式，可以用如图 7－14 所示的几何图形分割面积为 5 的正方形。你能利用这个图估算出面积为 5 的正方形，其边长大约是多少吗？请保留到十分位即可。

学生经过讨论，得出边长大约为 2.2。因为从图 7－14 可以看出，两个长方形的面积和小于 1，即 $4x<1$，所以 $x<0.25$，而 $4\times0.2<1$，所以 x 在 0.2 和 0.3 之间，只能取 0.2。

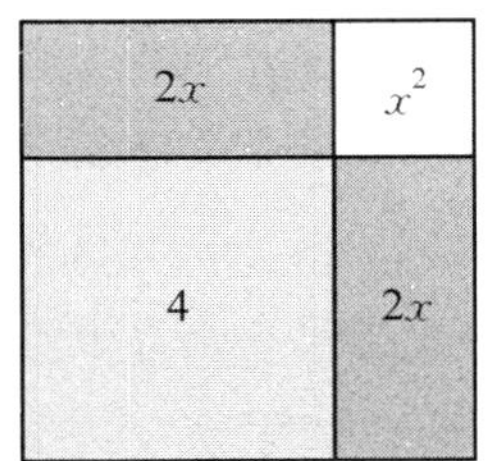

图 7－14　$(2+x)^2=4+4x+x^2$ 的几何表征

接着，教师介绍：古代数学家刘徽在注释《九章算术》时，正是运用上述方法来解决“已知正方形面积，求边长”的问题，用相同的方法还可以接着估计其百分位、千分位等。

7.3.4 归纳小结

在环节三的基础之上，本环节利用小视频简要向学生介绍了完全平方公式的历史发展，小视频中将完全平方公式的发展分为五个阶段：第一阶段是古巴比伦人利用完全平方公式估算正方形的对角线长；第二个阶段是公元前 3 世纪，欧几里得《几何原本》中卷二命题 4，以几何命题的形式呈现完全平方公式；第三阶段是公元 3～4 世纪，我国数学家刘徽和亚历山大时期的数学家席翁都不约而同地运用完全平方公式解决“已知正方形面积，求边长”的问题；第四阶段是公元 9 世纪的花拉子米和公元 12 世纪的印度数学家婆什迦罗对很多代数问题，如对一个数的平方的计算、一元二次方程的求解，都借助了完全平方公式及其几何图形表示；第五阶段是公元 16 世纪，韦达首次用字母表示数，第一次将完全平方公式简洁地用字母表示，从而有了今天我们所熟知的完全平方公式的符号表征。

最后，师生从数学知识、数学思想以及情感体验三方面总结本节课的学习体会。

7.3.5 学生反馈

课后，结合本节课的教学目标，我们对学生进行了问卷调查，问卷一共 6 题。

前两题的目的在于考查学生符号代数的运算能力以及几何表征和符号表征之间的转换能力。第一题让学生计算 $(2a+3b)(3a+2b)$，并用几何图形表示，考查学生多项式乘法的运算能力和从符号表征到几何表征的转换。第二题让学生用完全平方公式计算 $(a+b+c)^2$，并用几何图形表示，考查学生对完全平方公式的理解和运用，并进一步考查其符号表征到几何表征的转换能力。绝大多数学生能够准确进行符号代数的运算，部分学生能够准确完成从符号表征到几何表征的转换，相对而言，在符号代数计算上的达成度比在表征转换上的达成度高。

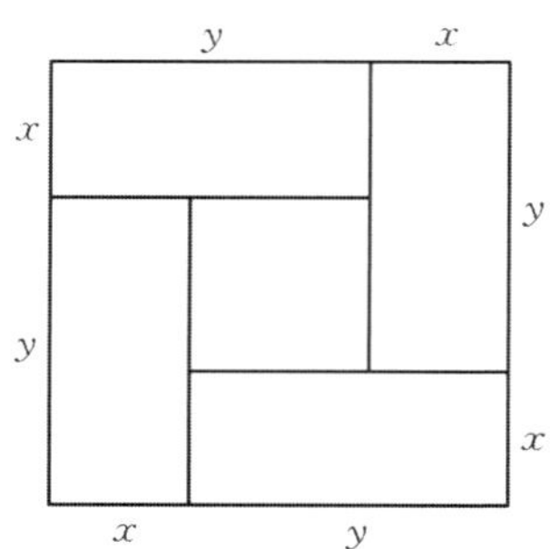

图 7-15　学生反馈问卷第 3 题

中间两题考查学生对几何表征和代数表征的应用，第三题让学生找出图 7-15 所示图形所对应的等式，考查学生从几何表征到代数表征的转换能力。第四题让学生利用完全平方公式估算面积为 19 的正方形边长(保留一位小数)。部分学生能够找出图 7-15

所表示的代数等式，正确解答如何运用完全平方公式来解“已知正方形面积，求边长”的问题。

最后两题考查本节课对学生情感方面的影响，让学生写出本节课上自己印象最深刻的内容。学生的回答有三类：一是学生对用几何图形表示完全平方公式印象深刻；二是学生对课上讲到的数学史感兴趣，惊叹古人的智慧；三是学生对于课堂上的动手活动印象深刻。而谈到对本节课中播放的小视频或数学史的体会，大部分学生表示感受到了数学历史的悠远和数学家们的探究精神，并提到通过历史更好地理解了完全平方公式。

总的说来，从问卷调查可见，本节课虽然强调了几何表征，但学生较为熟悉的还是符号表征，几何表征掌握得不够牢固。仅仅一节课很难改变学生对几何表征的认识，需要在平常教学中不断渗透，重视几何表征能力的培养。同时本节课希望让学生更深入地理解和掌握完全平方公式，学生对此方面有一定突破，但仍有进步的空间。在情感方面，本节课的历史融入给学生留下了深刻的印象，基本上达到了预定的目标。

7.4　课例评析

7.4.1　数学史的运用方式

本节课借用历史上完全平方公式的起源，设计已知正方形面积求边长的问题引入，是“顺应式”地利用了数学史，意图在于以学生已有的数学知识为起点设置问题，逐步过渡到用学生现有知识无法解决的问题，引发认知冲突，让学生体会学习完全平方公式的必要性。

利用引入问题将完全平方公式的几何表征贯穿始终，并让学生利用完全平方公式估算面积为 5 的正方形的边长，也是“顺应式”地运用数学史，意图在于让学生能够利用完全平方公式表征的转换解决数学问题，体会历史上完全平方公式的用途以及教科书中完全平方公式独立于多项式乘法的意义所在，为后续学习与完全平方公式相关的知识做好铺垫。

利用微视频介绍完全平方公式的历史，是“附加式”地运用数学史，展示完全平方公式的产生、发展和用途，意图在于让学生进一步感受本节课完全平方公式三种不同表征方式的历史发展顺序，认识完全平方公式历史发展顺序与教科书中逻辑顺序的不同，再次感受字母表示数的优越性，以及完全平方公式在数学中的地位以及用途。

从整节课教学环节设计来看，本节课“重构式”地利用完全平方公式的历史，设计了引入、探究和应用环节，再现完全平方公式的起源和表征方式的演进，最后再次回归历史上完全平方公式的用途，并在新知探究环节逐步介绍完全平方公式的三种表征。但基于学生现有的认知基础，学生已经熟悉了字母表示数，以及能够熟练运用符号表征进行多项式乘法运算，所以并未完全照搬三种表征方式的历史顺序安排教学，而是进行了适当的调整，如图 7－16 所示。

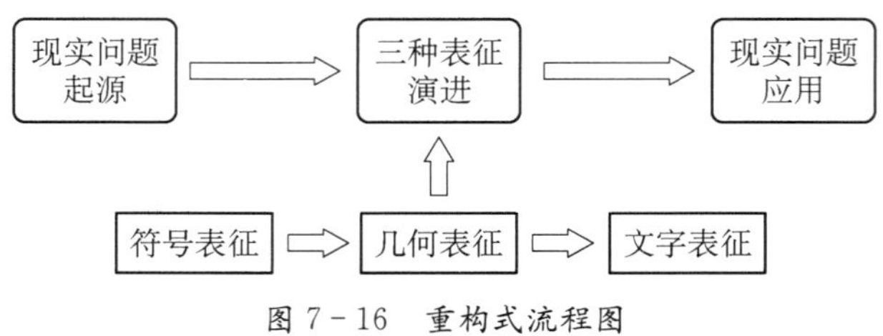

图 7－16　重构式流程图

7.4.2　数学史的价值

本节课采用融入数学史的方式进行教学，希望达成“知识之谐”、“探究之乐”、“方法之美”、“能力之助”、“文化之魅”以及“德育之效”等方面的价值。首先，“顺应式”地运用“已知正方形面积为 5，求其边长”的问题，让学生感受完全平方公式产生的必要性，并利用此问题进行完全平方公式的几何表征的探究，从而构建了“知识之谐”；其次，整节课设计了两个探究活动，让学生利用手中的三个正方形进行分组探究，用几何图形的面积说明完全平方公式，让学生感受到了“探究之乐”。从课后学生问卷反馈可以看出，探究活动给学生留下了深刻的印象，也让学生通过自主操作，切实体会到了 $(a+b)^2$ 与 a^2+b^2 的不同，突破学生的认知障碍，修正学生的认知错误。

两个探究活动的设计，让学生在小组活动中学会合作学习，提升了学生的自主学习探究能力，发展了学生的“数学运算”和“直观想象”素养，初步具备了三种表征之间的转化能力，而利用完全平方公式对引入中的问题“已知正方形面积为 5，求其边长”的解决，让学生感受完全平方公式用途的同时体会如何用完全平方公式解决问题，达成“能力之助”。

利用微视频介绍完全平方公式的发展，呈现了不同时期、不同国家的数学家对完全平方公式的研究和运用，体现了数学文化的多元性，从而展示了数学的“文化之魅”。同时，探究活动中，学生自主探究的拼图方法与历史上欧几里得《几何原本》中方法的一致，增加了学生学习数学的自信心；完全平方公式的发展历史也可以让学生感受到数学的演进性，帮助学生形成动态的数学观，也有助于改变学生对数学的刻板印象，让学生亲近数学，从而达成“德育之效”。

7.4.3　小结

本课例还存在一些不足之处，代数运算的几何图形表征是落实数学核心素养之“直观想象”素养的有力途径。但从课后学生问卷反馈可知，部分学生对代数运算的几何表征理解不透彻，对符号表征应用相对较为娴熟，而对几何表征掌握并不理想。数学中的文字语言、几何图形、代数符号三种表征的转化是教学难点，单纯依赖一节课很难落实到位，需要在教学中长期不断地渗透与夯实，让学生能够熟练进行三种表征之间的转换，这也有利于后续数形结合思想的渗透以及几何和函数的学习。

课堂中设计探究活动虽然能够充分发挥学生的主观能动性，让学生自主构建知识，切实感受知识的产生过程，有利于让学生深入理解数学知识，但过多的探究活动会占用较多的课堂时间，而丧失巩固知识的机会。本课例侧重让学生体会完全平方公式的三种不同的表征的转换，以及完全平方公式的用途，但缺乏让学生熟练运用完全平方公式的机会。

“已知正方形面积，求边长”已然是历史上现实问题的数学化结果，若在教学中指出此类问题源于古代现实生活需要，可以让学生体会到数学在现实生活中的实用价值，多层面实现数学史的“德育之效”。另外，完全平方公式还可以用来进行平方数的巧算，如婆什迦罗在《莉拉沃蒂》中利用完全平方公式简便计算平方数，还有利用完全平方公式对个位为 5 的两位数的平方进行速算，如

$$35^2=3\times4\times100+25=1\,225,$$

其原理在于也是利用了完全平方公式(魏庚人，1987)：

$$(10a+5)^2=100a^2+100a+5^2=a(a+1)\times100+25。$$

所以，我们也可以利用对完全平方数的速算来引入，激发学生的好奇心和求知欲，培养学生对数学的兴趣，或者也可以在新知引用环节编入速算例题，让学生感受完全平方公式的其他用途，体会完全平方公式区别于多项式乘法的特殊之处。

参考文献

[1] 乔治·波利亚.数学的发现[M].刘景麟,等,译.北京:科学出版社,2016.
[2] 郭书春.汇校九章算术[M].沈阳:辽宁教育出版社,2009.
[3] 黄甫华,汪晓勤.一元二次方程:从历史到课堂[J].湖南教育,2007(12):42—44.
[4] 李海东.初中数学核心内容教学设计案例集[M].北京:人民教育出版社,2016.
[5] 罗振东."完全平方公式"教学设计[J].中学数学研究,2015(4下):15—16.
[6] 邱华英,汪晓勤.一元二次方程的几何解法[J].中学数学杂志(初中),2005(3):58—60.
[7] 邵小英,张红,陈艳.MKT视角下的完全平方公式教学设计分析[J].中学数学教学参考(下旬),2015(6):85—87.
[8] 石树伟.数学课堂教学立意的"层次""关系"及"提升"——由"完全平方公式"同课异构引发的思考[J].数学教育学报,2013,22(1):74—76.
[9] 汪晓勤,樊校.用字母表示数的历史[J].数学教学,2011(9):24—27.
[10] 汪晓勤.HPM:数学史与数学教育[M].北京:科学出版社,2017.
[11] 魏庚人.中国中学数学教育史[M].北京:人民教育出版社,1987.
[12] Heath, T. L. *The Thirteen Books of Euclid's Elements* (Vol. I) [M]. Cambridge: The University press, 1908.
[13] Heath, T. L. *A History of Greek Mathematics* [M]. London: Oxford University Press, 1921.
[14] Neugebbauer, O., Sachs, A. *Mathematical Cuneiform Texts* [M]. New Haven: Lancaster Press Inc, 1945.
[15] Siegler, L. E. *Fibonacci's Liber Abaci: A translation into modern English of Leonardo Pisano's Book of Calculation* [M]. New York: Springer-Verlag, 2002.

陈年佳酿品名题：二元一次方程组

8.1　背景

方程是描述现实世界中等量关系的一种数学模型，方程的学习可以培养学生的符号意识、模型思想以及应用意识等。在学习二元一次方程前，学生已经学习了一元一次方程，对方程的认识和求解已有一定的基础，表 8 - 1 给出了人教版、沪教版和苏科版三个版本教科书中本节内容所在的位置、呈现方式以及前后知识的联系。

表 8 - 1　三个版本教科书中的"二元一次方程(组)"

教科书版本	位置	呈现方式	前后知识顺序
人教版	七年级下册 8.1：二元一次方程组	由章头引言中的"篮球比赛"问题引入，引出二元一次方程、二元一次方程组和二元一次方程组的解的定义	七年级上册学习一元一次方程相关知识，后续学习二元一次方程组的解法和应用
沪教版	六年级下册 6.8：二元一次方程	本节仅学习二元一次方程，下一节学习二元一次方程组，本节由实际问题引入二元一次方程，并学习二元一次方程的解、解集、整数解相关知识	本章前几节学习一元一次方程、一元一次不等式相关知识，后续学习二(三)元一次方程组的解法和应用
苏科版	七年级下册 10.1：二元一次方程	本节仅学习二元一次方程、二元一次方程解的定义，下一节学习二元一次方程组和二元一次方程组的定义，由几个与篮球比赛相关的问题引入二元一次方程及其解的定义。	七年级上册学习一元一次方程相关知识，后续学习二元一次方程组的定义、解法和应用

从表 8 - 1 可见，三个版本的教科书对本节内容的安排互有不同，沪教版和苏科版相似度较高，但沪教版在本节设计了二元一次方程整数解的概念和求解，在实际教学中，由于学生尚未学习字母表示数等相关知识，方程的变形以及整数解

的罗列是本节课的难点；而人教版则将二元一次方程以及二元一次方程组的概念放在同一节中。在整体的编排上，沪教版在学习二元一次方程组之前，学生已经学习了一元一次不等式相关知识，而人教版和苏科版将不等式相关知识安排在二元一次方程(组)之后。

在已有的教学设计中，教师大多从学生已有的对“方程”、“一元一次方程”的认知基础出发进行设计，突出二元一次方程与一元一次方程的区别和联系，如沈顺良(2016)先复习方程、一元一次方程的定义，然后由两个实际问题引出二元一次方程的概念；钱池娟(2017)通过用三种方法(算术、一元一次方程、二元一次方程)解决同一个问题引出二元一次方程的概念；芦争气(2017)设置三个问题，从一元一次方程过渡到二元一次方程再到二元一次方程组。也有教师设计几个实际问题直接引入二元一次方程，如王双(2013)、慧波和赵春雪(2014)、王伟和邬云德(2014)等。但是，教学中常有学生在学习了二元一次方程(组)后依然存在困惑，很多问题只要设一个未知数建立一元一次方程就能很快得到解决，为什么要设两个未知数，列二元一次方程来求解？这说明教师在教学中并没有打破学生原有的思维定式，其认知结构没有发生本质转变。李继选(2014)通过用不同的方法解决同一个实际问题，并对解决问题的方法逐渐进行简化，抽象出二元一次方程的概念，让学生体会学习二元一次方程的必要性。王红权和应佳成(2016)认为本节课内容丰富，承上启下，从数学文化的角度看，它可以体现数学的多元文化，从数学的发展历史看，方程的发展是历史上数学发展的主线之一，教学设计应该重视内容的丰富性、关联性和思想性，既要体现数学的工具价值，更要注重该内容在提升学生数学核心素养层面上的育人价值。

如何在本节课中让学生体会到学习二元一次方程的必要性，让学生感受到二元一次方程悠久的历史、数学的多元文化，是我们从 HPM 视角设计本节课的初衷。本节课依据人教版“二元一次方程组”一节来设计。

8.2 历史素材

荷兰著名数学家和数学史家范德瓦尔登(van der Waerden，1903—1996)将传统数学划分为两种，一种是以逻辑证明为特征的演绎数学传统，一种是以计算为特征的大众数学传统，有关方程的计算问题均属于后一种传统。历史上的二元一次方程组问题具有两个特征，一是源于实际，二是富有趣味性，可以分为四类。

8.2.1 $x+y=c_1$, $ax+by=c_2$

第一类问题具有如下形式：已知两个量的和为 c_1，第一个量的 a 倍与第二个量的 b 倍的和为 c_2，求这两个量。我们已熟知的“鸡兔同笼”、“僧分馒头”、“二果问价”等问题均属于此类。以下是历史上的部分典型问题：

• 已知长方形的长和宽的$\frac{1}{4}$之和等于 7，长、宽之和等于 10，求长和宽。（古巴比伦泥版）

• 已知两块地共 1800 沙尔，第一块地每沙尔产粮$\frac{2}{3}$西拉，第二块地每沙尔产粮$\frac{1}{2}$西拉。第一块地的产量比第二块地的产量多 500 西拉，问：两块地的面积各为多少？（古巴比伦泥版）

• 今有玉方一寸，重七两；石方一寸，重六两。今有石立方三寸[①]，中有玉，并重十一斤。问：玉、石重各几何？（《九章算术》）

• 已知两数之和为 100，差为 40，求这两个数。（丢番图《算术》）

• 某人工作 1 月（30 天）得 7 比占；怠工 1 月付给工头 4 比占。月末，他从工头处得到 1 比占，问：此人工作几天？怠工几天？（斐波那契《计算之书》）

• 为了鼓励儿子学好算术，儿子每做对一道题，父亲给他 8 分钱；做错一道题，罚 5 分钱。做完 26 道题后，谁也不用给谁钱。问：儿子做对了几道题？（克拉维斯《代数学》）

• 将 11 分成两部分，使其中一部分的 9 倍等于另一部分的 10 倍。（斐波那契《计算之书》）

8.2.2 $a_1x=y+c_1$, $a_2x=y-c_2$

第二类问题为“盈不足”问题，源于《九章算术》，后通过阿拉伯传入欧洲，其一般形式是：若干人共同出钱购物，若每人出 a_1，则多了 c_1；若每人出 a_2，则少了 c_2。求人数和物价。如：

• 今有共买物，人出八，盈三；人出七，不足四。问：人数、物价几何？（《九章算术》）

① 即边长为 3 寸的正方体石块，体积为 27 立方寸。

● 我问开店李三公，众客都来到店中；一房七客多七客，一房九客一房空。（程大位《算法统宗》）

● 隔墙听得客分银，不知人数不知银；七两分之多四两，九两分之少半斤。（程大位《算法统宗》）

8.2.3 $a_1x+b_1y=c_1$，$a_2x+b_2y=c_2$

前面摘自《九章算术》中的两个问题均出自“盈不足”一章，当时编者认为这类问题不需要以线性方程组的方法求解，真正需要方程组解决的问题是比“盈不足”更复杂的问题，乃是“群物总杂，各列有数，总言其实”的问题，这类问题的一般形式是：两种商品各有 a_1 和 b_1 件时总价为 c_1，各有 a_2 和 b_2 件时总价为 c_2，求这两种商品的单价。如：

● 5 头牛、2 只羊共值 10 两（古代钱币单位），2 头牛、5 只羊共值 8 两。问：牛和羊的单价各为多少？（《九章算术》）

● 甲、乙二人各有钱若干。甲若得到乙的 $\frac{1}{2}$，则有 50 元；乙若得到甲的 $\frac{2}{3}$，则也有 50 元。问：甲和乙各有多少钱？（《九章算术》）

● 9 个李子、7 个苹果共值 107，7 个李子、9 个苹果共值 110。问：一个李子和一个苹果各值多少？（摩诃毗罗《文集》）

● 甲、乙二人各有钱币若干。甲对乙说：如果把你的钱币的 $\frac{1}{3}$ 给我，我就有 14 第纳尔；乙对甲说：如果把你的钱币的 $\frac{1}{4}$ 给我，我就有 17 第纳尔。问：甲、乙各有多少钱？（斐波那契《计算之书》）

● 今有绫三尺，绢四尺，共价四钱八分；又绫七尺，绢二尺，共价六钱八分。问：绫、绢各价若干？（程大位《算法统宗》）

8.2.4 $x+c_1=b(y-c_1)$，$y+c_2=a(x-c_2)$

历史上第四类二元问题的一般形式是：甲、乙二人各有钱若干，甲从乙处得 c_1，则甲的钱数为乙的 b 倍；乙从甲处得 c_2，则乙的钱数为甲的 a 倍。求二人各有多少钱。这类问题似乎源于古希腊，如数学史上著名的“骡子和驴问题”，希腊学者米特洛多鲁斯（Metrodorus）所编的《希腊选集》、斐波那契的《计算之书》中都含有这类问题，典型例子如下：

● 骡子和驴驮着酒囊行走在路上，为酒囊重量所压迫，驴痛苦地抱怨着，听到驴的怨言，骡子给她出了这样一道题："妈妈，你为何眼泪汪汪，满腹牢骚，抱怨的应该是我才对呀！因为，如果你给我一袋酒，我负的重量就是你的2倍；若你从我这儿拿去一袋，则你我所负重量刚好相等。"好心的先生，数学大师，请你告诉我，他们所负酒囊各有几袋？（欧几里得，公元前3世纪）

● 甲对乙说："如果你给我10迈纳，那么我的钱将是你的3倍。"乙对甲说："如果我从你那儿拿同样多的钱，那么我的钱将是你的5倍。"问：甲、乙各有多少钱？（米特洛多鲁斯《希腊选集》）

● 若甲得乙之7第纳尔，则甲的钱是乙的5倍多1；若乙得甲之5第纳尔，则乙的钱是甲的7倍多2。问：甲、乙各有多少钱？（斐波那契《计算之书》）

8.3 教学设计与实施①

在了解了相关历史之后，结合教科书与学生实际情况，我们将本节课的教学目标设定如下：

(1) 理解二元一次方程及其解的概念；理解二元一次方程组及其解的概念；会判断一对数是否二元一次方程(组)的解。

(2) 在经历分析问题和解决问题的过程中，认识到方程思想是解决实际问题的有力工具，体会"二元一次方程(组)"作为一种数学模型的必要性和重要性，体会数学建模思想。

(3) 在历史名题的背景下，感受中外古代数学辉煌的成就，领略多元文化以及数学与实际生活的联系，在师生互动与生生互动的学习活动中，获得成功的体验，激发学生学习数学的兴趣。

具体教学流程如图8-1所示。

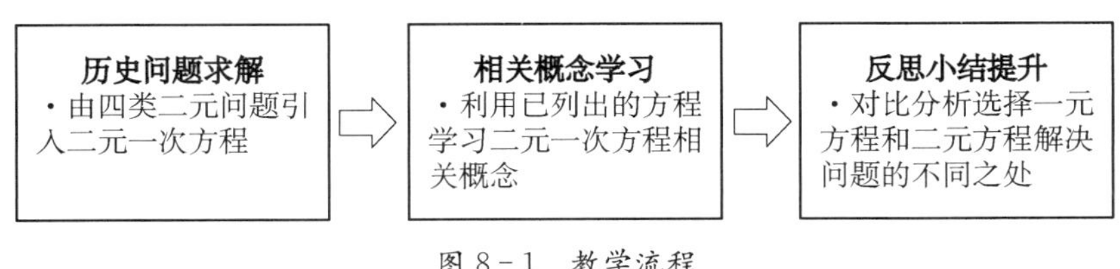

图8-1 教学流程

① 执教者为HPM工作室成员、上海市宝山教育学院蔡颖慧老师。

8.3.1 历史问题求解

对于历史上的第一类与第二类问题，在很多情况下，用一元方程求解更为简便。而对于第三类和第四类问题，用一元方程求解的难度较高，设二元方程相对较为容易，所以我们基于五项原则，从四类方程中各选出一个，分别为“鸡兔同笼”、“住客分房”、“牛羊价值”、“骡子和驴”问题，让学生解决这些问题，从中体会学习二元一次方程的必要性，用二元一次方程解决实际问题与用一元一次方程解决实际问题的区别和联系。

阅读下列问题，设未知数，列方程。

(1) 中国古代数学名著《孙子算经》(约公元四、五世纪)中记载了一个有趣的鸡兔同笼问题：“今有鸡兔同笼，上有三十五头，下有九十四足，问：鸡兔各几何？”

选用理由：“鸡兔同笼”是一个经典有趣且来自中国古代数学名著的例子，学生小学已熟知，沪教版六年级下册教科书封面图就是此问题，且本节内容也是用“鸡兔同笼”问题引入，但对于此问题学生更倾向构建一元方程，无法凸显二元一次方程的必要性。我们采用此问题引入，快速把学生吸引到本节课要研究的主题上来，同时让学生采用自己的方法列方程，并不强迫学生一定要用二元方程。同时，为了避免学生对问题过于熟悉，算术解法先入为主，特意将任务设计成：设未知数，列方程。单刀直入，目标明确，感知方程思想，解决问题。

(2) 我问开店李三公，众客都来到店中，一房七客多七客，一房九客一房空。(程大位《算法统宗》)

选用理由：本题以诗歌的形式呈现，朗朗上口，学生读来饶有兴趣，与《九章算术》中的“盈不足”问题相似，解决起来轻松快捷，与问题1类似，可设一元方程，也可设二元方程，相对而言，设一元更为直接方便。

(3) 今有牛二、羊五直金九两，牛五、羊二直金十二两，问牛羊各直金几何？(注：“直”通“值”)(《九章算术》)

选用理由：本题选自《九章算术》中“方程”一章，为了方便计算，数据有所修改。这道题目也是经典的所谓“两次购物型”问题，以历史名题为背景呈现典型的二元一次方程问题。用一元一次方程来解决比较麻烦，所以需要引入二元一次方程，可以有力说明二元一次方程的必要性。

(4) 骡子和驴驮着酒囊行走在路上。为酒囊重量所压迫，驴痛苦地抱怨着，听到驴的怨言，骡子给她出了这样一道题：“妈妈，你为何眼泪汪汪，满腹牢骚，抱怨的应该是我才对呀！因为，如果你给我一袋酒，我负的重量就是你的2倍；若你从我这儿拿去一袋，则你我所负重量刚好相等。”好心的先生，数学大师，请告诉我，他们所负酒囊各有几袋？（欧几里得，公元前 3 世纪）

选用理由：用古希腊著名数学家欧几里得的问题为情境，在感受不同文化中的方程思想的同时，进一步体会二元一次方程作为一种新的数学模型的优越性。

在教学中，大多数学生都可以迅速引入一个未知数，合理表示出另一个未知数，并找到合适的等量关系列出一元一次方程解决问题(1)和问题(2)。在解决问题(1)和(2)后，教师还向学生简要介绍了中国古代数学名著《九章算术》和《算法统宗》。

问题(3)比问题(1)和(2)更难，学生无法直接看出如何设未知数构建方程，所以教师让学生以 4 人为一小组进行探究，然后再进行分享交流。在学生讨论中，大部分同学依旧采用设一个未知数的方式进行尝试，如设牛的单价为 x，然后陷入用牛的单价 x 表示羊的单价的沉思中。

师：第 3 个问题中有几个未知量？

生：2 个，牛的单价和羊的单价。

生 1：设一头牛的价格是 x 两，则一只羊的价格就是 $\frac{9-2x}{5}$ 两。

生 1 补充(教师板书)：一只羊的价格就是 $\frac{9-2x}{5}$ 两。

师：你是怎么得到一只羊的价格的？

生 1：用 9 减去牛的价格。

师：这样得到的是什么？

生(全体)：5 只羊的价格，所以还要除以 5。

师：我们设好了未知数，接下来怎样列方程呢？

生 2：$(2x+9-2x)+5x+\frac{9-2x}{5}\times 2=12+9$。

师：你列这个方程的依据是什么？

生 2：牛二、羊五直金九两，牛五、羊二直金十二两，合在一起就是七只牛、七只羊一共直金二十一两。

众生幡然醒悟，但都感觉这个方程好长啊！于是又有了下面的过程。

师： 有没有改进措施？

生 3： $2x+5\times\frac{9-2x}{5}=9$。

生（全体）：其实就是 $2x+9-2x=9$，即 $9=9$。

师： 这样就出现了一个恒等式，不能求出未知数的值，为什么会这样呢？

生 4： 这个算式没有用到其他条件，她利用第一个条件设另一个未知数，又用这个条件列方程，重复了。

师： 那我们能不能加以改进呢？可以根据哪个条件列方程？

生（全体）：根据“五牛、二羊直金十二”可列方程。

师： 再来观察生 2 所列的方程，可以继续化简吗？

生 5： $(2x+9-2x)$ 其实就是 9，然后在方程的两边同时减去 9，就可得到方程：$5x+2\times\frac{9-2x}{5}=12$。

师： 还有其他方法解决这道题吗？

生 6： 可以设两个未知数，再设羊的单价是 y 两。

生（全体）：可列方程 $2x+5y=9$，$5x+2y=12$。

师： 与设一个未知数相比，大家对设两个未知数感觉如何？

生： 相对简单，更容易列出方程。

问题(3)的解决是充分暴露学生认知障碍以及突破学生现有认知障碍的重要载体，所以在该题上花费了较长的时间，也暴露了学生在用一元一次方程解决此问题时的诸多问题：①在未知数之间的关系较复杂时，学生不容易用含一个未知数的式子表示另一个未知数；②不能在有限时间内找到合适的等量关系列出准确又简单的方程；③重复利用题目中的条件得到恒等式导致解题过程被迫中止。同时，这个问题的解决也体现了用二元一次方程解决问题的必要性和便利性。

与问题(3)的解决费时费力截然不同，问题(4)出示后，学生发现，只设一个未知数不易找到等量关系，于是马上想到引入两个未知数。虽然在列方程时由于本题中关系略显复杂，容易出错，但学生理解起来毫不费劲，很快就根据题中的等量关系获得了正确的两个二元一次方程。

8.3.2 相关概念学习

结合问题(3)和(4)所列出的二元一次方程，教师和学生一起类比一元一次方程，归纳二元一次方程和二元一次方程组的定义，以及二元一次方程的解和二元一次方程组的解的定义，并给出两组练习巩固概念。

练习 1：下列方程中，哪些是二元一次方程？

(1) $x^2-3y=5$；(2) $x-\frac{5}{6}y=1.2$；(3) $xy=-2$。

练习 2：下列方程组中，哪些是二元一次方程组？

(1) $\begin{cases}5x+6y=21,\\xy=-2;\end{cases}$ (2) $\begin{cases}x^2-4y=\frac{44}{3},\\3y-9x=-5;\end{cases}$ (3) $\begin{cases}\frac{3}{4}x-5y=1.2,\\22x-11y=-5.5;\end{cases}$

(4) $\begin{cases}14x=-9y+76,\\y=-8;\end{cases}$ (5) $\begin{cases}x=5,\\y=2。\end{cases}$

8.3.3 反思小结提升

根据四个问题中所列出的方程，教师和学生一起对比分析选择一元一次方程和二元一次方程解决问题的不同之处。

师：回顾问题(1)，除了列一元方程外，可以列二元方程吗？

生：可以设鸡有 x 只，兔有 y 只，则 $x+y=35$，$2x+4y=94$。

师：问题(2)呢？

生：设有 x 间房，共有 y 个客人，则有 $y=7x+7$，$y=9(x-1)$。

师：那你能说说用一元一次方程解决问题和用二元一次方程解决问题的区别吗？

生 1：用一元计算起来简单。

生 2：用二元设未知数，列方程时比较简洁。

师：其实，我们用二元一次方程解决的问题均可以用一元一次方程解决，只是有些问题只用一元来构建方程较为困难，列二元方程更容易，这也是为什么我们要学习二元一次方程和二元一次方程组的原因。

8.3.4 学生问卷分析

问题 1：本节课数学史中的数学问题，你是否都理解了？还有哪些不明白？

全班有 30 人，73%的同学回答明白，27%的同学回答不全明白，其中 2 人对问题(3)不明白，5 人对问题(4)不明白，1 人对问题(3)和(4)都不明白。

问题 2：你喜欢本节课老师所讲的古代数学问题吗？最喜欢哪个问题？

全班都回答喜欢这些问题，最喜欢第 1、2、3、4 题的同学分别占全班人数的 37%、7%、22%和 27%，另外还有 7%的同学回答都喜欢。

问题 3：为什么要学习方程？

有以下几种回答：

① 解题过程简单明了，容易理解。63%的学生给出此类回答。

② 可以求出未知数，能解决生活中的问题。20%的学生给出此类回答。

③ 可以让我们的知识更丰富，训练思维，开阔视野。14%的学生给出此类回答。

④ 中考必考。3%的学生给出此类回答。

问题 4：为什么要学习二元一次方程？二元一次方程在解决问题时与一元一次方程的区别是什么？

93%的学生认为：利用二元一次方程可以更加简便地解决问题，容易列出正确的方程，但计算复杂；一元一次方程计算简单，但在较复杂问题的处理时对思维的要求较高，不容易列出正确的方程。

从问卷的统计情况来看，全班同学都很喜欢这样的古代数学问题，其中最喜欢问题(1)的同学最多，由此看来“鸡兔同笼”这一经典问题还是很受孩子们青睐的。相比这题，后面的“牛羊问题”、“骡子和驴”及“住宿问题”的受欢迎程度就略显不足了。

从问卷的后两个问题来看，学生通过前期的学习，已经意识到了一元一次方程相比算术方法的优越性，这节课中"牛羊问题"这一关卡又打破了他们有限的一元一次方程思维空间。此时二元一次方程的出现功不可没，新知建构顺理成章。因此，绝大多数学生都可以顺利地接受这一新概念，并理解其出现的必要性。

8.4 课例评析

8.4.1 数学史的运用方式

本节课所选用数学史料主要为四个历史上的名题，第三个问题为了方便列方程和计算，将数据进行了改编，属于"顺应式"运用数学史，其余三个均是原汁原味的历史名题，属于"复制式"运用数学史。而 4 个问题出现的顺序遵循了历史上人类对方程的认识过程，也符合学生已有的认知基础。问题(1)和问题(2)较为简单，学生可以很快用一元一次方程来求解，这与《九章算术》的编写者类似，他们认为"盈不足"问题较为简单，不需要运用线性方程组进行求解，所以在教学中教师也让学生采用他们所想到的方法来求解，而绝大多数学生均采用了列一元一次方程的方式。问题(3)来源于《九章算术》"方程"章，用算术解决已属不易，而在教学中，学生展示的探究结果也证实了这一点。所以 4 个问题的解决过程，充分展现了从"一元"到"二元"过渡的必要性。所以，整节课情境引入的设计重构了历史上人类对方程的认识过程，向学生展示了学习二元一次方程的必要性，以及用一元一次方程与用二元一次方程解决问题的区别和联系。同时，它让学生体会到了用方程思想解决问题的科学性，感受到了数学对解决现实问题的重要性。

8.4.2 数学史的价值

二元一次方程(组)概念的教学本身比较简单，一般不会受到教师的重视，大部分教师把更多的重点体现在如何求解上。其实本节课的知识点背后有着丰富的内涵，从知识体系的角度来看，它是一元一次方程的延续，又是向二元一次方程组解法过渡的必经之路，承上启下。从数学文化的角度看，无论是古代的美索不达米亚、中国、印度、希腊还是阿拉伯，以及中世纪和文艺复兴时欧洲的数学文献中，二元一次方程(组)都是数学文化多元性之范例。因此，本节课 4 个问题情境是从学科内部的矛盾出发，属于障碍性的问题情境，在学生原有的知识储备基础上，创设新的困境，引发新的认知冲突，从而唤起学生对新知的渴望和探求。问题情境从易到难、由浅入深、层层递进，第 1 题有名，第 2 题有趣，学生自主地从中抽象出数学问题，建立一元一次方程的模型，非常顺利地分析和解决了问题；第 3 题给学生带来了较大的障碍，但也正是这一题，让学生产生了激烈的争论，给学生增添了探究的乐趣，课堂教学也在此达到了高潮。让学生自然地接受了二元一次方程组这一新的数学模型，这一事实很快就在第4题的解决中得到了有力的证明，这一过程体现了数学史的“知识之谐”和“探究之乐”的价值。

4个问题的选择均遵循了五项原则，让学生感受数学有趣的一面，使得数学变得更亲和、令人愉悦，让学生欣赏并热爱数学。其中，3个来源于中国古代数学名著，最后1个来源于欧几里得。教师在学生探究和解决问题之余，介绍这些历史名题的来源，还可以拓宽学生的知识面，让学生感受不同文明的数学创造与探究，体会数学文化的多元性；同时，也揭示了数学是一门不断演进的学科，而不是一个僵化的真理系统，展示了数学的人性之美，实现了数学史的“文化之魅”和“德育之效”价值。

另外，前3个问题均以古文或诗句的形式呈现，展示了原汁原味的古代数学名题，而最后1个以有趣的故事形式呈现，需要学生去静心阅读，并从中找到关键条件进行分析，这一过程可以提高学生的阅读能力和数学抽象、数学建模的能力；问题(3)的探究，也让学生获得思想交流的机会，充分展示了数学史的“能力之助”价值。

8.4.3 小结

本节课的重点在于展示二元一次方程学习的必要性，解决学生在学完二元一次方程(组)后，虽会解题，但依然不知为何要学习这一内容的困惑。从课上小结以及课后反馈中可知，4个历史名题的运用，基本解决了学生的这一困惑。但如前面所言，本设计依然有改进的空间。问题(3)花费的时间较长，教师期待学生的二元一次方程之“花”没有及时“开放”(当然，这也反映了学生从“一元”过渡到“二元”的认知障碍)，也导致后续教学时间比较仓促。因此，在解决前2个问题后，适时抛出问题：“一元一次方程够用了吗?”，或许二元一次方程的出现会提前，但又面临着不是学生自主探究获得知识的遗憾。或许，也可以删掉一个问题，解决其中的3个问题即可，这样，教学时间会更充裕。

另外，学生在比较“一元”和“二元”的区别时，存在二元一次方程组如何求解的疑问，这也为二元一次方程组的求解埋下了伏笔。但由于本节课不涉及解方程组，所以教师并未过多花费时间展开，使学生无法切实体会“一元”和“二元”在计算上的区别。所以教师可以考虑借鉴单元教学设计的思路，从整体的角度进行设计，花费的时间不长，但可以及时解决学生的疑惑，还能为下节课设置悬念，一举两得。

参考文献

[1] 慧波，赵春雪. 渗透数学思想方法，提升学生的数学素养——以“二元一次方程”一课为例[J]. 中国数学教育，2014(11)：28—36.

[2] 李继选. 我教“二元一次方程概念的形成过程”[J]. 中小学数学，2014(9)：39—40.

[3] 芦争气. 二元一次方程组(第1课时)[J]. 中学数学教学参考(中旬)，2017(6)：11—13.

[4] 钱池娟. 二元一次方程组(第1课时)[J]. 中学数学教学参考(中旬)，2017(6)：13—15.

[5] 沈顺良. 基于学生认知的自然引导——“二元一次方程”教学案例[J]. 中小学数学，2016(7—8)，106—107.

[6] 王红权，应佳成. 二元一次方程教学设计的几点建议[J]. 中学数学杂志，2016(12)：24—27.

[7] 王双. 还原数学本质　践行“三有课堂”——二元一次方程的教学实践与思考[J]. 初中数学教与学，2013(3)：21—23.

[8] 汪晓勤. HPM视角下二元一次方程组概念的教学设计[J]. 中学数学教学参考(初中版)，2007(5)：48—51.

[9] 王伟，邬云德. 寓“过程教育”于“二元一次方程”教学探索及点评[J]. 中学数学(初中版)，2014(2)：68—70.

 表征转换通古今：一元二次方程的配方法

9.1 背景

一元二次方程是学生在初中阶段学习的第一类非线性方程，也是学生后续学习二次函数的基础。解一元二次方程的基本思想是“降次”，“降次”的途径有因式分解或配方。因式分解法一般适合于一些较为特殊的一元二次方程，而配方法适用于所有的一元二次方程，是解一元二次方程的一般方法，我们所熟悉的公式法也是通过配方得到，所以配方法在一元二次方程解法中占有重要的地位。配方法的掌握有助于学生理解一元二次方程求根公式，也有助于后续二次函数的学习，因为它是化二次函数为顶点式的通用手段。表 9-1 给出了配方法在人教版、沪教版和苏科版教科书中的具体位置、呈现方式以及前后知识的顺序。

表 9-1　三个版本教科书中的“配方法”

教科书版本	位置	呈现方式	前后知识顺序
人教版	九年级上册 21.2.1：配方法	先介绍直接开平方法，然后介绍配方法，以框图的形式给出配方的步骤	先讲配方法，然后是公式法、因式分解法
沪教版	八年级上册 17.2.2：一般一元二次方程的解法	将配方法分为三个主要步骤：(1)移项；(2)配一次项系数一半的平方；(3)判断并解答	先介绍开平方法，然后是因式分解法、配方法和公式法
苏科版	九年级上册 1.2：一元二次方程的解法	配方法分为两课时，第一课时介绍二次项系数为 1 时的配方，第二课时介绍二次项系数不为 1 时的配方	先介绍直接开平方法，然后是配方法、公式法和因式分解法

从表 9-1 可见，三个版本的教科书中，一元二次方程的解法均包含了直接开平方法、配方法、因式分解法和公式法，但呈现方式互有不同，人教版和苏科版中将因式分解法放在最后。三个版本的教科书对配方法的介绍，均从直接开平方法

入手，将直接开平方法作为配方法的基础，但是人教版并未将直接开平方法单独列为一节，而是作为配方法一节的部分内容。另外，三个版本的教科书中，仅苏科版在“数学实验室”板块中以方程 $x^2+2x-24=0$ 为例介绍了配方的几何表示，如图 9－1所示。

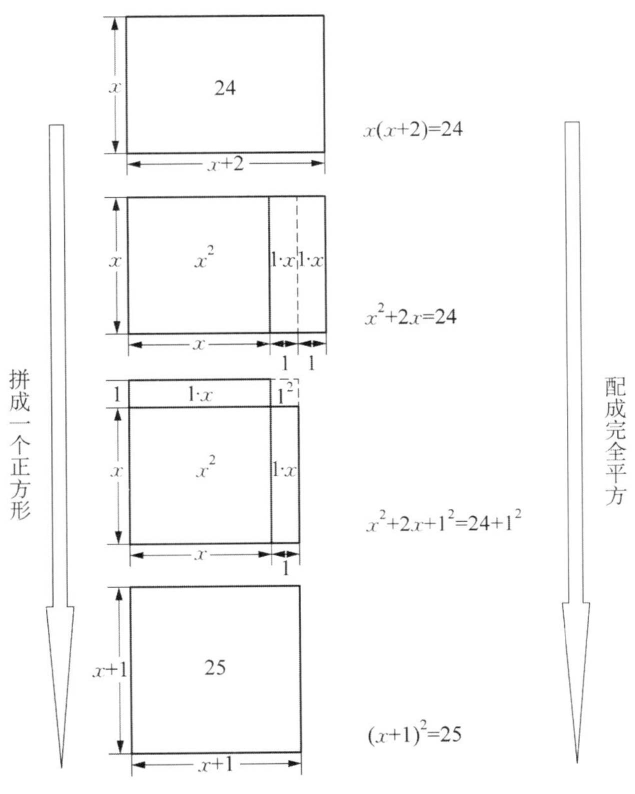

图 9－1　苏科版中呈现的用拼图表示配方

在已有研究中，对学生的调查表明，学生在解一元二次方程时选用方法的顺序一般是因式分解法、公式法，然后才是配方法。他们认为配方法和公式法都比较“万能”，但配方法较为麻烦，只有在用公式法计算过于繁琐的情况下，才会选用配方法，而学生对配方法的理解障碍主要在于“为什么要加一次项系数一半的平方”(姚瑾，2013)。已发表的课例展示了教师在课堂中突破这一难点所采用的一些方法，如以开平方法为起始，以填空的形式作为铺垫，搭设脚手架，让学生先了解如何将一个式子配成完全平方式，再过渡到用配方法解二次项系数为 1 的一元二次方程(张肖，2014；沈健，2017；王丹，2016)；也有教师利用典型的错误例题，让学生通过辨析巩固对配方的理解(周晓秋,2017);还有教师采用融入数学史的方式,通过几何拼图,加深学生对“加一次项系数一半的平方”的理解,提升学生代数符号语言和几何图形语言之间的转化能力。总之,教师都希望通过探究活动的设计,让学生经历配方的过程,积累数学活动的经验,深入理解配方法(沈志兴 & 洪燕君,2016)。

9.2 历史素材

一元二次方程的求解有着悠久的历史,约公元前 1 700 年的古巴比伦泥版上记载着许多一元二次方程问题及其解法。由于本课例主要内容为用配方法解数字系数的一元二次方程,不涉及一元二次方程求根公式的推导,所以这里仅呈现用几何图形进行配方的历史素材,不涉及一元二次方程求根公式推导的历史素材。

9.2.1 古巴比伦

在没有代数符号的情况下,古巴比伦人如何熟练地解一元二次方程?数学史家推测他们的头脑中一定有一个直观的几何模型,如泥版 BM 13901 上载有如下问题:“正方形面积与边长之和为$\frac{3}{4}$,求边长。”(参阅完全平方公式课例)泥版 YBC 6967 上载有问题:“一个数比它的倒数大 7,求该数。”(古巴比伦采用六十进制,互为倒数意味着两数相乘为 60)若设这个数为 x,则本问题相当于求方程 $x^2-7x-60=0$ 的根,用现在的十进制数表示,泥版上给出的解法是:

将所超过的数 7 折半,得 $3\frac{1}{2}$,$3\frac{1}{2}$自乘,得 $12\frac{1}{4}$,加 60,得 $72\frac{1}{4}$,$72\frac{1}{4}$的平方根式是多少?是 $8\frac{1}{2}$,分别减去、加上 $3\frac{1}{2}$,得 12 和 5,12 为所求数,5 为它的倒数。

上述解法相当于

$$x=\sqrt{\left(\frac{7}{2}\right)^2+60}+\frac{7}{2}=12,$$

根据丹麦学者 Høyrup 的研究,祭司是根据几何模型得到上述解法(图 9-2)。

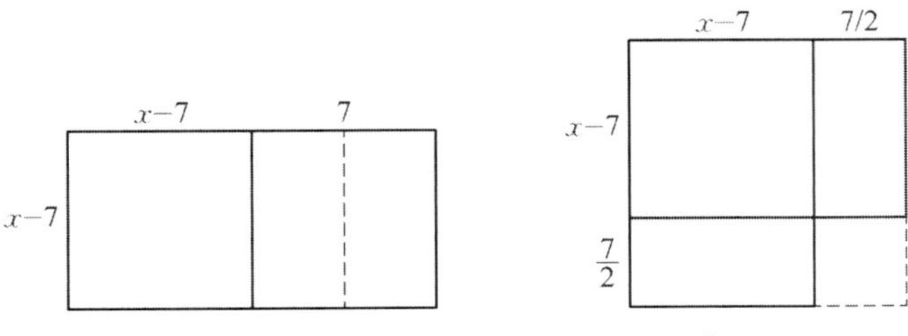

图 9-2　泥版 YBC 6967 问题的几何模型

9.2.2　中国

三国时代数学家赵爽在注释《周髀算经》时，讨论了以下问题的解法：已知矩形的半周长和面积，求矩形的长和宽。赵爽的几何方法实际上可以用来解三类方程：$x^2+px=q$，$x^2-px=q$，$-x^2+px=q$，其中 $p>0$，$q>0$。

若所解方程为 $x^2+px=q$，则将 4 个长为 $x+p$、宽为 x 的矩形（面积均为 q）和一个边长为 p 的小正方形拼成一个大正方形，如图 9-3①，于是大正方形的面积为 p^2+4q，边长为$\sqrt{p^2+4q}$，故得 $x^2+px=q$ 的正根为 $x=\dfrac{\sqrt{p^2+4q}-p}{2}$。

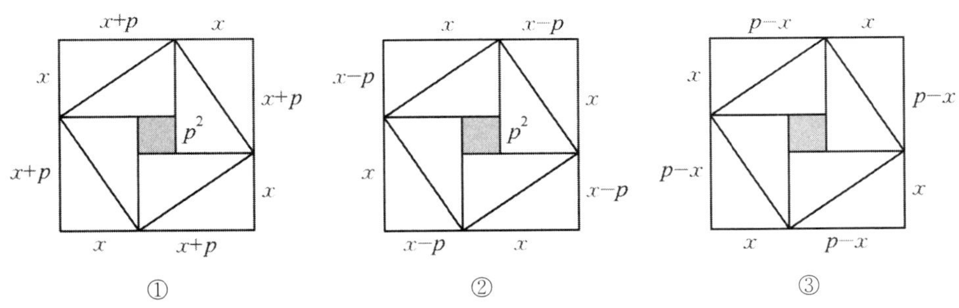

图 9-3　赵爽的配方法

若所解方程为 $x^2-px=q$，则将 4 个长为 x、宽为 $x-p$ 的矩形（面积均为 q）和一个边长为 p 的小正方形拼成一个大正方形，如图 9-3②，于是大正方形的面积为 p^2+4q，边长为$\sqrt{p^2+4q}$，故得 $x^2-px=q$ 的正根为 $x=\dfrac{\sqrt{p^2+4q}+p}{2}$。

若所解方程为 $-x^2+px=q$，则将 4 个长为 $p-x$、宽为 x 的矩形（面积均为 q）和一个边长为 $2x-p$ 或 $p-2x$ 的小正方形拼成一个大正方形，如图 9-3③，于是大正方形的面积为 p^2，小正方形的面积为 p^2-4q，边长为 $\sqrt{p^2-4q}$，故得 $-x^2+px=q$ 的正根为 $x=\dfrac{p\pm\sqrt{p^2-4q}}{2}$。

9.2.3 阿拉伯

9 世纪数学家花拉子米在其《代数学》(图 9-4)中借助完全平方公式的几何图形给出了一元二次方程的几何解法。例如，花拉子米给出一元二次方程 $x^2+10x=39$ 的两种几何解法，都是利用图形的割补将方程 $x^2+10x=39$ 转化为 $(x+5)^2=64$，进而求得方程的根(参阅完全平方公式课例)。类似的问题还有：

- 二平方与十根之和等于四十八迪拉姆，即 $2x^2+10x=48$；
- 平方之半与五根之和等于二十八迪拉姆，即 $\dfrac{1}{2}x^2+5x=28$。

花拉子米将二次项系数化为 1，再用上述方法求解。

الكتاب المختصر

في حساب الجبر و المقابلة

تصنيف

الشيخ الاجل ابي عبد الله محمد بن موسي

الخوارزمي

طبع في مدينة لندن

سنة ١٨٣٠ المسيحية

علي تسعة وثلثين ليتم السطح الاعظم الذي هو سطح ره فبلغ
ذلك كله اربعة وستين فاخذنا جذرها وهو ثمانية وهو احد
اضلاع السطح الاعظم فاذا نقصنا منه مثل ما زدنا عليه وهو
خمسة بقي ثلثة وهو ضلع سطح اب الذي هو المال وهو جذره
والمال تسعة وهذه صورته

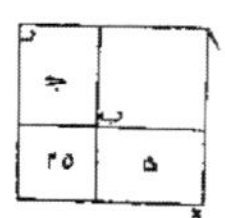

واما مال واحد وعشرون درهما يعدل عشرة اجذاره فانا
نجعل المال سطحا مربعا مجهول الاضلاع وهو سطح اد ثم نضم
اليه سطحا متوازي الاضلاع عرضه مثل احد اضلاع سطح اد وهو
ضلع دن والسطح دب فصار طول السطحين جميعا ضلع جه
وقد علمنا ان طوله عشرة من العدد لان كل سطح مربع
متساوي الاضلاع والزوايا فان احد اضلاعه مضروبا في واحد جذر
ذلك السطح وفي اثنين جذراه فلما قال مال واحد وعشرون
يعدل عشرة اجذاره علمنا ان طول ضلع هج عشرة اعداد لان
ضلع جد جذر المال فقسمنا ضلع جه بنصفين علي نقطة

图 9-4　花拉子米《代数学》书影

9.2.4 中世纪欧洲

13 世纪，意大利数学家斐波那契在《计算之书》第 15 章专门介绍一元二次方程的解法。对于一元二次方程 $x^2+px=q(p>0, q>0)$，斐波那契的解法是：

$$x=-\frac{p}{2}+\sqrt{\left(\frac{p}{2}\right)^2+q},$$

这里，斐波那契并不考虑负根。斐波那契用两种方法推导上述公式，一种是花拉子米的几何方法，另一种则是《几何原本》卷二命题 6："如果平分一线段，并且在同一线段上给它加上一线段，则整条线段与所加线段构成的矩形与原线段一半上正方形的和等于原线段一半与所加线段之和上的正方形。"如图 9－5 所示，D 为 AB 的中点，则 $AC\times BC+DB^2=DC^2$。

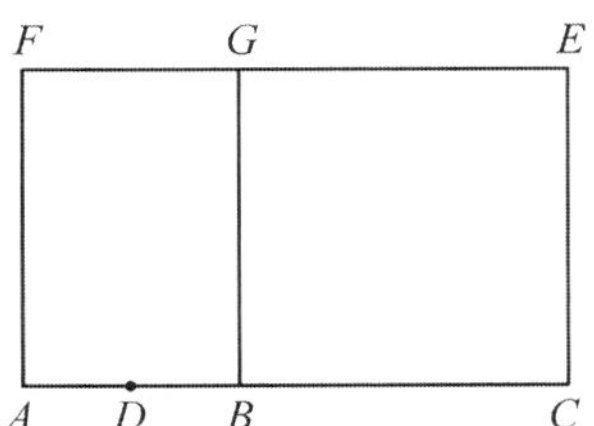

图 9－5 《几何原本》卷二命题 6

设 $BC=a$，$AB=b$，上述等式即为

$$a(a+b)+\left(\frac{b}{2}\right)^2=\left(a+\frac{b}{2}\right)^2, \tag{1}$$

对于方程 $x^2+px=q$，利用等式(1) 可得

$$x(x+p)+\left(\frac{p}{2}\right)^2=\left(x+\frac{p}{2}\right)^2, \tag{2}$$

但由原方程知 $x(x+p)=q$，故由(2) 得

$$\left(x+\frac{p}{2}\right)^2=\left(\frac{p}{2}\right)^2+q,$$

于是得 $x=-\frac{p}{2}+\sqrt{\left(\frac{p}{2}\right)^2+q}$。斐波那契在《花朵》中也用《几何原本》中的上述命题来解一元二次方程。

9.3 教学设计与实施[①]

基于教科书、已有教学设计以及历史素材的分析，我们设定本节课的教学目标如下：

(1) 会用配方法解一元二次方程。

(2) 通过数学史的渗透，体会从不同的角度思考配方法，即化归思想的多样

① 执教者为 HPM 工作室成员、上海市市西初级中学王进敬老师。

化;同时强化学生的几何表征能力和对数形结合思想的运用。

(3) 鼓励学生积极探索、主动学习,培养发散思维,体会创新思想。

具体教学流程如图 9-6 所示。

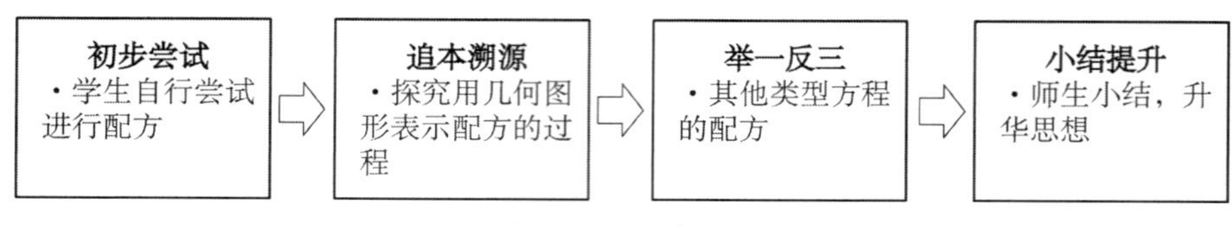

图 9-6　教学流程

9.3.1　初步尝试,了解配方

学生之前已经学习了"特殊的一元二次方程的解法"——开平方法和因式分解法,初步体会了"化归"的数学思想和"降次"的基本策略。本节课学生开始学习一般一元二次方程的解法,并知道这几种解法之间的关系。

教师首先给出课题,并让学生自行尝试解例 1 中的方程。例 1 中所给的两个方程,方程(1)可用学生已知的开平方法来解,方程(2)属于本节课需要学习的方程,学生先尝试自行求解,然后师生就方程的解法进行交流。

例 1　解下列方程:

(1) $(x+5)^2=40$;

(2) $x^2+10x-15=0$。

师: 如何解方程(2)?

生 1: 我发现这两个方程是同一个方程的不同形式,可以把方程(2)转化成(1)的形式来解。

师: 怎样将(2)转化成(1)?

生 1: 先将常数项 15 右移,化成 $x^2+10x=15$ 的形式,再两边加上 25,即可。

师: 为什么要加上 25? 它和原方程的系数有何关系?

生 1: 根据完全平方公式 $a^2+2ab+b^2=(a+b)^2$,只要两边同时加上一次项系数一半的平方,左边就配成了完全平方式。

师： 很棒！简洁明了。除了根据完全平方公式把(2)转化成(1)的形式，还有其他的转化方法吗？

生 2： 先将常数项 15 右移，化成 $x^2+10x=15$ 的形式，左边再化成 $x(x+10)=15$ 的形式，得到 $[(x+5)-5][(x+5)+5]=15$ 的形式，再利用平方差公式即可。

师： 很棒，利用平方差公式，也可以将方程一边配成完全平方的形式。这个变形中的 5 是如何想到的？它与原方程的系数之间有怎样的关系？

生 2： $(x+5)$ 是 x 与 $(x+10)$ 的平均数，5 就是一次项系数的一半。

师： 这两种过程有异曲同工之妙，配成的完全平方式都与一次项系数有关。我们对原方程进行变形，转化成 $(x+m)^2=n$ 的形式，再用开平方法解答，这种解一元二次方程的方法叫配方法。(补充课题)

9.3.2 追本溯源，理解配方

在前几节课的学习中，学生已经了解到，在 3600 年以前，古代巴比伦人就给出了一元二次方程的解法。在没有代数符号的时代，人们是如何解一元二次方程的呢？教师首先提出这样的问题，然后带着学生一起观看了 BBC 纪录片《数学的故事》的片段。学生从中了解到，3600 年前的巴比伦人用文字叙述来解一元二次方程，后来又发展到用图形来解。接着，教师提出本环节的探究问题：如何对方程(2)进行图解？

师： 古人巧妙地将一个数的平方与正方形面积相对应，将两个数的乘积与长方形面积相对应。我们试着来还原一下图形解释，看与我们现在的“配方法”有何关联？请大家思考一下，对于方程(2)，我们可做怎样的图解？

生 3: 先将常数项 15 右移,化成 $x^2+10x=15$ 的形式,将左图分割再补拼成正方形。(图 9－7 和图 9－8)

图 9－7　生 3 演示一元二次方程的几何解法

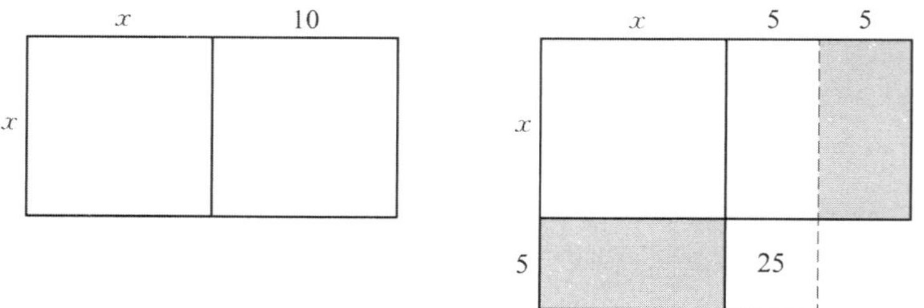

图 9－8　生 3 给出的一元二次方程的几何解法

师: 很棒! 数形结合,拓宽思维。公元 9 世纪,阿拉伯数学家花拉子米在他的名著《代数学》中也解过类似的方程,由于当时符号代数还未得到发展,他采用的就是同学们给出的这个图形解法。如果将前面的代数解法和图形解法进行比较,其实相当于对方程做怎样的变形? 与我们总结的"常数项右移,两边加上一次项系数一半的平方"有关系吗?

教师和学生一起把拼图的过程用代数语言写出来(也即二次项系数为1时的配方步骤)：

$$x^2+10x-15=0$$
$$\Rightarrow x^2+10x=15$$
$$\Rightarrow x^2+10x+5^2=15+5^2$$
$$\Rightarrow (x+5)^2=40$$
$$\Rightarrow x=2\sqrt{10}-5。$$

师：为了将长方形割补成正方形，我们需要将图形右边的面积为 $10x$ 的长方形对半割开，即需要将10折半，然后再补上边长为5的正方形，这一操作用代数语言表达，即在等式两边加上一次项系数一半的平方。可见，代数解法和图形解法完全一致。图形解法可以更形象地展示配方的过程，帮助我们理解配方的步骤。

生4：还有另一种拼法，我们可以将长方形平均分成4个相同的小长方形，然后将它们拼补成一个正方形(如图9－9)。

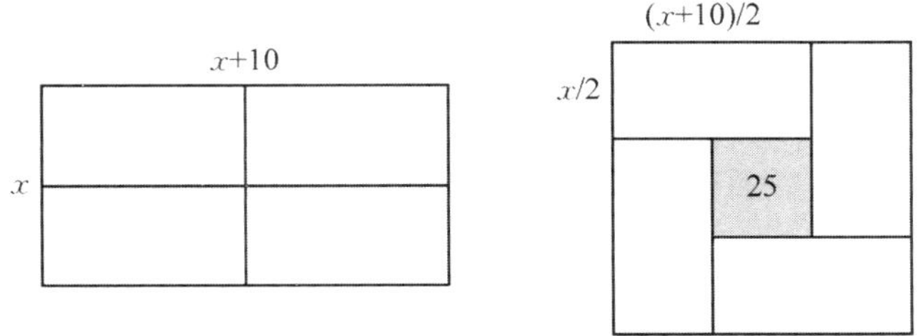

图9－9　生4给出的图形解法

师：非常棒，你的方法已经超越了古代数学家！图形解法可以更好地帮我们理解文字语言与符号语言。复杂的文字语言、直观的图形语言和简洁的符号语言之间是相通的。通过对历史的了解，你怎样看待一元二次方程方程的几何解法？

生5：这种几何解法很直观，与代数方法是相通的，但它也有弊端，就是当时的人们还不能接受负数，不考虑负根。

生 6： 它可以很好地解释，为什么配方时两边要加上一次项系数一半的平方，让我的理解更深刻。

师： 数学知识就如潺潺流淌的清泉，研究历史，可以让我们站在巨人的肩膀上，因而看得更远；研究历史不是为了复古，而是借古明今，古为今用。

9.3.3 举一反三，发散思维

以上讨论仅涉及二次项系数为 1 的一元二次方程，本环节，教师设置了 3 道例题，3 道例题各有不同的意图：通过方程(1)的求解，让学生知道在二次项系数不为 1 时，要先将二次项系数化为 1 再进行配方；方程(2)可用因式分解法，也可以用配方法进行求解，让学生学会用不同方法进行解答，并体会因式分解法和配方法之间的区别和联系，同时为下节课做铺垫；方程(3)是一个一次项系数为负数的方程，让学生仿照前面的讨论，用几何方法对一次项系数为负数的一元二次方程进行配方，加强学生的几何表征能力，强化数形结合思想。

例 2 解下列方程：

(1) $2x^2+3x+\dfrac{1}{2}=0$；

(2) $4x^2+12x-7=0$；

(3) $x^2-7x-60=0$。

之后，教师让学生用几何方法解方程(3)，相应的图形有 2 种。

第 1 种如图 9-10 所示，体现了 $(a-b)^2$，但不易理解。

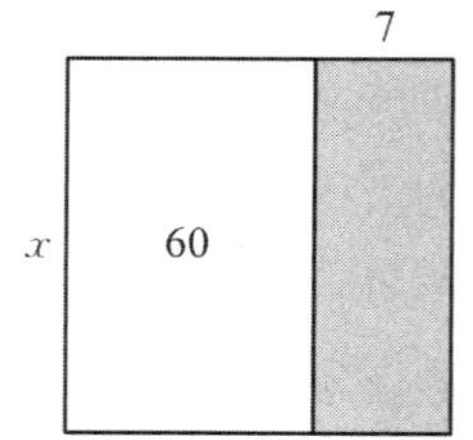

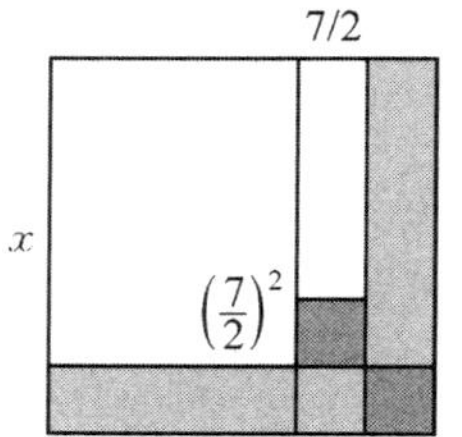

图 9-10 方程 $x^2-7x-60=0$ 的几何解法之一

第 2 种如图 9-11 所示，相对简单易懂。

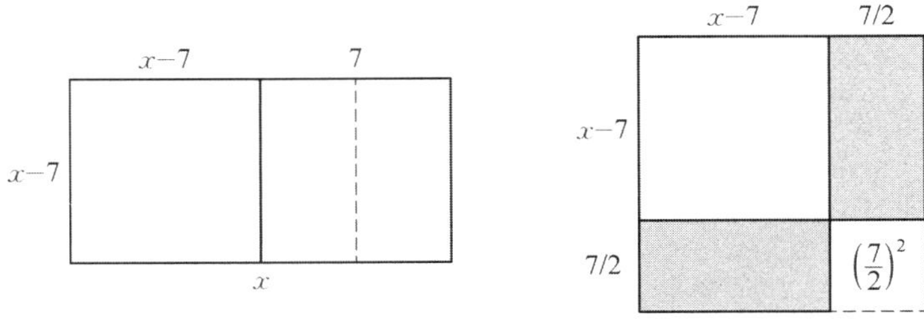

图 9-11　方程 $x^2-7x-60=0$ 的几何解法之二

上述解法中，无论是代数语言还是图形语言，都是通过适当分配或变形将原代数式或图形变成完全平方式或正方形，由此解决问题，这也是“配方”名称的由来。

9.3.4　学生反馈

课后对 31 名听课学生进行了问卷调查。

所有学生都认为“了解一元二次方程配方法的历史”，对学习有帮助，具体原因有：

- 学习的内容更有趣，对配方的理解更到位；
- 了解配方法的源头，开阔视野；
- 与现在的方法进行比较，可以站在巨人的肩膀上学习和探索；
- 学到了可以用多种方法解决同一问题；
- 试着将自己融入那个时代，理解古人是如何从无到有地创造出一种方法的；
- 用古人的思维解决问题，体会到古人的智慧，激励我们要将智慧传承下去并想办法创造出自己的思维方法。

所有学生都认为不可以去掉“图形解法”的教学环节，理由如下：

- 图形解法可以把代数、几何与实际生活联系起来，是当时解法的巅峰；
- 图形解法很直观，也可以很好地解释现在用符号语言表达的配方法，让我深入地了解并掌握这节课的知识，而且可以了解配方法的演变与完善的过程；
- 让我认识到自己在构造图形方面的不足，可以拓宽思维；虽然没有负根，但我认为图形解法是完美的，不仅简洁直观，也可以与完全平方公式、平方差公式的图解建立联系。

第 3 个问题“用配方法解关于 x 的方程：$x^2+bx=c(c>0)$，你还能画出其他形式的几何模型吗”难度较高，学生不仅要理解配方法的几何模型，还要在灵活运用字母表示数的基础上，利用分类讨论的思想，对 b 的正负分类进行讨论。其中有 26.7％的学生未给出任何图形；26.7％的学生对课上生 2 的图形解法十分感兴趣，并将其用在这个问题上，但都只考虑 b 为正的情况。还有 2 位学生试图先将图形分割成三角形，然后再拼成正方形，但发现并不正确。46.7％的学生选择了花拉子米的方法，说明他们已掌握配方的图形解法过程。

第 4 个问题，让学生尝试对一般一元二次方程 $ax^2+bx+c=0$ 进行配方，是为下节课的公式法做铺垫，其中有 3 位学生，在方程两边同乘以 $4a$ 进行配方；53.3％的学生，选择两边乘以 a，理由是将二次项系数变为完全平方；还有 40％的学生两边乘以 $\frac{1}{a}$，即用本节课的配方法来解决。整体而言，都掌握了本节课的配方法，也达到了思维拓展的目的。

在印象最深环节的调查中，有 50％的学生对 BBC 的视频感兴趣，原因有：

- 那一刻，我感觉自己走进了古巴比伦人的生活，和他们的思想和智慧产生了共鸣和交流；
- 真正感觉到了把数学运用到现实生活中去；
- 之前看过，但没有深刻的印象，学过配方法后再看，觉得有所感悟。而且，这种方法到现在还在用，体现出古代解法的重要性，对古人的智慧充满崇敬之心。

43.3％的学生对方程的几何解法感兴趣，原因是：

- 方法很巧妙，除了老师预设的方法，学生还想出别的方法，很了不起，开动思维的过程也很有趣；
- 感觉数学是灵活的，没那么死板；
- 让我感受到了发散性思维，没想到解个方程会有那么多方法。

还有一位学生对总结的环节印象深刻，认为总结是非常必要的，不仅仅是老师的总结，学生更应该去做总结，总结不仅巩固课上的知识，还让学生对知识和数学的理性精神有更深的理解。

9.4 课例评析

9.4.1 数学史的运用方式

本课例主要融入了一元二次方程求解的几何解法，以便让学生对配方法有更直观的理解。在教学环节 2 中教师对古代数学家解方程方法的介绍，以及播放的视频属于“附加式”运用数学史，让学生了解一元二次方程的求解有着悠久的历史，为后续学习方程的几何解法做铺垫。学生对方程 $x^2+10x-15=0$ 的几何解法的探究属于“顺应式”运用数学史。教师对学生所用几何方法的历史对照（学生所用方法恰好与历史上某一时期某位数学家的方法一致），属于“附加式”运用数学史，这一对照并不影响教学进度，也不影响学生对知识的理解，但会对学生学习数学的态度、兴趣等产生影响。

例题 2 中的方程(3)即为泥版 YBC 6967 上的数学问题所对应的方程，也属于“顺应式”运用数学史，它与环节 2 中的方程的区别在于一次项系数为负数。教师借用这个方程来让学生将前面用过的几何方法“迁移”到新的方程上来，深化对配方法几何表征的理解。

9.4.2　数学史的价值

在本课例的实施过程中，我们运用了七年级所学的平方差公式、完全平方式的符号表征与图形表征，体现了前后知识的贯通，揭示了知识之间的连续性，也再次体现了学习乘法公式的必要性。在几何教学中，文字语言、图形语言和符号语言的相互转化很常见，因而有关几何专题内容是训练学生表征转化能力的有效载体。而在代数教学中，由于符号代数的便利性，教师常常忽略学生的表征转化能力。融入数学史上的一元二次方程几何解法，一方面有助于学生对配方法的理解，突破本节课的难点；另一方面也可以有效地训练学生的几何和代数表征转化能力，实现数学史的“知识之谐”和“能力之助”价值。

在还原历史上配方法的过程中，学生再现了花拉子米的几何方法，有一种穿越时空与古人对话之感。令人惊奇的是，学生给出了教师预设之外的赵爽的配方法，这一发生在眼前的事实足以说明：今天的学生不仅可以想数学家之所想，有时甚至能超越他们。配方法之几何探究为学生带来了乐趣。一位学生在问卷中写道：“大家不仅还原了古人的方法，还脑洞大开，想出了连老师都没有想到的方法，真的很了不起，这种开动思维的过程很有趣。”这着实体现了数学史的“探究之乐”和“方法之美”价值。

从介绍古巴比伦人求解一元二次方程的视频中，学生可以充分体会到古人的智慧，感悟到数学源于生活，高于生活，是人类经过抽象、推理、建模后的思想结晶。所以数学教学中更重要的是向学生渗透数学的思想、精神以及思维方式，正如学生在问卷中所写：“那一刻，我感觉自己走进了古巴比伦人的生活，和他们的思想和智慧产生了共鸣和交流。”不同的图解显示出图形本身的对称美，而代数解法与几何解法之间的互相转化，不同的配方法之间的共通性，展现了数学思维之美，正如学生在问卷中所写：“一道简简单单的一元二次方程，竟不只是一个方程，还是一块拼图、一亩田地，甚至可以形成头脑中千变万化的图形，这才是数学的美。”追溯知识之源，欣赏数学之美，感受“文化之魅”。

学生对同一个方程不同几何解法的探究以及教师对探究的历史解读，都给学生带来了心灵的震撼，埋下了自信的种子，潜移默化影响着他们的数学情感和学习态度，达成了“德育之效”。

9.4.3 小结

没有数学史，我们很难相信，古人是借助几何图形来解方程的。也许有教师会认为，我们已经有更为简洁的符号代数系统了，采用几何方法来解方程，会不会是一种倒退？这种担心是多余的。在数学中，我们常常需要学生能够熟练进行文字语言、图形语言和符号语言之间的转化。不可否认，几何是培养学生表征转化能力的重要载体，但这也正是很多学生认为几何之所以难学的地方之一。我们认为，代数也能够为提升学生表征转化能力提供平台，且能够深化学生对代数的理解，从本课例的实施结果来看，这些预设的目标基本上都达到了。

本课例的授课教师是一位有着丰富的 HPM 实践经验的一线教师，对数学史有一定了解，在平时的课堂教学中经常会渗透一些数学史的内容，所以在本节课之前学生已经知道一元二次方程求解有着悠久的历史，知道负数出现得较晚，古人在求解方程时会忽略负根；另外，实施课例的班级学生总体素质较高。这些潜在的基础促成了本教学设计的顺利实施，导致了课堂探究环节中学生激烈的思想碰撞，出现了教师课前没有预设的赵爽的配方法。这再一次说明，学生的能力和潜力是不容低估的！在课堂上，如果教师愿意“放手”让学生真正自主探究，相信一定会产生出乎教师意料之外又合乎情理的思想火花。

当然，HPM 课例的实施需要教师熟悉相应知识点背后的数学史，这样才能够在课前做好充分准备，在课上从容地应对学生给出的方法和答案，并与历史上的方法进行相应的匹配，从而不会因错失有效的教育机会而留下遗憾。本课例中，由于课前忽略了赵爽的配方法，执教者认为生 4 的方法超越了古人，后来才发现该方法也有源头。所以她认为：

“从我预设的角度，学生的思维已经超越了古人。班级所有同学都由衷地对这位同学大加赞赏。可想而知，其自信心一定油然而生。其实，早在三国时期，赵爽在注释《周髀算经》时就给出过这种方法。由于我并不了解这一史实，错过了深刻讲解的机会，只有留到课后弥补，缺失了教育的时效性，实乃憾事！”

参考文献

[1] 姚瑾.初中生对一元二次方程的理解[D].上海：华东师范大学，2013.
[2] 张肖."配方法解一元二次方程"教学设计[J].上海中学数学，2014(5)：7—9.
[3] 沈健.数学课程标准下的数学教学——以"配方法解一元二次方程"为例[J].宁波教育学院学报，2017，19(2)：130—133.
[4] 王丹.注重思考过程渗透数学思想——以"配方法解一元二次方程"一节课为例[J].初中数学教与学，2016(4)：33—35.
[5] 周晓秋.展示典型失误，发挥错例价值——以"配方法解一元二次方程"的例题教学为例[J].中学数学(初中版)，2017(4)：3—4.
[6] 沈志兴，洪燕君."一元二次方法的配方法"：用历史体现联系[J].教育研究与评论(中学教育教学)，2016(4)：33—35.
[7] 汪晓勤.数学史与数学教育[M].北京：科学出版社，2017.
[8] 汪晓勤.HPM视角下一元二次方程的解法的教学设计[J].中学数学教学参考，2006(2)：114—116.

10 揭开增根之面纱：可化为一元一次方程的分式方程

10.1 背景

学生在学习列方程解决实际问题时，并非所有的问题都可以通过整式方程解决，所以分式方程的出现有其必要性。分式方程是初中阶段继整式方程以及整式相关知识之后，学生必学的主题，表 10－1 给出了“分式方程”在人教版、沪教版和苏科版教科书中的编排情况。

表 10－1 三个版本教科书中的“分式方程”

教科书	位置	呈现方式	前后知识顺序
人教版	八年级上册 15.3：分式方程	位于“分式”一章，由引言中的实际问题引入，仅学习可化为一元一次方程的分式方程，并用图形的形式给出了解分式方程的一般步骤	在八年级上册第 14 章学习整式相关内容以及因式分解
沪教版	(1) 七年级上册 10.5 可化为一元一次方程的分式方程 (2) 八年级下册 21.3：可化为一元二次方程的分式方程	(1) 位于“分式”一章，1 课时，由实际问题引入，仅学习可化为一元一次方程的分式方程； (2) 位于“代数方程”一章，分 3 课时，学习可化为一元二次方程的分式方程的常用解法、分式方程组的解法	七年级上册第 9 章学习整式相关内容以及因式分解，八年级上册第 17 章学习一元二次方程相关知识
苏科版	八年级下册 10.5：分式方程	位于“分式”一章，分 2 课时，由实际问题引入，仅学习可化为一元一次方程的分式方程	七年级学习整式相关内容和因式分解

从表 10－1 可见，三个版本的教科书均含可化为一元一次方程的分式方程，仅沪教版教科书还专门介绍了可化为一元二次方程的分式方程，且安排了 3 课时，学习分式方程的常用解法以及分式方程组的解法，其他两个版本的教科书未涉及该知识点。三个版本的教科书呈现可化为一元一次方程的分式方程的方式基本相同，由实际问题引入，让学生感知在列方程解决实际问题时，并非所有的方程都

是整式方程，体会学习分式方程的必要性，在给出分式方程的定义后，均通过具体例子引入“增根”概念，但均未介绍分式方程和增根的历史。

分式方程的教学实践表明，学生在学习过程中存在以下问题（张清亮，2016）：

- 对分式方程相关概念模糊不清；
- 对找分式的最简公分母掌握得不太好；
- 去分母时，漏乘情况严重；
- 当括号前面是减号时，去括号后，括号后的项不变号；
- 混淆分式方程的增根与无解的情形，利用分式方程解应用题时，等量关系找不全。

还有教师发现，学生在将分式方程化为一元二次方程后解系数较大的一元二次方程会存在问题（蔡建芬，2017）。实践中，不同教师会采用不同的方式解决学生在学习分式方程时的这些障碍，如有教师将2课时进行调整，第1课时解决如何解分式方程，不涉及应用题，用复习旧知的形式引入分式方程的概念，然后讲授分式方程的解法和增根的意义，第二课时再设计利用分式方程解决实际问题。（潘小梅，2017；浦叙德 & 钱峰，2013）还有一些教学设计基本与教科书的设计相同，教师在教学中用不同方式实施教学活动，强化学生对分式方程概念和解法的理解和掌握。如唐国栋(2017)设计问题，采用小组合作的形式实施教学活动，让学生用心倾听，大胆表达自己的见解，在互助合作中促进学生的学习。何君青(2013)在教学中充分发挥学生的主观能动性，让学生自行寻找分式方程的解法，渗透转化思想，并设计了一个无理方程，让学生根据解分式方程的思想，尝试进行解答，发展学生的数学思维能力。也有教师采用融入数学史的方式进行教学，以微视频的形式介绍分式方程的历史，让学生感知分式方程的“无解”以及“检验”的必要性，体会数学背后的人文精神，引导学生向数学家学习。（于彬 & 尚凡青，2017）

“可化为一元一次方程的分式方程”是沪教版七年级上册的内容，之前学生已学过一元一次方程、分式以及分式的运算等内容。本节课的教学目标是理解分式方程的概念，掌握可化为一元一次方程的分式方程的解法；知道解分式方程时可能产生增根的原因，并掌握解分式方程的验根方法。其中，教学重点是可化为一元一次方程的分式方程的解法以及其中的转化思想。解分式方程过程中产生增根的原因以及如何验根是教学的难点。在教学实践中，对于经常出现的增根或失根错误，教师虽然可以批评指正，但可能会打击学生的自信心。同时，数学文化融入数学教学也日益受到人们的关注。这就给我们提出了以下问题：如何在本节课中培养学生的探究精神？如何在指出学生错误的同时又能培养学生的自信心？如何在本节课中更好地融入数学文化？这些都是教师需要考虑的问题。

HPM 视角下的数学教学可以为以上问题的解决提供一定的启示，英国学者福韦尔曾总结数学教学中运用数学史的 15 条理由，其中第 2 条为“改变学生的数学观”，第 3 条为“因为知道并非只是他们有困难，所以得到心理安慰”，第 10 条为“提供探究的机会”。(Fauvel, 1991)从情感态度价值观而言，数学史可以激发学生学习数学的兴趣，让学生亲近数学；可以揭示数学作为人类文化活动的本质，让学生感受数学背后的人文精神。结合以上思考与启示，我们从 HPM 的视角设计和实施本节课的教学。

10.2 历史素材

10.2.1 分式方程的历史

在东西方数学文献中，分式方程都出现得较晚。9 世纪阿拉伯数学家花拉子米在《代数学》中提出了若干涉及分式方程的问题，如“将 10 分成两部分，第一部分除以第二部分，第二部分除以第一部分，商的和是二又六分之一”(Al-Khwarizmi, 1831)，相应的分式方程为

$$\frac{10-x}{x}+\frac{x}{10-x}=2\frac{1}{6}。$$

13 世纪，意大利数学家斐波那契在《计算之书》中列举了许多用分式方程求解的问题，其中部分问题源于花拉子米。例如：

- 将 10 分成两部分，将 10 除以其中一部分，所得商乘以另一部分，得 $20\frac{1}{4}$。$\left(\frac{10}{x}\cdot(10-x)=20\frac{1}{4}\right)$

- 将 10 分成两部分，将其中一部分除以另一部分，所得商加上除数，得 $5\frac{1}{2}$。$\left(\frac{x}{10-x}+(10-x)=5\frac{1}{2}\right)$

- 将 10 分成两部分，10 除以每一部分，两商之和为 5 第纳尔。$\left(\frac{10}{x}+\frac{10}{10-x}=5\right)$

● 将 10 分成两部分，将第一部分除以第二部分，再将第二部分除以第一部分，两商加 10，所得和乘以第一部分，得 114。$\left(\left(\frac{x}{10-x}+\frac{10-x}{x}+10\right)x=114\right)$

● 若干人平分 10 第纳尔，每人得若干。若加上 6 人，再平分 40 第纳尔，则每人所得与前面相同。$\left(\frac{10}{x}=\frac{40}{x+6}\right)$

● 若干人平分 60 第纳尔，每人得若干。若加上二人，再平分 60 第纳尔，则每人所得比第一次少了 $2\frac{1}{2}$ 第纳尔。$\left(\frac{60}{x}-\frac{60}{x+2}=2\frac{1}{2}\right)$

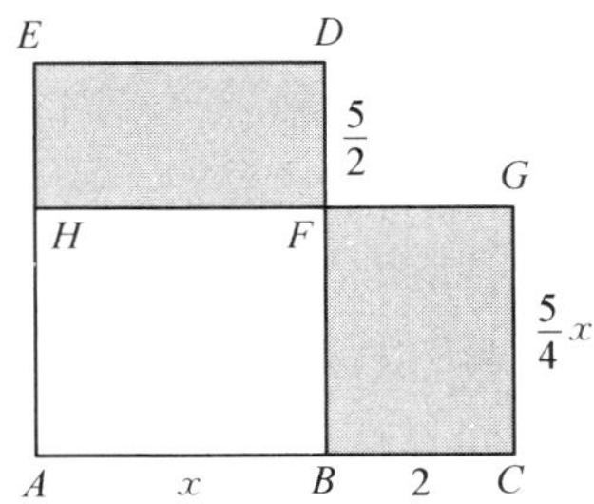

图 10－1　分式方程的几何解法

斐波纳契解分式方程的方法很灵活，包括"直接化整法"、"换元法"、"恒等式法"和"几何代数法"四种。其中，几何代数法在今日已经很少为人所用。例如，对于方程 $\frac{60}{x}-\frac{60}{x+2}=2\frac{1}{2}$，斐波那契的解法如图 10－1 所示。假设原有人数为线段 AB，$AB=x$，$BC=2$，矩形 $ABDE$ 和 $ACGH$ 的面积均为 60，于是，$BD=\frac{60}{x}$，$CG=BF=\frac{60}{x+2}$，$FD=\frac{60}{x}-\frac{60}{x+2}=2\frac{1}{2}$。从矩形 $ABDE$ 和矩形 $ACGH$ 中各减去公共部分，得矩形 $BCGF$ 和矩形 $HFDE$ 的面积相等，即 $2CG=\frac{5}{2}x$，故 $CG=BF=\frac{5}{4}x$。于是得

$$\left(\frac{5}{4}x+\frac{5}{2}\right)x=\frac{5}{4}x^2+\frac{5}{2}x=60,$$

即

$$x^2+2x=48,$$

解得 $x=6$。（汪晓勤，2017）

13 世纪之后至 18 世纪中叶以前，很少有数学家关注分式方程。在沃利斯(J. Wallis，1616—1703)、麦克劳林(C. Maclaurin，1698—1746)、欧拉等数学家的代数学著作中，都没有分式方程的影子。美国学者曼宁(K. R. Manning)检索了 18 世纪末到 19 世纪中叶的 1 000 多种初等和高等代数论著，发现 1850 年以前的绝大多数论著均未涉及分式方程，一些作者甚至还认为分式方程并不属于初等代数

内容(Manning, 1970)。

在13世纪的中国,数学家李冶(1192—1279)的《测圆海镜》中出现了分式方程的例子。如第7卷第2题涉及方程

$$-x^2+8\,640+\frac{652\,320}{x}+\frac{4\,665\,600}{x^2}=0,$$

李冶将其化为

$$-x^4+8\,640x^2+652\,320x+4\,665\,600=0。$$

到了18世纪,英国数学家桑德森将分式方程写入其代数教科书(Saunderson, 1740)。桑德森1岁时因染上天花而失明,接受教育在当时对于一个盲童来说特别困难,只有靠着别人读书给他听才能学习。尽管如此,他还是通过自身努力受到了良好的教育,学习了拉丁语、希腊语、法语和数学,很快掌握了希腊原版的《几何原本》,不仅如此,他还成了一名有才华的音乐家,擅长演奏长笛。1707年,桑德森在朋友的鼓励下走进剑桥大学,他用特制的黑板给学生上课,学生们无不为他高超的教学技巧所折服,称他为“不用自己的双眼却教会他人如何使用双眼的人”。随着桑德森的名声日益增大,他的教学任务日趋繁重,一天的授课时间经常多达七八小时。当他的健康情况恶化的时候,他的友人觉得,如果不把他的教学内容写成书籍,这个世界将丢失一份宝贵的财富。因此,他决定将他的数学课程内容写成书。随着身体的康复,桑德森开始将时间和精力用于写作,最终于1739年完成《代数基础》。该书被誉为小心求证的典范。

在《代数基础》中,桑德森和今天多数人一样采用去分母的方法来解分式方程(Saunderson, 1740),例如:

$$\frac{45}{2x+3}=\frac{57}{4x-5}$$
$$\Rightarrow 45(4x-5)=57(2x+3)$$
$$\Rightarrow 66x=396$$
$$\Rightarrow x=6。$$

$$\frac{42x}{x-2}=\frac{35x}{x-3}$$
$$\Rightarrow 42(x-3)=35(x-2)$$
$$\Rightarrow x=8。$$

$$\frac{45}{2x+3}+\frac{116}{4x+5}=7$$
$$\Rightarrow 45(4x+5)+116(2x+3)=7(2x+3)(4x+5)$$
$$\Rightarrow 56x^2=258x+468$$
$$\Rightarrow 28x^2=129x+234$$
$$\Rightarrow x=6 \text{ 或 } x=-1\frac{11}{28}。$$

对于第二个分式方程，桑德森在方程两边直接约去了未知数 x，从而造成失根。但当时的人们往往忽略零根。

虽然桑德森没有遇到增根的情形，但他在解出分式方程之后，总是不厌其烦地进行检验，他把这种检验的过程称为“证明”。

在《代数基础》中，桑德森还提出分式方程的几个应用题，例如（Saunderson，1740）：

● 某人花 80 几尼[①]买若干头牛。若他用同样多的钱多买 4 头牛，则每头牛将便宜 1 几尼。问：他原来买了几头牛？$\left(\frac{80}{x}-\frac{80}{x+4}=1\right)$

● 在酒馆中，若干人需付费 7 镑[②] 4 先令，其中两人溜之大吉后，其余的人每人不得不多付 1 先令。问：共有多少人？$\left(\frac{144}{x-2}-\frac{144}{x}=1\right)$

美国数学家佩尔斯（B. Peirce，1809—1880）在出版于 1837 年的《代数初步》（图 10－2）中，提出过若干通过分式方程来解决的问题。如（Peirce，1837）：

● 某人花 60 美元买若干块布，各块布的价格相同。若他用同样多的钱多买 3 块布，则每块布将便宜 1 美元。问：他原来买了几块布？

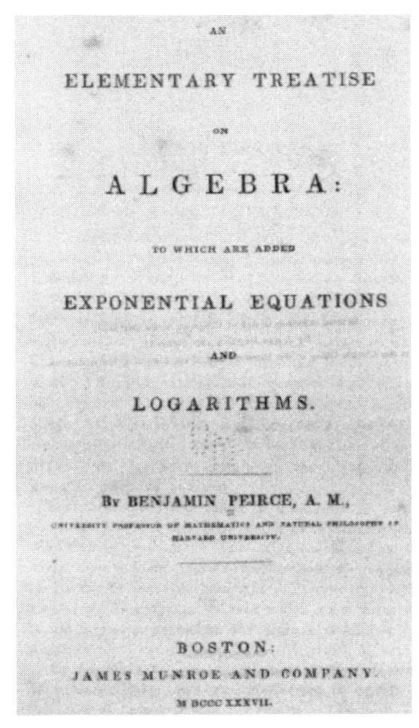

图 10－2 佩尔斯《代数初步》书影

① 几尼，是当时的英国金币单位，等于 1 镑 1 先令。

② 1 镑等于 20 先令。

$\left(\frac{60}{x}-\frac{60}{x+3}=1\right)$

• A、B 两位布商各售布若干码，共得 35 美元。A 比 B 少售了 3 码。A 对 B 说：若按我的售价，你售出的布值 24 美元；B 回答说：若按我的售价，你售出的布值 $12\frac{1}{2}$ 元。问：A、B 各售布几码？$\left(\frac{24x}{x+3}+\frac{25(x+3)}{2x}=35\right)$

• A、B 两位旅行者分别从 C、D 两地同时出发相向而行。他们相遇时，A 比 B 多走了 30 英里。根据自己的行走速度，A 计算出他到达 D 尚需 4 天，B 计算出他到达 C 尚需 9 天。求 C、D 之间的距离。$\left(\frac{4x}{x-30}=\frac{9(x-30)}{x}\right)$

在《代数初步》中，佩尔斯还编制了若干化分式方程为整式方程的练习题，但都没有涉及增根的情形。不过，在讨论一次方程 $Ax+B=0$ 的解法时，佩尔斯将 $A=0$，而 $B\neq 0$ 的情形（佩尔斯将方程的解写成 $x=-\frac{B}{0}=-\infty$）视为无意义。

10.2.2 增根的历史

斐波那契、桑德森等在解分式方程时都没有遇到增根的情形。拉克洛瓦在出版于 1800 年的《代数基础》中，给出了含字母系数的分式方程的解法，并考虑了当字母系数使得根的分母为零时，方程无解，但他并未发现方程存在特殊根，也没有验根的意识，因而与增根和失根问题失之交臂。

19 世纪中叶之后，许多代数教科书中都含有有关分式方程的内容，但并没有给出分式方程的一般解法，编者往往对分式方程和分数系数方程不加区分（如 Wentworth(1891)将分式方程和分数系数方程统称为 fractional equation），对不同的分式方程往往采用不同的技巧，对增根和失根并没有清晰的认识。

1880 年左右，分析的严密化运动引发了人们对于“零能否作除数”问题的大讨论，这在一定程度上促进了分式方程理论的发展，数学家们开始将分式方程作为一个专门的课题来研究。1882 年，美国康乃尔大学数学教授奥利弗等在其《代数专论》中讨论了分式方程的解法，对增根问题已经有了比较清晰的认识。书中指出（Oliver，1887），方程

$$N(x)P(x)=N(x)Q(x)$$

与

$$P(x)=Q(x)$$

不一定是同解方程，因为可能存在 x 的值，使得 $N(x)=0$，而 $P(x)-Q(x)\neq 0$，因此，这样的 x 的值是方程 $N(x)P(x)=N(x)Q(x)$ 的根，但不是方程 $P(x)=Q(x)$ 的根，因此，在方程 $P(x)=Q(x)$ 两边同乘以含 x 的某个式子 $N(x)$ 后，就可能会产生增根。奥利弗列举了以下几个分式方程：

(1) $1-\dfrac{x^2}{x-1}=\dfrac{1}{1-x}-6$。

方程两边同乘以 $N(x)=x-1$ 后，得到一元二次方程 $x^2-7x+6=0$，于是得 $x=1$ 或 $x=6$。其中，$x=1$ 是增根。

(2) $1+\dfrac{1}{6}-x+\dfrac{x^3-1}{x^2-1}=0$。

方程两边同乘以 $N(x)=x^2-1$ 后，得到一元二次方程 $7x^2+6x-13=0$，于是得 $x=1$ 或 $x=-\dfrac{13}{7}$。其中，$x=1$ 是增根。

(3) $\dfrac{1}{x-a}+\dfrac{1}{x+a}-\dfrac{1}{x^2-a^2}=0$。

方程两边同乘以 $N(x)=(x-a)(x+a)(x^2-a^2)$ 后，得到方程 $(2x-1)(x^2-a^2)=0$，于是得 $x=\dfrac{1}{2}$ 或 $x=\pm a$。其中，$x=\pm a$ 是增根。但若在方程两边同乘以分母的最小公倍式 (x^2-a^2)，则得方程 $2x-1=0$，没有产生增根。

在解释方程(1)在化为整式方程之后何以会产生增根时，奥利弗等人认为，若将原方程化为

$$7-\frac{1-x^2}{1-x}=0,$$

再化简得

$$7-(1+x)=0,$$

从而得 $x=6$，不会产生增根。这里，奥利弗等人已经有了使分式方程不产生增根的想法，后来，美国数学家费歇尔(G. E. Fisher, 1863—1920))和施瓦特(I. J. Schwatt, 1867—1937)将其总结为分式方程的完美解法。

奥利弗等人似乎相信，在分式方程两边同乘以分母的最小公倍式，所导出的

多项式方程与原方程是同解的。而我们知道，事实并非如此。如对于方程

$$\frac{-2x^2}{x^2-1}+\frac{x}{1-x}=-\frac{x}{x+1}-3, \tag{1}$$

两边同乘以分母的最小公倍式 (x^2-1) 得

$$x^2-2x-3=0,$$

于是得 $x=3$ 或 $x=-1$，显然，$x=-1$ 是方程(1) 的增根。

1899 年，宾夕法尼亚大学的费歇尔和施瓦特在《代数基础》(图 10-3)中给出

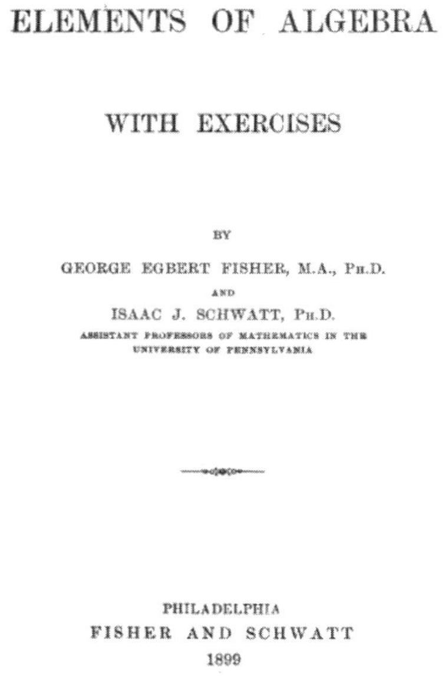

ELEMENTS OF ALGEBRA

WITH EXERCISES

BY

GEORGE EGBERT FISHER, M.A., PH.D.

AND

ISAAC J. SCHWATT, PH.D.

ASSISTANT PROFESSORS OF MATHEMATICS IN THE UNIVERSITY OF PENNSYLVANIA

PHILADELPHIA

FISHER AND SCHWATT

1899

图 10-3 费歇尔和施瓦特《代数基础》扉页

了一种不会失根也不会产生增根的解法，解法如下(Fisher, 1899)：通过移项将给出的分式方程的一边化为零，将另一边进行通分，并化为最简分式，于是得到原方程的同解方程

$$\frac{P(x)}{Q(x)}=0, \tag{2}$$

其中 $(P(x), Q(x))=1$，两边同乘以 $Q(x)$，得多项式方程

$$P(x)=0, \tag{3}$$

满足方程(2)的 x 的值必定满足方程(3)，因而(2)的解必定是(3)的解，从(2)到(3)不

会失根；另一方面，由于 $P(x)$ 和 $Q(x)$ 是互质的多项式，因此，满足(3)的 x 值必满足(2)，因此从(2)到(3)也不会产生增根，所以(2)和(3)与原方程是同解方程。

利用上述方法，费歇尔和施瓦特将方程(1)化成右边为零的形式，并将左边进行通分，得

$$\frac{x^2-2x-3}{x^2-1}=0,$$

再将左边化为最简分式，得

$$\frac{x-3}{x-1}=0,$$

两边同乘以 $(x-1)$ 得 $x-3=0$，从而得 $x=3$。费歇尔和施瓦特将 $(x+1)$ 称为多余的因式(unnecessary factor)，正是这种多余的因式导致了增根的出现。新的解法消除了多余的因式，从而避免了增根，故无需对所得结果进行检验。19 世纪末，分式方程的历史终于有了完美的结局。

10.3　教学设计与实施①

基于教科书、已有教学设计以及历史素材，我们设定本节课的教学目标如下：

(1) 掌握可化为一元一次方程的分式方程的解法并能够解简单的分式方程，知道解分式方程时“去分母”可能产生增根的原因，掌握验根的方法；

(2) 在探索分式方程解法的过程中感悟类比和化归的数学思想；

(3) 体会数学家的艰辛，了解数学家也会犯错误的事实，让学生建立学习数学的信心，并能从中体会“有志者事竟成”的道理。

具体教学流程如图 10－4 所示。

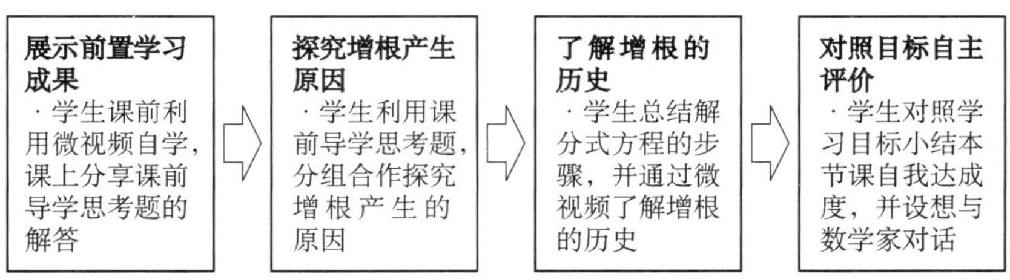

图 10－4　教学流程

① 执教者为 HPM 工作室成员、上海市民办建平远翔学校贾彬老师。

10.3.1 展示前置学习成果

本节课采用翻转课堂的形式进行，课前教师让学生自行观看有关分式方程的微视频，自学课本知识，并完成课前导学思考题。

课前视频内容包括三部分：

（1）斐波那契的生平简介。13世纪的意大利数学家斐波那契，出生在意大利比萨的一个商人家庭。他早年随父亲在北非一带受过教育，后来游历于地中海沿岸各国，向当时著名的阿拉伯数学家学习，大约在1200年回国。1202年，他根据阿拉伯文与希腊文材料编译而成的拉丁文著作《计算之书》，是中世纪最重要的数学著作之一。它促使印度数字系统和代数方法在欧洲广泛传播，并产生了巨大的影响。

（2）选用《计算之书》中的一个问题："若干人平分10第纳尔，每人得若干；若加上6人，再平分40第纳尔，则每人所得与前面相同，求第一次分钱的人数。"

（3）介绍分式及分式方程的发展历史。在埃及、美索不达米亚、中国、印度等文明古国的早期数学文献中，都出现了分数，也有很多低次整式方程的例子，但均未涉及分式和分式方程相关的问题。9世纪阿拉伯数学家花拉子米在其《代数学》中提出了一些涉及分式方程的问题。在中国，13世纪数学家李冶的《测圆海镜》中含有一些分式方程的例子。

美国学者曼宁(K. R. Manning)检索了18世纪末到19世纪中叶的1 000多种西方初等和高等代数论著，发现1850年以前的绝大多数论著都没有涉及分式方程，一些作者甚至还认为，分式方程并不属于初等代数内容。实际上，斐波那契在他的《计算之书》第15章中，已经解决了大量的分式方程问题，由此，他可能是迄今发现分式方程最早的欧洲数学家之一。

选用意图：通过斐波那契的生平简介加深学生对斐波那契的印象，知道《计算之书》是斐波那契编译而成，激发学生的兴趣。在学生心目中，数学著作往往高大上，遥不可及。但对于《计算之书》中的这个问题，学生能够根据题意列出分式方程。因此，选用此题不仅让学生认识分式方程，而且有利于缩小数学著作与学生的心理距离。另外很多知识的产生、发展过程，并不是一蹴而就的，简要介绍分式方程发展的历史，可以让学生体会数学家们对分式方程的认识是一个逐步完善的过程。

根据微视频和教科书内容，设计的课前导学思考题如下：

(1) 观察下列式子：① $\frac{x+y}{2}$；② $\frac{2}{x+y}$；③ $\frac{x+y}{2}=5$；④ $\frac{2}{x+y}=5$；⑤ $\frac{1}{3}(x-2)=1$；⑥ $\frac{1}{x}(x-1)=\frac{1}{3}$，其中整式方程是：________；分式方程是：________；(填写序号)你判断的依据是：________。

(2) 写出视频中斐波那契问题所对应的方程，并解此方程。

(3) 解分式方程：$\frac{x}{x-2}=3+\frac{2}{x-2}$。

(4) 检查一下，解以上两个方程得到的 x 的值是否是原方程的解？请说明理由。

第 1 题正确率非常高，全班 37 人中有 36 人答对，其中 1 人将①、②误认为方程。对于第 2 题，学生都能写出并成功解出方程，部分学生将解代入原方程进行了检验。对于第 3 题，大部分学生通过两边乘以最简公分母去分母，将分式方程转化为整式方程求 x 的值；部分学生将 x 的值代回原方程检验，认为是增根；部分学生通过移项通分求 x，发现求不出 x，认为方程无解。

课上，教师首先和学生一起分享了课前导学思考题的答案，为进一步探究做好铺垫。

10.3.2 探究增根产生的原因

“增根”对学生来说是个陌生的新知，解分式方程会产生增根的原因是本节课的难点，所以在前置思考的基础上，教师采用小组合作探究的方式，让学生思考增根产生的原因，体现合作的意义。以下为学生小组讨论后师生交流的教学片段。

师：“增根”是什么？“增根”从何而“增”？

生 1：在分式方程两边同时乘以最简公分母去分母时，会使本不相等的两边因为乘以“零”而相等了。

生 2：分式方程在去分母后未知数的取值范围被扩大了。

师：请说明“本不相等的两边”是什么意思？

生：比如 $\frac{x}{x-2}=3+\frac{2}{x-2}$，移项，得$\frac{x}{x-2}-\frac{2}{x-2}=3$，$\frac{x-2}{x-2}=3$，左边 $=1$，右边 $=3$。所以此方程的两边本不相等。

师："根"与"增根"有什么关系？

生："增根"不是原分式方程的根，但它是去分母转化后的整式方程的根。

10.3.3 了解增根发展历史

在此环节，学生根据前置学习中自主解分式方程的步骤和课上通过小组讨论得出的增根产生的原因，归纳出解分式方程的一般步骤。通过练习解分式方程：

$$\frac{x-2}{x+2}-\frac{16}{x^2-4}=\frac{x+2}{x-2},$$

熟悉解分式方程的一般步骤，学会验根。然后，教师播放关于增根历史的微视频，让学生了解分式方程的增根从发现到解决经历了约 1 个世纪的漫长过程，进而认识数学活动的本质——数学是人类的文化活动，数学家也会犯错，数学学习和数学研究都会遇到困难、失误甚至失败，从中获得启迪：在学习过程中没有必要因为出错而失去信心。学生对美国教授费歇尔和施瓦特的不会产生增根的一般解法产生强烈的好奇心，教师鼓励学生大胆尝试，重走数学家的研究之路。

微视频内容如下：

《计算之书》第 15 章中的所有分式方程在化成整式方程求解后，都没有出现增根现象。之后虽然有许多西方代数书中也出现了分式方程，但作者们对增根视而不见。

"零能否作除数"是分式方程是否产生增根的根本原因。1880 年左右，分析的严密化运动促使数学家们重新讨论这个问题。德国数学家利普希茨（R. Lipschitz，1832—1903）、奥地利数学家斯托尔茨（O. Stolz，1842—1905）等相继指出：零不能作除数。这次大讨论促进了人们对分式方程增根问题的研究。

1882 年，美国康奈尔大学的教授奥利弗（J. E. Oliver）、威特（L. A. Wait）和琼斯(G. W. Jones)在他们合作编写的《代数专论》中讨论了分式方程的解法。他们和同时代许多其他的数学家一样，都相信：在分式方程的两边乘以分母的最简公分母，所导出的方程与原方程是同解的。然而，这个结论是不正确的。

1899 年，美国宾夕法尼亚大学的教授费歇尔和施瓦特在他们合作编写的《代数基础》中给出了分式方程的一般解法，用这种方法解分式方程不会产生增根。分式方程的增根问题从发现到解决经历了 1 个世纪的漫长过程，分式方程的历史为我们选择这类方程的解法提供了很好的借鉴。那么，美国教授费歇尔和施瓦特到底给出了怎样的解法，使得在解分式方程时，不会产生增根呢？

观看视频后，教师向学生展示了一位同学解分式方程

$$\frac{x-2}{x+2}-\frac{16}{x^2-4}=\frac{x+2}{x-2}$$

的方法。移项，得

$$\frac{x-2}{x+2}-\frac{16}{(x+2)(x-2)}-\frac{x+2}{x-2}=0,$$

对方程左边诸项进行通分，得

$$\frac{(x-2)^2}{(x+2)(x-2)}-\frac{16}{(x+2)(x-2)}-\frac{(x+2)^2}{(x+2)(x-2)}=0,$$

即
$$\frac{x^2-4x+4-16-x^2-4x-4}{(x+2)(x-2)}=0,$$

化简，得
$$\frac{-8x-16}{(x+2)(x-2)}=0,$$

即
$$\frac{-8(x+2)}{(x+2)(x-2)}=0,$$

约分，得
$$\frac{-8}{x-2}=0。$$

所以原方程无解。

然后，教师向学生解释，这位同学的解法就是美国宾夕法尼亚大学的教授费歇尔和施瓦特在《代数基础》中给出的分式方程的一般解法，用这一方法解分式方程不会产生增根，故人们称之为“完美解法”。教师让学生分组研究一下他们的解题步骤，学生得到用“完美解法”解分式方程的一般步骤为：先将方程移项通分，化

为最简分式后，根据分子为零，即可得到分式方程的解，若分子为常数，则原分式方程无解。

10.3.4 对照目标自主评价

本环节教师设置了2个问题，问题1的目的在于引导学生对照学习目标小结本节课的知识，养成学习——总结——学习的习惯，培养学生的反思能力。问题2的目的是呼应前置学习中关于斐波那契和他的分式方程的历史线索，让学生发挥想象，大胆地与历史上的数学家进行对话。

问题1：请对照学习目标自我检查，本节课你的学习达成度怎样？

问题2：若斐波那契通过时光隧道来到我们的课堂，你想对他说什么？

生1：我很想知道当时人们是怎样学习数学的？

生2：那时交通不发达，他们是怎么交流数学问题的？

生3：你为什么没能发现增根呢？

10.3.5 学生反馈

本节课结束后，共有34位学生填写了问卷。对于问题“这节课你听懂了吗”，100%的学生选择“完全听懂”。对于问题“你喜欢这节课吗？无论是否喜欢，都请你说明理由，或者用具体教学情节举例说明”，33位学生表示喜欢，其中21位学生的理由是这节课既有分式方程的概念，又有分式方程的解法，还呈现分式方程的历史和增根的渊源，内容丰富，有兴趣；10位学生的理由是喜欢这节课的互动形式，有小组讨论，有微视频观看；1位学生的理由是喜欢这节课是因为和数学考试有关。1位学生不喜欢，理由是用太多时间讲历史和由来，是在浪费时间。

对于问题“你希望教科书介绍分式方程的由来和发展概况吗？为什么？”，30位学生给出肯定的回答，理由是从中可以获得更多的知识，拓宽视野，增加兴趣，促进理解。4位学生表示“不希望”，其中2位学生认为课堂上听故事更有趣；1位学生认为自己去寻找这方面的知识更快乐；1位学生认为由来和发展不重要。

10.4 课例评析

10.4.1 数学史的运用方式

本课例中主要采用了“附加式”、“复制式”和“顺应式”三种方式运用数学史。课前教师利用微视频对斐波那契和李治对分式方程的贡献，东、西方分式方程历史的介绍属于“附加式”运用数学史，目的是为引出后面的斐波那契在《计算之书》中的分钱问题做铺垫，同时也渗透多元文化，让学生了解分式方程发展的历史。当然所展示的分钱问题是《计算之书》中的原题，这属于“复制式”运用数学史。这样的设计是基于“人文性”原则，激发学生学习的兴趣，创建人性化的数学课堂，让学生带有历史感地进入本节课的学习。

结合学生对于增根产生原因的小组讨论，利用微视频介绍增根的历史，属于“附加式”运用数学史，若删去这一历史介绍，并不影响整节课知识点的学习，但从课后学生反馈可知，这一环节并非可有可无。在以往的教学中，学生常常会困惑于为什么会产生增根，从历史上看，这很正常，历史上数学家们也是经过了很长的时间才厘清增根产生的原因，所以我们通过增根历史的介绍，让学生了解数学家们对增根的认识也经过了很长时间，在学生初步认识增根产生原因的基础上，通过有趣的故事，强化学生对增根的理解。

在学生已经能够自行求解分式方程的基础上，让学生解方程

$$\frac{x-2}{x+2}-\frac{16}{x^2-4}=\frac{x+2}{x-2},$$

结合微视频中所介绍的一般解法，展示学生的类似解法，是“顺应式”地运用数学史。通过历史上错误解法的展示，一方面让学生知道，数学的发展并非一帆风顺，数学的发展过程是数学家们不断追求真理的过程；另一方面让学生感受到跨越时空的思想碰撞。

10.4.2 数学史的价值

课例以介绍历史人物开篇，以历史上的原题或改编后的历史问题作为研究的载体，在学生自行探究如何解分式方程的基础之上，借助数学史讨论增根产生的原因，介绍分式方程增根的历史，促进学生对增根的理解，构建了“知识之谐”，营造了“探究之乐”。

分式方程及其求解有着漫长的历史，将这段历史再现于课堂，一是将静态的

数学知识转化成动态发展的故事，激励学生大胆发现、主动探究；二是在冰冷的数学中融入人文元素，让数学变得平易近人。课堂观察、问卷、调查和访谈表明，学生的良好表现不是仅仅停留在知识与技能的掌握上，绝大多数学生在感受数学悠久的历史、古人的智慧以及数学知识的传承的同时，对古代数学问题和有关数学家产生了浓厚的兴趣，积极投入“火热的思考”之中。因此，数学史展示了“文化之魅”，达成了“德育之效”。

学生对分式方程一般解法产生了强烈的好奇心。教师展示一位学生的不同于去分母的解法，这种方法竟与数学家的一般解法不谋而合！数学史彰显了“方法之美”。

10.4.3 小结

综上所述，HPM 视角下的教学有利于发挥数学的育人价值，有助于达成三维目标，对培养学生的核心素养也大有裨益。因此，在教学实践中，教师一方面要充分挖掘教育取向的数学史料，充实所授主题的人文内涵；另一方面还要让学生亲历做数学研究的过程，从而真正学会学习。

当然，数学史料是“死”的，而教学设计是“活”的，同样的数学史料可以根据学生的情况进行不同的设计，实现不同的价值。如田方琳和孙蒙蒙(2015)给出了如下设计：教师和学生先一起复习分式方程的概念和解法，接着，采用桑德森的故事引入，直接让学生解方程 $\frac{42x}{x-2}=\frac{35x}{x-3}$，再展示桑德森的解法，加深学生对增根和失根的认识。然后用两种不同方法解分式方程 $\frac{x}{x-1}=\frac{2}{x^2-1}$ 和 $\frac{1}{1-x}+1=\frac{2}{1+x}$，第一种是学生在课上学习的常规方法——去分母后化为整式方程，另一种是数学家的完美解法，将两种方法进行对比，分析后一种方法不产生增根的原因，并总结用该方法解分式方程的一般步骤，然后告诉学生这是历史上数学家费歇尔和施瓦特的解法。王进敬老师根据学生的情况，在教学设计中加入了斐波那契的几何图形解法。课后反馈得知，学生普遍认为几何方法难度较高，但很多学生对几何方法感到十分惊奇，并产生了浓厚的兴趣，感叹“原来可以用几何图形解方程”(张奕一等，2017)，虽然在作业和考试中他们不会用几何方法进行解题，但几何方法的学习可以提升表征转化的能力。

参考文献

[1] 蔡建芬.基于课程标准的教学活动设计——“可化为一元二次方程的分式方程”为例[J].上海课程教学研究，2017(4)：43—48.

[2] 何君青.让“数学思想”在课堂处处绽放光彩——一堂公开课《分式方程》的教学设计[J].中学数学(初中版)，2013(9)：4—6.

[3] 潘小梅.关注学生现实构建“自然”的教学[J].中学数学(初中版)，2017(6)：8—11.

[4] 浦叙德，钱峰.需要教“实”更要教“活”——以苏科版八下第八章“分式方程(1)”的教学为例[J].中学数学(初中版)，2013(4)：4—6.

[5] 唐国栋.“问题伴学”下的合作学习，创建高效自信课堂——“分式方程”教学案例分析[J].数学教学通讯，2017(5)：24—25.

[6] 田方琳，孙蒙蒙.HPM视角下的分式方程教学设计[J].上海中学数学，2015(1)：56—59.

[7] 汪晓勤.HPM：数学史与数学教育[M].北京：科学出版社，2017.

[8] 于彬，尚凡青.“分式方程(第1课时)”教学设计立意阐释[J].中国数学教育，2017(11)：26—35.

[9] 张清亮.八年级学生在学习分式方程中的困难与教学策略研究[D].贵州：贵州师范大学，2016.

[10] 张奕一，王进敬，洪燕君.HPM视角下可化为一元二次方程的分式方程教学设计[J].上海中学数学，2017(2)：22—25.

[11] Fauvel, J. Using history in mathematics education [J]. *For the Learning of Mathematics*, 1991, 11(2): 3-6.

[12] Al-Khwarizmi. *The Algebra of Mohammed Ben Musa* [M]. London: J. L. Cox, 1831.

[13] Manning, K. R. A. A history of extraneous solution [J]. *Mathematics Teacher*, 1970(2): 166.

[14] Saunderson, N. *The Elements of Algebra* [M]. Cambridge: The University Press, 1740.

[15] Peirce, B. *An Elementary Treatise on Algebra* [M]. Boston: James Munroe & Co, 1837.

[16] Wentworth, G. A. *Elements of Algebra* [M]. Boston: Ginn & Company, 1891.

[17] Oliver, J. E., Wait, L. A., Jones, G. W. *Treatise on Algebra* [M]. Ithaca: Dudley F. Finch, 1887.

[18] Fisher, G. E., Schwatt, I. J. *Elements of Algebra* [M]. Philadelphia: Fisher & Schwatt, 1899.

11 发现历史相似性：平行线的判定

11.1 背景

平行线相关知识的学习，是学生在初中阶段接触几何说理的开始，具有承前启后的作用，承接了前面对相交线相关知识的研究，又是后续学习三角形内角和以及全等三角形、四边形相关知识的基础。学生需要通过平行线的学习逐步学会如何进行简单的几何说理，逐步培养逻辑推理能力。表 11－1 给出了人教版、沪教版和苏科版关于平行线判定方法 1“同位角相等，两直线平行”的具体位置、呈现方式和前后知识顺序。

表 11－1　三个版本教科书中的“平行线的判定 1”

教科书版本	位置	呈现方式	前后知识顺序
人教版	七年级下册 5.2.2：直线平行的条件	从用直尺和三角尺画平行线引入“同位角相等，两直线平行”，然后再拓展到其他两种判定方法，本节呈现三种判定平行线的方法	前面 5.1.3 学习三线八角，5.2.1 学习平行公理和平行的传递性，后一节 5.3 学习平行线的性质
沪教版	七年级下册 13.4：平行线的判定	先给出平行线的定义和符号表示，再从用直尺和三角尺画平行线引入“同位角相等，两直线平行”，并给出平行线的性质	前面学习相交线的相关知识以及三线八角，后面接着学习平行线的其他两种判定方法和性质
苏科版	七年级下册 7.1：探索直线平行的条件	分两课时学习平行线的三种判定方法，第一课时学习同位角的定义以及平行线判定 1	前面并未专门学习三线八角，本节课在学习同位角的同时学习平行线的判定方法 1。后一节学习内错角、同旁内角及平行线的判定方法 2、3

由表 11－1 可见，三个版本教科书在该知识点的编排上相似度较高，人教版和苏科版对说理的要求比沪教版要低，人教版在 1 课时内呈现三种判定方法，苏科版在 2 课时内呈现同位角、内错角和同旁内角的概念以及平行线的三种判定方

法，后续平行线的性质也只占1课时。沪教版教科书在“平行线的判定”上安排了2课时，第1课时主要讲“同位角相等，两直线平行”，第2课时聚焦另两种判定方法；“平行线的性质”的课时安排与另两个版本的教科书相似，且在性质后还配有2课时的习题课，相对而言，对说理的要求要高于另两个版本的教科书。另外，人教版教科书将“经过直线外一点，有且只有一条直线与已知直线平行”和“如果两条直线都与第三条直线平行，那么这两条直线也平行”作为基本事实（平行公理），而沪教版教科书则将“经过直线外一点，有且只有一条直线与已知直线平行”作为平行线的性质，并利用平行线的性质和判定方法推出平行线的传递性，而苏科版教科书中并未出现这两条结论。三个版本的教科书的共同点在于都通过用直尺和三角板画平行线来引入平行线的第一种判定方法。

已有的教学设计大多基于人教版教科书进行，并对教科书中的设计进行了重组。王继伟（2013）从展示和介绍用三角尺画平行线开始，让学生思考其原理，产生认知冲突，自然引入本节课，再通过让学生平推三角尺画平行线，引入平行线的判定方法1，创造和谐的教学氛围，让学生通过操作、探索、主动发现并构建新知。范兴亚（2015）先复习“三线八角”及平行线的概念等相关知识，然后从视错觉图形引入，让学生感知观察得到的结论不一定正确，需要借助其他工具——线段或角的数量关系来判定平行，从而引出判定1；再通过开放性问题“除同位角外，三线八角中还可以通过哪些角来判断两直线平行”引导学生发现其他两种判定方法，并与前面的复习相呼应，让学生体会转化思想。王冰和赵姗姗（2012）采用了类似的方式，从复习前一节课的平行公理和平行线的传递性作为开篇，再从平推三角尺画平行线引入平行线的判定方法1，在整节课中注重转化和数形结合思想的渗透。章志霞（2015）从“单元教学”的角度对本节课进行了“整体性”的设计，从平面内的点出发，生成平面内的两条相交直线和平行线，然后复习相交线所成的对顶角、邻补角相关知识；再在平行线的基础上引入截线，复习三线八角相关知识，过渡到平行线的判定；在得到平行线的三种判定方法并加以应用之后，进行了拓展，从两条直线互相垂直的特殊位置关系，延伸到“同一平面内，垂直于同一直线的两直线平行”，帮助学生构建平行线及其判定的整体框架，将零碎、分散的数学知识串联起来，促使学生进行数学学习的自我建构，加深学生关于数学的整体观、全局观。这些教学设计有如下共同特点：一是设计了学生操作画图等探究活动，突出了知识生成的过程；二是利用生活中运用平行线的实例，突出了数学与现实生活的密切联系；三是通过三种判定方法与前后知识的联系，突出本节课所蕴含的数学思想方法。

但正如李昌官(2011)所言,真实、自然、有效探究的基础是要读懂数学、读懂学生、读懂教学,学生的探究发现应该是自然的、真实的。学生先发现哪个结论、后发现哪个结论应该是随机的、因人而异的,教师和教科书都不应该压缩学生的思维空间,硬性地把学生的思维纳入自己的思维轨道。就本节课而言,平推三角尺画平行线,需要直尺和三角尺两个工具,且还需要画直线,单从操作上而言,已属不易,现实中学生是否真的会采用这种方式画平行线?怎样的探究过程更容易让学生理解和接受"两条直线被第三条直线所截,如果同位角相等,那么这两直线平行"这个公认为正确的基本事实?为了回答上述问题,我们从 HPM 的视角来设计和实施平行线判定的教学,从学生关于平行线的认知起点出发,与数学史上数学家们对平行线的认知相呼应,让学生更深刻地理解平行线的判定方法 1。

11.2 历史素材

11.2.1 平行线的定义

关于平行线,历史上主要有以下几类定义。

(1)"等距离"定义

公元前 5 世纪,墨家创立者墨翟(又称墨子)(约公元前 478—公元前 392 年)在《墨经》中对"平行线"概念作了理论上的抽象:"平,同高也。"也就是说,距离处处相等的两条直线是平行的。(王讃源,2011)

这类定义后来也出现在西方几何教科书中。17 世纪法国耶稣会数学家巴蒂(I. G. Pardies, 1636—1673)在《几何基础》(图 11-1)中给出如下定义:"若两条直线彼此处处等距,则称它们为平行线。"(Pardies, 1673)18 世纪法国数学家克莱罗在其《几何基础》中也将平行线定义为"彼此处处等距的直线"(Clairaut, 1741)。Walker(1829)给出如下定义:"若两条直线彼此处处等距,则称它们为平行线。"Schuyler(1876)采用了

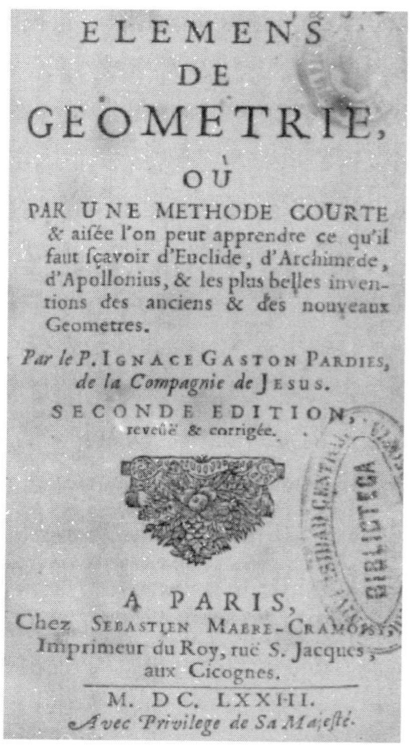
ELEMENS
DE
GEOMETRIE,
OU
PAR UNE METHODE COURTE
& aisée l'on peut apprendre ce qu'il faut sçavoir d'Euclide, d'Archimede, d'Apollonius, & les plus belles inventions des anciens & des nouveaux Geometres.

Par le P. IGNACE GASTON PARDIES,
de la Compagnie de JESUS.
SECONDE EDITION,
reveüe & corrigée.

A PARIS,
Chez SEBASTIEN MABRE-CRAMOISY,
Imprimeur du Roy, ruë S. Jacques,
aux Cicognes.
M. DC. LXXIII.
Avec Privilege de Sa Majesté.

图 11-1 巴蒂《几何基础》(第二版,1673)扉页

同样的定义。19世纪苏格兰数学家莱斯利(J. Leslie，1766—1832)和法国数学家勒让德(A. M. Legendre，1752—1833)在各自的《几何基础》中均给出一个定理："两条直线平行，则它们处处等距。"(Leslie，1811；Legendre，1819)

我国清代康熙年间出版的《数理精蕴》(图11-2)是一部东西方数学的百科全书。全书分上、下两编及附录，上编所收录的《几何原本》乃是巴蒂《几何基础》的汉文版，由法国传教士张诚(J. F. Gerbillon，1654—1707)和白晋(J. Bouvet，1656—1730年)译成。其中，平行线的定义为："凡二线之间宽狭相离之分俱等，则此二线谓之平行线也。"译成现代汉语就是：若两条直线之间的距离处处相等，则称这两条直线为平行线。与《墨经》一样，用距离处处相等来刻画平行线。

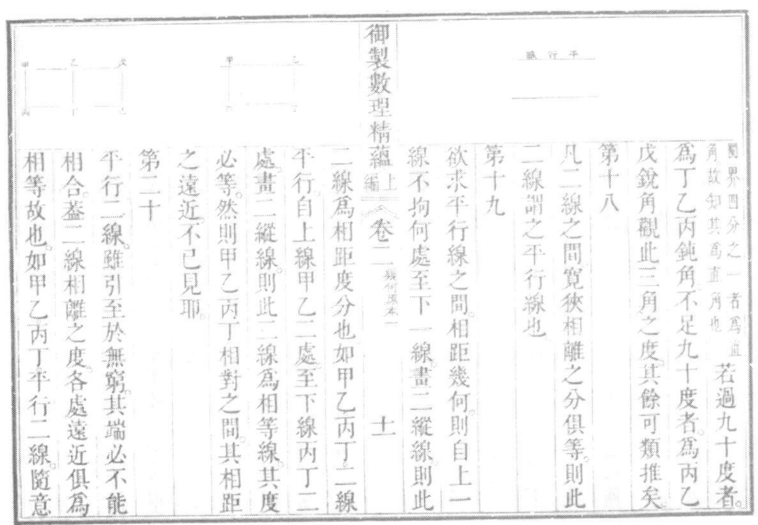
圜界四分之一者爲直角故知其爲直角也若過九十度者爲丁乙丙鈍角不足九十度者爲丙乙戊鋭角觀此三角之度其餘可類推矣

第十八

凡二線之間寬狹相離之分俱等則此二線謂之平行線也

第十九

欲求平行線之間相距幾何則自上一線不拘何處至下一線畫二縱線則此

御製數理精蘊 上編 卷二 幾何原本一 十一

二線爲相距度分也如甲乙丙丁二線平行自上線甲乙二處至下線丙丁二處畫二縱線則此二線爲相等線其度必等然則甲乙丙丁相對之間其相距之遠近不已見耶

第二十

平行二線雖引至於無窮其端必不能相合蓋二線相離之度各處遠近俱爲相等故也如甲乙丙丁平行二線隨意

图11-2 《数理精蕴》书影

(2) "不相交"定义

这类定义最早出现于欧几里得《几何原本》卷一："平行线是在同一个平面内向两边无限延长后，在两个方向上都不相交的直线。"(Heath，1908)后世绝大多数几何教科书作者都采用这类定义，比较常见的表述是："在同一个平面内，在两个方向上无论延长多远都不相交的直线称为平行线。"(如Newcomb，1884；Bowser，1890；Milne，1899；Beman & Smith，1899；Durell，1911；等等)还有教科书将平行线定义为同一平面内没有公共点的直线。

（3）“同方向”定义

Hayward(1829)给出不同于欧几里得的定义：“在空间中具有相同方向的两条直线称为平行线。”Robbinson(1868)和 Tappan(1885)也采用了这类定义：“平行线是具有相同方向的直线。”也有几何教科书虽然采用了欧几里得的定义，但在证明平行线性质时，还是利用了“同方向”定义(如 Gore，1908)。

（4）“无倾斜”定义

莱斯利在《几何基础》中给出了另一类定义：“彼此没有倾斜(Inclination)的直线称为平行线。”(Leslie，1811)

11.2.2 平行线的判定

历史上，不同几何教科书在平行线判定定理和性质定理的顺序安排上互有不同。《几何原本》卷一先给出判定定理，后给出性质定理。

命题Ⅰ.27：一条直线与两条直线相交，若内错角相等，则两直线平行。

命题Ⅰ.28：一条直线与两条直线相交，若同位角相等，或同旁内角之和等于二直角，则两直线平行。

欧几里得利用反证法来证明命题Ⅰ.27：假设两直线不平行，则根据平行线定义，它们必相交，由此可以推出内错角大小不等，与已知条件矛盾。而由同位角相等或同旁内角互补可以推出内错角相等，从而得出两直线平行。故上述平行线判定定理的逻辑关系是：定义→命题Ⅰ.27→命题Ⅰ.28。

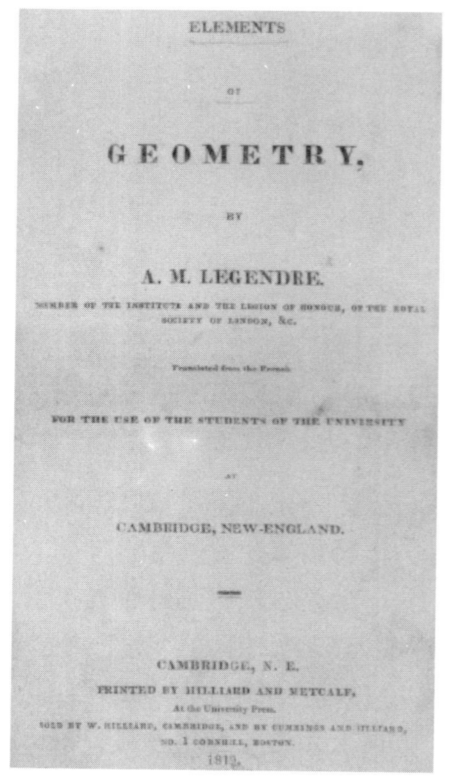
ELEMENTS

OF

GEOMETRY,

BY

A. M. LEGENDRE,

MEMBER OF THE INSTITUTE AND THE LEGION OF HONOUR, OF THE ROYAL SOCIETY OF LONDON, &c.

Translated from the French

FOR THE USE OF THE STUDENTS OF THE UNIVERSITY

AT

CAMBRIDGE, NEW-ENGLAND.

CAMBRIDGE, N. E.

PRINTED BY HILLIARD AND METCALF,

At the University Press.

SOLD BY W. HILLIARD, CAMBRIDGE, AND BY CUMMINGS AND HILLIARD, NO. 1 CORNHILL, BOSTON.

1819.

图 11－3　勒让德《几何基础》1819 年英文版扉页

勒让德在《几何基础》(图 11－3)中先给出：

平行线判定定理 1：若两条直线同时垂直于第三条直线，则这两条直线平行。

根据上述定理，勒让德证明：

平行线判定定理 2：两条直线被第三

条直线所截，若同旁内角互补，则这两条直线平行。

如图 11－4 所示，取线段 EF 的中点 O，过 O 作直线 AB 的垂线，垂足为点 G，交直线 CD 于点 H。因 $\angle BEO+\angle OFH=180°$，$\angle BEO+\angle OEG=180°$，故 $\angle OEG=\angle OFH$；但 $OE=OF$，$\angle EOG=\angle FOH$，于是得 $\triangle OEG\cong\triangle OFH$。因此，$\angle OGE=\angle OHF$，即 $\angle OHF=90°$，$GH\perp CD$。根据判定定理 1，$AB\parallel CD$。Schuyler(1876)则采用旋转的方法来证明 $GH\perp CD$。

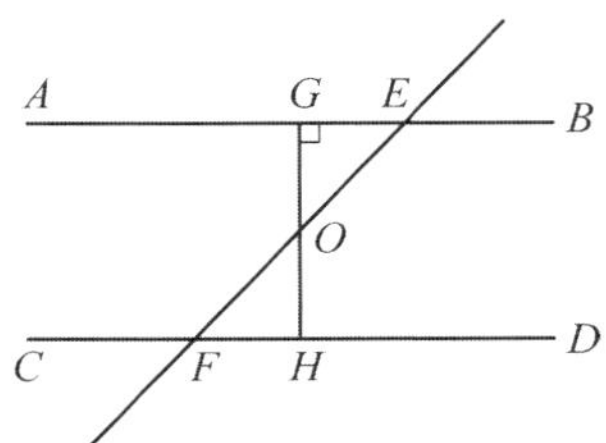

图 11－4　勒让德对平行线判定定理的证明

美国数学家纽康姆(S. Newcomb，1835—1909)利用旋转的方法来证明另一个判定定理："内错角相等，两直线平行。"如图 11－5，将左图绕 EF 的中点 O 旋转 180°得到右图，证明左右两图完全重合；再证明，若直线 AB 和 CD 在某一侧相交，则在另一侧也必相交，从而得出"AB 和 CD 完全重合"的矛盾结论。(Newcomb，1884)

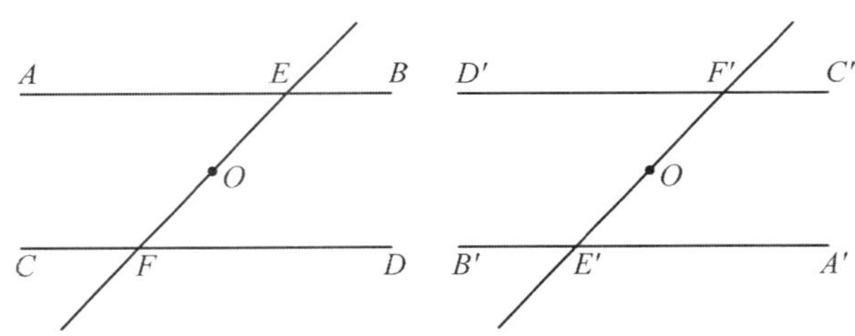

图 11－5　纽康姆对平行线判定定理的证明

Palmer & Taylor(1918)则利用勒让德的方法证明"内错角相等，两直线平行"。在勒让德《几何基础》之后，多数几何教科书都包含了平行线判定定理 1。

11.2.3　平行线的性质

在《几何原本》所给出的 5 个公设中，第 5 公设就是数学史上著名的"平行公理"："一条直线与另外两条直线相交，若某一侧的两个内角之和小于二直角，则这两条直线不断延长后在这一侧相交。"(Heath，1908)《几何原本》卷一命题 29 是平行线的性质定理："一条直线与两条平行线相交，则内错角相等、同位角相等、同旁内角之和等于二直角。"该性质定理建立在平行公理的基础之上：假设内错角一大一小，则可推得同旁内角小于二直角，由平行公理知，两直线相交。故有逻辑关系：平行公理→命题Ⅰ.29。

在欧几里得之后，许多数学家都对平行公理持怀疑态度，他们试图用其他更“明显”的论断来代替它[1]。例如(Heath, 1908)：

- 存在两条直线彼此处处等距。(Posidonius, Geminus，公元前1世纪)
- 给定任意图形，存在任意大小且与之相似的图形。(沃利斯，17世纪)
- 在一个四边形中，若有3个角为直角，则第四个角必为直角。(克莱罗，18世纪)
- 存在一个三角形，其3个内角之和等于二直角。(勒让德，18—19世纪)
- 过小于60°的角内一点，总能作一条直线与角的两边同时相交。(勒让德，18—19世纪)

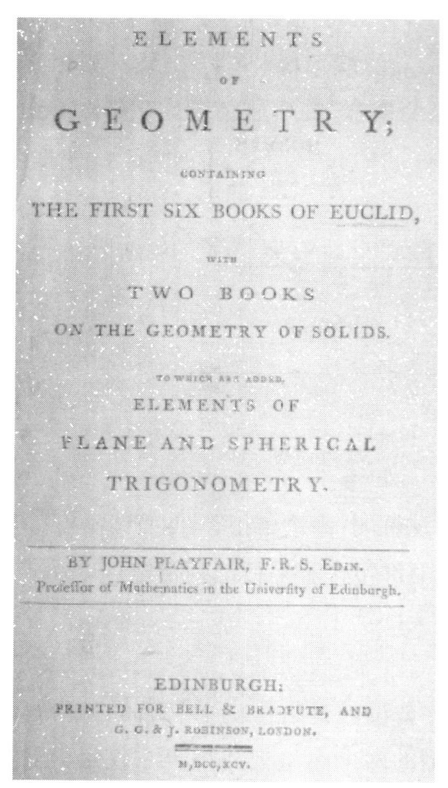

ELEMENTS
OF
GEOMETRY;
CONTAINING
THE FIRST SIX BOOKS OF EUCLID,
WITH
TWO BOOKS
ON THE GEOMETRY OF SOLIDS.
TO WHICH ARE ADDED,
ELEMENTS OF
PLANE AND SPHERICAL
TRIGONOMETRY.

BY JOHN PLAYFAIR, F.R.S. EDIN.
Profeffor of Mathematics in the Univerfity of Edinburgh.

EDINBURGH:
PRINTED FOR BELL & BRADFUTE, AND
G. G. & J. ROBINSON, LONDON.
M,DCC,XCV.

图 11-6 普雷菲尔《几何基础》(1795)扉页

18世纪末，苏格兰数学家普雷菲尔(J. Playfair, 1748—1819)在其《几何基础》(图11-6)中采用新的公理来取代第5公设：“过一点不能作两条不同直线与同一直线平行。”(Playfair, 1795)实际上，早在1 300多年以前，普罗克拉斯在评注《几何原本》时，已经提出与此等价的公理：“若一条直线与两条平行线中的一条相交，则它也与另一条相交。”后世几何教科书大多采用了普雷菲尔公理，但在公理的表述上互有不同。如：

- 过一点只能作一条直线与已知直线平行(如 Legendre, 1867; Bowser, 1890; Robbins, 1907; Gore, 1908; Durell, 1911; Ford & Ammerman, 1915; Wentworth & Smith, 1913; Wells & Hart, 1916; Young & Jackson, 1916; Slaught & Lennes, 1918)。

① 直到19世纪，德国数学家高斯(C. F. Guass, 1777—1855)、俄国数学家罗巴切夫斯基(Lobatchevsky, 1793—1856)以及匈牙利数学家鲍耶(J. Bolyai, 1802—1860)才发现平行公理是不可证明的，并不约而同地利用其他公理来代替平行公理，从而导致非欧几何学的诞生。

- 过直线外一点，有且只有一条直线与之平行。（如 Newcomb，1884）
- 两条相交直线不能平行于同一条直线。（如 Beman & Smith，1899；Schultze & Sevenoak，1902；Hart & Feldman，1912；Long & Brenke，1916）

此外，Young（1827）还将“过直线上或直线外一点，只能作一条垂线”作为公理。

勒让德《几何基础》的改写版（Legendre，1867）首先给出平行线的判定定理1，然后根据平行公理（书中以定理形式出现）证明：“若一条直线垂直于两条平行线中的一条，则它也垂直于另一条。”在此基础上，他证明了平行线的性质：“两条直线平行，内错角相等。”仍如图 11－4 所示，已知 $AB \parallel CD$，过 EF 的中点 O 作 AB 的垂线，垂足为点 G，交 CD 于点 H，则 $OH \perp CD$。由 $OE = OF$，$\angle EOG = \angle FOH$，得 $\triangle OEG \cong \triangle OFH$，故得 $\angle OEG = \angle OFH$。Robbins（1907）、Durell（1911）、Wentworth & Smith（1913）等都采用同样的方法来证明平行线性质定理；而 Bowser（1890）则采用旋转的方法来代替全等三角形的证明。

11.2.4 平行线的作图

根据平行线判定定理，可以作出已知直线的平行线。《几何原本》卷一命题 31 为平行线作图问题：“过一点作一直线平行于已知直线。”欧几里得通过作出相等的内错角来得到平行线。后世教科书也有作相等的同位角来获得平行线的（如 Betz & Webb，1912；Stone & Millis，1916）。Wells & Hart（1916）在一道练习题中给出了利用三角尺（同位角相等）获得平行线的方法（图 11－7）。Stone & Millis（1916）也通过滑动三角尺来说明过一点作已知直线的平行线的方法（图 11－8）。

Ex. 89. The figure adjoining shows how a draughtsman draws a line through *C* parallel to *AB*. Why is *DE* parallel to *AB*?

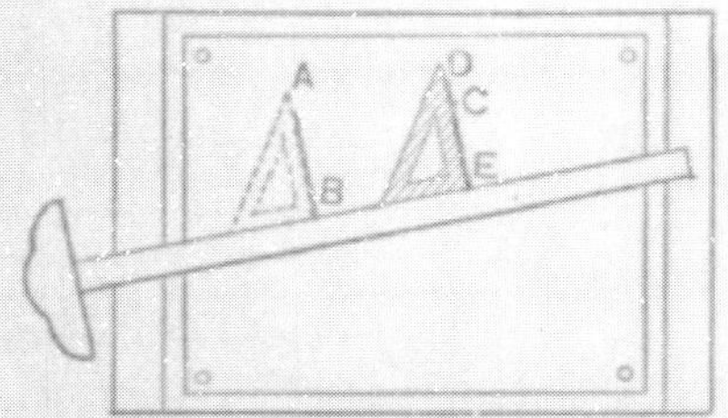

图 11－7　Wells & Hart（1916）中的练习题：用三角尺作平行线

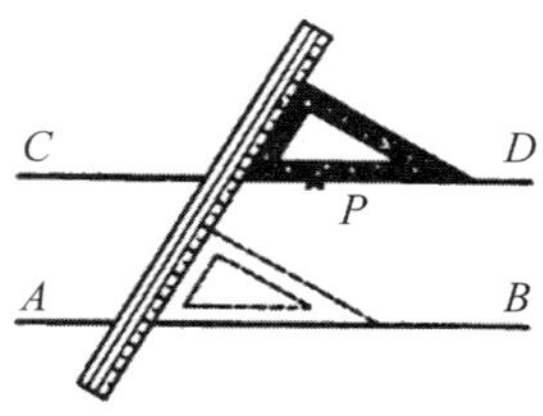

图 11－8　Stone & Millis(1916)中的平行线作图法

克莱罗认为，过直线外一点作平行线的最自然的方法莫过于作矩形。先过已知点 C 作已知直线的垂线 CA，垂足为点 A；然后在已知直线上任取异于 A 的点 B，过点 B 作已知直线的垂线 BD，且 $CA=BD$，连结 CD，即为所作的平行线。(Clairaut, 1741)

18 世纪法国数学家布尔戈尼(L. de Bourgogne)则过已知点作已知直线的垂线，再过已知点作上述垂线的垂线，从而得到已知直线的平行线。(Bourgogne, 1729)后来的勒让德采用了这一作图法。19 世纪的一些教科书，如 Schuyler (1876)、Hobbs(1896)也采用了这一作图法。Betz & Webb(1912)在一道练习题中要求学生回答：图 11－9 所示的古希腊曲径图案中，平行线是如何作出来的？显然，图案中的平行线是用布尔戈尼和勒让德的方法作出来的。

图 11－9　古希腊的曲径图案

11.2.5　平行线的符号

古希腊数学家海伦(Heron，约公元1世纪)最早创用“$\underline{\underline{OV}}$”或“$\underline{\underline{P}}$”作为表示两直线平行的符号。古希腊数学家帕普斯(Pappus，4世纪上半叶)看到他的祖先海伦所创用的平行线符号以后，感觉不是特别满意，就将“$\underline{\underline{OV}}$”或“$\underline{\underline{P}}$”中的字母去掉，改用“＝”来表示平行的符号，有时也用“OL”来表示，很明显平行符号“＝”是仿照两条直线平行的形象来创造的。可惜的是，直到后来希腊人也没有创造出被世人认可的平行线符号。17世纪，在一些法国数学家的著作中，仍用“＝”表示平行线，但当时等号“＝”已被世人普遍接受，若再用它表示平行线，会使欧洲数学符号出现混乱现象，因此“＝”表示平行线的做法没有被世人接受。后来，在1657年英国数学家奥特雷德(W. Oughred，1574—1660)在《三角形》一书中，首次将横躺着的“＝”直立起来加以改造，即用“//”作为表示两直线平行的符号。1685年开始，英国人卡斯韦尔(J. Kaswell，1655—1712)在著作中使用了这个平行符号，并一直沿用至今。事实也证明，先进符号的采用是不可抗拒的历史选择结果，符号化必定是数学发展的重要基础，很大程度上决定了数学的发展。(Cajori，1993)

11.3　教学设计与实施①

基于教科书、已有教学设计以及历史素材的分析，我们拟设定的本节课教学目标如下：

(1) 理解平行线的概念，渗透平面上两直线位置关系的分类思想。

(2) 了解平行符号的演变历史，感悟数学文化。

(3) 通过历史相似性探究得到平行线的判定方法1。

(4) 理解平行线的判定方法1，并会用判定方法进行简单说理。

(5) 会过直线外一点画已知直线的平行线，体验并理解平行线的基本性质。

具体教学流程如图11－10所示。

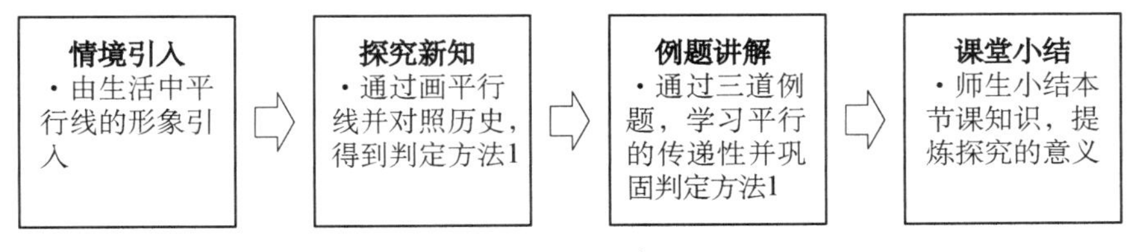

图11－10　教学流程

① 执教者为HPM工作室成员、上海市延河中学孙洲老师。

11.3.1 情景引入

小学阶段学生们已经接触过平行线。本节课从生活中的实例出发抽象出平行线,并给出文字语言描述性定义。同时,引导学生对同一平面内两条不重合的直线的位置关系进行分类,为接下来的新知探究做准备。

师:在周围世界中到处可见平行线的形象,你能说出身边的一些平行线形象吗?

生:双杠。

生:黑板边框。

生:窗框。

师:很好!谁能根据所观察到的平行线形象,尝试用文字语言给出平行线的定义?

生:不相交的两条直线叫做平行线。

师:还有谁能补充一下吗?

生:永远不相交的两条直线叫做平行线。

师:还需要补充吗?

生:同一平面内永远不相交的两条直线叫做平行线。

师:很好!这就是平行线的文字语言描述性定义。同学们所强调的"永远不相交"也体现了两条直线的无限延伸,在无限延伸的情况下,我们再想想,同一平面内两条不重合的直线有怎样的位置关系呢?

生:垂直。

师:这是什么位置关系的特殊情况?

生:相交。

师:还有别的位置关系吗?

生:(不确定)平行吧。

师:非常好!同一平面内两条不重合的直线的位置关系就是相交或平行,其中相交又包括斜交和垂直。其实"平行"有专门的符号表示,同学们想了解它的演变历史吗?

生： 想。

师：（播放“平行线符号的历史”微视频）通过这段微视频，同学们能用符号语言表示两条直线的互相平行关系吗？

生： $a \parallel b$。

11.3.2 探究新知

虽然在情景引入阶段已给出平行线的文字语言描述性定义，但是这种无限延伸后“永不相交”的特征如何体现在平行线的作图和判定中，仍然是有待探究的。基于历史的相似性，以《墨经》、《数理精蕴》和《几何原本》中对平行线的判定方式为切入点，引导学生从“距离刻画平行”到“角刻画平行”的探究。

师： 既然大家都已经对平行线的形象有了初步了解，并且也知道了平行的文字语言定义，那么老师给你们一条已知直线，你们能否画出它的平行线呢？（各小组讨论并在工作单上完成）

生 1： 在已知直线上取两点，再过两点作垂线，然后分别在距离为 1 cm 处取点连线。（如图 11－11）

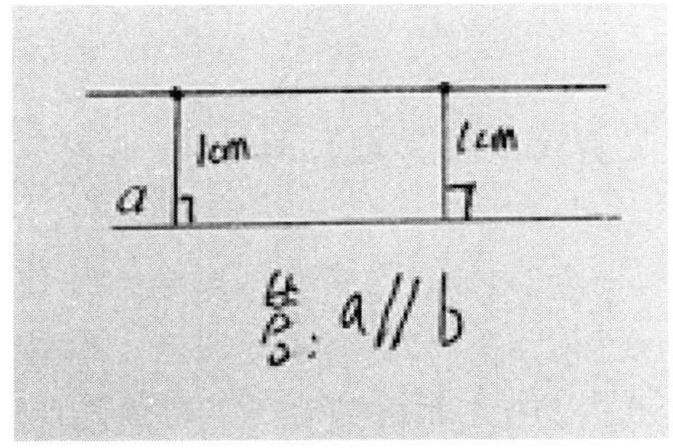

图 11－11 生 1 的作图

生 2： 在已知直线上取三点，再过三点作垂线，然后在距离为 1 个单位处再作垂线的垂线。（如图 11－12）

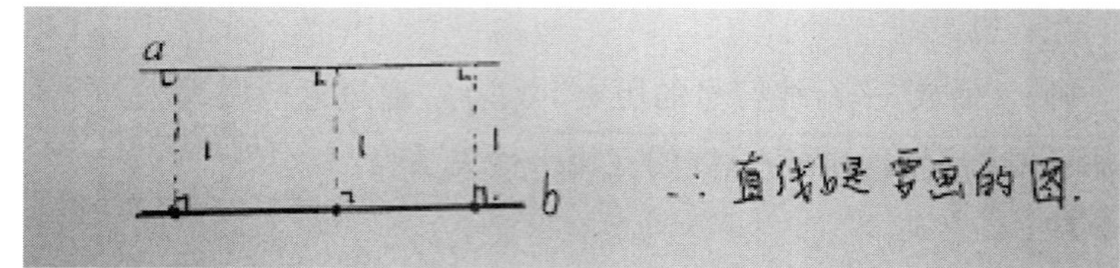

图 11-12　生 2 的作图

师： 这两位同学是用两直线间距离相等来刻画平行，与古代《墨经》中的“平，同高也”和《数理精蕴》中的“凡二线之间宽狭相离之分俱等，则此二线谓之平行线也”是完全一致的，如果穿越到那个时代，这两位同学都是小小数学家。同学们再想想，我们在前一节刚刚学习过“三线八角”，能不能考虑用角度关系来刻画平行关系呢？

生 3： 我这样画可以吗？（如图 11-13）

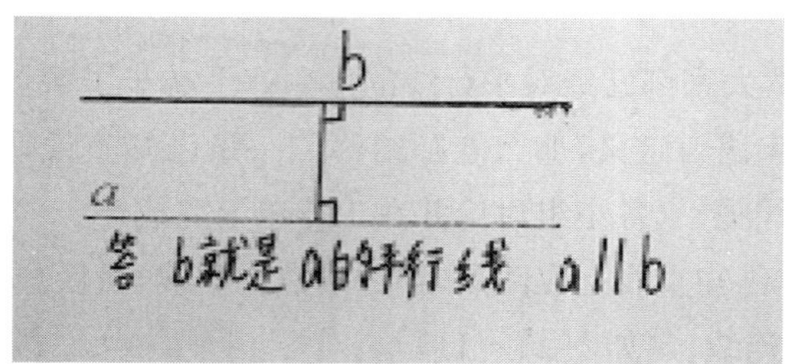

图 11-13　生 3 的作图

师： 你是怎么画的？

生： 先画已知直线 a 的垂线段，再画与垂线段垂直的直线 b，b 就是 a 的平行线。

师： 非常好，其实这种画法与古希腊数学家欧几里得的“一条直线与另外两条直线相交，若某一侧的两个内角之和小于二直角，则这两条直线不断延长后在这一侧相交”的思想有着相似之处，如果不是两直角就会相交。这位同学穿越到那个时代，也一定是一位小小的数学家。除此之外，还有其别的画法吗？

生 5： 按照前面距离的想法，我可以这样画吗？（如图 11-14）

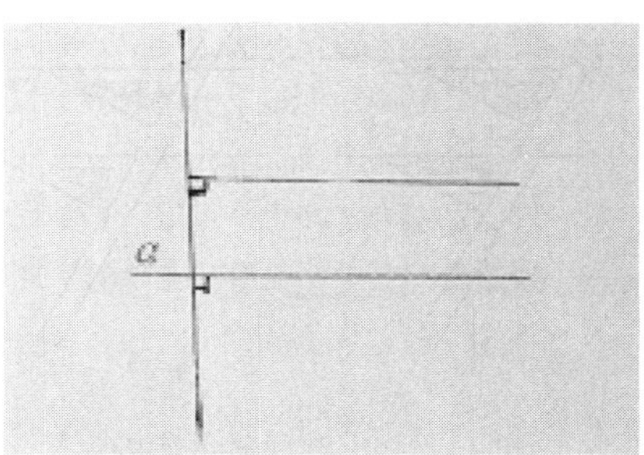

图 11－14　生 5 的作图

师：你是怎么画的？

生：用三角尺的直角沿直尺上推 1 cm，然后沿着边画一条直线。

师：很好！那说明两直线平行的依据是什么？

生：因为在推的过程中，三角尺的直角始终没有发生变化，所以可以说同位角都是直角且是相等的。

师：对的，很聪明。不过这只是一种特殊情况，试想：我们用三角尺其余任意某个角和直尺能推出来吗？

生：应该会。

师：同学们试一试。

生 6：我这样画可以吗？（如图 11－15）

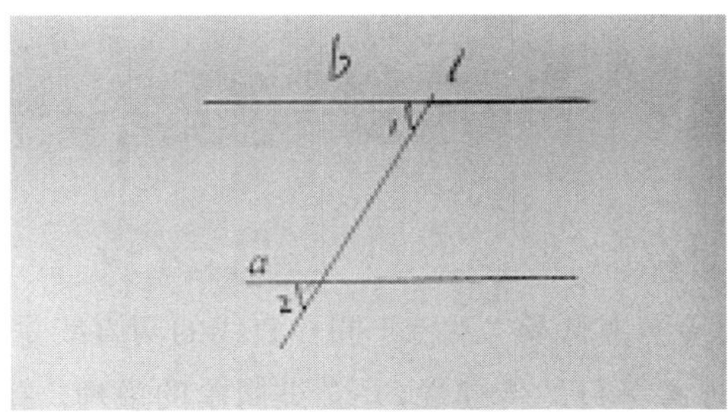

图 11－15　生 6 的作图

师：太棒了！接下来老师在黑板上给同学们做个演示。（如图 11－16）

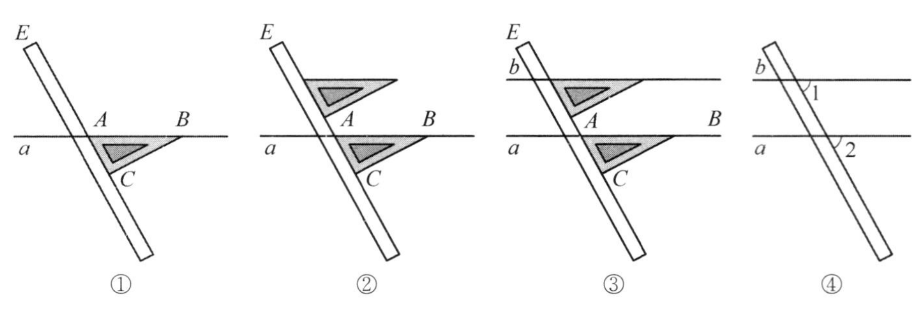

图 11-16 教师的示范图

师： 通过大家的实践操作就可探究出两条直线平行的判断方法1：两条直线被第三条直线所截，如果同位角相等，那么这两直线平行（简单地说成：同位角相等，两直线平行）。有了这个判定方法，同学们再思考一下，过直线 a 外一点 P 画直线 a 的平行线，可以画几条呢？

生： 一条。

师： 对的，这就是平行线的基本性质：过直线外一点有且只有一条直线与已知直线平行。这个最常用的替代公设归功于苏格兰数学家、物理学家普雷菲尔，有时也叫普雷菲尔公设。这与古希腊数学家欧几里得的“一条直线与另外两条直线相交，若某一侧的两个内角之和小于二直角，则这两条直线不断延长后在这一侧相交”是等价的。很明显，普雷菲尔公设要通俗易懂一些。

11.3.3 例题讲解

本环节，教师引导学生思考：“平行于同一直线的两直线是否平行？”在前面探究的基础上让学生思考平行的传递性，并尝试简单的说理。接着，通过两个练习题巩固平行线的判定方法1。

例1 如图 11-17，直线 l 与直线 a、b、c 分别相交，且 $\angle 1=\angle 2=\angle 3$。(1)从 $\angle 1=\angle 2$ 可以得出哪两条直线平行？为什么？(2)从 $\angle 1=\angle 3$ 可以得出哪两条直线平行？为什么？

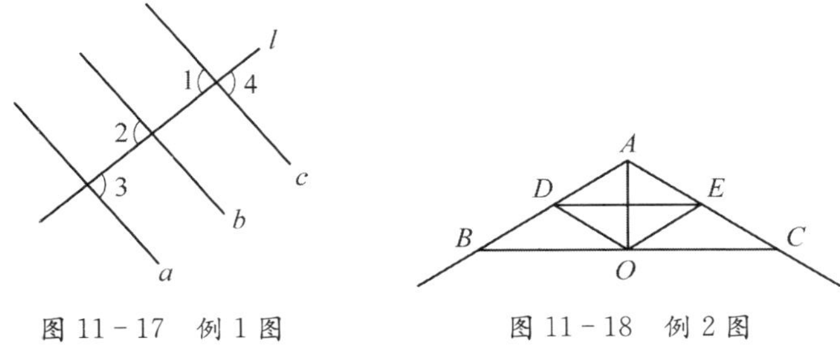

图 11－17 例 1 图　　图 11－18 例 2 图

例 2 如图 11－18，为了加固房屋，要在人字形屋架上加一根横梁 DE，使 $DE // BC$。如果 $\angle ABC = 29°$，$\angle ADE$ 应为多少度？

例 3 如图 11－19，如果同一平面内的两条直线垂直于同一条直线，那么这两条直线平行吗？

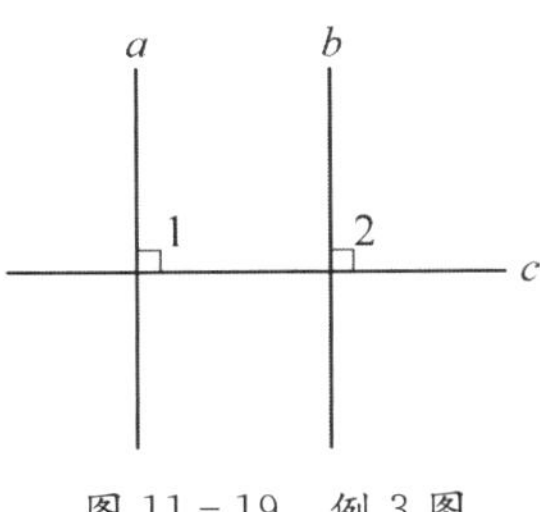

图 11－19 例 3 图

(1) 写出结论；

(2) 根据图示，说明直线 a 与直线 b 平行的理由。

∵ $a \perp c$（已知），

∴ $\angle 1 =$ ________（垂直的意义）。

同理，$\angle 2 =$ ________（垂直的意义）。

得 $\angle 1 = \angle 2$（等量代换）。

∴ a ________ b（　　　　）。

11.3.4 课堂小结

首先，教师引导学生总结本节课的知识要点：平行线的文字语言、图形语言、符号语言表示，平行线的判定方法 1、平行线的基本性质、平行线的传递性。同时教师指出：平行线的文字语言到符号语言经历了漫长的演变过程，了解其历史有助于我们理解平行线；平行线的判定方法 1 也是依据数学史，从“距离刻画平行”到“角刻画平行”一步步探究而来；平行线的基本性质也是通过数学家的努力，才以现在通俗易懂的形式出现在课本上。有了前面这些知识，我们自然会通过简单说理得到平行线的传递性。

其次，教师指出，熟记这节课的知识点并能够灵活运用于解题固然重要，但知识的探究过程以及来龙去脉也不能忽视。本节课中的探究过程，是同学们再创造的过程，在这个过程中，同学们想数学家之所想，充分展现了自己的才智，老师要为你们点赞!

最后,数学史上,所有知识的成熟都经历了漫长的发展过程,很多数学家为此做了大量的工作。学生们学习知识的过程大致与知识发展的过程是类似的,由简单到复杂、由特殊到一般、由静态到动态。

11.3.5 学生反馈

课后,我们对收回的41份问卷进行统计分析,92.7%的学生对本节课整体感觉好,其中18位学生对本节课感觉非常好,20位学生对本节课感觉良好;95.1%的学生喜欢数学史融入课堂的教学方式,其中20位学生认为非常喜欢,19位学生认为喜欢;92.7%的学生认为数学史融入课堂的教学后,对自己学习有帮助,其中16位学生认为很有帮助,22位学生认为有些帮助。

关于本节课中印象最深的内容,按照学生回答频次依次可归为三类:①平行符号历史的微视频;②平行线判定方法1的探究过程;③历史上数学家对平行线的不断研究。关于本节课中相关数学史知识对学习的帮助以及启示,按照学生的回答频次依次可归为四类:①懂得了数学符号是一步步演变过来的;②数学史更好地让我理解并认识数学;③对数学有点兴趣了;④更加理解平行。

课后的访谈中学生总结了以下几点:①第一次认识到平行线符号是慢慢演变而来的,而不是一下子表示出来的;②数学史上的平行线定义通俗易懂,像“平,同高也”和“凡二线之间宽狭相离之分俱等,则此二线谓之平行线也”都可帮助我们加深对平行线的认识;③数学家很厉害,竟然把“平行公理”替换成“过直线外一点有且只有一条直线与已知直线平行”这么简单的论断;④老师引导我们动手探究,让我们对“三线八角”印象更深。总之,作为“平行线判定”的第1课时,本节课激发了学生的学习兴趣,探究过程也为后面的学习打下了良好的基础。

11.4 课例评析

11.4.1 数学史的运用方式

本节课中,数学史的运用方式主要是“附加式”和“重构式”。通过微视频,展现历史上平行线符号的演变过程,将学生画平行线的方法与历史上平行线的定义进行对比,是“附加式”利用数学史。“重构式”主要是基于学生已有的对平行线的认知,从“两直线间距离处处相等”到“同位角相等”的过程,正好与《墨经》、《数理精蕴》和《几何原本》中对平行线的定义类似，从学生的认知起点出发，很自然地探究出平行线的判定方法1，让学生亲身实践经历这一探究过程，同时，让学生明白平行线的判定定理并非冷冰冰的存在，而是数学家们经过努力，逐渐发展而来的。当然，学生在探究过程中所给出的平行线的画法各式各样，我们只是在师生进行互动分享探究结果时，按照历史顺序展示了学生的画法，让学生对平行线概念的历史脉络有了较清晰的认识。

11.4.2 数学史的价值

关于平行线的概念，历史上先后出现了“等距离定义”（公元前5世纪）、“不相交定义”（公元前3世纪）、“无倾斜定义”（1811年）和“同方向定义”（1829年）。根据后三个定义，人们无法具体作出已知直线的平行线，故欧几里得在《几何原本》中只能利用平行线的判定定理（内错角相等，两直线平行）来作图。布尔戈尼和勒让德依据平行线的另一个判定定理来作平行线：“若两条直线同时垂直于第三条直线，则这两条直线平行。”根据该定理，只要过已知点作已知直线的垂线，再作垂线的垂线，即得已知直线的平行线，这种作图法比欧几里得的方法更为直观。四类定义中，只有“等距离定义”可以用作平行线作图的依据，故克莱罗将“作相等垂线段”视为最自然的平行线作图法。滑动三角尺的方法直到20世纪才为人们所采用，因而是出现的最迟的方法。

本课例借鉴平行线概念的历史，设计了平行线判定的探究活动：让学生作已知直线的平行线，然后从作图法中提炼出平行线的判定方法1（同位角相等，两直线平行）。在探究与发现环节，先有学生给出克莱罗作图法：作已知直线的两条相等的垂线段，连结垂线段的端点；接着，又有学生给出布尔戈尼和勒让德的作图法：作垂线的垂线；然后，又有学生从上述作图法中获得启示，采用了滑动三角尺（直角）的方法。在综合与交流环节，在教师的引导下，学生将同位角一般化，得出平行线的一般判定方法。在评价与延伸阶段，教师将学生的作图方法与历史上数学家的方法进行了粗略的比较。整个探究过程就是学生对平行线判定方法的再创造过程。在这个过程中，历史上数学家的作图方法如期再现，平行线的判定方法水到渠成，学生扮演了数学家的角色，历史与现实在课堂上实现了精彩的交汇！可见，数学史帮助教师在课堂上构建了“知识之谐”，彰显了“方法之美”，营造了“探究之乐”，也达成了“德育之效”。

11.4.3 小结

本节课中，从学生探究的过程和课后反馈的情况来看，教学设计符合学生的认知过程，并且能够激发学生在课堂上从无到有、从有到优的再创造兴趣，从而达成拟定的教学目标。当然，也存在一些遗憾，鉴于上课班级学生的程度，本节课在思维深度上并没有超出教科书的范围。若学生的基础较好，可进行一定的思维拓展，比如为什么“过直线外一点有且只有一条直线与已知直线平行”与“平行公设”是等价的，可以让学生尝试用其中一个来对另一个进行说理，这个在前面所总结的教学设计中，也已有先例。有教师通过三角形外角与内角的关系简单向学生说明了为什么“同位角相等，两直线平行”。历史上，数学家们经过对第 5 公设的长期研究后，创造出非欧几何，我们也可以简单向学生介绍目前我们所学均属于“欧氏几何”，数学中还有“非欧氏几何”，拓展学生的视野，为有研究兴趣的学生提供可进行探究的方向。

另外，也有教师融入数学史，从不同的角度对本节课进行了设计。由于 19 世纪向量的相关研究还不是很成熟，部分美国早期教科书曾用“方向相同或相反”来定义平行线，王进敬和栗小妮(2018)在教学设计中增加了从这一视角让学生观察平行线，从方位角的研究自然过渡到“同位角相等，两直线平行”，可供参考。

参考文献

[1] 范兴亚.“平行线的判定”教学设计[J]. 中小学数学，2015(3)：36—38.
[2] 郭书春. 中国科学技术典籍通汇(数学卷)[M]. 郑州：河南教育出版社，1993.
[3] 李昌官. 基于三个读懂，追求自然的探究——以浙教版八上“平行线的判定”教学设计为例[J]. 数学通报，2011，50(5)：33—39.
[4] 王冰，赵姗姗. 注重内容核心　突出思想方法——“平行线的判定”教学设计[J]. 中国数学教育，2012(4)：25—27.
[5] 王继伟，郭清波.“平行线的判定(1)”教学设计与评析[J]. 中国数学教育，2013(7—8)：28—31.
[6] 王讚源. 墨经正读[M]. 上海：上海科学技术文献出版社，2011.
[7] 章志霞. 基于“整体观”的几何教学与反思——以“平行线的判定”教学为例[J]. 中学数学(初中版)，2015(2)：17—19.
[8] 王进敬，栗小妮. HPM 视角下平行线的判定[J]. 上海中学数学，2018(5)：8-11.
[9] Beman, W. W., Smith, D. E. *New Plane Geometry* [M]. Boston: Ginn & Company, 1899.
[10] Betz, W., Webb, H. E. *Plane Geometry* [M]. Boston: Ginn and Company, 1912.
[11] Bowser, E. A. *The Elements of Plane and Solid Geometry* [M]. New York: D. Van Nostrand Company, 1890.
[12] Bourgogne, L. de. *Èlémens de Géométrie* [M]. Paris: Estienne Caneau, 1729.
[13] Cajori, F. *A History of Mathematical Notations* [M]. New York: Dover Publications, 1993.
[14] Clairaut, A. C. *Èlémens de Géométrie* [M]. Paris: Lambert et Durand, 1741.

[15] Durell, F. *Plane and Solid Geometry* [M]. New York: Charles E. Merrill Company, 1911.
[16] Ford, W. B., Ammerman, C. *Plane Geometry* [M]. New York: The Macmillan Company, 1915.
[17] Gore, J. H. *Plane and Solid Geometry* [M]. New York: Longmans, Green and Company, 1908.
[18] Hart, C. A., Feldman, D. D. *Plane and Solid Geometry* [M]. New York: American Book Company, 1912.
[19] Hayward, J. *Elements of Geometry* [M]. Cambridge: Hilliard & Brown, 1829.
[20] Heath, T. L. *The Thirteen Books of Euclid's Elements* [M]. Cambridge: the University, 1908.
[21] Hobbs, C. A. *The Elements of Plane Geometry* [M]. New York: A. Lovell & Company, 1896.
[22] Legendre, A. M. *Elements of Geometry* [M]. Cambridge: the University Press, 1819.
[23] Legendre, A. M. *Elements of Geometry* [M]. Baltimore: Kelly & Piet, Publishers, 1867.
[24] Leslie, J. *Elements of Geometry* [M]. Edinburgh: John Ballantyne & Company, 1811.
[25] Long, E., Brenke, W. C. *Plane Geometry* [M]. New York: The Century Company, 1916.
[26] Milne, W. J. *Plane and Solid Geometry* [M]. New York: American book company, 1899.
[27] Newcomb, S. *Elements of Geometry* [M]. New York: H. Holt & Company, 1884.
[28] Palmer, C. I., Taylor, D. P. *Plane & Solid Geometry* [M]. Chicago: Scott, Foresman & Company, 1918.
[29] Pardies, I. G. *Èlémens de Géométrie* [M]. Paris: Sebastien Mabre-Cramoisy, 1673.
[30] Playfair, J. *Elements of Geometry* [M]. Edinburgh: Bell & Bradfute, & G. G. & J. Robinson, 1795.
[31] Robbins, E. R. *Plane and Solid Geometry* [M]. New York: American Book Company, 1907.
[32] Robbinson, H. N. *Elements of Geometry* [M]. New York: Ivison, Phinney, Blakeman & Company, 1868.
[33] Schuyler, A. *Elements of Geometry* [M]. Cincinnati: Wilson, Hinkle & Company, 1876.
[34] Schultze, A., Sevenoak, F. L. *Plane Geometry* [M]. NewYork: TheMacmillan Company, 1902.
[35] Slaught, H. E., Lennes, N. J. *Plane Geometry* [M]. Boston: Allyn & Bacon, 1918
[36] Stone, J. C., Millis, J. F. *Plane Geometry* [M]. Chicago: B. H. Sanbom & Company, 1916.
[37] Tappan, E. T. *Elements of Geometry* [M]. New York: D. Appleton & Company, 1885.
[38] Walker, T. *Elements of Geoemtry* [M]. Boston: Richardson & Lord, 1829.
[39] Wells, W., Hart, W. W. *Plane and Solid Geometry* [M]. Boston: D. C. Heath, 1916.
[40] Wentworth, G. A., Smith, D. E. *Plane Geometry* [M]. Boston: Ginn & Company, 1913.
[41] Young, J. R. *Elements of Geometry* [M]. London: J. Souter, 1827
[42] Young, J. W. A., Jackson, L. L. *Plane Geometry* [M]. New York: D. Appleton & Company, 1916.

12 平凡命题价更高：邻补角与对顶角

12.1 背景

邻补角和对顶角是从位置和数量关系上对两条直线相交所形成的四个角进行的分类，是学生学习三线八角、平行线相关知识的基础，对顶角相等这一性质也是学生在初中阶段几何学习中最早接触到的需要进行说理的几何命题之一，理解为什么要对“对顶角相等”进行说理对学生理解几何演绎证明的逻辑体系有着重要价值。表12-1给出了“邻补角与对顶角”在人教版、沪教版和苏科版教科书中所在的位置、呈现方式以及前后知识的顺序。

表12-1 三个版本教科书中的“邻补角与对顶角”

教科书版本	位置	呈现方式	前后知识顺序
人教版	七年级下册5.1.1：相交线	从剪刀剪纸中抽象出两直线相交模型，介绍邻补角和对顶角，并对“对顶角相等”进行简单的说理	在七年级上册第4章学习几何中的一些基本元素和概念，包括线段、射线、角、余角、补角以及角的大小比较等
沪教版	七年级下册13.1：邻补角、对顶角	从两根木条相交的模型中抽象出两直线相交，介绍两条直线相交只有一个交点，进而给出邻补角和对顶角概念，并对“对顶角相等”进行说理	在六年级下册第7章学习几何中的一些基本元素和概念，包括线段、射线、线段的大小比较，角、余角、补角以及角的大小比较等
苏科版	七年级上册6.3：余角、补角、对顶角	本小节分2课时，第一课时介绍余角、补角的定义及相关性质，第2课时介绍对顶角的定义和性质，并对“对顶角相等”进行说理	6.1和6.2介绍几何中的基本元素和概念，包括线段、射线、直线和角

从表12-1可见，三个版本的教科书中，人教版和沪教版的相似度较高，它们将该知识点安排在七年级下学期，且之前学生已学习了几何中的一些基本元素和

概念，包括“等（同）角的余角相等”、“等（同）角的补角相等”等相关性质。苏科版则将其安排在七年级上学期，且将余角、补角的概念与对顶角的概念放在同一节讲，没有给出邻补角的定义。三个版本的教科书均对“对顶角相等”进行了简单说理。

已有的教学设计基本围绕教科书展开，但对教科书中的设计进行了一定的改编。如王雪霞（2008）从生活中蕴含两线相交的图片引入，在概念讲解和相应的练习之后，进行了一些拓展，如对 n 条直线相交于一点所构成的对顶角对数进行了探究；并设置了两个挑战自我的题目：一是折射现象中入射角与折射角是否是一对对顶角的思考，体现数学与其他学科之间的联系；二是让学生利用所学知识测量两堵墙的夹角。类似的设计还见于孙莉（2010）、王丽丽（2016）、吴敏（2015）、张文明（2014）等，他们以生活中一些含有相交线的图片引入，从中抽象出两直线相交的模型；再通过师生交流沟通，让学生构建邻补角和对顶角的概念，并对“对顶角相等”进行了简要说理和应用。这些设计注重展示概念形成的过程，落实《义务教育数学课程标准（2011 年版）》的有关要求。也有教师进行了大胆创新，如陈建军（2015）设计了两个活动，从五个微话题展开，师生围绕微话题进行探讨，教学设计遵循从学生已有的知识基础和认知规律出发，引导学生进行自主建构，促进教与学的和谐发展；最后两个话题以问题提出的方式展开，让学生提出问题并进行解答。此外，吴敏（2015）的设计重视向学生传递几何研究的“基本套路”，从数量和位置关系入手，对两条相交直线所形成的四个角进行分类和对比。

上述教学设计从形式和内容上都充分体现了学生的主体地位，在一定程度上调动了学生的积极性。但设计比较单一，且未能很好地揭示证明“对顶角相等”这一命题的必要性。对于为什么要学习“说理”，为什么要对“对顶角相等”这一命题进行说理求真，学生存在认知困难。正如张诚（2017）在听一位新教师授课后所言，经过预习，学生知道“对顶角相等”这一事实，但当教师问“为什么相等”时，学生的回答让人啼笑皆非。教师想要的回答和学生所想的根本不在同一“频道”上，这是因为学生习惯于直接获取知识结果，而缺乏思考“为什么”的意识，缺乏基本的推理意识和能力，分不清条件和结论，不懂得几何的基本逻辑规则和表达方式，还不会运用数学“讲理”的方式。

在教科书淡化几何“公理化”思想的今天，很多新手教师对说理的必要性也存在同样的困惑。“邻补角、对顶角”是沪教版七年级下册“相交线、平行线”一章的第一节内容。关于平面几何，学生在六年级学习了圆与扇形的相关概念、线段与角的画法，知道了“同(等)角的补(余)角相等”这一性质，在七年级第一学期学习了图形的运动。从本节课开始，学生开始学习演绎推理的方法，需要学会用数学语言进行简单的说理，为后续学习平行线、三角形相关知识，以及八年级学习论证几何打下基础。

张奠宙先生曾谈到，“对顶角相等”这个定理非常直观，一眼就可以看出来，基本没有人怀疑它的正确性，教学中再“创设情境，组织合作讨论”已然不必要了。关键在于，这样明显正确的知识为什么古希腊人认为要证明，而中国古代数学根本没有这个命题呢？他提出用数学史讲述“对顶角相等”，可以让学生“树立起对古希腊伟大理性文明的敬畏，触发学生一次心灵的震撼”。(汪晓勤，2017)所以，我们尝试从 HPM 的视角来设计“邻补角、对顶角”的教学，以期更好地解释“说理”的必要性，让学生更自然地接受说理的表达方式，感受几何学与现实生活之间的联系。

12.2 历史素材

12.2.1 泰勒斯与命题“对顶角相等”

现在所知，最早提出演绎证明的数学家是古希腊的泰勒斯(Thales，公元前 6 世纪)。泰勒斯出生于小亚细亚(今土耳其)的米利都城，他早年是商人，曾游历巴比伦、埃及等地，在各地学到了数学和天文知识，后从事政治和工程活动，同时研究数学和天文学，晚年转向哲学研究，他几乎涉猎了当时人类的全部思想和活动领域，获得崇高的声誉，被尊为“希腊七贤之首”。其实在泰勒斯以前，不论是古巴比伦人还是古埃及人，都已经获得了不少的几何知识，但是这些知识都是建立在直觉和经验之上的。泰勒斯创立的爱奥尼亚学派开创了演绎证明的先河，这标志着人们对客观事物的认识从经验上升到理论，这是数学史上的一次不寻常的飞跃。(吴文俊，1992)

但是，关于泰勒斯本人并没有传记和资料流传下来。今天，关于他在数学上的贡献，最可靠的证据来自于公元 5 世纪哲学家普罗克拉斯所著的《欧几里得〈原本〉第一卷评注》一书，书中介绍，泰勒斯曾证明以下 4 条定理：

(1) 圆的直径将圆分为两个相等的部分；

(2) 等腰三角形两底角相等；

(3) 两相交直线形成的对顶角相等；

(4) 如果一个三角形有两角和一边分别与另一三角形的对应角和边相等，那么这两个三角形全等。

这些命题看起来并不复杂，有些仅凭直观就能判断，但泰勒斯并不满足于“知其然”，还要力求“知其所以然”。他证明了（至少企图证明）这些命题，在数学上引入演绎证明的思想，其意义在于：(1)保证命题的正确性；(2)揭示各定理之间的内在联系，为数学构成一个严密的体系打下基础；(3)让数学命题具有更强的说服力，令人深信不疑。演绎证明是希腊几何学的基本精神，他让数学从具体的、实验的阶段过渡到抽象的、理论的阶段，逐渐形成一门独立的、演绎的科学。尽管并没有第一手的文献证明泰勒斯的成就，但间接的记载却流传至今，使泰勒斯获得“论证几何学鼻祖”之美名。

关于泰勒斯，流传着许多有趣的小故事。如，相传有商人嘲讽泰勒斯，说“你知识渊博，不能赚钱又有什么用”，于是泰勒斯用所掌握知识，经过周密的测算，断定第二年将是橄榄的丰收年，用低廉的租金租下了附近所有的橄榄油作坊。第二年，橄榄果真大丰收，泰勒斯高价转租橄榄油作坊，获得巨额财富。又如，相传在巴比伦，泰勒斯预报了公元前585年的一次日食；在埃及，泰勒斯测量过金字塔的高度，沪教版九年级第一学期的“相似三角形”一章就讲到了泰勒斯测量金字塔高度的故事。

泰勒斯能沿着演绎数学的方向迈出第一步，与古代希腊城邦社会特有的唯理主义气氛也有关系。希腊处于山脉和岛屿的地理环境中，这限制了大规模农业生产的发展，由此导致的可能结果是希腊人没有建立中央集权政府，希腊的主要行政机构是大小不同的城邦政府。我们无法断定他们的政府是民主制还是君主制，但一定是按法律统治的，这样就激发了其臣民学习辩论的技巧，很可能是这种气氛促进了演绎数学的诞生。

关于“对顶角相等”的证明最早见于欧几里得《几何原本》，其中命题Ⅰ.15称：“如果两直线相交，则它们交成的对顶角相等。”证明方法如下(Heath, 1908)：

如图12-1，因为 AE 位于直线 CD 上侧，而构成 $\angle CEA$、$\angle AED$；$\angle CEA$ 与 $\angle AED$ 的和等于二直角。又因为 DE 位于直线 AB 的左侧，构成 $\angle AED$、$\angle DEB$；$\angle AED$ 与 $\angle DEB$ 的和等于二直角。[命题13]

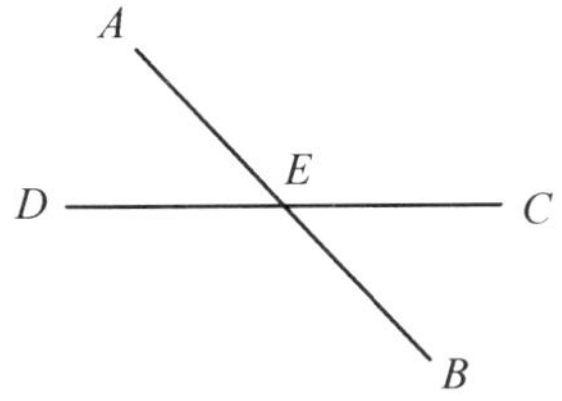

但是，已经证明了 $\angle CEA$ 与 $\angle AED$ 的和等于二直角。

图12-1 《几何原本》命题Ⅰ.15

故 $\angle CEA$ 与 $\angle AED$ 之和等于 $\angle AED$ 与 $\angle DEB$

之和。[公设 4 和公理 1]

从它们中各减去$\angle AED$,则其余的$\angle CEA$ 等于其余的$\angle DEB$。[公理 3]

其中,"命题 13"是"一条直线和另一条直线所交成的角,或者是两个直角或者它们的和等于两个直角";

"公设 4"是"凡直角都彼此相等";

"公理 1"是"等于同量的量彼此相等",即我们现在所说的"等量代换";

"公理 3"是"等量减等量,其差仍相等",连同公理 2 即我们现在所说的"等式性质"。

上述证明很可能是泰勒斯的,欧几里得将其收入《几何原本》。

12.2.2 视错觉图形与证明的必要性

历史上,许多几何教科书都会强调演绎证明的必要性。Stone & Millis(1916)指出:要检验作图的准确性、发现或确立一般事实,仅仅靠测量和实际操作是不可靠的。要获得数学真知,最好的方法是通过推理。为了说明仅仅通过观察几何图形得出的结论是不可靠的,教科书作者大多采用了视错觉图形。表 12-2 给出了部分教科书中的视错觉图形。

表 12-2 部分早期教科书中的视错觉图形

类别	图形	教科书
线段的大小关系	a b	Betz & Webb(1912); Wentworth & Smith(1913); Wells & Hart(1916); Palmer & Taylor(1918); Stone & Millis(1916); Hawkes, Luby & Touton(1920)
	b a	Hart & Feldman(1912); Wentworth & Smith(1913); Palmer & Taylor(1918)

（续表）

类别	图形	教科书
	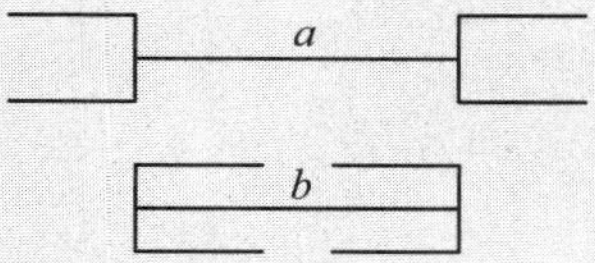	Hart & Feldman(1912)
	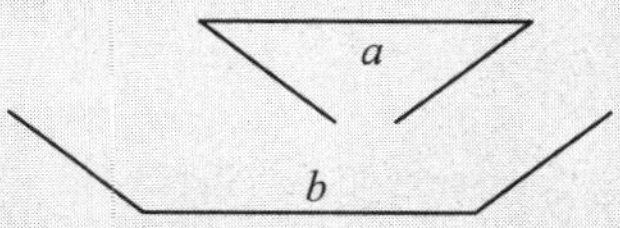	Hart & Feldman(1912)
	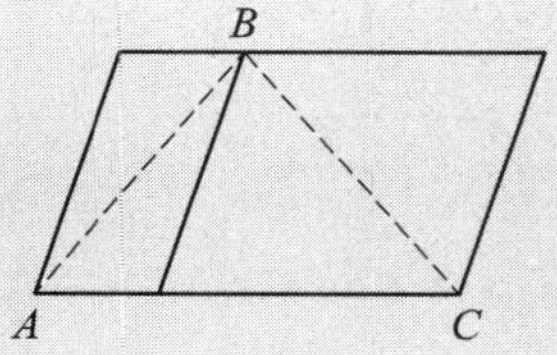	Slaught & Lennes(1918)
直线的位置关系	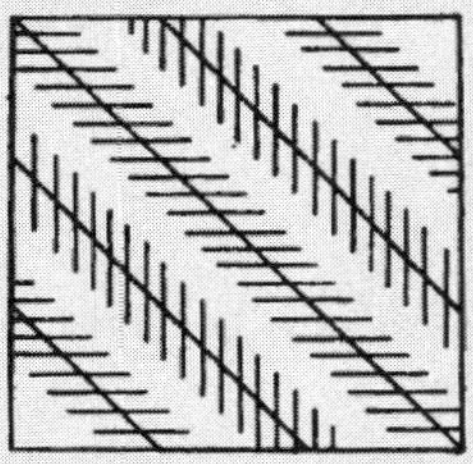	Betz & Webb(1912)； Stone & Millis(1916)
	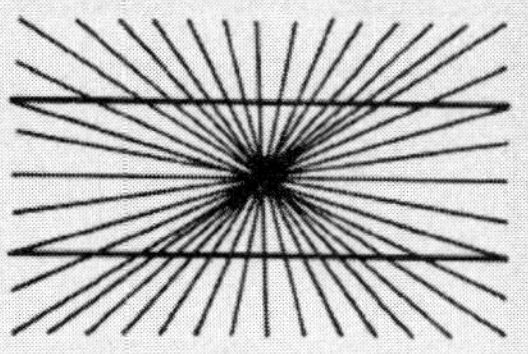	Hart & Feldman(1912)； Wentworth & Smith(1913)； Wells & Hart(1916)； Young & Jackson(1916)
	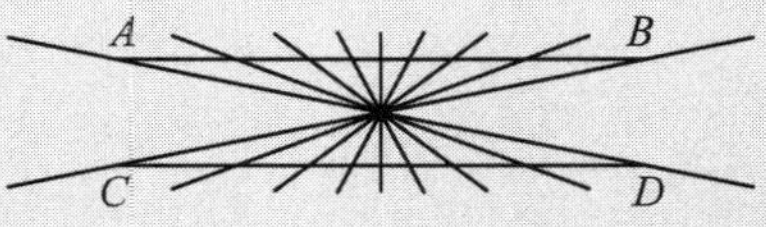	Stone & Millis(1916)
	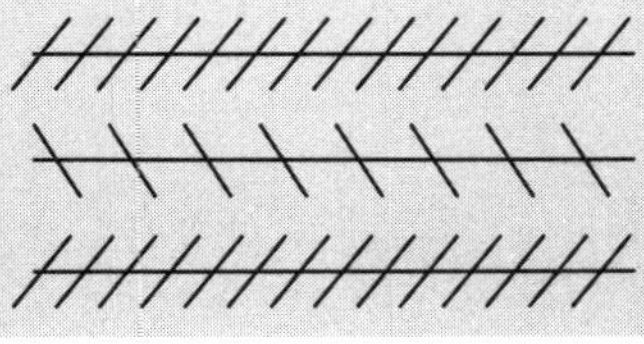	Hart & Feldman(1912)

（续表）

类别	图形	教科书
	 A B C D	Wentworth & Smith(1913)
	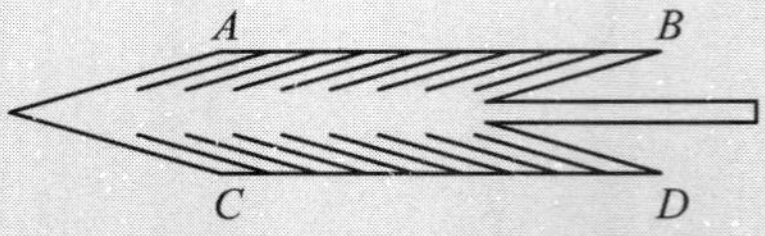 A B C D	Stone & Millis(1916)
	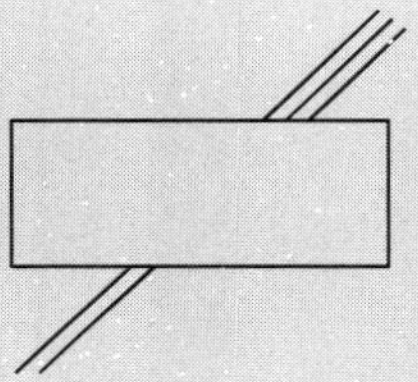	Hart & Feldman(1912)
		Hart & Feldman(1912)
	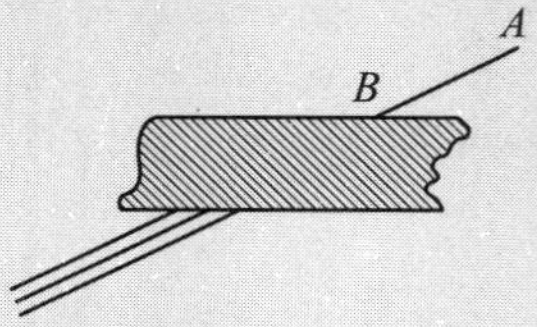 A B	Wentworth & Smith(1913)
	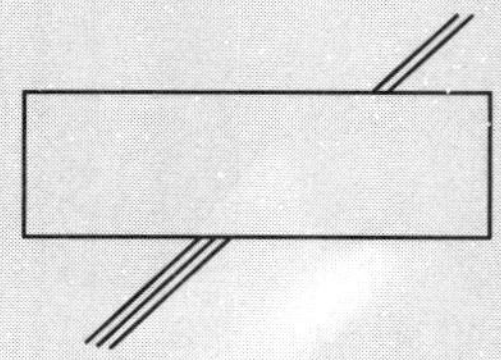	Hawkes, Luby & Touton(1920)

（续表）

类别	图形	教科书
	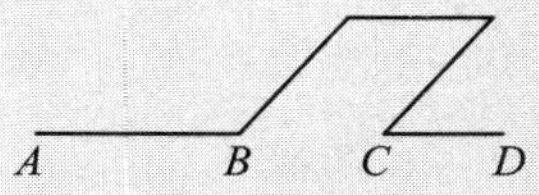 A B C D	Wentworth & Smith(1913)
	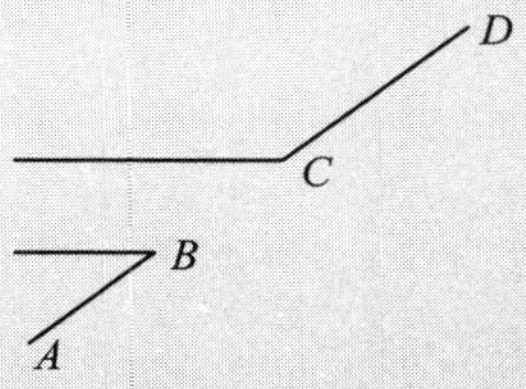 D C B A	Stone & Millis(1916)
圆的大小关系	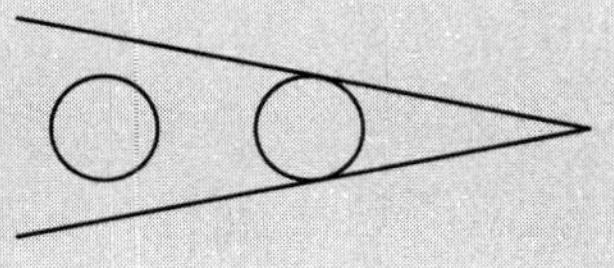	Young & Jackson(1916)

在某种特定的图形中，两条相等或平行的线段看上去并不相等或平行，不在同一条直线上的两条线段，看上去却位于同一条直线上；半径相同的两个圆，看上去却可能一大一小。视错觉图形很好地说明了“眼见未必为实”、“从图形中得出结论未必可靠”的道理。

12.3 教学设计与实施①

基于教科书、已有教学设计以及历史素材的分析，我们拟定本节课的教学目标如下：

（1）理解邻补角与对顶角的有关概念，能说出邻补角与对顶角以及互为补角与互为邻补角的区别与联系；掌握“对顶角相等”这一性质，并能运用邻补角和对顶角知识进行简单说理。

（2）通过“如何测量墙角线夹角”这一具体问题的研究，感受几何学在实际生活中的价值，通过对“对顶角相等”的直观确认和推理，感知数学的严谨性，体会数学背后的理性精神。

① 执教者为 HPM 工作室成员、上海市上海师范大学附属经纬实验学校顾海萍老师。

(3) 通过微视频，了解古希腊数学家泰勒斯，感受数学家的智慧，认识说理的必要性，感悟“讲道理”是做人做事的准则。

具体教学流程如图 12－2 所示。

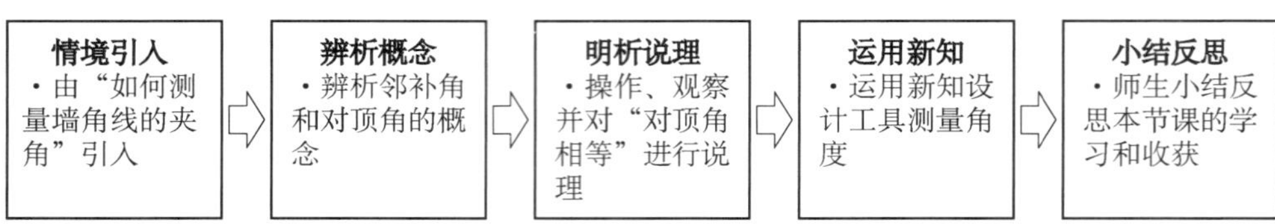

图 12－2　教学流程

12.3.1　创设情境，引入新知

本节课中，我们希望凸显几何学的两大价值，即逻辑思维训练上的价值和实际应用价值。所以在引入部分，我们设计了一个生活中的问题：“如何测量墙角线的夹角”。通过实际问题，引导学生从中抽象出数学模型，把问题转化为求对顶角或邻补角，初步体会转化思想，感受几何学源于生活实际，使邻补角和对顶角概念的引入更加自然。

师：春暖花开的季节，我们的校园看起来非常美丽。经过走廊的时候，老师有一个疑问，我们的教学楼是由一砖一瓦建造而成，那么建筑师要如何验证建筑的精确性呢？比如我们走廊边的墙角线，如图 12－3，它们的夹角到底是多少度呢？

图 12－3　墙角线

生：90°。

师：你是怎么知道的呢？有没有可能是 89°？91°？

生：有可能。

师：那我们能不能想办法测量一下呢？

生：把两条线延长，测对面那个角。

师：非常好，为了理解方便，我们把字母和角标上去，如图 12－4 所示。你继续说。

生：测量$\angle 3$，因为对顶角相等，所以$\angle 1$就等于$\angle 3$。

师：很好，你已经用到了对顶角相等，这是大家以前可能就知道的，那么你能不能说一说为什么对顶角相等呢？

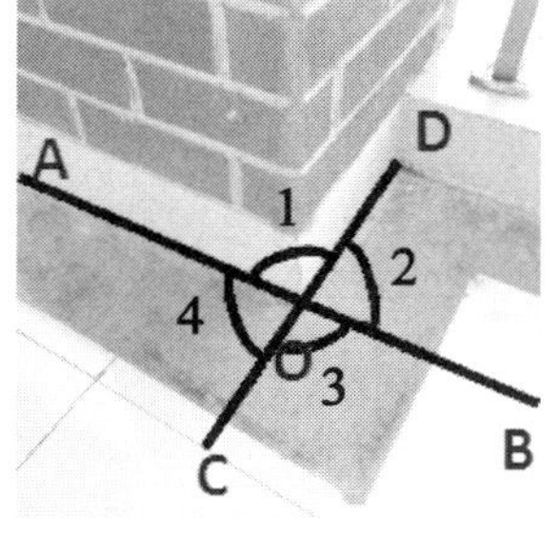

图 12－4　墙角线的夹角

生：因为对顶角就是相等的呀。

师：这是我们今天要学习的内容，可能现在还一时说不清为什么，但是通过今天的学习，我们就能够说清楚了。

12.3.2　辨析概念，加深理解

教师提出问题：直线 AB 和 CD 相交，如图 12－5，形成了 4 个小于平角的角：$\angle 1$、$\angle 2$、$\angle 3$、$\angle 4$，任取其中两个角，它们之间存在怎样的位置关系和数量关系？

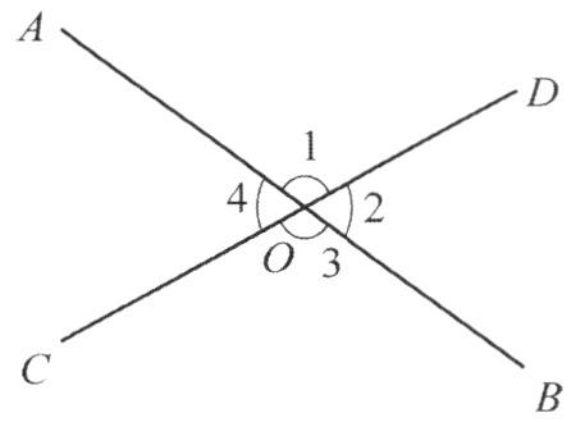

图 12－5　对顶角与邻补角

师生共同研究以下内容：

(1) 找出图 12－5 中的邻补角，辨析互为邻补角与互为补角的区别，并说明邻补角的符号语言：$\angle 1+\angle 2=180°$（邻补角的意义）。

(2) 找出图中 12－5 互为对顶角的角，并通过辨析图 12－6 中$\angle 1$与$\angle 2$是不是对顶角，巩固知识。

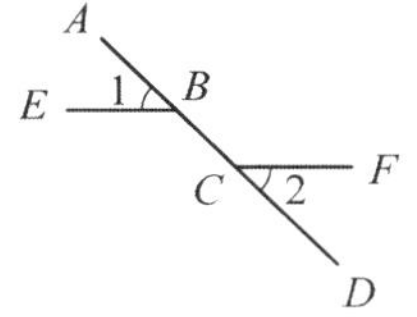

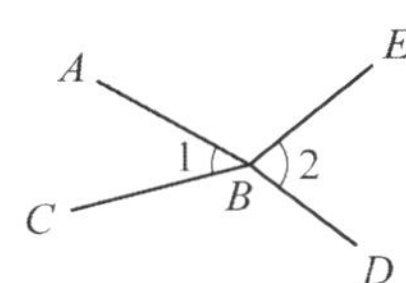

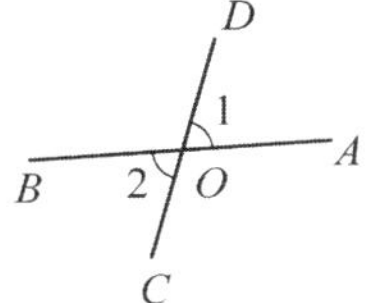

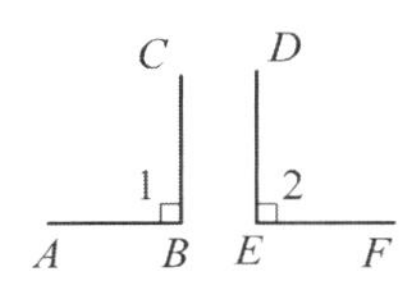

图 12－6　对顶角的辨析

12.3.3 超越经验，完成说理

让学生思考，通过观察得到的“对顶角相等”这一结果是否具备说服力。随后，通过几何画板呈现的视错觉图，让学生感受“眼见不一定为实”的道理。在视错觉图中，我们通过几何画板的测量工具进行验证说明，进而引导学生进行测量。

师：我们凭观察，可知对顶角相等，那么观察的结果是否可以直接作为结论使用呢？

生：不可以。

师：有同学已经认识到了不可以，但也有同学可能还有疑惑，我们通过一个例子来验证一下，看看眼见是否为实。

教师打开几何画板。

师：观察一下图片（图 12－7 左图），看看这两条横的线段哪一条长？

生：一样长。

师：哦，你们怎么知道一样长？

生：我们凭借经验！虽然知道看上去是第一条长，但是实际上是一样长的。

师：好，也就是你们观察得到第一条长，你们凭经验觉得是一样长，下面我们通过测量来验证一下。

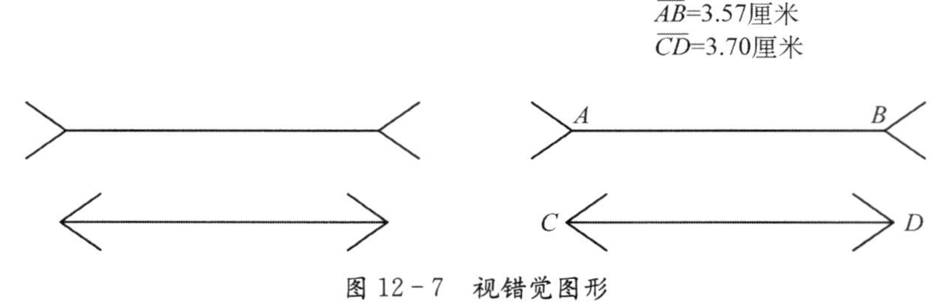

图 12－7 视错觉图形

教师通过几何画板的测量工具测量线段长度，见图 12－7 右图。

生： 意外啊！

生： 观察和经验都不靠谱啊！

生： 我们又被套住了！

师： 下面我们把其他线段隐藏起来，再看一看（图 12－8 左图）。

生： 好像确实是下面长。

师： 进一步，我们做两条辅助线，再看一看（图 12－8 右图）。

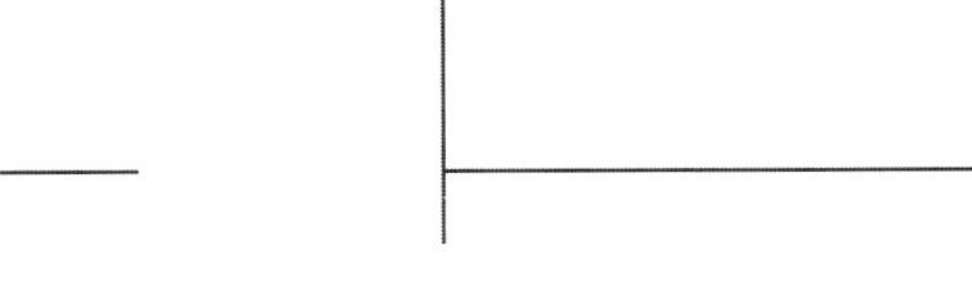

图 12－8 线段大小的比较

生： 果然是下面长一点。

师： 通过这个视错觉图，我们知道眼见不一定为实，所以我们不能光通过观察就得到“对顶角相等”这一结论，那么我们来测一测，打开书 38 页，看图 13－2，并且测量$\angle AOC$和$\angle BOD$的大小。

学生测量。

师： 多少度？

生： 24°。

生： 25°！

师： 24°和 25°都有。我们通过测量，是不是得不到“对顶角相等”的结论？

生： 是的。

师： 那么测量的结果是否可以直接作为结论使用了呢？为什么？

生：不可以。测出来不一样，有误差。

师：非常好，所以我们需要讲道理。你能否用“因为”、“所以”这样的“说理”方式来确认“对顶角相等”的正确性呢？

学生说理：

∵ $\angle 1$ 与 $\angle 2$、$\angle 2$ 与 $\angle 3$ 分别是邻补角(已知)，

∴ $\angle 1+\angle 2=180^\circ$，$\angle 2+\angle 3=180^\circ$(邻补角的意义)。

∴ $\angle 1+\angle 2=\angle 2+\angle 3$(等量代换)。

∴ $\angle 1=\angle 3$(等式性质)。

师：非常好，你们用的方法和 2 300 年前的古希腊数学家欧几里得一模一样，真了不起，据说欧几里得这一方法可能最早源于泰勒斯。下面我们来看一个微视频，了解一下泰勒斯和“说理”的相关背景。

教师通过微视频展示泰勒斯的故事及“几何说理”的相关背景。

12.3.4 运用新知，解决问题

例：如图 12－9，直线 AB 和 CD 交于点 O，$\angle AOC=50^\circ$。(1)求$\angle BOC$ 的度数；(2)求$\angle BOD$ 的度数；(3)求$\angle AOD$ 的度数。

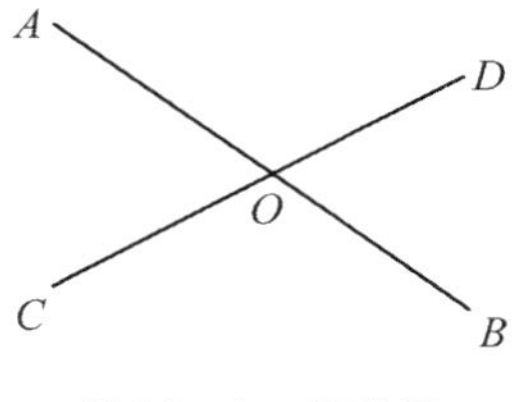

图 12－9　例题图

教师示范讲解(1)、(2)，学生独立完成(3)，通过例题讲解，进一步体会几何的说理方式。接着，利用本节课所学知识，解决墙角线夹角问题。教师还找来了一个石膏模型(图 12－10)，让学生设计工具，测量石膏模型中的有关角度，并将网上

销售的类似工具(图 12－11)介绍给学生，让学生感受知识在实际生活中的应用。

图 12－10 石膏模型

图 12－11 测角仪

师：如何测量“墙角线”的夹角？

生：只需要测量邻补角或对顶角就可以了。

师：是的，运用今天所学的对顶角相等或者邻补角的意义，只要测量出对顶角或者邻补角的大小，仿照例题，运用几何说理，就可以解决问题。

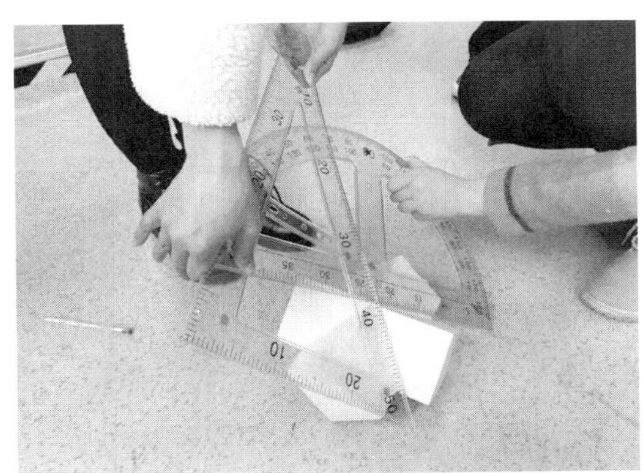

图 12－12 石膏模型中有关角度的测量

师：非常好，实际上，类似墙角这样不能直接测量的角，生活中有很多，比如，老师手里的石膏模型中的这个角度(如图 12－10)，那么你们能不能利用今天所学设计一个工具，直接测量这个角的大小呢？

学生讨论设计并分享展示用工具实际测量。

师：你们的设计很棒，我们生活中也确实有这样的工具，并且已经投入生产，跟你们的设计思路是完全一致的(图 12－11)。

师：根据卖家说明，只需要调节螺母，就可以确定角度，沿着尺边画出角度。同样地，我们也可以确定角度后，测量出角度值。所以你们能设计出这样的工具，确实——

生：太聪明了！

师：是的，这个工具用到的原理就是——

生：对顶角相等！

12.3.5 小结反思，倾听学生

师：本节课我们学习的内容是什么？请具体从知识上、情感态度上分别说一说。

生 1：我们学到了对顶角和邻补角的知识，知道了对顶角相等，还知道了一个神奇的量角器。

生 2：我们还知道了泰勒斯，知道了眼见不一定为实，经验不一定可靠，还有要讲道理。

生 3：我们要感谢泰勒斯发现了“对顶角相等”，是很有用的，还有要讲道理才能有说服力。

师：大家总结得很好，希望大家能把所学知识用在生活中，运用逻辑思维解决问题。

12.3.6 学生反馈

本节课后对全班 33 名学生进行了问卷调查。客观题部分，全部学生都表示理解泰勒斯为什么要说明对顶角相等，并认可泰勒斯的说理是有必要的。

主观题部分，在问到“你觉得为什么要对‘对顶角相等’进行说理”时，学生提到的答案有：增加准确性，防止误差(13 人)；要讲道理，显得有说服力(11 人)；为了证明对顶角相等这个定理(5 人)；直觉不可靠，要说理确认正确性(5 人)；设计出测量工具，应用于生活实际(3 人)；训练逻辑思维(3 人)。

对于“谈谈对小视频中所介绍的泰勒斯故事的感想”，学生回答提到：泰勒斯很伟大(20 人)；泰勒斯很聪明(12 人)；泰勒斯很善于讲道理，说理很让人信服(10 人)；科学知识对生活很有用(9 人)；泰勒斯为人类做出很大贡献(5 人)；我们要向泰勒斯学习(4 人)。

对于“你觉得本节课学习的知识在生活中是否有用？试举例说明”，全部学生都觉得有用，25 位学生写到“可以用来测量角度”，5 位同学写到“可以用来讲道理”。

对于“你是否对老师在上课中的数学史内容感兴趣，为什么？还想知道哪些有趣的数学史内容”，所有学生都表示感兴趣，理由主要有：有趣(14 人)；丰富知识(12 人)；拓展视野(7 人)；比书本知识更有人文情怀，更让人信服(4 人)；知道了学习内容的来源(3 人)；知道了科学知识是有用处的(6 人)；可以从数学家的角度来思考(1 人)。

此外，问卷还从知识方面，考查了一道习题：“直线 AB 和 CD 交于点 O，$\angle AOC=60^\circ$，求 $\angle BOD$、$\angle AOD$ 的度数。”全部学生都能够用说理的方式书写，有 23 位学生的解答正确，其余 10 位学生在因果关系或理由方面有所疏漏，整体达成度较好。

12.4　课例评析

12.4.1　数学史的运用方式

表面上看，本节课我们仅利用数学史制作了微视频，向学生展示泰勒斯的故事及“几何说理”的相关背景。而事实上，数学史的运用有“显性”也有“隐性”的方式。本节课设计的初衷是为了让学生明白为什么要对显而易见的“对顶角相等”进行说理。从数学史上来看，泰勒斯试图证明这些定理是为了“让人深信不疑”，它标志着人们对客观事物的认识从经验上升到了理论。所以教学第二环节，我们利用视错觉图形，让学生经历从操作、观察出发，再到演绎说理的高度，体会测量和观察在数学中并不可靠，只有利用已有的确定性的结论进行说理才更让人信服，这是“重构式”运用数学史，让学生经历历史上从经验上升到理论的过程，体会为什么我们要对“对顶角相等”进行说理。

然后，介绍几何学鼻祖的故事以及“几何说理”的背景是“附加式”运用数学史，结合前面的探究，提供机会让学生深入理解为什么古希腊人要对这些明显成立的结论进行“说理”，强化学生对几何说理的信念，从课后问卷反馈中也可以看出，91%的学生能够理解“为什么要对对顶角相等进行说理”。

12.4.2 数学史的价值

追溯“对顶角相等”这一命题的历史，我们开始深入思考命题本身的必要性以及对其进行说理的必要性，于是，才有了本节课的教学设计。为了揭示命题本身的必要性，再现命题的自然发生过程，我们构建了从现实情境出发再回到现实情境的教学路径。为了揭示说理的必要性，我们通过视错觉图形设置探究活动，让学生讨论如何说明对顶角相等更有说服力，并通过介绍泰勒斯的相关贡献，讲述泰勒斯的故事，以及几何说理的背景，强化学生对说理的认识，从而构建了“知识之谐”。在探究过程中，学生对操作、观察和说理进行了对比，教师还额外设置了视错觉图形让学生明白眼见不一定为实，经验也不见得可靠，观察和测量存在局限性，不足以让人完全信服，让学生切实感受说理的必要性，这是“隐性”运用数学史而设计的探究活动，营造了“探究之乐”，目的在于让学生明白几何说理是最让人信服的，让学生有机会从经验跨越到理论的高度，为后续进行严格的几何演绎推理学习打下基础。

本节课的基本理念是体现几何命题的双重价值——现实应用价值和逻辑思维训练价值。从建筑上的墙角线出发引入对顶角和邻补角概念以及命题“对顶角相等”，最后回归问题解决，体现的是命题在现实生活中的应用价值；观察与测量的局限性以及说理的必要性，反映的是命题在训练学生逻辑思维、培养求真务实品质上的价值。教师让学生对“对顶角相等”进行说理，并将他们的说理方法与微视频中所呈现的泰勒斯的方法进行对照，学生发现自己的方法和数学家的方法是一样的，因而获得了成功的体验；而泰勒斯的故事则让学生感受到知识的力量和价值，从而让他们树立正确的数学观。而整节课围绕“说理”的必要性设计，强调要让人信服就要讲道理，不仅让学生知道数学中要进行说理，需要严密地运用已知来说明未知，培养学生的理性精神，教师还将数学中的“讲道理”延伸到了生活中，强调学生在生活中也一样要讲道理，让人信服，将数学和生活联系起来，潜移默化地落实了数学学科的德育价值，体现了数学史的“德育之效”。

另外，用微视频来说明演绎推理的产生背景，呈现数学背后的人文精神及古代数学家的人格魅力，展示了数学史的“文化之魅”。

12.4.3　小结

就沪教版而言，“邻补角、对顶角”一节课是学生接触实验几何的开始，虽然教科书中没有提“证明”一词，更强调实验几何，但从这节课开始，学生要开始逐渐学习几何的“说理”方式，学会从已知条件出发，利用已有的和已经公认的事实对结论进行严密的说理。“为什么要证明对顶角相等”是这节课的难点，我们尝试从历史上寻找原因，并以此设计了本节课，让学生初步感知几何说理的本质，较好地达成了教学目标。这是我们第一次从 HPM 的视角对本节课进行设计，是一次全新的尝试，试图融入数学史，实现张奠宙先生所言这节课对学生的价值。

但是，仔细反思，还留有一些遗憾，曾有教师这样通俗易懂地解释数学素养：当多年后，你已经忘记了曾经学过的那些琐碎的数学知识，那么留在脑海里的就是你所获得的数学素养了。数学能够训练学生的逻辑思维，让学生拥有严密的推理能力，这一点大多是从几何的学习中得来，但几何却像是压在很多学生心头的一座大山，谈之色变。如何让枯燥的几何推理课更“人性化”、更有趣味，是我们矢志不渝的努力方向。这节课除了可以浅显易懂地将几何与生活联系起来，让学生知道数学说理就是在“讲道理”，生活中也需要“讲道理”外，还可以将其延伸到更高的思想高度。其一，就单纯几何学习而言，邻补角和对顶角放在一节课学习，可以很好地渗透“分类”的思想，通过对比强化这两类角是从“位置和数量”角度对两直线相交所成四个角的“分类”，可以向学生传递几何研究的基本内容、方法和思路。其二，由于几何证明起源于古希腊，所以本节课较多介绍了古希腊数学说理的发展，没有过多介绍为什么中国古代数学根本没有这个命题，可以花点时间让学生通过文化对比，了解中国古代和西方数学发展的不同特点，渗透多元文化，当然也可以以课后自行阅读或写作的方式让学生去完成，拓宽学生的视野，让学生有机会进一步了解数学人文的一面。

参考文献

[1] 陈建军."微话题"探讨，促进教与学的和谐发展——以"邻补角与对顶角"为例[J]. 中小学数学(初中版)，2015(4)：27—28.
[2] 卡茨. 数学史通论[M]. 李文林，等，译. 北京：高等教育出版社，2004.

[3] 李文林. 数学史概论[M]. 北京：高等教育出版社，2002.
[4] 孙莉. 关注问题设计　发展思维能力　追求高效课堂——“相交线”教学实录与评析[J]. 中国数学教育，2010(6)：27—30.
[5] 王丽丽. 直线的相交(第1课时)[J]. 中学数学教学参考，2016(8)：55—56.
[6] 汪晓勤. HPM数学史与数学教育[M]. 北京：科学出版社，2017.
[7] 王雪霞. “相交线”教学设计[J]. 中小学数学(初中版)，2008(9)：22—23.
[8] 吴敏. 位置与数量关系：几何入门教学的用力点——以七年级“相交线”教学设计为例[J]. 中小学数学(初中版)，2015(9)：13—14.
[9] 吴敏. 注重知识本质　追求教学深度——“5.1.1 相交线”的教学设实例与反思[J]. 中国数学教育，2015(7/8)：53—57.
[10] 吴文俊. 世界著名科学家传记[M]. 北京：科学出版社，1992.
[11] 张诚. 加强“三项修炼”促成学教衔接[J]. 中学数学教学参考(中旬)，2017(12)：54—57
[12] 张文明. 注重过程演绎　提升教学效能[J]. 上海中学数学，2014(4)：24—26.
[13] Betz, W., Webb, H. E. *Plane Geometry* [M]. Boston: Ginn and Company, 1912.
[14] Hart, C. A., Feldman, D. D. *Plane and Solid Geometry* [M]. New York: American Book Company, 1912.
[15] Hawkes, H. E., Luby, W. A., Touton, F. C. *Plane Geometry* [M]. Boston: Ginn & Company, 1920.
[16] Heath, T. L. *The Thirteen Books of Euclid's Elements* [M]. Cambridge: The Univer-sity Press, 1908.
[17] Palmer, C. I., Taylor, D. P. *Plane and Solid Geometry* [M]. Chicago: Scott, Fores-man & Company, 1918.
[18] Slaught, H. E., Lennes, N. J. *Plane Geometry* [M]. Boston: Allyn & Bacon, 1918.
[19] Stone, J. C., Millis, J. F. *Plane Geometry* [M]. Chicago: B. H. Sanborn & Company, 1916.
[20] Wentworth, G. A., Smith, D. E. *Plane Geometry* [M]. Boston: Ginn & Company, 1913.
[21] Wells, W., Hart, W. W. *Plane and Solid Geometry* [M]. Boston: D. C. Heath, 1916.
[22] Young, J. W. A., Jackson, L. L. *Plane Geometry* [M]. New York: D. Appleton & Company, 1916.

13 推陈出新用历史：等腰三角形的性质

13.1 背景

等腰三角形是一类特殊的三角形，它除了具有一般三角形的性质以外，还具有一些特殊的性质，是学生在学习平行线和全等三角形相关知识后，应用这些知识对特殊几何图形进行研究的开端。研究等腰三角形的方法也是学生后续研究直角三角形和四边形的基础，对学生学习几何具有重要的作用。表 13－1 给出了"等腰三角形的性质"一节在人教版、沪教版和苏科版教科书中所在的位置、呈现方式和前后知识的顺序。

表 13－1　三个版本教科书中的"等腰三角形的性质"

教科书版本	位置	呈现方式	前后知识顺序
人教版	八年级上册 13.3.1：等腰三角形	用长方形对折剪出等腰三角形引入，介绍等腰三角形的元素，然后从等腰三角形是轴对称图形引出性质 1 和性质 2，性质 1 的证明采用作底边上的中线，构造全等三角形(边边边)进行。性质 2 的证明采用提问的方式，课本中未给出说理过程	第 12 章学习全等三角形相关知识，本节位于"轴对称"一章，在本节前学习轴对称和坐标系内的轴对称变换
沪教版	七年级下册 14.5：等腰三角形的性质	先介绍等腰三角形的元素，然后由沿顶角平分线折叠等腰三角形引出等腰三角形的性质，在折叠的过程中用叠合法说明性质 1，再采用作顶角平分线的方法，构造全等三角形(边角边)进行严格推理，并进一步对"三线合一"进行简要说理	七年级上册第 11 章学习图形的运动，其中包括轴对称和轴对称图形。本节位于"三角形"一章，本章前几节学习全等三角形相关知识
苏科版	八年级上册 2.5：等腰三角形的轴对称性	从将等腰三角形沿顶角的平分线对折的操作引入，介绍等腰三角形是轴对称图形，再从等腰三角形的对称性发现等腰三角形的性质 1 和性质 2，课本中未给出两个性质的证明	八年级上册第 1 章学习全等三角形的相关知识，本节位于"轴对称图形"一章，本章前几节学习轴对称和轴对称图形及其性质、线段和角的对称性

由表 13－1 可见，三个版本的教科书中，人教版和苏科版教科书的编排相似，均将等腰三角形安排在“轴对称(图形)”一章，通过等腰三角形的对称性引出等腰三角形的性质。苏科版仅指出，可以通过添加不同的辅助线对性质作出证明，但未给出严格的说理过程。沪教版和人教版教科书均对等腰三角形的性质 1 进行了说理，但所添加的辅助线不同。人教版和苏科版教科书各仅设置一道例题，且例题未涉及性质 2 的应用，沪教版教科书设置了两个例题，分别对应于性质 1 和性质 2 的应用。

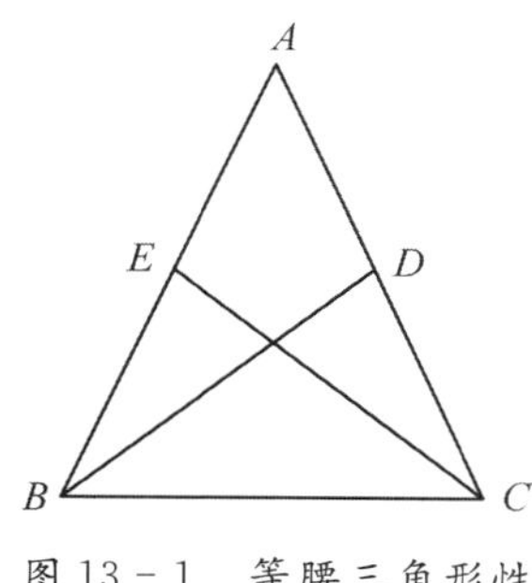

图 13－1 等腰三角形性质教学中所用的图形

已有的教学设计大多与教科书中所呈现的大同小异，从剪纸、折叠引出等腰三角形的性质，只是侧重点略有不同。如佟胜海(2010)更重视等腰三角形在生活中的应用，卓敏亚(2014)将学生之前经常遇到的几何图形(图 13－1)贯穿始终进行设计，魏晓丽和王冰(2013)则从复习等腰三角形的定义和特征引入。

沪教版和人教版教科书在折叠操作之后，通过作顶角的平分线或底边上的中线，对“等边对等角”进行严格的说理。为什么要这样添辅助线，其作用是什么？有些教师认为，教学要充分暴露学生的思考过程，对辅助线的本质和作用作出解释，有利于培养学生独立思考和解决问题的能力。如林晴岚和杨勤春(2014)通过设置适度开放、有挑战性的问题和活动，引导学生从不同的角度证明性质定理，理解这些方法是怎么想出来的、如何形成的，让学生能够在解决更一般的问题时进行创造和迁移。在张维强(2014)的设计中，关于“等边对等角”的证明方法更加多样，除添加底边上的辅助线外，还和学生一起探讨通过添加腰上的中线、高和角平分线进行证明，大大拓展了学生的视野。

在沪教版教科书中，等腰三角形的性质安排在全等三角形的性质与判定之后。由于“等边对等角”是边与角相互联系和转化的重要依据，同时也是平面几何体系中支柱性定理之一，因此，教科书将其作为运用全等三角形性质与判定定理进行推理论证的载体，给出了严格的说理，加强了逻辑推理的渗透，也为今后进入论证几何的定理系统打下基础。教科书从问题“等腰三角形的两个底角具有怎样的大小关系”引入，通过动手操作活动，让学生直观地得到“两底角相等”的猜想，再通过说理加以确认，最后得到“等边对等角”的结论。接着，通过反思“等边对等角”的说理过程，引导学生关注等腰三角形中的特殊线段，进而得出“等腰三角形三线合一”的性质。这些性质揭示了等腰三角形的轴对称性。

但是，数学研究对象和任何其他事物一样，都有形式和内容两个侧面。形式和内容脱节的教学，既不符合初中生的心理特点，也会让他们感到数学枯燥而无用。为了激发学生的学习兴趣和动机，反映数学与现实生活的密切联系，新授课有必要揭示学习等腰三角形性质的意义。其次，利用已有的操作性经验（折纸），学生得出，通过作顶角平分线构造全等三角形进行说理的方式是顺理成章的，但为什么要折叠？为什么不能添加底边上的高或底边上的中线？是否还可以添加其他辅助线来完成证明？教科书并未给出明确的答案。为此，我们希望追溯等腰三角形的历史，从 HPM 视角来设计本课题的教学。

13.2 历史素材

历史上有关等腰三角形的历史材料主要可以分为等腰三角形“三线合一”性质的实际应用以及“等边对等角”的若干种证明方法两大类。以下我们分类梳理有关历史素材。

13.2.1 等腰三角形的应用

在古埃及和古巴比伦，新庙址的测量乃是按照严格的几何和天文学方法进行的，而且是法老和僧侣阶级的特权。在埃及神话里，还有专门掌管测量的女神。一些测量工具和基本的几何图形，往往成了神圣的符号而被人们用作护身符，如图 13－2 是埃及古墓中出土的形如测量工具的护身符。显然，这是测水准的工具。（汪晓勤，2013）

古代的水准仪由一个等腰三角形及悬挂在顶点处的铅垂线组成，如图 13－3 所示。测量时，调整底边的位置，如果铅垂线经过底边中点，就表明底边垂直于铅垂线，即底边是水平的。古人基于生活经验，发现了这种判定水平的方法，实际上应用了等腰三角形“三线合一”的性质。

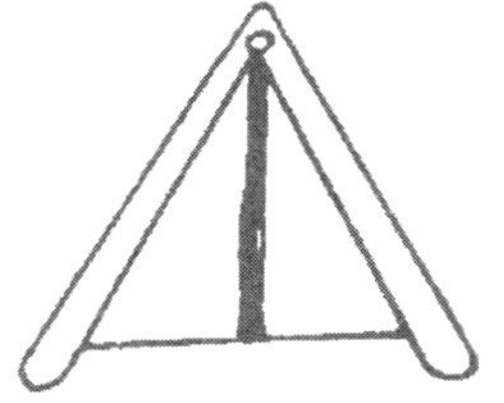

图 13－2　埃及古墓中出图的护身符

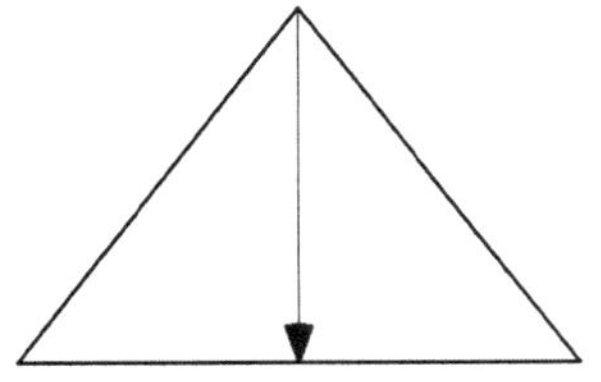

图 13－3　水准仪

图 13 - 4 为一块古罗马人的墓碑。我们或许不认识墓碑上刻着的名字，也不知道长眠于地下的人生前经历了怎样跌宕起伏的人生，但从墓碑顶上的等腰三角形和中间的铅垂线可以断定，墓主生前是一位土地丈量员（汪晓勤，2013）。或许他并不精通数学，但他却每天都在使用着等腰三角形的性质。

图 13 - 4　古罗马人的墓碑

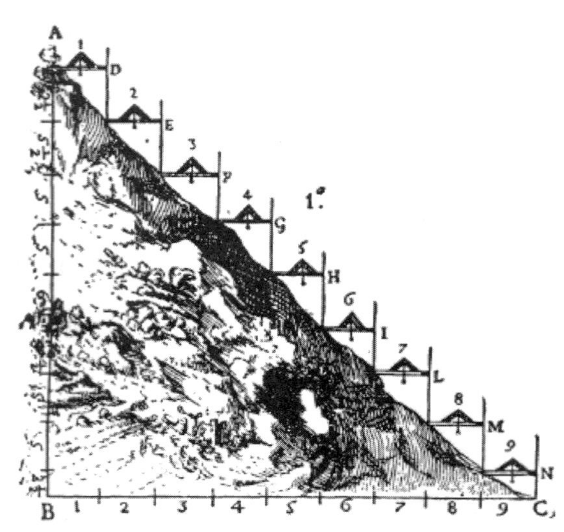

图 13 - 5　博默多罗《实用几何》中的山高测量图

在文艺复兴时期，水准仪的功能进一步扩大。17 世纪意大利数学家博默多罗（Pomodoro）在《实用几何》一书中给出的插图（图 13 - 5）告诉我们，那个时代的测量员可以利用水准仪来测量山高。由于山的高度是竖直方向高度的累加，需要在斜坡上找到水平线作为每次测高的基准，因此要用到水准仪。

13.2.2 “等边对等角”的证明

历史上，关于“等边对等角”的性质，有多种证明方法，其中最早的证明出自《几何原本》。该书卷一命题 5 说：“在等腰三角形中，两个底角彼此相等，并且若向下延长两腰，则与底角相邻的两个角也彼此相等。”欧几里得的证明如下：

如图 13 - 6，分别延长等腰三角形两腰 AB 和 AC，在 AB 的延长线上任取一点 E，在射线 AC 上截取 AD，使得 $AE = AD$，连结 CE、BD。先证明 $\triangle ABD \cong \triangle ACE$（边角边），得 $BD = CE$，$\angle ADB = \angle AEC$，$\angle ABD = \angle ACE$；由 $AE = AD$，$AB = AC$ 可得 $BE = CD$，再证明 $\triangle BDC \cong \triangle CEB$（边角边），可得 $\angle BCE =$

$\angle CBD$，$\angle EBC=\angle DCB$；由 $\angle ABD=\angle ACE$，$\angle CBD=\angle BCE$，根据公理 3(等量减等量，差相等)得 $\angle ABC=\angle ACB$。(Heath，1908)

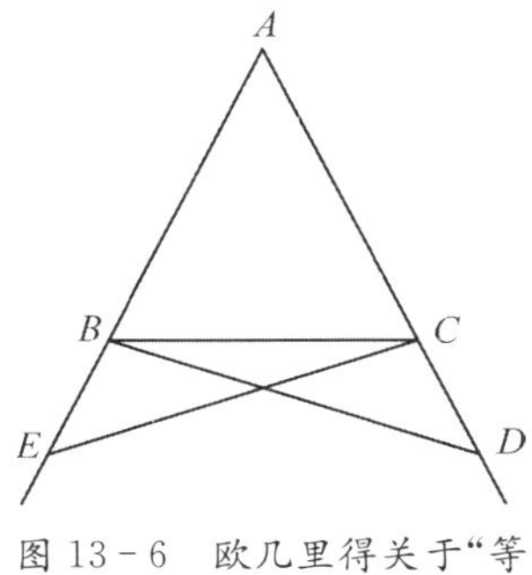

图 13-6　欧几里得关于“等边对等角”的证明

欧几里得的《几何原本》被誉为“数学圣经”，是史上最成功的教科书之一。中世纪时，欧洲数学教育水平低下，学生初读《几何原本》，学到卷一命题 5 时就遇到很大的困难，因此，命题 5 也被谑称为“驴桥”(意为笨蛋的难关)定理。也有人推测，由于欧几里得的图形很像一座简单的桁架桥，故有“驴桥”之名。

《几何原本》最大的特色在于演绎体系的建立，即新命题证明过程中的依据只能来源于之前的公理、公设或已经得证的命题。由于此命题之前只出现全等三角形的边角边判定定理，因此，在欧几里得的演绎体系中，“等边对等角”的证明不能用边角边以外的判定定理。此外，由于“两条直线相交所成的角中，相邻两个角或均为直角，或其和等于二直角”是《几何原本》卷一命题 13，故不能由 $\angle EBC=\angle DCB$ 直接得出 $\angle ABC=\angle ACB$。

公元 3 世纪末，帕普斯曾对该命题作过巧妙的证明：将等腰$\triangle ABC$ 想象成两个三角形，由 $AB=AC$，$AC=AB$，$\angle BAC=\angle CAB$，可得 $\triangle ABC\cong\triangle ACB$(边角边)，从而得到 $\angle ABC=\angle ACB$。(Heath，1908)

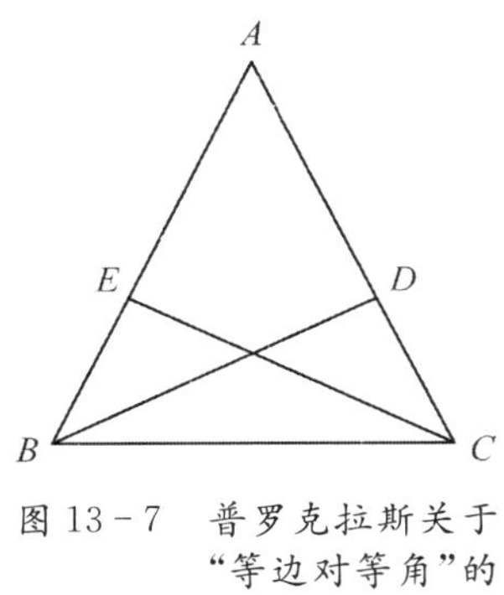

图 13-7　普罗克拉斯关于“等边对等角”的证明

公元 5 世纪，普罗克拉斯给出了另一种证明(图 13-7)。他的方法与欧几里得类似，也用了边角边判定定理，但他并未延长两腰 AB 和 AC，而是直接在两腰 AB 和 AC 上取点 E 和 D，使得 $AE=AD$，连结 EC 和 DB，再利用边角边两次证明三角形全等。(Heath，1908)

18 世纪末，普雷菲尔在其《几何基础》中依然沿用欧几里得的证明。勒让德在其《几何基础》中一改欧几里得的证明，通过作等腰三角形底边上的中线，利用边边边定理，得出底角相等。19 世纪，莱斯利通过作顶角的平分线，利用边角边定理，得出底角相等。

针对等腰三角形“等边对等角”定理，我们考察了 1827—1927 年间出版的 50 种几何教科书(绝大部分为美国教科书)，发现共有 6 类证明：

第 1 类：欧几里得的方法。如 Hunter(1872)、Keigwin(1897)等。

第 2 类：帕普斯的方法。将原等腰三角形翻折，得到另一个三角形，利用边角边定理，证明翻折前后两个三角形全等。(Halsted, 1885; Macnie, 1895; Betz & Webb, 1912)

第 3 类：外接圆法。作等腰三角形外接圆，等腰对应等弧，而等弧所对的圆周角相等。(Walker, 1829)

第 4 类：勒让德的方法。作底边中线，利用边边边定理。如 Hayward(1829)、Ibach(1882)、Bowser(1890)等。

第 5 类：作高法。利用直角三角形 HL 定理。如 Hull(1898)、Wells(1899)、Gore(1908)等。

第 6 类：莱斯利的方法。作顶角的平分线，利用边角边定理。绝大多数教科书均采用这一方法，其中较为著名的教科书有 Schuyler(1876)、Beman & Smith (1899)、Schultze & Sevenoak(1902)、Hart & Feldman(1912)、Wentworth & Smith(1913)、Palmer & Taylor(1918)、Slaught & Lennes(1918)等。

13.3 教学设计与实施(第 1 课时)①

在了解相关历史之后，结合教科书与学生实际情况，我们将本节内容分为 2 课时，第一课时讲授等腰三角形的两个性质和基本应用，第二课时根据史料中数学家对"等边对等角"的证明设计专门证明"等边对等角"的一节课，目的在于让学生了解历史上证明方法的多样性，同时渗透从特殊到一般的思想，启发学生从运动的视角看待几何问题，促进他们对动点问题"变中不变"的理解。第一课时拟定的教学目标如下：

(1) 通过观察、操作、说理等活动，发现并归纳等腰三角形两底角相等的性质。

(2) 经历用逻辑推理方法推导等腰三角形两底角相等的性质，体会实验归纳和逻辑推理这两种研究方法的联系与区别，感受化归、类比等数学思想。

(3) 理解等腰三角形两底角相等与三线合一的性质，能运用等腰三角形的性质解决有关的简单问题，发展基础性的逻辑推理能力。

(4) 体会数学来源于生活又服务于生活的道理，感悟数学的文化价值。

---

① 执教者为 HPM 工作室成员、上海市长桥中学汤雪川老师。

具体教学设计流程如图 13－8 所示。

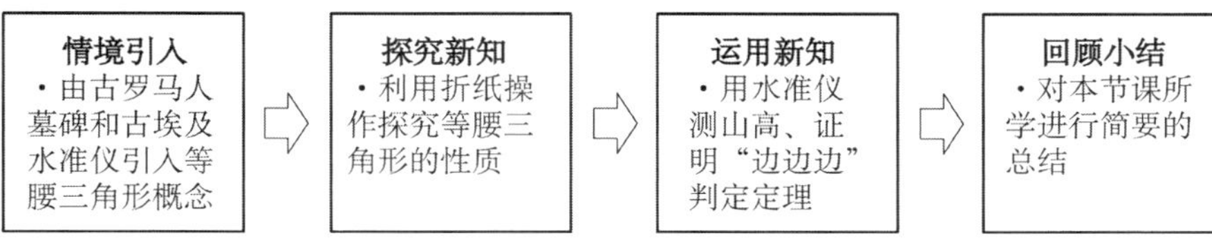

图 13－8 教学流程

13.3.1 引入史实，激发思考

等腰三角形性质在古代用于测量，我们基于这一史实，在数学史融入数学教学五项原则的指导下，利用古罗马时期的墓碑设置问题引入，激发学生求知的好奇心。而教师所制作的简单水准仪，吸引了学生的注意力，也引起了学生探究的欲望。

师： 猜一猜，图中有什么（图 13－4）？有没有和数学学科相关的内容？

生： 等腰三角形、铅垂线、直尺、梯形。

师： 什么是等腰三角形？

生： 有两边相等的三角形叫做等腰三角形。

师： 等腰三角形作为特殊的三角形，其边与角有特殊的名称，分别是？

生： 等腰三角形中，相等的两条边叫做腰，另一条边叫做底边，相等两边的夹角叫做顶角，另两个角叫做底角。

师： 非常好！图中显示的其实是一块墓碑。其中等腰三角形和铅垂线的组合是一种测量、检验水平线（水平线：与水平面平行的直线）的工具。今天老师也模仿古人，做了一个简易的水准仪。

教师演示：取一把等腰直角三角尺，在其底边中点上做一个记号，在顶角的顶点系上一条铅垂线，利用该教具展示水平线与非水平线的检验方法。

师： 这一工具究竟能够做什么呢？老师先卖一个关子，让大家带着这个疑问来进行今天的学习。本节课我们就来研究等腰三角形的性质。

前面学生已经学过了平行线、三角形以及全等三角形的相关知识，有一定的几何推理基础，本环节教师通过回忆三角形相关知识的学习过程，帮助学生利用类比的方式得到研究等腰三角形性质的几个方向，感受类比的数学思想。

师： 对于普通三角形性质的研究，我们是从哪几个角度去研究的？

生： 边、角、特殊线段。

师： 对于特殊的三角形——等腰三角形，我们也可以类比之前的学习过程，从这几个角度去研究其特有的性质。所谓特有的性质，即普通三角形不具备的性质。

13.3.2 动手操作，获取新知

七年级是实验几何阶段，学生通过观察、操作等得到直观的几何结论，并进行必要的几何推理。所以教师准备了三角形纸片作为教具，让学生通过观察（直观感受）得到等腰三角形特有的性质，初步感受实验归纳与逻辑推理两者之间的联系与区别，为后续进行逻辑推理提供经验支撑和思考的基础。

学生活动： 利用课前准备好的等腰三角形纸片，观察、操作并猜想等腰三角形可能具有哪些性质。

师： 等腰三角形的边有哪些特有的性质？

生： 等腰三角形的两腰相等。

师： 你是如何得到这一性质的？

生 1： 看出来的。

生 2： 用直尺量一下。

生 3： 对折等腰三角形纸片，两腰重合。

师： 等腰三角形的角有哪些特有的性质？

生： 等腰三角形的两个底角相等。

师： 你是如何得到这一性质的？

生： 目测、叠合、度量都能得出。

同样根据观察、度量或叠合，可以得出两底角相等的猜想。然后教师通过几何画板课件演示：图形在运动，等腰三角形的元素——底角和腰的大小在相应变化，但是两个底角之间、两条腰之间的等量关系没有变化，这种图形中元素与元素之间不变的数量或位置关系就是图形的性质。

通过观察、操作活动，得到结果只是第一步，眼见不一定为实，观察、操作的结果不一定正确。而且，通过度量、叠合（操作实验）不可避免地会有误差，即使操作实验没有误差，也仅仅是实验验证了有限多个结果，并不能说明所有的等腰三角形（无限个）都是成立的。因此，需要用逻辑推理（理性认识）的方法来证明这一性质。教师和学生一起通过符号语言表达"等边对等角"的说理，在此过程中，让学生感受实验几何与论证几何的区别。辅助线的添加体现了化归的数学思想，也为后续等腰三角形"三线合一"性质的得出提供基础。通过小故事，帮助学生初步感受循环论证的问题所在，解释为何不能使用在底边上作中线的方法。

师： 刚才大家通过观察、操作得到的结论可以用符号语言表达为：在$\triangle ABC$中，已知$AB=AC$，说明$\angle B=\angle C$。如何通过几何说理的方式说明这个结论正确呢？

生 1： 取BC的中点，通过构造全等三角形来说明（图 13－9）。

师： 想出这种方法很棒！通过添加辅助线构造出可说明全等的三角形，将等角的问题转化为全等的问题。但是，老师这里有这样一个故事：瘦子问胖子："你为什么这么胖？"胖子回答："因为我吃得多。"瘦子又问胖子："你为什么吃得多？"胖子回答："因为我胖啊。"

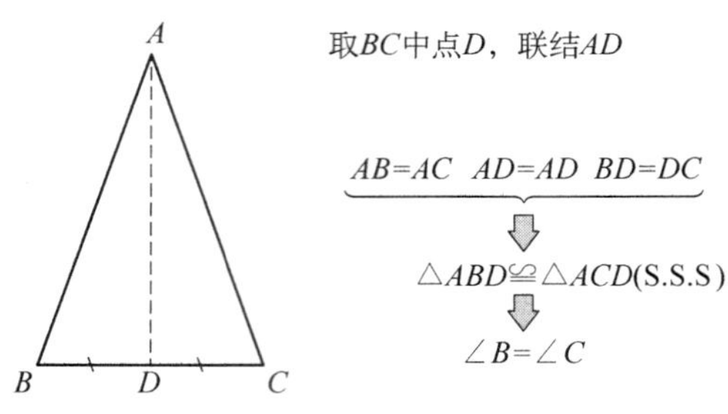

图 13-9 “等边对等角”的证明之一

请大家想一想这里犯了一个怎样的错误？

生：形成了一个循环。

师：这里，说理的前提就是说理的结论，形成了一个循环，逻辑上有错误。请大家回忆，我们前面在学习全等三角形的“边边边”判定方法时，有对这个方法进行说理吗？

生：没有。

师：其实，对边边边判定方法的说理需要用到“等腰三角形底角相等”的结论。或者说，我们需要用“等腰三角形底角相等”这一结论来说明边边边判定方法是正确的。因此，不能用边边边判定方法来说明等腰三角形的底角相等。

生 2：那我们可以作$\angle BAC$的平分线，构造全等三角形①(图 13-10)。

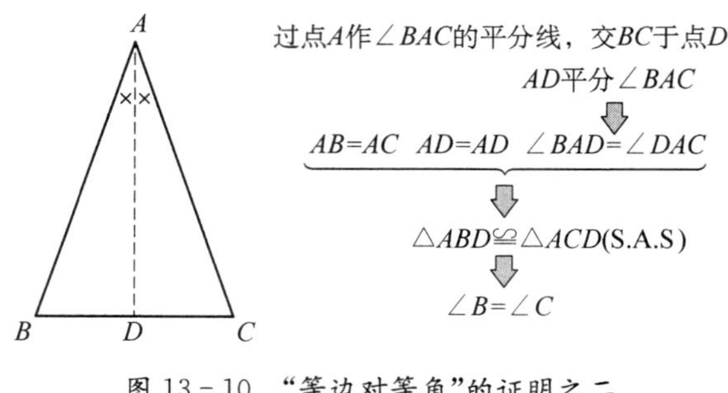

图 13-10 “等边对等角”的证明之二

① 欧几里得在《几何原本》中之所以没有采用作角平分线的方法来证明命题Ⅰ.5，是因为角平分线作图为命题Ⅰ.9。角平分线作图是建立在边边边定理(命题Ⅰ.8)的基础之上的，即有逻辑关系“边边边→角平分线作图→等边对等角”。现行教科书尽管在等腰三角形知识出现之前已经给出了边边边判定方法，但并未给予证明。这就是为什么美国数学家M·克莱因会断言欧几里得的证明优于今日教科书。

生 3: 作高也可以(图 13-11)。

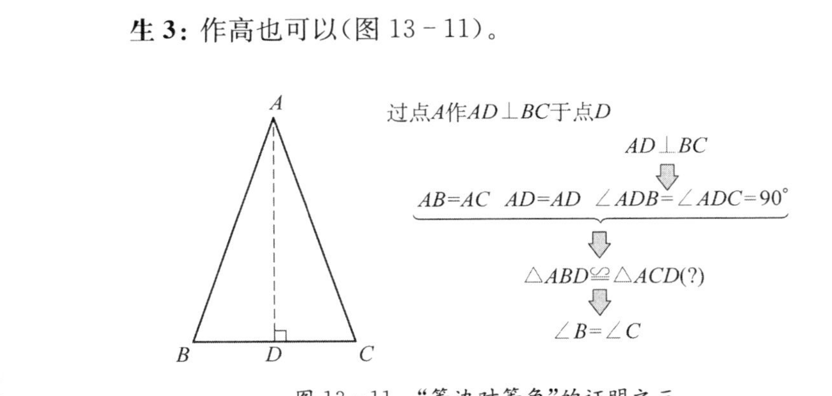

图 13-11 “等边对等角”的证明之三

教师和学生通过作高进行探究之后发现，要说明 $\triangle ABD \cong \triangle ACD$，可以找到的条件是两边及其中一边所对的角，教师通过几何画板课件演示告诉学生，两个有两边及其一边所对角对应相等的两个三角形不一定全等，但是通过改变内角度数，两个三角形是可以全等的，此时的$\angle C$ 与$\angle F$ 由原来的(钝、锐)角变成了相等的直角(图 13-12)，这是后续我们将要学习的判定两个三角形全等的一种特殊方法，为后续学习埋下伏笔。

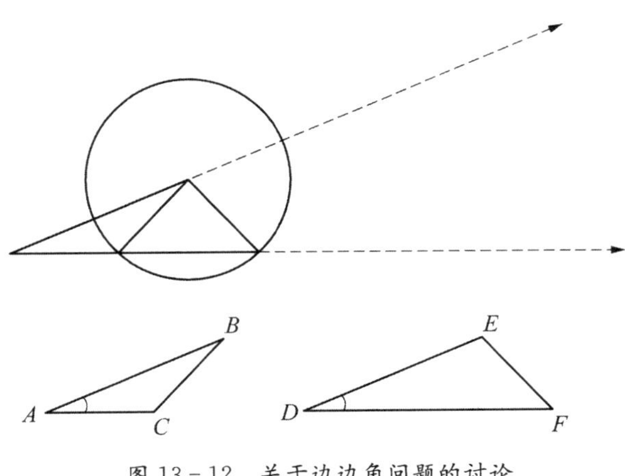

图 13-12 关于边边角问题的讨论

通过前面的探究和分析，等腰三角形的第二条性质已经呼之欲出。所以，本环节教师借助前面“等边对等角”的说理过程，和学生一起探究得出等腰三角形的第二条性质。

师：回顾刚才的说理过程，等腰三角形中，哪几条线段十分特殊？特殊在哪里？

生：高、中线、角平分线。

教师通过几何画板课件演示展示等腰三角形三线合一的过程，揭示特殊线段间不变的位置关系（图 13－13）。

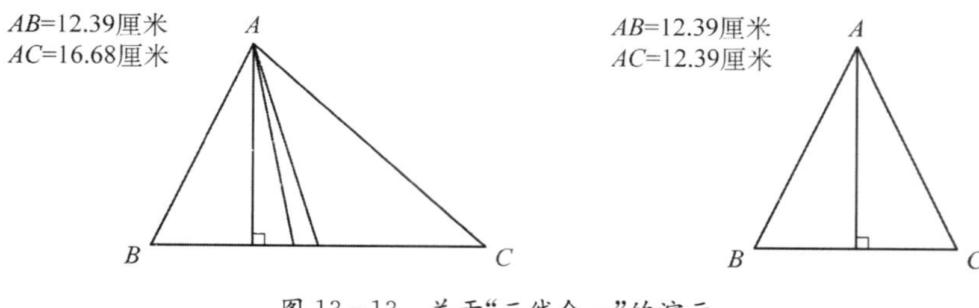

图 13－13　关于“三线合一”的演示

师：等腰三角形各有三条高、中线、角平分线，它们有重合的吗？

生：是底边上的高、底边上的中线、顶角的平分线。

师：我们得到等腰三角形的性质 2：等腰三角形的顶角平分线、底边上的高、底边上的中线互相重合（简称等腰三角形“三线合一”）。如何对这条性质进行说理？

教师与学生一起回顾上述在说明“等边对等角”时的三种思路，在顶角平分线的条件下，可以利用全等三角形的性质，说明顶角平分线平分底边且垂直于底边。类似地，等腰三角形底边上的中线垂直于底边且平分顶角。等腰三角形底边上的高平分顶角和底边。最后，结合前面的折叠操作以及推理，得到等腰三角形的第三条性质。

师：等腰三角形的边、角、特殊线段都是其局部的性质，从图形整体来看，有怎样的特有性质（对称性）？

生： 等腰三角形是轴对称图形。

师： 其对称轴是哪条直线？有几条对称轴？

生： 底边上的高所在直线，有一条对称轴。

13.3.3 运用新知，解决问题

本节课的教学目标之一是让学生感受等腰三角形性质在现实生活中的用途，与今日发达高科技相比，虽然这个水准仪非常简陋，但在历史上，水准仪确实曾得到广泛应用，甚至成为一个人职业的象征。所以，本环节教师让学生利用刚学习的"等腰三角形三线合一"性质解释水准仪的原理，并介绍历史上水准仪的用途。另外，前面在探究"等边对等角"时，教师曾介绍过，用"边边边"判定三角形全等的方法需要用等腰三角形的性质来说明。所以，教师尝试改变教科书中的安排，将说明"边边边"判定方法作为本节课的例题。

师： 大家还记得我们刚上课时看到的那个墓碑吗？我们不认识墓碑上刻着的名字，也不知道这位长眠于地下的人，生前经历了怎样的跌宕人生，但从墓碑顶上的等腰三角形和中间的铅垂线，我们可以猜测他其实是一位土地丈量员。在文艺复兴时期，这种工具也被广泛地应用着。17 世纪意大利数学家博默多罗的《实用几何》一书的插图（图 13－5）告诉我们，那个时代的测量员正是利用水准仪来测量山的高度的。你能用所学的知识，猜猜博默多罗是如何测量山高的吗？

生： 先把水准仪放在山脚处，使底边的一个端点靠在山上某点，使水准仪的铅垂线指向山脚最低处，当水准仪的铅垂线指向底边中点时，说明底边为水平线，记下此时铅垂线上的长度（竖直方向的高度）。然后改变水准仪的位置，使底边端点处的铅垂线指向刚才山坡上的那个点，调整水准仪使其水平，记下水准仪底边与山坡交点以及此时铅垂线上的长度。然后重复这样的操作，将竖直方向的高度加在一起就可以得到山高。（图 13－15）

图 13-14　学生用水准仪解释山高测量方法

师： 回答得非常棒！由于山的高度是竖直方向高度的累加，需要在斜坡上找到水平线作为每次测高的基准，故需用到水准仪。这里还运用了图形平移的知识，将求山高问题转化成了求若干竖直方向线段长的问题(图 13-15)。

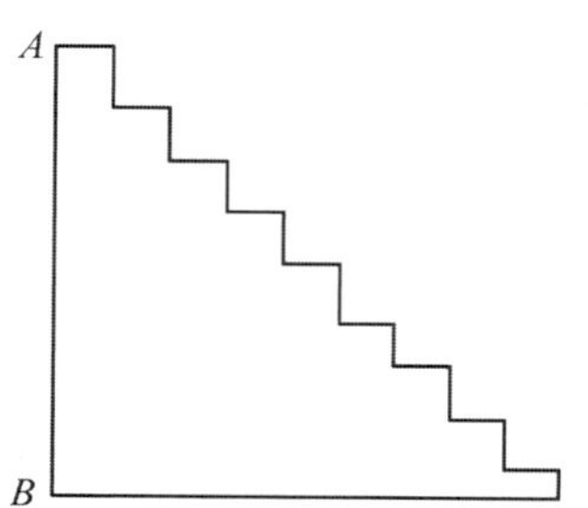

图 13-15　山高测量方法的解释

师： 为什么用这一工具能判断是否为水平线呢？能否用所学的等腰三角形性质来解释水准仪测水平线的合理性？

生 1： 当铅垂线指向底边中点时，铅垂线与底边上的中线叠合，根据等腰三角形“三线合一”性质，底边上的中线垂直于底边。

生 2： 因为铅垂线与水平线是垂直的，这样就保证了与水准仪底部紧贴的线为水平线，从而保证了竖直方向的高度是准确的。

例如图 13 - 16，在$\triangle ABC$与$\triangle DEF$中，已知$AB=DE$，$BC=EF$，$AC=DF$。试说明$\triangle ABC$与$\triangle DEF$全等的理由。

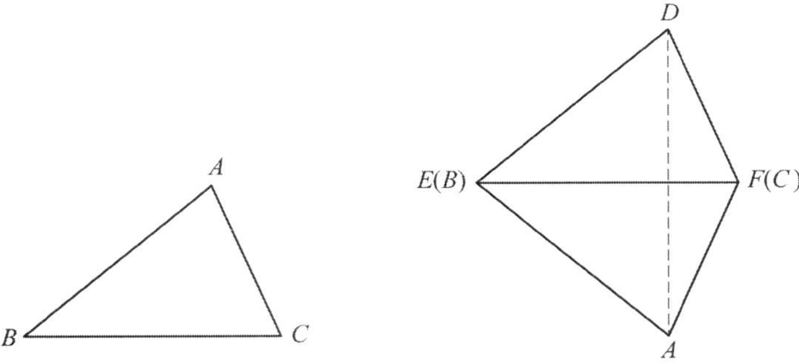

图 13 - 16　边边边定理的证明

师： 本题是说明边边边判定方法的合理性。另三种全等的判定方法都与角有关，因此要找到一组对应角相等。题目条件中两个三角形的三边对应相等，因此考虑通过图形运动，将它们合成一个图形。

不妨设BC最长，移动$\triangle ABC$，使边BC与EF重合，并使点A、D位于公共边两侧，再连结AD，通过两次运用等边对等角说明$\angle EDF=\angle BAC$，再由边角边可得结果。

本例题说明，之前在学习“边边边”判定方法时，为何没有对其进行说理，因为当时还未学习等边对等角，当时缺少说理的依据。这也再一次说明了为何不能用辅助线——底边上的中线来对“等边对等角”进行说理。

13.3.4　回顾历程，总结心得

最后，教师和学生一起对本节课所学进行了简要的总结。

本节课类比之前三角形的学习过程，从图形的局部到整体，从边、角、特殊线段、对称性四个维度学习了等腰三角形的有关性质；经历了操作实验、归纳、猜想、验证这样一个研究几何图形性质的过程；在对性质的说理过程中体现了化归思想，在利用水准仪测高问题中体现了建模思想；在对性质的探索过程中，可以大胆

假设，但需小心求证，初步了解了何为循环论证，感受到了说理的环环相扣（公理化体系），增进了数学的理性思维能力；通过对古罗马墓碑上数学内容的观察、文艺复兴时期水准仪测山高问题的思考，感受了数学不仅是有用的，也是有趣的，而且还是人性化的。

13.3.5 学生反馈

课后，结合本节课的教学目标，从收获、感受与疑惑等几个维度对学生进行了问卷调查。91.3%的学生对等腰三角形的两条性质表示完全理解。65.2%的学生表示十分喜欢水准仪测量山高的环节，觉得很有趣。26.1%学生表示钦佩古人的智慧，对很久以前就有现在所学的知识感到很惊奇。17.4%的学生仍不理解为什么不能用"边边边"来证明等边对等角。

从问卷调查结果来看，绝大部分学生都认可了古人测山高的教学环节，激发了学习的兴趣，也感受到了古人的智慧与科学探索的不易。同时，虽然本节课教师强调了不能使用"边边边"来证明等边对等角，并且用小故事解释了何为循环论证，但是不少学生还是只知其然，不知其所以然，归根结底还是学生缺少对几何公理体系的认知，需要教师在后续学习进程中不断加以渗透。

13.4 教学设计与实施(第 2 课时)[①]

欧几里得、普罗克拉斯对"等边对等角"的证明方法中，都取了点 D 和点 E，使得 $AE=AD$，只是欧几里得在 AB 和 AC 的延长线上取，普罗克拉斯在 AB 和 AC 上取。帕普斯虽然没有取点 D 和点 E，但是可以视为其所取的点 E 和点 D 分别与点 B 和点 C 重合，如此一来，这三种证明方法便可以由"动点"线索串联起来，点 E 和点 D 可以分别在线段 AB 和 AC 上、端点 B 和 C 及 AB 和 AC 的延长线(包括反向延长线)上移动，"等边对等角"均可得证，且证明方法类似。这些证明方法一脉相承又极富创造性，所用到的基本知识是学生刚刚学过的全等三角形判定之边角边定理，学生基本可以掌握，所以若将这些史料用于教学，一方面可以让学生感受证明方法的多样性，体会欧氏几何公理体系的严密性；另一方面可以通过证明方法之间的密切联系，让学生用运动的视角看待问题，为后续解决动点问题打下基础。所以我们拟定第 2 课时的教学目标如下：

① 执教者为 HPM 工作室成员、上海市长桥中学汤雪川老师。

(1) 通过使用多种方法对“等边对等角”进行说理，巩固全等三角形的判定与性质，体会说理表达的严密性。

(2) 通过对复杂图形中边、角数量关系的分析，提高对图形的解读能力。

(3) 通过对几种说理思路的反思，感悟动点问题解决过程中的特殊到一般、变化中的不变。

(4) 在“等边对等角”的说理过程中，感受数学与数学家间的联系，体会数学背后的人文精神。

具体教学流程如图 13－17 所示。

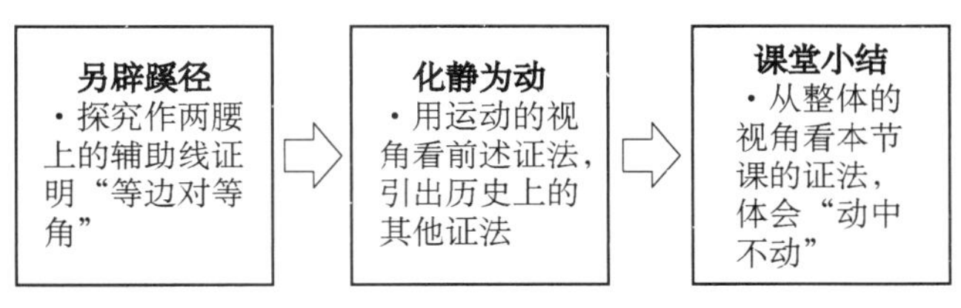

图 13－17　教学流程

13.4.1　另辟蹊径

为了引出本节课要学习的“等边对等角”的其他证明方法，从上节课作顶角平分线出发，教师提示学生尝试作底角平分线，进而学生可以自己想到尝试作其他特殊线段：两腰上的高和中线。最后在教师的引导下过渡到更一般的情形：在两腰上截取相同线段。虽然以上辅助线作法不同，但证明方法类似，均需两次说明三角形全等。在证明过程中，一方面巩固全等三角形的判定和性质；另一方面感受“变化中的不变”。

师： 为了说明等腰三角形的两个底角相等，我们利用等腰三角形的特殊线段，构造了可说明为全等的两个三角形，并且两个底角为对应角。有没有其他的方法来对“等腰三角形两底角相等”进行说理呢？上节课中添加了顶角平分线构造了两个全等三角形，那么利用底角平分线能否构造所需的全等三角形呢？（学生分组讨论）

生1： 我按老师的提示进行了作图，但是没有证明出来，感觉无处下手(图13-18)。

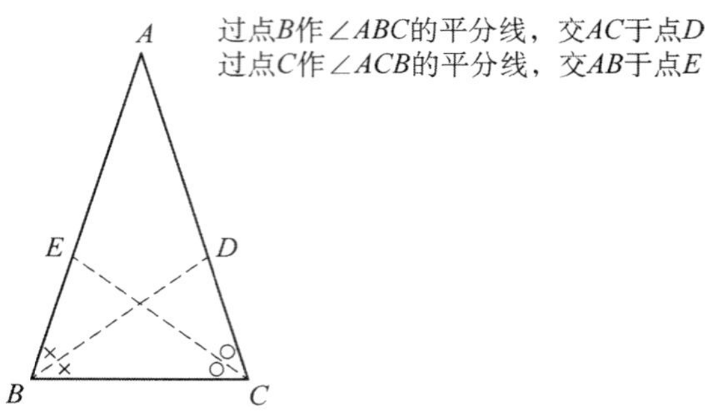

图13-18 作两底角平分线

师： 好，其实通过作角平分线的确可以对"等边对等角"进行说理，但图形更复杂，还需要作其他辅助线，用到一些同学们目前没有学过的知识。既然添加两个底角平分线的方式暂时行不通，能否考虑其他特殊线段呢？

生2： 我尝试了作两条腰上的高。

教师和学生一起梳理出证明方法(如图13-19)。

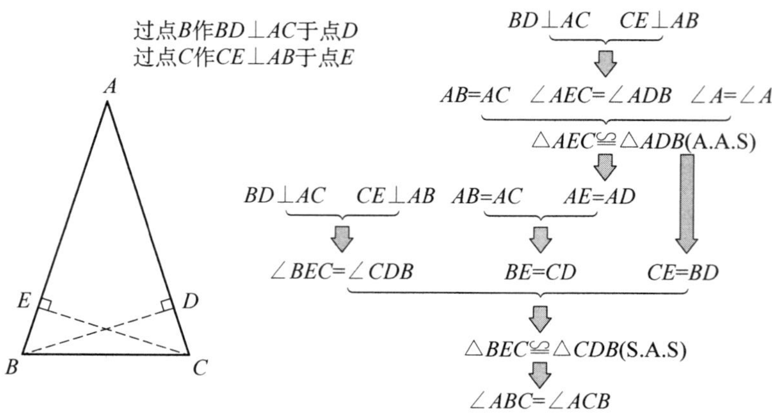

图13-19 作两腰上的高

师： 很好，上节课我们已经介绍过，之前关于三角形全等的“边边边”判定方法并没有给出证明，其实“边边边”判定方法的证明需要用到“等边对等角”，为了避免循环说理，在证明“等边对等角”时便不能使用“边边边”判定方法，该同学在此题证明过程中就没有使用 $BC=CB$ 这组公共边，由“边边边”进行说理。此外，当从结论出发，找所需要的条件（分析法）受阻时，可从条件出发，看看能够得到哪些结论（综合法），对接已知与未知，这是数学问题解决中的常用思考方式。

师： 除了作两条腰上的高，还有没有同学添加了其他类型的辅助线？

生 3： 我尝试了作两条腰上的中线。

教师和学生一起梳理出证明方法（图 13－20）。

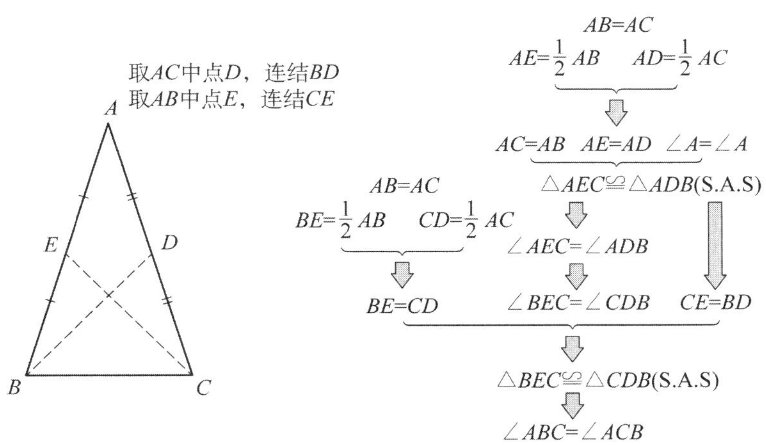

图 13－20　作两腰上的中线

师： 很好，为了避免循环说理，该生也没有使用 $BC=CB$ 这组公共边由“边边边”进行说理。

师： 现在请同学们思考一下，从辅助线的结构来看，上述三种方法有无共同特点？

生： 都通过辅助线的添加构造了新的三角形，都无法通过一次全等直接证得结果，需要借助另一对三角形的全等得到边相等或角相等。

师：很好，我们都首先证明了 $\triangle ABD \cong \triangle ACE$，一种通过作高，利用“角角边”证全等；一种通过作中线，利用“边角边”证全等。请大家思考一下要想用“边角边”证全等，除了作两腰上的中线，是否还有其他辅助线做法？

生：是不是可以在 AB、AC 上直接截取两条等线段来试试。

师：很好，大家可以尝试一下，具体证明方法跟前面非常类似(教师展示，如图 13-21)。

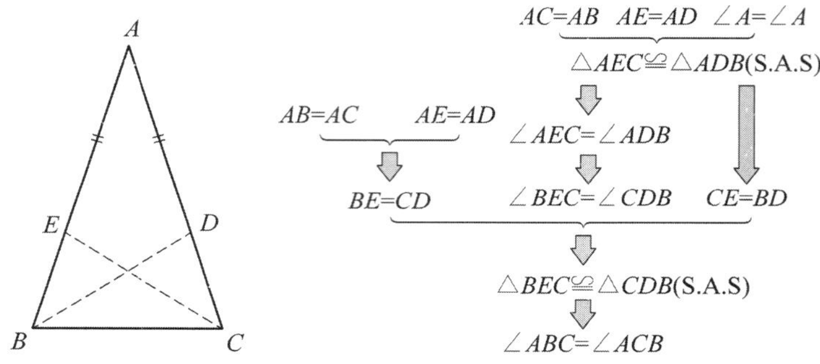

图 13-21 在两腰上截取等线段

师：此种方法正是古希腊数学家普罗克拉斯对“等边对等角”的说理方法。他于公元 411 年生于君士坦丁堡(今土耳其的伊斯坦布尔)，公元 485 年卒于雅典。

13.4.2 化静为动

从运动的视角来看以上点 D 和点 E 的选择，点 D 和点 E 相当于在线段 AC 和 AB 上运动，既然可以在线段上运动，教师启发学生大胆猜测并尝试点 D 和点 E 能否在线段所在直线上运动，进而引出了欧几里得的证明方法，教师趁机简单介绍了欧几里得的生平和“驴桥定理”。

师： 如果从运动的视角来看待点 D 和点 E 的选择，上述情况只不过是点 D、E 在边 AC 和 AB 上移动过程中的三种特殊位置，当点 E 和点 D 在边 AB 与 AC 上移动时，$\triangle AEC \cong \triangle ADB$ 是始终成立的，因此在运动过程中，$\angle AEC$ 也始终等于 $\angle ADB$，那么试想当点 E 运动到点 B，同时点 D 运动到了点 C 时，你能得出什么结论？

生： 当点 E 与点 B 重合时，点 D 与点 C 也重合，$\angle AEC$ 仍然等于 $\angle ADB$，此时的 $\angle AEC$ 就是 $\angle ABC$，$\angle ADB$ 就是 $\angle ACB$。

师： 很好，此种方法正是古希腊数学家帕普斯的方法，即将等腰三角形看作两个三角形，用边角边来说理。

师： 刚才若干种方法中的点 E、点 D 均在两腰上移动，除了在两腰移动，同学们大胆猜想一下还可以移动到哪儿？

生： 能否让点 E、D 在两腰所在直线上运动呢？

师： 有创意！那在 $AE = AD$ 的前提下，当点 E 与点 D 运动到 AB 与 AC 延长线上时，你能否对"等边对等角"进行说理？

生： 果真可以。

教师和学生一起梳理出证明方法(图 13－22)。

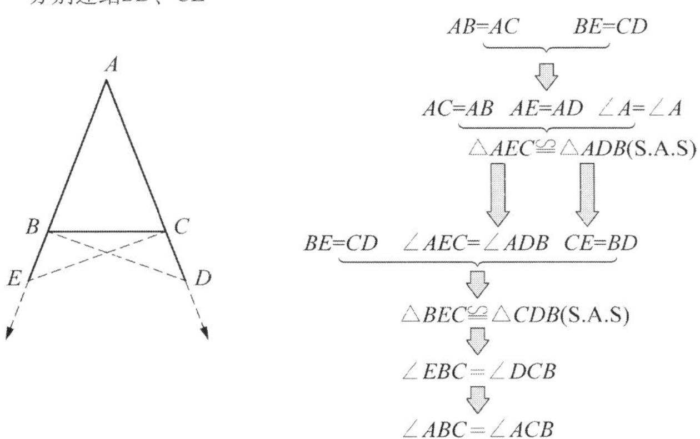

图 13－22　在两腰延长线上截取等线段

师： 很好，这位同学的说理非常类似古希腊著名数学家欧几里得对"等边对等角"的说理方法！

13.4.3 课堂小结

上节课已经学习过等边对等角的说理方法，而且相对这节课的方法更加简单，为什么还要学习新的方法？小结部分在总结梳理本节课主要内容的同时，倾听学生的解释，跟学生一起探讨此问题的答案。

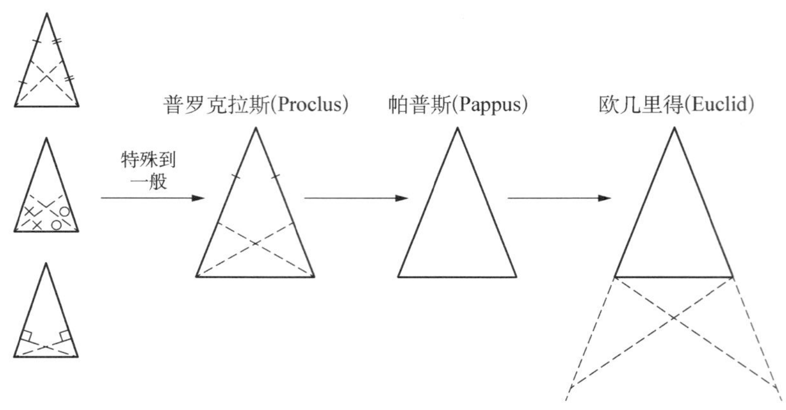

图 13－23 本节课对“等边对等角”的证明方法框架

师：本节课跟随着历史上几位著名数学家的脚步，运用不同的方法对“等边对等角”进行了说理(图 13－23)。既然我们通过上节课的学习已经会用简单方法对“等边对等角”进行说理，那为什么我们还要舍近求远呢？不知道同学们有没有注意到，除了全等三角形“边边边”判定方法外，六年级下册角平分线的尺规作图也没有给出作图原理的说理，这两者的说理其实都需要用到“等边对等角”，所以严格地说，“等边对等角”的说理不能用全等三角形“边边边”判定及“角平分线的尺规作图”，我们在证明时所用的命题必须是已经证明过的。在中学，很多时候无法严格按照这种严密的演绎体系，所以教科书采取了这种处理方式，也是可以的，但老师相信，同学们有能力去理解其他证明方法，同学们也做到了。此外，老师希望同学们能通过“等边对等角”的其他证明方法进一步熟练掌握全等三角形的判定与性质，体会数学的严密性，学会用运动的眼光看待问题，感悟变化中的不变规律，这在很多数学问题解决过程中是非常重要的。

13.4.4 学生反馈

课后，结合本节课的教学目标，从收获与疑惑两个维度对学生进行了问卷调查。后测题为类比欧几里得证明"等边对等角"的方式，通过反向延长两腰的方式来证明等边对等角。全班 61％的学生能够完整地通过两次全等正确进行说理。

通过对不能正确完成的学生答题情况的分析，可以发现：

(1) 有 4 位学生在说理过程中，出现了循环论证的错误。对于还未明确认识何为证明的七年级学生而言，在循环论证的理解上尚存在困难，还需在今后的几何证明教学中选择合适的时机进行渗透，也有个别学生在问卷中提及为什么不能通过底边上的中线(边边边)来对"等边对等角"进行说理。

(2) 除 1 位学生时间不够之外，有 4 位学生没有使用教师预设的方法，而采用了课上已经呈现过的方法。说明未正确理解后测题的题意，抑或是举一反三的能力不足，无法对所学内容进行迁移。

从问卷调查的结果以及之后的作业情况来看，绝大部分学生都能理解利用两次全等来证明"等边对等角"的若干种方法。其中 34.8％的学生表示本节课的内容虽然开始时难以理解，但是随着学习的深入，逐渐理解。26.1％的学生表示本节课学习的过程有些累，但是比较有趣，古代数学家们的故事也很吸引人，要向他们学习不断进取的精神。43.5％的学生提到了原来"等边对等角"的说理有这么多不同的方法，感受到了说理方式的多样性。13％的学生提到了思考的过程比结果更重要，能够训练自己的思维。

13.5 课例评价

13.5.1 数学史的运用方式

几何无疑是训练逻辑思维的有效载体，但这也正是很多学生对几何学习感到困难的地方，因为几何严谨的逻辑证明过程往往会让学生感到枯燥而乏味。而事实上，几何除了具有理性价值外，还具有很强的实用价值。所以，在第 1 课时中，我们利用古罗马人的墓碑和古埃及水准仪来引入本节课，是对数学史料的"顺应式"运用。用水准仪贯穿整节课始终，目的在于展示等腰三角形在古代生活中的实际用途，激发学生学习的好奇心和兴趣。等腰三角形性质 2 的理解和掌握是这一节课的难点，而我们设置利用等腰三角形性质 2 让学生对 17 世纪山高测量方法加以解释这一环节，也属于对数学史料的"顺应式"运用，让学生在了解古代水准仪的原理的同时，还了解水准仪的使用方式，知道数学与现实生活之间的联系，感知几何的应用价值，改变学生对几何的固有印象。课后反馈显示，学生对等腰三角形性质 2 在古代生活中的绝妙用途感到惊讶，从而必将对等腰三角形性质 2 留下深刻的印象。

例题的设计用“等边对等角”对全等三角形的“边边边”判定方法进行说理，属于对数学史的“复制式”运用，其目的在于让学生熟练运用等腰三角形性质 1 来解决问题，了解等腰三角形性质 1 与“边边边”判定定理之间的关系。

第 2 课时中，我们采用了“附加式”和“顺应式”来融入数学史。欧几里得、普罗克拉斯和帕普斯三位数学家以及“驴桥定理”这一名称由来的简单介绍，属于对数学史的“附加式”运用；对历史上“等边对等角”的证明方法的运用，并用运动的观点，将这些方法进一步进行拓展和延伸，从特殊到一般，将古人的几种方法串联为一个整体，属于对数学史的“顺应式”运用。

13.5.2 数学史的价值

第 1 课时中，数学史的融入实现了“知识之谐”、“文化之魅”、“德育之效”、“能力之助”等方面的价值。我们用古罗马人的墓碑、古埃及水准仪引入本节课，自然生动而有趣，这一新颖的开场，向学生展示了数学活动的本质，激发了学生的好奇心。而教师用三角尺和铅垂线在课堂上制作的简易水准仪，为后续性质 2 的学习留下了悬念，吸引学生自主探究相关知识并对水准仪的原理进行解释，而后对 17 世纪山高测量方法加以解释，展示了性质 2 的实际用途，加深了学生对性质 2 的印象。这一系列的设计，在强调逻辑推理的同时，渗透几何的实用价值，无疑加深了学生对等腰三角形性质的理解，体现了“知识之谐”。同时，数学史的融入也为学生提供了交流的机会。学生通过对水准仪原理的解释，理解了等腰三角形性质 2，通过对图形的观察，用数学语言准确表达出如何利用水准仪进行测量，训练了学生用数学语言进行交流的能力，也有助于培养学生的直观想象素养，体现了“能力之助”。

另外，数学史为课堂增添了人文元素，学生了解了等腰三角形知识背后的悠久历史，感受到了数学在社会中的作用；水准仪这个看得见摸得着的工具让数学变得更亲和，既能激发学生对数学的好奇心和兴趣，也有助于改变他们的数学观。因此，数学史展示了“文化之魅”，也达成了“德育之效”。

在第 2 课时中，我们并没有按照历史上各种方法出现的顺序安排教学，而是借助学生已有的知识基础进行了重构。教学一开始添加两底角平分线等方法建立在第 1 课时中添加顶角平分线基础之上，符合学生心理认知规律，而后拓展延伸到两腰上的高、两腰上的中线、两腰上的任意点即普罗克拉斯的方法，再由两腰上的点过渡到底角顶点即帕普斯的方法、两腰延长线上的点即欧几里得的方法，这样步步递进，结合历史上的方法逐步扩大取点的范围，拓宽了学生的视野，提升了学生思维的深度，构建了“知识之谐”，彰显了“方法之美”。同时，借鉴历史上的方法所安排的这一教学活动，也给学生创造了探究的机会，营造了“探究之乐”。让学生在逐步的思维拓展中，用运动的眼光看待问题，体会其中的“变中不变”，提高了学生的逻辑推理素养和直观想象素养，实现“能力之助”。

此外，学生跟随数学家们的脚步探索“等边对等角”的说理方法，了解了数学的人文性，感受数学家坚持真理、不懈探究、提出问题、追求创新的品质。教师对“驴桥定理”这一名称来源的介绍，也可以让学生体会到对古人而言难以跨越的难题，在今天看来并不难，可以让学生感受到数学的演进性，同时培养他们的自信心，从而达成“德育之效”。

13.5.3 小结

当然这两个课时的设计还有很多值得商榷的地方。第 1 课时中，由于课堂的探究性质以及对水准仪原理和应用的介绍耗时长，导致学生对于等腰三角形“三线合一”的运用练习不足，需要通过后续课时补足。另外，《几何原本》具有严密的公理化体系，等腰三角形性质 1 成立是证明全等三角形“边边边”判定定理的基础，所以我们不能用“边边边”判定定理证明“等边对等角”。但目前的几版教科书中，几何公理体系均被弱化，且学生刚接触几何说理，尚未形成较为严谨的逻辑思维习惯，那么在这节课中强调用“边边边”不能作为证明“等边对等角”的方法，可能会适得其反，需要视学生的情况而定。

在第 2 课时中，学生在此之前刚学习平行线和全等三角形相关知识，几何知识相对还较为薄弱，本节课初次接触动点问题，难度较大，所以在课后问卷调查中有学生提到“有趣但烧脑”。意图通过一节课让所有学生都能够深刻理解其中所蕴含的思想方法是不现实的，本节课的设计只是一个可以采用的素材和开端，要帮助学生形成“动中取静”的方法与意识，还是需要教师今后抓住机会，不断分阶段地加以渗透和落实。

参考文献

[1] 陈霄剑.学生为什么这么快就知道添加辅助线[J].中小学数学(初中版),2014(10):51—51.
[2] 林晴岚,杨勤春.基于中学数学课堂教学中例题"有效"设计的实践研究——以人教版《等腰三角形性质(第一课时)》为例[J].福建教育学院学报,2014(2):59—61,67.
[3] 佟胜海."等腰三角形"教学设计及评析[J].教育实践与研究,2010(6):63—64.
[4] 汪晓勤.数学文化透视[M].上海:上海科学技术出版社,2013.
[5] 魏晓丽,王冰."等腰三角形的性质"教学设计及点评[J].中国数学教育,2013(7—8):36—38.
[6] 张奠宙.数学方法论稿.上海:上海教育出版社,2012.
[7] 张维强."等腰三角形性质"教学的再发现——"同课异构"课题研究之反思[J].中小学数学(初中版),2014(2):40—42.
[8] 卓敏亚.基于"过程教育"的教学探索及反思——以"等腰三角形的性质定理"为例[J].中学数学(初中版),2014(8):14—16.
[9] Beman, W. W., Smith, D. E. *New Plane Geometry* [M]. Boston: Ginn & Company, 1899.
[10] Betz, W., Webb, H. E. *Plane Geometry* [M]. Boston: Ginn and Company, 1912.
[11] Bowser, E. A. *The Elements of Plane and Solid Geometry* [M]. New York: D. Van Nostrand Company, 1890.
[12] Gore, J. H. *Plane and Solid Geometry* [M]. New York: Longmans, Green and Company, 1908.
[13] Halsted, G. B. *Elements of Geometry* [M]. New York: J. Wiley & Sons, 1885.
[14] Hart, C. A., Feldman, D. D. *Plane and Solid Geometry* [M]. New York: American Book Company, 1912.
[15] Heath, T. L. *The Thirteen Books of Euclid's elements* [M]. Cambridge: The University Press, 1908.
[16] Hull, G. W. *Elements of Geometry* [M]. Philadelphia: Butler, Sheldon & Company, 1898.
[17] Hunter, T. *Elements of Plane Geometry* [M]. New York: Harper & Brothers, 1872.
[18] Hayward, J. *Elements of Geometry* [M]. Cambridge: Hilliard & Brown, 1829.
[19] Ibach, F. *Elements of Plane Geometry* [M]. Philadelphia: E. H. Butler & Company, 1882.
[20] Keigwin, H. W. *The Elements of Geometry* [M]. New York: Henry Holt & Company, 1897.
[21] Legendre, A. M. *Elements of Geometry* [M]. Cambridge: the University Press, 1819.
[22] Leslie, J. *Elements of Geometry* [M]. Edinburgh: John Ballantyne & Company, 1811.
[23] Macnie, J. *Elements of Geometry* [M]. New York: American Book Company, 1895.
[24] Palmer, C. I., Taylor, D. P. *Plane & Solid Geometry* [M]. Chicago: Scott, Foresman & Company, 1918.
[25] Playfair, J. *Elements of Geometry* [M]. Edinburgh: Bell & Bradfute, & G. G. & J. Robinson, 1795.
[26] Schuyler, A. *Elements of Geometry* [M]. Cincinnati: Wilson, Hinkle & Company, 1876.
[27] Schultze, A., Sevenoak, F. L. *Plane Geometry* [M]. NewYork: TheMacmillan Company, 1902.
[28] Slaught, H. E., Lennes, N. J. *Plane Geometry* [M]. Boston: Allyn & Bacon, 1918.
[29] Walker, T. *Elements of Geoemtry* [M]. Boston: Richardson & Lord, 1829.
[30] Wentworth, G. A., Smith, D. E. *Plane Geometry* [M]. Boston: Ginn & Company, 1913.
[31] Wells, W. *The Elements of Geometry* [M]. Boston: D. C. Heath & Company, 1899.

14 穿越时空话测量：全等三角形的应用

14.1 背景

“全等三角形”是初中平面几何的重要内容之一，是继平行线后学生初步学习几何推理的重要载体。除去特殊的直角三角形全等的判定方法，一般全等三角形共有四种判定方法——“边角边”、“角边角”、“角角边”和“边边边”，在人教版教科书中，这一内容安排于八年级上册，沪教版和苏科版教科书中，均安排于七年级下册。三个版本的教科书中，四种判定方法的编排顺序不同(表 14-1)，其中沪教版和苏科版的编排顺序相同。除“角角边”判定方法可由“角边角”判定方法推理得出外，沪教版对“边角边”和“角边角”的证明均采用了叠合法，将“边边边”的证明放在八年级上册，人教版和苏科版教科书中均采用操作画图的方式来说明“边边边”、“边角边”和“角边角”三种判定方法成立。

表 14-1　三个版本教科书中全等三角形判定方法的编排顺序

判定方法	人教版	沪教版	苏科版
边边边	1	4	4
边角边	2	1	1
角边角	3	2	2
角角边	4	3	3

三个版本的教科书中，全等三角形判定方法的应用散落于各小节中，一类为几何证明，一类为实际应用。几何证明涉及线段和角的相等关系。实际应用主要包括测池塘宽度、角平分线画法、卡钳的用法解读等，教科书中多给出解决方案或者操作方式，让学生用已学习的全等三角形判定方法进行解释，留给学生探索思考的空间相对较少。

有很多教师从不同的角度设计了全等三角形的应用或复习课，如王师森等(2017)以教科书中的例题为起始，一题多变，融入了图形的平移、翻折和旋转，复习全等三角形的各种判定方法，让学生学会学习，勤于反思。黄益维和胡玲君(2017)通过运用尺规作全等、添加条件证全等、应用全等找相等、构造全等证相等四个环节的设计，帮助学习构建相对清晰且完整的知识体系，总结和提炼相关解决问题的经验和方法，培养学生的逻辑思维能力。还有教师以“发现式复习课型”的操作体系，或以“共顶点型”三角形为复习主线设计例题，通过精心设计不同层次、不同类型的题目，在夯实双基的同时，注重培养学生思维的广阔性、深刻性和灵活性，如姜晓翔(2017)，梁艳云和涂爱玲(2016)，王赛英和张宏政(2012)，王师森、丁玲玲和于彬(2017)等。而熊莹盈(2018)所设计的全等三角形的应用重点关注“边边角”在什么条件下可以证明两个三角形全等。这些设计都只涉及全等三角形的在几何证明上的应用而忽略了全等三角形的实际应用。

从历史上看，古人对三角形的认识源于实际生活中测量的需要，古希腊数学家欧几里得在《几何原本》中采用公理化思想来处理几何命题，使得几何命题远离生活实际。欧几里得的影响持续了 2 000 多年。直到 20 世纪初，美国数学教育界开始寻求形式主义和现实主义之间的平衡，如 1904 年，“培利运动”的核心思想在美国被概括为五点，其中一点是：“对绝大多数学生来说，实用性要比哲学思辨重要得多。”(汪晓勤 & 洪燕君，2016)1904 年，F·克莱因起草《米兰大纲》，提出数学教学不应过分强调形式训练，而应重视应用。几何教科书中才逐渐出现全等三角形的应用问题，这些问题多半与远距离测量相关。我国《义务教育数学课程标准(2011 年版)》中也提出：要帮助学生积累数学活动经验，引导学生感受数学的价值以及数学与生活的联系，提高学生学习数学的兴趣，增强学好数学的自信心，培养学生的应用意识与创新意识。但教科书和教师对全等三角形知识的实际应用却较为忽视，不利于上述各目标的达成。所以我们从 HPM 视角设计全等三角形应用之教学，让学生体会全等三角形的应用价值和文化价值。

14.2 历史素材

在《几何原本》中，欧几里得采用叠合法来证明“边角边”判定方法，用反证法证明“边边边”和“角边角”判定方法，后世有数学家对叠合法提出质疑，也有数学家对“边边边”判定方法的证明做出了改进，但基于学生已有的认知基础，叠合法或者由画图操作得到判定方法更易于为学生所接受，所以我们主要整理有关全等三角形实际应用的历史材料。

14.2.1　角边角定理的应用

亚里士多德的弟子欧得姆斯将角边角定理归功于公元前 6 世纪的古希腊哲学家泰勒斯。而普罗克拉斯则告诉我们，泰勒斯运用角边角定理求出了海上的轮船到海岸的距离。那么，泰勒斯如何求轮船到海岸距离？

法国数学史家坦纳里（P. Tannery，1843—1904）认为，泰勒斯应该是用图 14－1 所示的方法来求船到海岸的距离的：设 B 为海岸上的观察点，C 为轮船所在的位置，作线段 BD 垂直于 BC，取 BD 的中点 A，过 D 作 BD 的垂线，在垂线上取点 E，使得 C、A、E 三点共线。利用角边角定理，DE 的长度即为所求的距离。

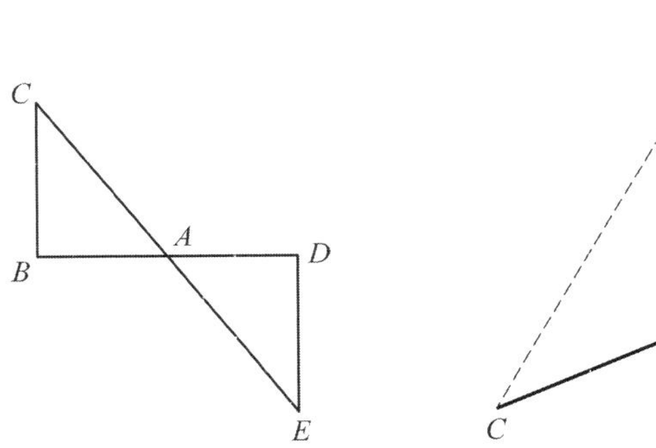

图 14－1　泰勒斯测量方法推测之一　　　图 14－2　泰勒斯测量方法推测之二

这种方法受到人们的质疑，因为如果船离海岸很远，岸边很难有足够的平地可供测量。英国数学史家希思（T. L. Heath，1861—1940）则提出另一种猜测，如图 14－2 所示。直杆 EF 垂直于地面，在其上有一固定钉子 A，另一横杆可以绕 A 转动，但可以固定在任一位置上。将横杆调准到指向船的位置 B，然后转动 EF（保持与底面垂直），将横杆对准岸上的某一点 C。则根据角边角定理，得 $DC = DB$。

泰勒斯的方法为后人所广泛采用，图 14－3 是 16 世纪意大利数学家贝里（S. Belli，？—1580）《测量之书》（1570）中的插图（Belli，1570），图中所示即为泰勒斯的方法。另外，有一个故事说，拿破仑军队在行军途中为一河流所阻，一名随军工程师运用该方法迅速测得河流的宽度，受到拿破仑的嘉奖。

图 14－3　河宽测量(采自贝里《测量之书》)

从 1910 年代开始，美国数学教育界开始重视几何学的应用价值。表 14－2 给出了部分美国几何教科书中角边角定理的实际应用问题。

表 14－2　角边角定理的实际应用

教科书	问题叙述	图形
Betz & Webb(1912)	如图所示，A、B 两点被一条河隔开。如何应用角边角定理测量它们之间的距离呢？测量 AC 和 $\angle A$，使得 $A'C=AC$，$\angle CA'B'=\angle A$。点 B'、C、B 在一条直线上，测量 $A'B'$ 即可	
Betz & Webb(1912)	如图，二杆 m 和 n 悬挂于点 A 处，其中 m 垂直悬挂，n 指向海上的船只 S，以 m 为轴，移动 n，使其指向陆地上某点 S'(m 与 n 的夹角保持不变)。则 $\triangle ABS\cong\triangle ABS'$，所以 $BS=BS'$，故只需测量 BS' 即可	
Hart & Feldman (1912)	欲测量 RS，沿河岸测出 RT 的长度。取 RT 的中点 F 作为标志杆位置。过点 T 作 RT 的垂线，在垂线上选择点 P，使得点 S、F、P 共线，则 PT 即为河宽	

（续表）

教科书	问题叙述	图形
Hart & Feldman (1912)	一名手头无任何测量工具的随军工程师希望快速测得河宽。他站在河岸某处 A，看到对岸点 B，之后保持视线不变，转身恰好看到地面上的点 C 处。步测距离 AC，即得河宽。试解释该方法	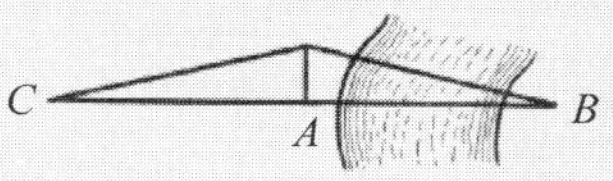 C A B
Hart & Feldman (1912)	试解释下述测量方法。在点 S 处置一标志杆，选一点 Q，使得点 R、S、Q 共线。选一点 T，测量 TS 和 TQ。延长 QT，使得 $TF = QT$。延长 ST，使得 $BT = TS$。直线 FB 与 RT 相交于点 G。则 BG 等于要测量的距离 RS	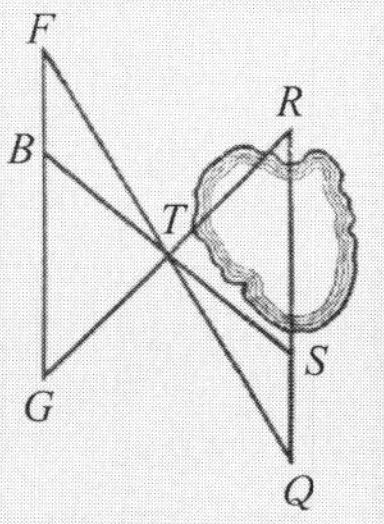 F R B T S G Q
Wentworth & Smith (1913)	为测河宽，一些男生从点 A 看对岸点 P，再转身测量 AB，使 $AB \perp AP$，在 AB 的中点 O 处置一标志物。作 $BC \perp AB$，在点 C 处置一标志物，使 P、O、C 共线，则 BC 即为河宽。说明该做法是正确的	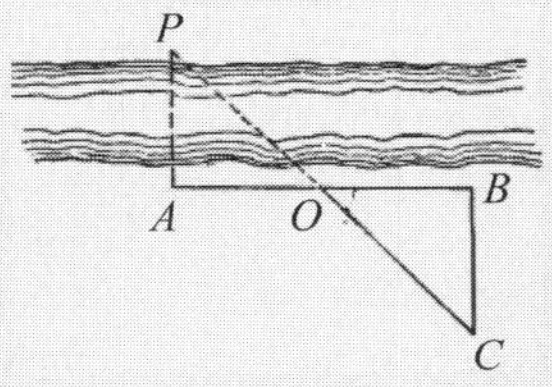 P B A O C
Young & Schwartz (1915)	欲测量岸上一点 A 到轮船 S 的距离，在岸上取点 B，分别在 A 和 B 附近取点 P 和 Q，使得 A、P、S 和 B、Q、S 共线，测得角 α 和 β。然后在岸上取 AS' 和 BS'，使得 $\alpha' = \alpha$，$\beta' = \beta$。则 $AS' = AS$	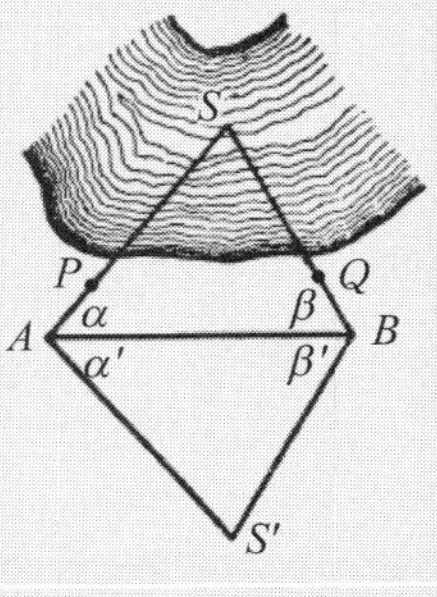 S P Q α β A B α' β' S'
Young & Schwartz (1915)	欲测量河对岸两点 A 和 B 之间距离：在此岸上取点 P 和 Q，以 PQ 为对称轴，作对称图形 $PA'B'Q$，则 $A'B' = AB$	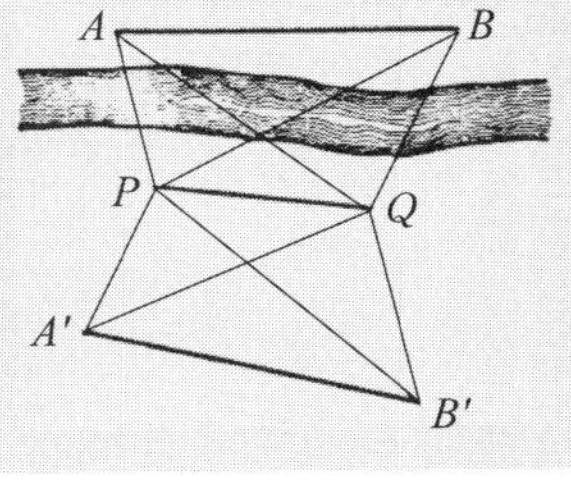 A B P Q A' B'

（续表）

教科书	问题叙述	图形
Stone & Millis (1916)	要测量点 A 到不可抵达的点 B 的距离：置竖杆 AC，横杆 DE 可沿 AC 上下移动，调整 DE 的位置，使得 C、E、B 三点共线。然后转动 AC，沿 CD 方向观测，得到地面上的点 F，于是 $AF=AB$	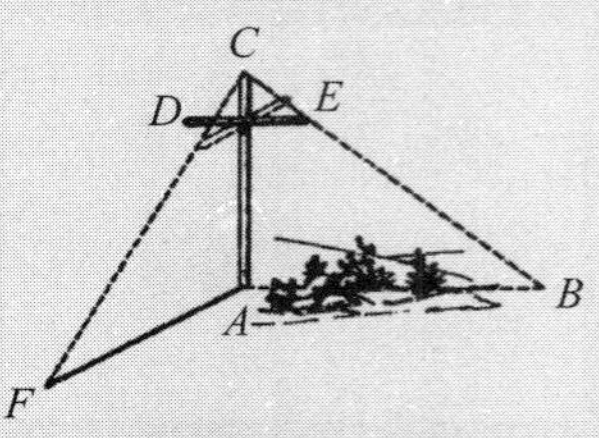 C D E A B F
Wells & Hart (1916)	如图所示，为测点 A 与对岸点 B 之间的距离，作线段 AD，使得 $\angle 3=\angle 1$，作线段 CD，使得 $\angle 4=\angle 2$，所以 $\triangle ABC \cong \triangle ADC$，$AD=AB$	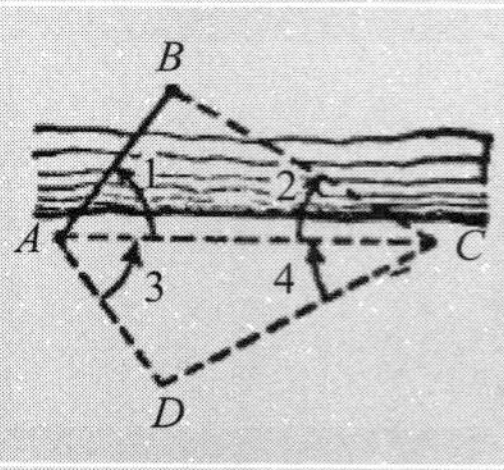 B 1 2 A C 3 4 D
Palmer & Taylor (1918)	为测旗杆 KH 高度，作 $DE=AK$，过点 D 作 $\angle D=\angle A$，$\angle E=\angle K$。为什么 $\triangle AHK \cong \triangle DFE$？说明 EF 等于旗杆 KH 的高度的理由	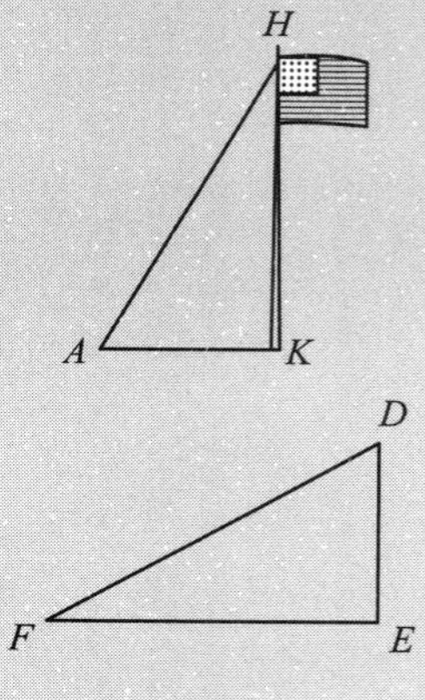 H A K D F E
Palmer & Taylor (1918)	某人希望知道从点 B 到河对岸点 A 之间的距离，试说明如何在不过河的情况下测得该距离。其中，$\angle B$ 和 $\angle D$ 为直角，C 是 BD 的中点	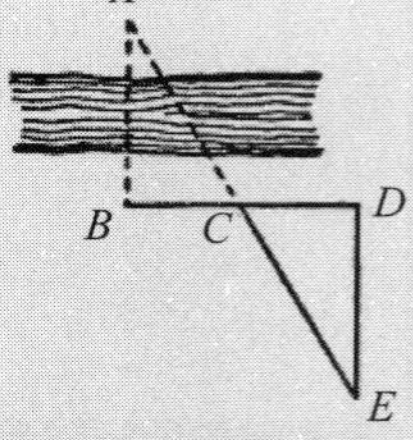 A B C D E

（续表）

教科书	问题叙述	图形
Palmer & Taylor (1918)	试说明岛上某人如何测出陆地上两点 A、B 之间的距离	A E B C F D
Farnsworth(1933)	为了测量一棵树 BT 的高度，丙在点 C 处立一桩，并用 V 形测角工具（两根杆，一段用螺栓固定，可调整角度）测得 $\angle 3$；乙在树根 B 处用 V 形测角工具测得 $\angle 1$，然后将测角工具置于平地，使其中一根杆位于 BC 上，让甲在另一根杆所指方向上立一桩 S；接着，丙在点 C 处将 V 形工具置于平地，使其中一根杆位于 CB 上，让甲沿着另一根杆所指方向直走，一直走到 BS 上停止，在停止处立一桩 A。于是，测量 BA 的长度，即得树高	T 1 B 3 4 2 C A S

从表 14－2 可见，角边角判定定理的应用主要集中在测量方面，不同教科书中所设置的情境大致类同，包括河宽、船与河岸之距、观测点到不可到达位置的距离、树高、旗杆高等。个别例子也为现行教科书所用。

14.2.2 边角边定理的应用

古人往往"就地取材"，用自己的手或脚来测量长度。在古代巴比伦和埃及，常用的长度单位为"肘尺"(cubit)——从肘到中指端的长度(约 53 cm)；在古代希腊和罗马，常用的长度单位是"尺"(foot)——脚掌的长度(从 275 mm 到 330 mm 不等)和"掌"(palm)——四指宽(1 肘尺＝6 掌)；在中世纪的英国，据说"码"(yard)是根据亨利一世(Henry I, 1068—1135)的手臂长确定的。我国古代的长度单位之一是"步"，荀子《劝学篇》云"不积跬步，无以至千里"，按秦时的度量制度，一步等于二跬，一跬等于三尺，即单脚一次跨出的长度。假设一个人的双腿伸直，那么在两腿之间的夹角相等时，利用边角边定理可知，他前后两次跨出的长度相等。

1910年代之后出版的美国几何教科书中也包含了较为丰富的边角边定理的应用问题。表14-3给出了其中的部分应用问题。

表14-3 边角边定理的实际应用

教科书	问题	图形
Betz & Webb(1912)	如图，AB 为某池塘两端的距离，AB 的长度可以通过定理来测量。将标志杆置于点 C，测量 AC 和 BC。使得 $A'C=AC$，$B'C=BC$，并保证 A、C、A' 和 B、C、B' 分别共线。则 $A'B'=AB$。若 $AC=300$ 英尺，$BC=200$ 英尺，$\angle C=55°$，测量 AB 的长度	
Hart & Feldman(1912)	欲测被池塘或其他障碍物隔开的 A、B 两地之间的距离，在点 F 处置一标志杆，测出 FA、FB，保持点 C、F、B 共线，使得 $CF=FB$，同样保持点 E、F、A 共线，使得 $EF=AF$，则 $CE=AB$，最后测量 CE 即可	
Hart & Feldman(1912)	请根据图形所示说出如何进行测量，可以测出不可直接测量的两点 R、S 之间的距离	
Wentworth & Smith (1913)	试证明，一个人为了测量池塘两端之间的距离 AB，可以在点 P 处放置一个标志杆，再在点 A' 处放置一个标志杆，使得点 A、P、A' 在同一条直线上，并且 $AP=A'P$。同理，$BP=B'P$。最后测量 $A'B'$ 即可	

（续表）

教科书	问题	图形
Young & Jackson(1916) Palmer & Taylor(1918)	如图，$BE=AB$，$BD=CB$，试说明DE等于湖两岸点A和点C之间的距离	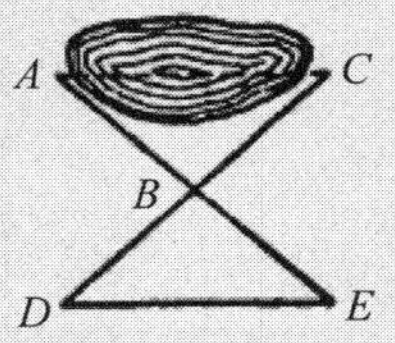 A C B D E
Palmer & Taylor(1918)	如图，点A在建筑物的西侧，点C在建筑物的南侧，而A、C之间的距离不可直接测量。为了测量A、C的距离，选择点B，在直线CB上选择点D，使得$BD=CB$。在直线AB上选择点E，使得$BE=AB$。说明$DE=AC$的理由	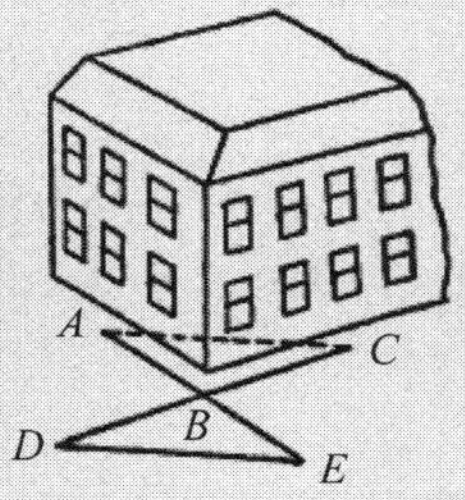 A C B D E
Farnsworth(1933)	为了测量池塘的长度，乙和丙分别在池塘两端选择两棵树B和C。甲在岸上点A处，用V形测角工具确定$\angle BAC$；将V形工具绕杆AC转动180度，乙测得AB的长度，并沿另一杆的方向直走同样的长度，在E处立一桩。测得CE的长度，即得池塘长度	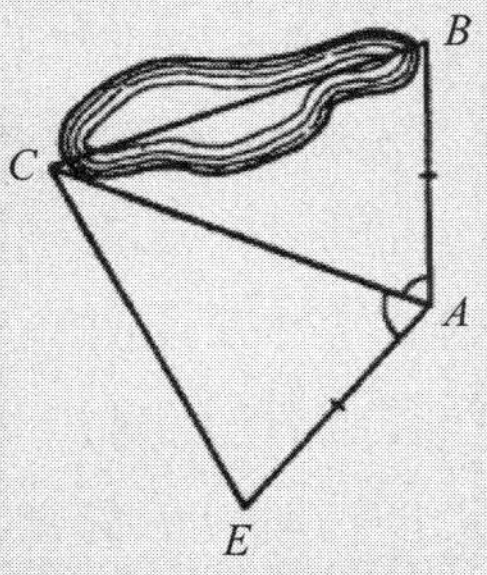 B C A E

14.2.3 全等三角形判定定理的证明

历史上，教科书对于全等三角形判定定理的顺序安排有四类：

(1) 边角边—角边角—边边边；

(2) 角边角—边角边—边边边；

(3) 边角边—边边边—角边角；

(4) 边边边—边角边—角边角。

在89种美英几何教科书中，各类顺序出现的频次如图14-4所示，其中第一类顺序与《几何原本》相同，占67.4%，可见《几何原本》对后世教科书的深刻影响。

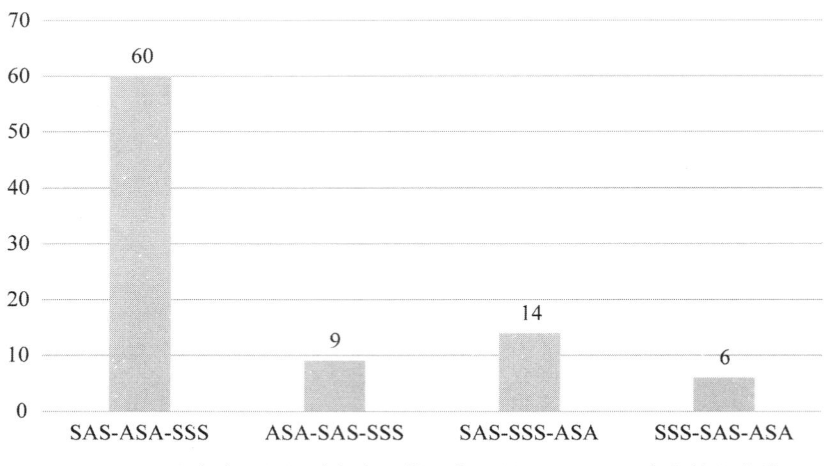

图 14－4　89 种美英几何教科书中全等三角形判定定理的顺序安排分布情况

对于边角边定理的证明，89 种教科书中大多采用了叠合法，与《几何原本》一致；对于角边角定理的证明，大多采用叠合法或反证法。而关于边边边定理的证明，有许多不同的方法。（刘帅宏，2018）

方法 1：叠合＋中垂线性质

如图 14－5，移动$\triangle ABC$，使得边 AB 与$\triangle DEF$ 的边 DE 重合。顶点 C 和 F 分别位于 DE 的两侧。连结 FC，与 DE 相交于点 H。因为 $DF=DC$，$EF=EC$，即点 D 与点 E 到 F 与 C 的距离分别相等。所以 $DE\perp FC$ 于其中点 H。现将$\triangle DEF$ 绕边 DE 转动，直到 DF、EF 分别与 DC、EC 叠合，因$\angle DHF=\angle DHC=90^\circ$，且 $HF=HC$，所以点 F 落在点 C 上。因此，这两个三角形所有部分对应重合，即两个三角形全等。

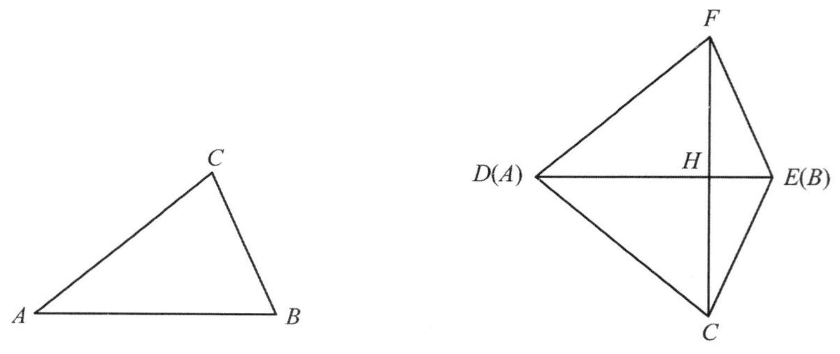

图 14－5　边边边定理证法之一

方法 2：叠合＋等腰三角形性质＋边角边定理

如图 14－6，移动$\triangle ABC$，使其最长边 AB 和$\triangle DEF$ 的边 DE 重合，使得顶点 C 与点 F 位于 DE 的两侧。连结 CF，因为 $DF=DC$，所以$\triangle DCF$ 为等腰三角形，则 $\angle 1=\angle 2$。同理，$\triangle ECF$ 为等腰三角形，$\angle 3=\angle 4$。所以，$\angle 1+\angle 3=\angle 2+\angle 4$，即 $\angle DCE=\angle DFE$。所以，$\triangle DFE\cong\triangle DCE$，因此 $\triangle ABC\cong\triangle DEF$。

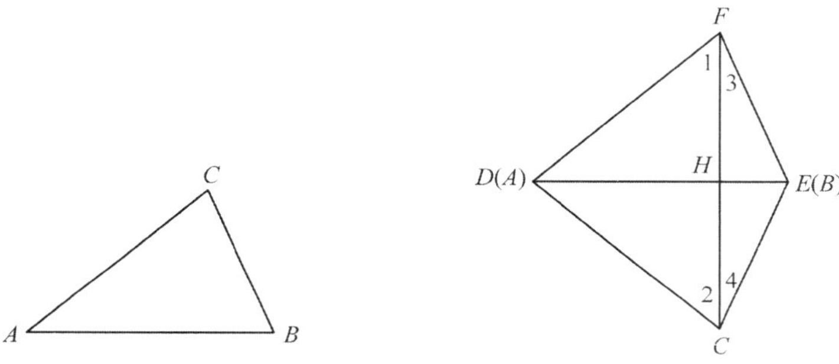

图 14－6　边边边定理的证法之二

方法 3：叠合＋中垂线性质＋边角边定理

证明：如图 14－7，移动$\triangle ABC$，使得边 AB 与$\triangle DEF$ 的边 DE 重合。顶点 C 与 F 位于 DE 的两侧。因为 $DF=DC$，$EF=EC$，即点 D 与点 E 到 F 与 C 的距离分别相等。所以，$DE\perp CF$ 且平分 CF，所以 $\angle 1=\angle 2$，于是得 $\triangle DEC\cong\triangle DEF$，即 $\triangle ABC\cong\triangle DEF$。

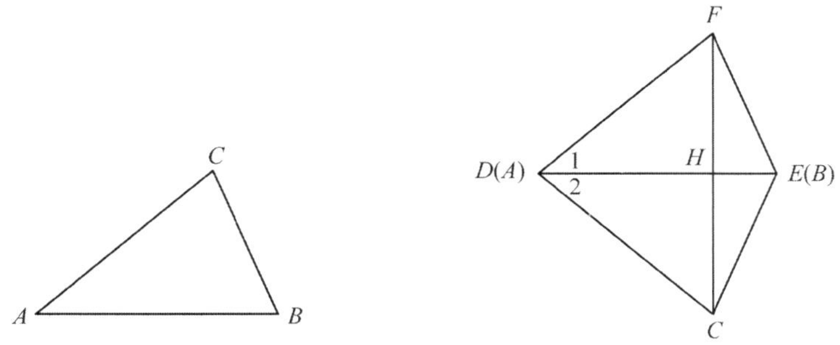

图 14－7　边边边定理的证法之三

方法 4：反证法

证明：如图 14－8，$\angle A$ 可能比$\angle D$ 大或小或相等。若 $\angle A>\angle D$，则 $BC>EF$。若 $\angle A<\angle D$，则 $BC<EF$。两种情形均与已知条件 $BC=EF$ 矛盾。所以

$\angle A = \angle D$，$\triangle ABC \cong \triangle DEF$。

图 14－8　边边边定理的证法之四

14.3　教学设计与实施 1[①]

我们利用或借鉴相关历史材料，从 HPM 的视角来设计“全等三角形应用”的教学，并拟定了以下教学目标：

（1）通过对距离测量问题的探究，让学生学会利用全等三角形知识来解决实际问题，增加他们的数学活动经验，培养他们的数学应用意识和创新意识。

（2）通过古希腊数学家泰勒斯和拿破仑随军工程师测量距离的故事，让学生感受数学的价值，激发他们的学习兴趣，拉近他们与数学的心理距离，增加他们的自信心。

（3）培养学生合作交流的习惯。

具体教学流程如图 14－9 所示。

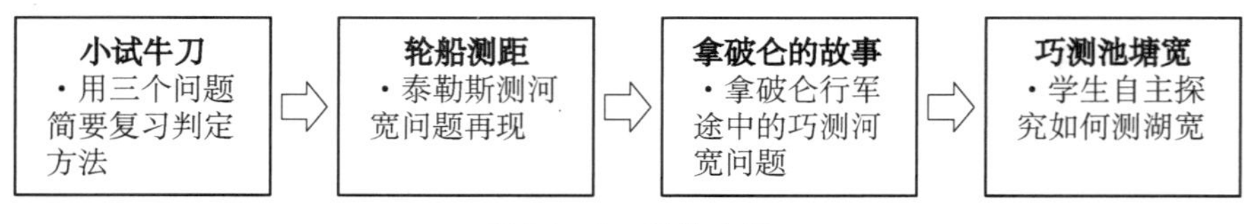

图 14－9　教学流程

14.3.1　小试牛刀

首先让学生回忆全等三角形的判定与性质，接着给出以下三个应用问题，为后面的教学环节做铺垫。

问题 1：如图 14－10，把两根钢条 AB、CD 的中点合在一起，可以做成一个测量工件内槽宽的工具（卡钳），只要测得 AC 的长，就可知工件的内径 BD 的长，你

① 执教者为上海市顾村中学沈琰老师。

明白其中的道理吗？

问题 2：如图 14－11，小明不慎把三角形模具打碎为三块，他是否可以只带其中的一块碎片到商店去，就能配一块与原来一样的三角形模具呢？如果可以，应该带哪块去？为什么？

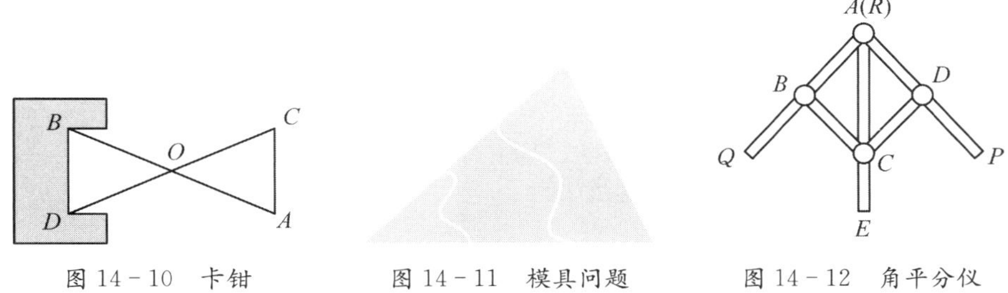

图 14－10　卡钳　　图 14－11　模具问题　　图 14－12　角平分仪

问题 3：如图 14－12，仪器 $ABCD$ 可以用来平分一个角，其中 $AB=AD$，$BC=DC$，将仪器上的点 A 与 $\angle PRQ$ 的顶点 R 重合，调整 AB 和 AD，使它们落在角的两边上，沿 AC 画一条射线 AE，AE 就是 $\angle PRQ$ 的平分线，你能说明其中的道理吗？

这三个问题均来源于教科书，分别对应边角边、角边角和边边边三个判定方法，在教师的引导下，学生利用全等三角形知识解决了上述三个问题，且教师从图形变换的角度对全等三角形作了解释。

14.3.2　轮船测距

如图 14－13 所示，教师介绍古希腊数学家泰勒斯当时遇到的问题："如何测量海面上的船到海岸的距离。"让学生思考：泰勒斯是如何解决这一问题的？

图 14－13　船与河岸距离的测量

学生的应用意识十分薄弱，面对上述问题一筹莫展。于是，教师利用圆规来模拟泰勒斯的测量方法（图 14 - 14）。如图 14 - 15，要测量 DB 的距离，在讲台上利用圆规，使其一边 EF 垂直于桌面，在圆规上有一固定点 A，圆规的另一脚可绕 A 转动。将该脚调准到指向点 B 的方向，然后转动 EF（保持与底面垂直），旋转 180°以后，将该脚对准点 C。则根据角边角定理，得 $DC=DB$，而 DC 的距离可以直接测得。考虑到泰勒斯的方法需要具备一定的空间想象能力才能理解，所以教师这里将 EF 旋转 180°，使得 Rt△ADC 与 Rt△ADB 共面。

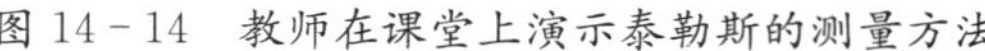

图 14 - 14　教师在课堂上演示泰勒斯的测量方法

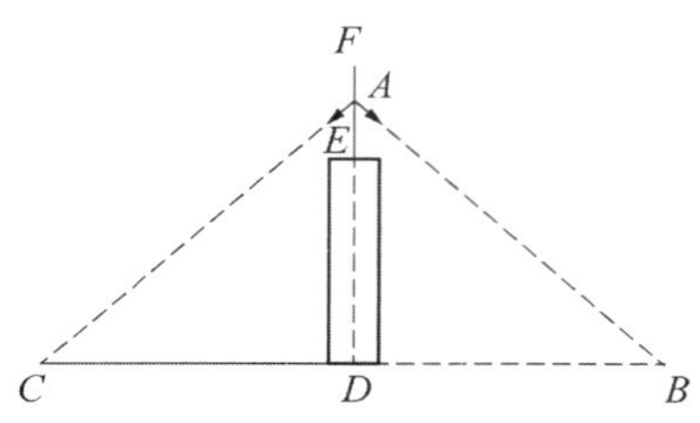

图 14 - 15　泰勒斯的测量方法

接下来，教师指出，上述“转圆规”方法最早为泰勒斯所运用，并讲述泰勒斯的故事。

14.3.3　拿破仑的故事

接下来，教师讲述拿破仑远征途中为河流所阻的故事，并提出问题：你能帮拿破仑测得河宽吗？教师通过 PPT 展示图 14 - 16，指出：A、B 之间的距离不能直接测得，你能运用类似的方案，求得 AB 吗？

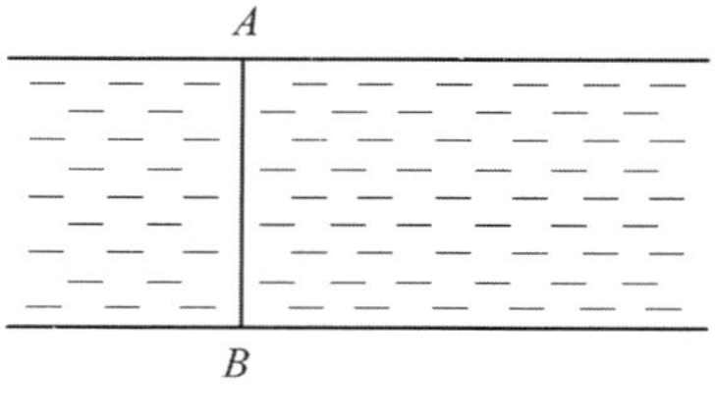

A

B

图 14 - 16　河宽问题

经提示，学生 1 给出图 14－17 所示的方案：过点 B 作 $BC \perp AB$，在 BC 上取一点 C，测得 $\angle ACB$ 的度数，作 $\angle DCB = \angle ACB$，交 AB 的延长线于 D，由角边角定理可知，$\text{Rt}\triangle ABC \cong \text{Rt}\triangle DBC$，故得 $BD = BA$。所以，只要测量陆地上的 BD 即可。

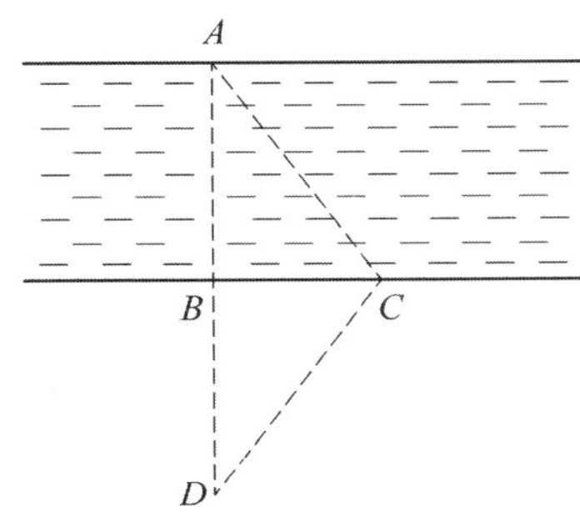

图 14－17　河宽测量方案之一

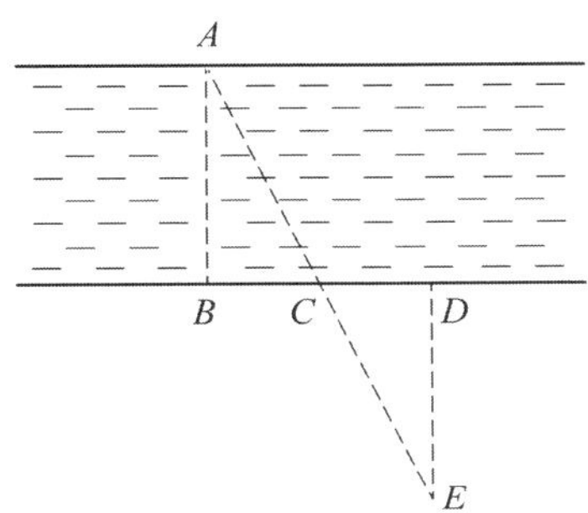

图 14－18　河宽测量方案之二

教师补充了另一种方案。如图 14－18，过点 B 作 AB 的垂线 BD，在 BD 上选取点 D，测量 BD 的长度，并取其中点 C，过 D 作 BD 的垂线 DE，在 DE 上取点 E，使得 A、C、E 三点共线。于是，$\text{Rt}\triangle ABC \cong \text{Rt}\triangle EDC$，故 $AB = ED$。所以，只要测量陆地上的 ED 即可。

教师总结，上述两种方案都是通过构造两个全等三角形来解决问题，一个通过图形翻折，一个通过图形旋转，将不可直接测量的距离转变为可直接测量的距离。

14.3.4　巧测湖宽

在这一环节，教师给出如下问题：湖岸上 A、B 两点之间的距离不能直接测得，你能用全等三角形知识设计一种方案，求出这段距离吗？

受河宽问题的启发，学生 2 给出图 14－19 所示的方案。学生 3 给出了图 14－20 所示的方案：从点 A 出发沿湖岸画一条线段 AE，取中点 C，连结 BC 并延长到点 D，使得 $BC = CD$，连结 DE，利用定理，得 $DE = BA$。故只要测量 ED 即可。学生的方案与早期教科书上的方案如出一辙。

教师指出，上述方法在早期美国教科书中都出现过，两位同学都很出色，重新发现了百年前数学家的方法。当然，还可用许多别的方法来求湖岸上两点之间的距离，同学们课后可以进一步探索。

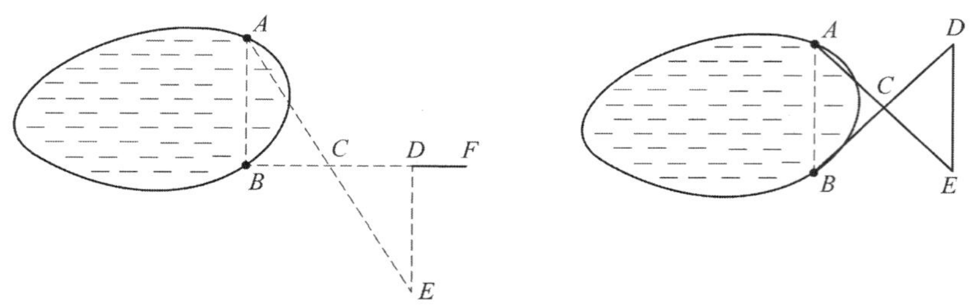

图 14－19　湖岸两点距离测量方案之一　　图 14－20　湖岸两点距离测量方案之二

14.3.5　学生反馈

课后，我们对学生进行了问卷调查。绝大多数学生能理解教师在课上提出的实际问题的解法，并认为对实际问题的探究促进了他们对全等三角形判定定理的理解。绝大多数学生喜欢老师在本节课中所采用的授课方式。

关于本节课的收获，学生典型的回答有："知道了全等三角形的应用"；"认识了全等三角形的历史，上课简单易懂"；"明白了学习的重要性，懂得了如何学习"；"知道了泰勒斯创造的测量方法，让我对全等三角形更加理解"；等等。大多数学生对"泰勒斯的测量方法"印象深刻，理由是"泰勒斯测量距离的故事让我受益匪浅，在解题时常常会想起这个故事，帮助我解题"。

14.4　教学设计与实施 2①

另一种教学设计方案拟定了以下教学目标：

(1) 通过对距离测量问题的探究，让学生学会利用全等三角形知识来解决实际问题，增加他们的数学活动经验，培养他们的数学应用意识和创新意识。

(2) 在探究解决问题的过程中，学会倾听分享，培养学生合作交流的习惯。

(3) 通过跨步问题和八路军测距的故事，让学生感受数学的价值、数学中的多元文化，激发他们的学习兴趣。

具体教学流程图 14－21 所示。

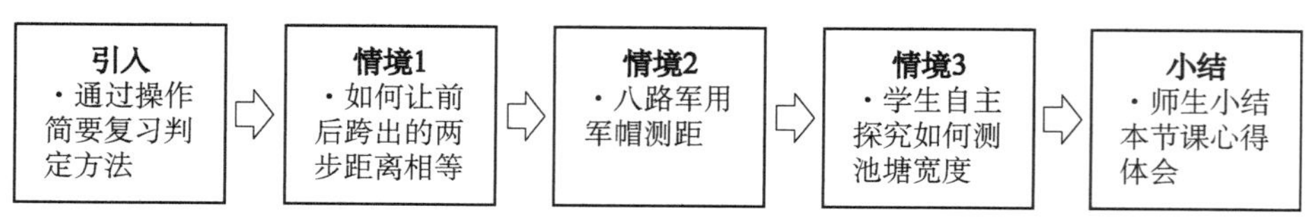

图 14－21　教学流程

① 执教者为上海市顾村中学仇扬老师。

14.4.1　引入

首先让学生复习两个三角形全等的判定方法及性质。然后设计了两个操作题，让学生熟悉全等三角形的构造过程，为后面的教学内容做铺垫。

操作1：如图14－22所示，已知AC、BD交于点O，$OA=OC$，请你添加一个条件，使$\triangle AOB\cong\triangle COD$，并说明理由。

操作2：画一画，在图14－23中，画出与$\triangle OAB$全等的三角形。

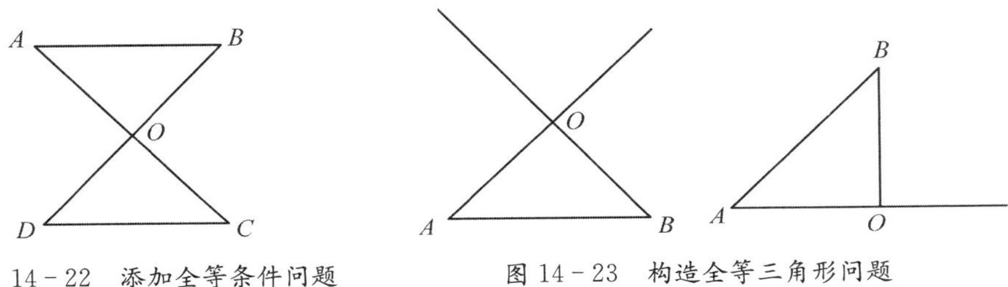

图14－22　添加全等条件问题　　图14－23　构造全等三角形问题

接下来设置了3个情境，让学生利用全等三角形知识来解决实际问题。

14.4.2　情境1：跨步问题

首先教师介绍了古人测距离的知识，然后提出以下问题：假设一个人的双腿伸直，那么在什么条件下他前后两次跨出的长度相等？

接着，教师展示图14－24，并提示：可以利用全等三角形知识。学生顺利解决了以上问题。以下是教学片段：

师： 人站到地面上什么是不变的？

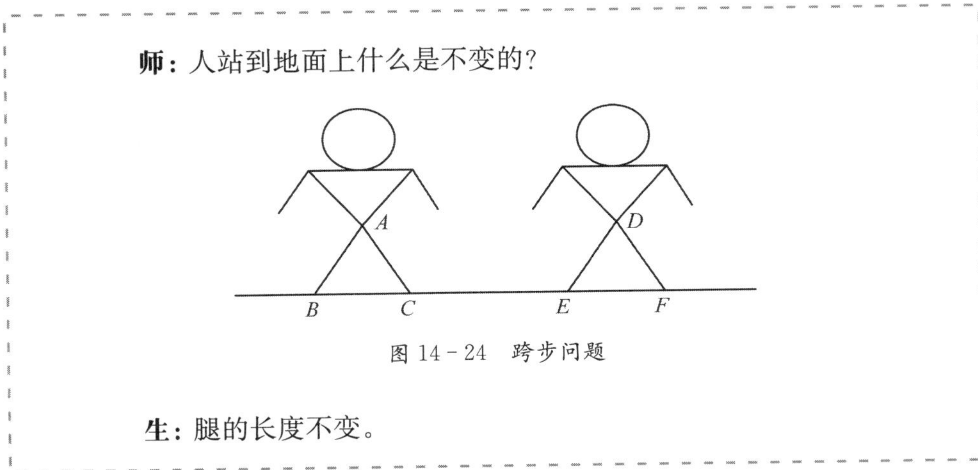

图14－24　跨步问题

生： 腿的长度不变。

师： 很好，也就是说要想让前后两次跨出的长度相等，就是构建两个全等三角形。想一想已具备了什么条件，还需要添加什么条件，这两个三角形就能全等？

生： 已经具备了 $AB=AC=DE=DF$，还需要添加 $\angle BAC=\angle EDF$。

师： 对，这样我们就能构建出 $\triangle ABC \cong \triangle DEF$ 了。

14.4.3　情境 2：碉堡测距

教师首先介绍，今年是中国人民抗日战争胜利 70 周年①，在这场艰苦卓绝、中国人民做出巨大民族牺牲的战争中，八路军做出了重大的贡献；接着讲述一名八路军战士测量敌人碉堡距离的故事。然后，提出问题：你知道这名八路军战士是如何进行测量的吗？你能用全等三角形知识来解决这个问题吗？你有几种解法？

有学生提出可以利用军帽测出与敌方碉堡之间的距离。他先从站立的位置利用军帽使自己的视线正好落在碉堡的位置，然后转过身，保持刚才的视线，看目光落在什么位置，然后步测出这段距离，就是我军阵地到敌人碉堡的距离。

教师通过图 14－25 对上述方法做了解释：图中，AC 表示八路军的身高，点 B 代表敌人的碉堡，CB 就是我军阵地到敌堡的距离，但这段距离不能直接测量，因此，我们需要把它转化成可直接测量的距离。由于$\triangle ACB$ 为直角三角形，在战士转身后身高 AC 不变，帽檐与战士身体的夹角不变，即当视线落在点 D 处时，$\angle CAB=\angle CAD$。所形成的 $\mathrm{Rt}\triangle ACD$ 与 $\mathrm{Rt}\triangle ACB$ 全等，于是，距离 CB 就被转换成了可直接测量的距离 CD。

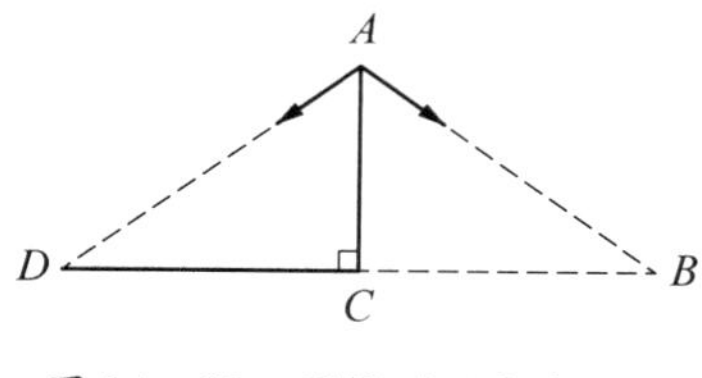

图 14－25　碉堡测距方法之一

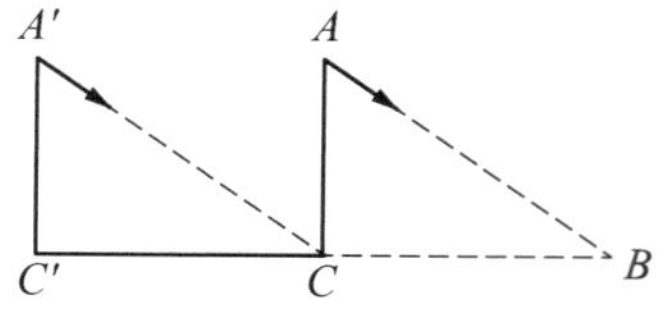

图 14－26　碉堡测距方法之二

① 本课例实施时间为 2015 年。

接着，教师将上述解释翻译成几何语言，并指出，这种方法运用了图形的翻折运动。教师适时介绍，这个方法正是公元前 6 世纪古希腊哲学家泰勒斯用过的方法，泰勒斯因此成为历史上第一个发现并运用角边角定理的人。

教师又提出问题：同学们还可以利用其他什么图形运动来解决问题呢？经过一番思考，有学生提出可以利用平移运动，并演示了如何进行平移。如图 14－26，先使视线落在敌堡的位置 B 处，然后往后退，使视线正好落在刚才站立的位置 C 处。教师引导学生说明，将 CB 转化成了哪条线段，并用几何语言加以复述。

14.4.4　情境 3：巧测池宽

解决了以上两个问题以后，教师又提出一个问题：小明和朋友们在上周末游览风景区时，看到了一个美丽的池塘，他们想知道池边两点 A、B 之间的距离，但是没有办法直接测量，且手里只有测角仪和尺子。他们怎样才能测出 A、B 之间的距离呢？

在教师的引导下，经过一番讨论之后，生 1 提出了以下方案：如图 14－27，先作 $CB \perp AB$，延长 AB 到 D，使 $\angle DCB = \angle ACB$，这时 $\triangle ABC \cong \triangle DBC$，利用全等三角形的对应边相等得出 $DB = AB$。教师提示，这相当于将图形进行了翻折。

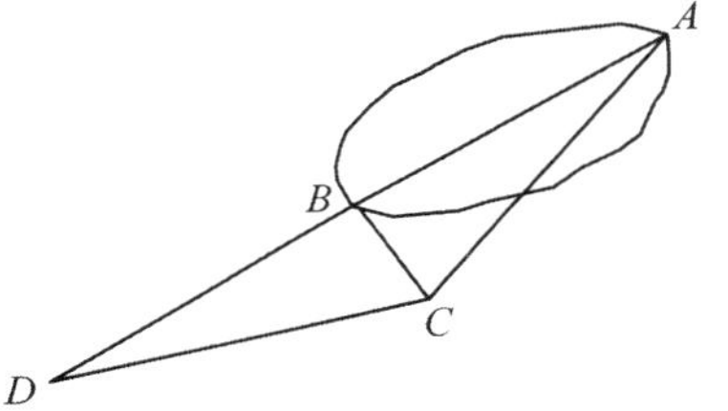

图 14－27　池宽测量方案之一

生 2 给出了图 14－28 所示的方案，但发现并没有可测的距离，从而未能找到正确的方法。

生 3 给出了图 14－29 所示的方案，延长 CB 到 D，使 $BD = CB$，作 $ED \parallel AC$，所以 $\triangle ABC \cong \triangle EBD$，测量 AB 可转化成测量 EB。

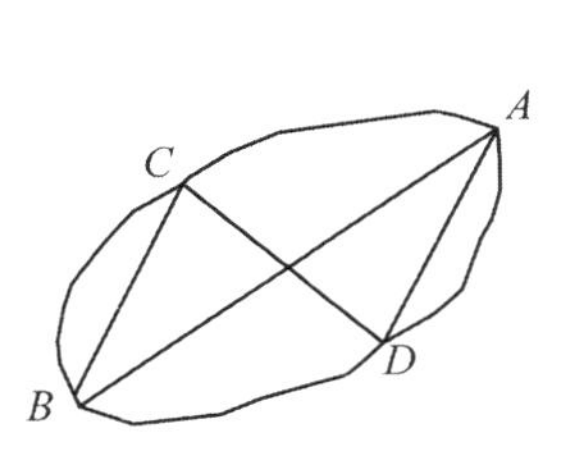

图 14－28　池宽测量方案之二

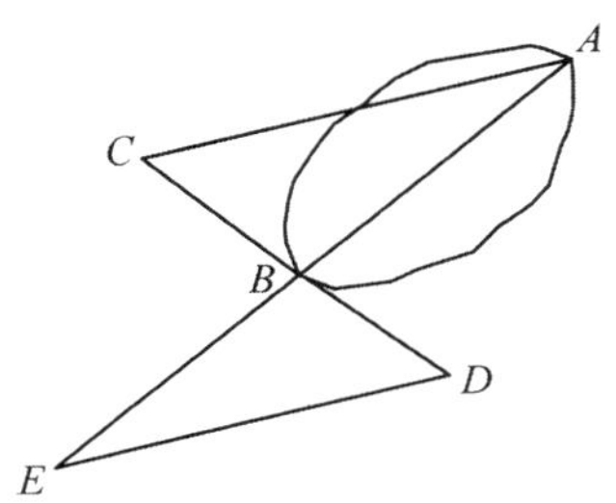

图 14－29　池宽测量方案之三

最后，生 4 给出了如图 14－30 所示的方案，测得$\angle ABC$、$\angle ACB$ 的度数以及 B、C 两点之间的距离，在 BC 的延长线上取 $DC = BC$，过 C 作 $\angle ECD = \angle ABC$，$\angle EDC = \angle ACB$，则 $\triangle ABC \cong \triangle ECD$，$AB = EC$。

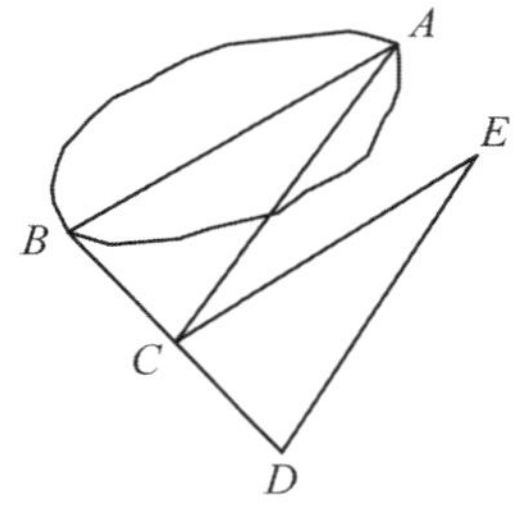

图 14－30　池宽测量方案之四

14.4.5　课堂小结

最后，教师与学生一起对本节课进行总结。

师：我们现在小结一下，这节课你学到了什么？

生 1：构造全等三角形。

生 2：利用全等三角形对应边相等把不可测距离转化成可测距离。

生 3：前人的智慧。

生 4：数学知识可以应用于生活实际。

师：对，我们这节课学会了一种思想方法，就是把实际问题转换成几何问题去解决，通过构建全等三角形，把不可直接测量的距离变成可直接测量的距离，这就是数学建模的思想；我们也体会到数学的价值、数学与现实生活之间的密切联系；我们还学到了前人的智慧，也感受到课堂上集体智慧的巨大力量。

14.4.6　学生反馈

课后，我们对学生进行了问卷调查。绝大多数学生能理解教师在课上提出的实际问题的解法，并认为对实际问题的探究促进了他们对全等三角形判定定理的理解。绝大多数学生喜欢教师在本节课中所采用的授课方式。

关于数学史在课堂教学中的呈现方式，统计结果如下图 14－31 所示。学生最喜欢的三种方式是讲故事、微视频和课上阅读。

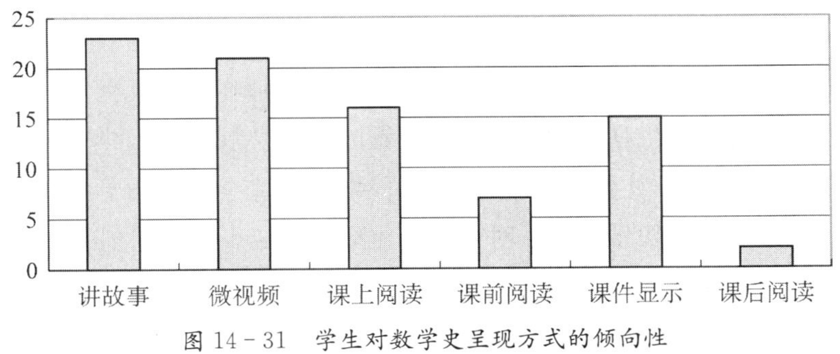

图 14-31 学生对数学史呈现方式的倾向性

关于本节课的收获，学生的回答有："让我了解了一些古代的测量方式"；"一个不可能直接测量出的距离，用数学方式测量出来"；"了解数学史，增加了对全等三角形知识的理解"；等等。大多数学生对"聪明的八路军战士"的问题情境印象深刻，理由是"他所用的方法十分巧妙地运用了全等三角形"。

14.5 课例评价

14.5.1 数学史的运用方式

教学设计 1 中，泰勒斯和拿破仑的故事是对数学史的"附加式"运用。故事激发了学生的学习兴趣，为枯燥的几何课堂添加几分色彩。轮船距离与河宽测量问题由历史材料改编而来，属于对数学史的"顺应式"运用。测量问题让学生感受古人的智慧以及几何的实用价值。池塘宽度问题则采自百年前的美国教科书，也进行了一定的改编，将问题变为开放性问题，让学生基于之前泰勒斯和拿破仑的方法进行探究解决，也属于对数学史的"顺应式"运用。

教学设计 2"附加式"介绍了有关古代长度单位的知识以及数学家泰勒斯。跨步问题和池宽问题都比较符合学生的生活经验，而八路军战士测距问题恰好与抗战胜利 70 周年这一时事联系起来，比泰勒斯测轮船距离问题更易引起学生的兴趣。三个问题都改编自数学史料，都是对数学史的"顺应式"运用。

14.5.2 数学史的价值

教学设计 1 的实施中，泰勒斯和拿破仑的故事激发了学生的兴趣，而轮船、河流、池塘测量问题为学生提供了探究、交流、积累数学活动经验的机会，并让他们感受到了数学的价值、数学与现实生活的联系，体现了数学史的"文化之魅"和"探究之乐"的价值。但由于缺乏有效的引导，刚开始学生对泰勒斯的轮船测距问题感到束手无策，教师只好自己给出泰勒斯的方法。在河宽测量问题中，学生的思维逐渐被激活，问题的解决有了突破，这也反映了教师在平时几何教学中比较忽视几何的应用，导致学生在面对实际应用问题时一筹莫展。在教学设计 2 的实施过程中，学生通过对三个实际问题的探究，积累了构造全等三角形解决实际问题的经验，体验到成功的快乐；同时，对全等三角形的判定有了更深刻的理解。

此外，两版教学设计均采用了开放性的池塘测量问题的探究，这一探究过程激活了学生的思维，而不同学生提出的不同方案又拓宽了他们的思维，提高了学生数学建模、直观想象、逻辑推理的能力，实现了"能力之助"。在教学设计 1 中，学生给出的两种方案正是百年前几何教科书中的方法，此时，经教师点破，学生仿佛穿越时空与数学家对话，与数学家之间的距离得以拉近，不知不觉中，学生已成了学习的主人，自信心也有了很大的提高。因此，教师通过数学史的融入，达成了"德育之效"。

14.5.3 小结

两版教学设计各有特色，均较好地落实了《义务教育数学课程标准(2011 年版)》中所提出的要求："要帮助学生积累数学活动经验，引导学生感受数学的价值以及数学与生活的联系。"当然，教学设计中也存在一些不足，数学课的重点应该最终落实在数学本身，而在教学设计 1 中，轮船测距问题与拿破仑的故事除问题背景不同外，测量问题相似度较高，有所重复，择其一即可。相比较而言，教学设计 2 相对紧凑，借助情境 2 向学生介绍了泰勒斯测河宽的问题，也为后续池塘测量问题留下了充足的时间，从实际教学效果也可见，在教学设计 2 中，学生给出了较多的测量方案，这种独立思考解决问题的经验势必会给学生留下深刻的印象。

此外，还有教师以微视频的方式运用数学史料，将泰勒斯测河宽的问题改编为有趣的"小黄人寻找凯文过天堑"的故事融入教学，节约了时间，生动形象地展示了泰勒斯测河宽的方案，并利用微视频介绍了泰勒斯的生平、拿破仑的故事，向学生展示了数学的人文的一面。(陈嘉尧，2016)

在冰冷的数学知识与火热的学生思考之间有一座桥梁，那就是数学史。这座桥梁有着特殊的魅力，也许现在还比较简陋，但经过我们的努力，相信它将会越来越宽，越来越牢固。如何让数学史更有效地促进学生探究，仍需要教师在实践中继续探索。

参考文献

[1] 陈嘉尧. HPM 微课在全等三角形教学中的应用[J]. 数学教学，2016(6)：41—45.
[2] 黄益维，胡玲君. 简约设计，凸显本质——基于"学习中心"教学理念下"全等三角形复习"的教学设计与评析[J]. 中学数学教学参考(下旬)，2017(6)：30—33.
[3] 姜晓翔. 由点成线，由浅入深，由表及里——"全等三角形(复习课)"的教学设计与思考[J]. 中国数学教育，2017(11)：31—35.
[4] 梁艳云，涂爱玲. 运用"变式"进行复习课的教学设计与反思——例谈全等三角形复习课的教学设计[J]. 中学数学杂志，2016(4)：25—28.
[5] 刘帅宏. HPM 视角下全等三角形的教学[D]. 上海：华东师范大学，2018.
[6] 王赛英，张宏政. 立足现实，关注差异，注重发展——评一节全等三角形复习课[J]. 中国数学教育，2012(8)：19—24.
[7] 王师森，丁玲玲，于彬. "全等三角形复习课第一课时"教学设计及立意阐释[J]. 中学教研(数学)，2017(9)：26—28.
[8] 汪晓勤，王甲. 全等三角形的应用：从历史到课堂[J]. 中学数学教学参考(初中版)，2008(10)：55—57.
[9] 汪晓勤，洪燕君. 20 世纪初美国数学教科书中的几何应用——以建筑为例[J]. 数学教育学报，2016，25(2)：11—14.
[10] 王修燕. 探究中引领，研讨中发展——"全等三角形复习课"的教学设计与说明[J]. 初中数学教与学，2011(2)：18—21.
[11] 熊莹盈. 全等三角形判定定理的应用——"探究'边边角'在部分条件下证明三角形全等"教学设计[J]. 中国数学教育，2018(5)：3—8.
[12] Belli，S. *Libro del Misvrar con la Vista* [M]. Venetia：Giordano. Ziletti，1570.
[13] Beman，W. W.，Smith，D. E. *New Plane & Solid Geometry* [M]. Boston：Ginn & Company，1899.
[14] Betz，W.，Webb，H. E. *Plane Geometry* [M]. Boston：Ginn & Company，1912.
[15] Farnsworth，R. D. *Plane Geometry* [M]. New York：McGraw-Hill Book Company，1933.
[16] Hart，C. A. Feldman D. D. *Plane and solid geometry* [M]. New York：American Book Co，1912.
[17] Heath，T. L. *A History of Greek Mathematics* [M]. Oxford：The University Press，1921.
[18] Palmer，C. I.，Taylor，D. P. *Plane and Solid Geometry* [M]. Chicago：Scott，Foresman and Company，1918.
[19] Smith，D. E. *History of Mathematics* (Vol. 2) [M]. Boston：Ginn & Company，1923.
[20] Stone，J. C.，Millis，J. F. *Plane geometry* [M]. Chicago：B. H. Sanborn & Company，1916.
[21] Wells，W.，Hart，W. W. *Plane and Solid Geometry* [M]. Boston：D. C，Heath，1916.
[22] Wentworth，G.，Smith，D. E. *Plane Geometry* [M]. Boston：Ginn & Company，1913.
[23] Young，J. W. A.，Jackson，L. L. *Plane geometry* [M]. New York：D. Appleton & Company，1916.
[24] Young J. W.，Schwartz，A. J. *Plane geometry* [M]. New York：Henry Holt & Company，1915.

15 人性课堂几何魂：演绎证明

15.1 背景

平面几何是初中数学课程的重要组成部分，它对培养逻辑思维能力、提高理性思维水平有着不可或缺的作用(田载今，2004)，还有利于形成科学的世界观和理性精神，有助于培养良好的思维习惯等(鲍建生，2000)。

现行人教版、沪教版以及苏科版教科书均采用从实验几何逐步过渡到论证几何的方式编排，"证明"一节是从实验几何过渡到论证几何的起始课，在人教版教科书中位于七年级上册第 5.3.2 节，该教科书认为，"在很多情况下，一个命题的正确性需要经过推理才能作出判断，这个推理过程叫做证明"，并在旁注中指出"证明的每一步推理都要有根据，这些根据可以是已知条件，也可以是学过的定义、基本事实、定理等"。在苏科版教科书中，"证明"位于七年级下册第 12.2 节，教科书先给出视错觉图形和几个几何和代数中的例子，让学生感知代数中的"证实"和几何中的观察、操作和说理，将"证明"定义为"根据已知的命题，确定某个命题正确的过程"，并简要介绍了《几何原本》。沪教版教科书中，"演绎证明"位于八年级上册第 19.1 节，将"演绎证明"定义为从已知的概念、条件出发，依据已被确认的事实和公认的逻辑规则，推导出某结论正确的过程。三个版本教科书给出的证明的定义虽不完全相同，但都蕴含了公理化思想，强调证明主要在于由已知事实或结论推理未知结论成立的过程。我们所述"演绎证明"一节课主要参考沪教版教科书，在此之前学生在七年级实验几何阶段已经学习了平行线、三角形的相关知识，有一定的几何推理能力，对证明已有一定的认识和实践经验。

在教学中，教师通常更注重具体几何定理的证明和应用，通过具体的几何证明题目训练学生的逻辑思维能力，而往往会忽视证明本身的价值。学生不知道为什么要学习几何，不能够真正理解证明的意义(鲍建生，2005)。但是，"证明"作为从实验几何到论证几何的过渡的一节课，起着承上启下的作用，目的在于让学生了解前面所学几何知识和即将要学习的几何知识之间的区别和联系，认识学习几何证明的意义和价值。

数学并不是静态、无人性、无情景、无争议和无社会性的知识。它是动态的，是人们在社会发展进程中构建的，也是会犯错的（Brown，1996）、人性化的（Hersh，1997）。数学课本中呈现的是数学的严谨的学术形态，呈现的是“冰冷的美丽”，数学教师的任务，是要将它们以学生容易接受的形态呈现出来，将这“冰冷的美丽”转化为“火热的思考”，这往往需要许多人文的“意境”和人性化的教学（张奠宙，2008）。所以，我们从 HPM 视角对本节课进行设计，实现人性化的数学课堂，力图让学生在从实验几何过渡到论证几何的过程中，体会学习“证明”的价值和意义。

15.2 历史素材

材料 1： 证明的由来（萧文强，1990）

在人类的文化史上，“证明”这个意念是怎样产生的？又是什么时候产生的呢？

学术界一般认为，数学证明开始于公元前 6 世纪。据说当时的希腊数学家和哲学家泰勒斯证明了几条几何定理（参阅第 12 章）。到了公元前 4 世纪，欧几里得写成了不朽巨著《几何原本》，他从一些基本定义与公理、公设出发，以合乎逻辑的演绎手法推导出 400 多条定理，从而奠定了数学证明的模式。

可是，这个说法隐藏了不少疑问，即使证明真的起源于公元前 6 世纪的古代希腊，为什么当时的人会想到要证明数学命题呢？有许多经过反复实践或是直观易明的数学命题，不需要作任何解释就已经被人们所接纳，如直径把圆平分、对顶角相等之类，难道还需要怀疑吗？为什么这些一看就明白的事情也有人要去琢磨呢？那是因为泰勒斯的慧眼不在于说服旁人这些是正确的结果，而在于了解到这些是需要说服旁人的。

材料 2： 19 世纪博物学家达尔文（C. R. Darwin，1809—1882）的故事（萧文强，1990）

有一个农场主，他养猪总是养不胖，他为这事忧心忡忡。这件事被达尔文知道了，他告诉农场主：多养猫，猪就会胖起来。理由是猫吃田鼠，多养猫便少田鼠；田鼠吃土蜂，少田鼠便多土蜂；三叶草要靠土蜂传粉，多土蜂便多三叶草；猪吃三叶草，多吃三叶草猪便胖起来。

材料 3：《几何原本》的魅力

2017 年 12 月 19 日，中华新闻网上有这样一篇报道：满文版的《几何原本》在内蒙古呼和浩特展出，展出的《几何原本》上留有康熙皇帝学习时所做的笔记。

美国总统亚伯拉罕 · 林肯（A. Lincoln，1809—1865）在当总统前是一名律师，他的身边常伴有《几何原本》，一有机会就会拿出来阅读并研究，直到能够熟练地证明前 6 卷中的所有命题。他认为，《几何原本》中的演绎证明可以使人思维严谨缜密，表达条理清楚，这对他的律师职业、议员工作和总统竞选都有帮助。（萧文强，2007）

17 世纪英国哲学家霍布斯（T. Hobbes，1588—1679）在他 40 岁那年的某天，在朋友的书房里看到案头有一本打开的书，不经意瞧了一眼，那一页刚好是《几何原本》卷一命题 47（即勾股定理），他对自己说："那怎可能呢?"为了满足自己的好奇心，他便读了下去，看它怎么解释。但书上的证明却用了前面一条定理，于是他又查阅那条定理，看它怎么解释；那条定理的证明又用了更前面的一条定理；于是，他继续查阅下去，最终追溯到卷一命题 1，于是恍然大悟，对命题 47 深信不疑，并且由此爱上了几何学。

《几何原本》奠定了数学证明的模式，很多著作都仿照它的模式来写，如牛顿的《自然哲学之数学原理》，在书的开端先列出三条有关运动的公理，即"牛顿三大定律"，再以此为基础证明了一条又一条的结论。再如美国开国元勋杰斐逊（T. Jefferson，1743—1826）在起草《独立宣言》时也受到了《几何原本》的影响，这份文件以"人皆生而平等……"为"自明之真理"。

1607 年，意大利传教士利玛窦（M. Ricci，1552—1610）和我国明代著名学者徐光启（1562—1633）合译《几何原本》前六卷，于是，《几何原本》第一次传入我国。徐光启在其《〈几何原本〉杂议》中谈道："下学工夫，有理有事；此书为益，能令学理者祛其浮气，练其精心，学事者资其定法，发其巧思，故举世无一人不当学。"又说："此书有五不可学：燥心人不可学，粗心人不可学，满心人不可学，妒心人不可学，傲心人不可学。故学此者，不止增才，亦德基也。"学习几何不仅可以培养严谨的逻辑思维，还可以潜移默化地影响人的品格和处事的态度。俄罗斯数学家沙雷金（I. F. Sharygin，1937—2004）也曾说过："学习几何能够树立我们的德行，提升我们的正义感和尊严，增强我们天生的正直和原则。数学境界内的生活理念，乃基于证明，而这是最崇高的一种道德概念。"（萧文强，2007）

15.3 教学设计与实施①

我们融入数学史料，从 HPM 的视角设计本节课的教学，预设的教学目标

① 执教者为 HPM 工作室成员、上海市民办建平远翔学校贾彬老师。

如下：

（1）结合生活实例，回顾“对顶角相等”的证明，理解证明的含义，知道演绎推理的基本过程和因果关系的表述。

（2）通过探究“三角形内角和等于180°”的证明，体会演绎推理的一般步骤。

（3）了解证明的起源、作用以及学习演绎证明的价值，激发学生学习几何的兴趣，体会演绎证明是一种严格的数学证明，是人类理性精神的展示。

具体教学流程如图15-1所示。

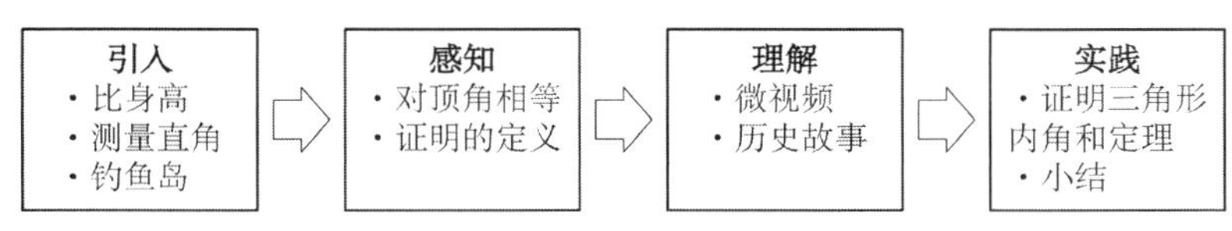

图15-1　教学流程

15.3.1　结合生活实例，引入数学证明

生活中我们会经常用到“证明”一词，但此“证明”与数学中的“演绎证明”并不相同，本环节从学生的生活实例引入，在学生已有的关于生活中“证明”的经验基础之上，引出数学中的“证明”。

师：我觉得A同学的身高是我班最高的。你认为我说的对吗？

生（全体）：不是，B同学才是。

师：你怎么证明？

生（全体）：站一起比一比就知道了。

（两位同学站在教室前进行身高比较，B同学较高）

师：的确B同学较高，大家所用的是比较证明法。

（课前，教师在黑板上画了一个接近直角的角）

师：我认为，黑板上这个角是直角。你觉得呢？

生1：是。

生2：不是。

生 3：看起来像是，要量一量才知道。（学生上讲台用量角器测量为 88°）

师：刚才我们采用的是通过实验操作去证明。另外，我说，钓鱼岛是我国不可分割的领土。你认为对吗？

生（全体）：那当然。

师：那我们怎么证明？

生（全体）：有历史资料记载了。

师：这个我们采用的是用已有的历史资料证明。刚才同学们为获得使人信服的结论所采用的手段就是证明。一般来说，证明是指人们为获得使人信服的结论所采用的手段。而在数学上，对数学结论的正确性进行证明，还有更为严格的定义和形式。

15.3.2 利用数学结论，感知演绎证明

在此之前，学生在七年级实验几何阶段已经学习了"对顶角相等"、平行线和全等三角形的相关知识，有一定的进行几何说理的能力，本环节通过回顾"对顶角相等"的证明，让学生感知什么是数学中的"演绎证明"，初步了解证明一个文字命题的一般步骤，并了解观察、操作和演绎证明之间的区别和联系。演绎证明是最令人信服的，观察和测量的结果虽然不是令人信服的结论，但却是进行猜想、发现结论的重要途径，猜想出的结论是否正确需要通过演绎证明来确认。

师：七年级我们学习了"对顶角相等"，请问如何说明"对顶角相等"？

生 1：要先画个图，画两条相交直线。

（教师操作，在黑板上画出直线 AB、CD 相交于点 O，如图 15－2 所示）

师：对你画的这幅图，你需要交待一下吗？

生 1：（点头）直线 AB、CD 相交于点 O。

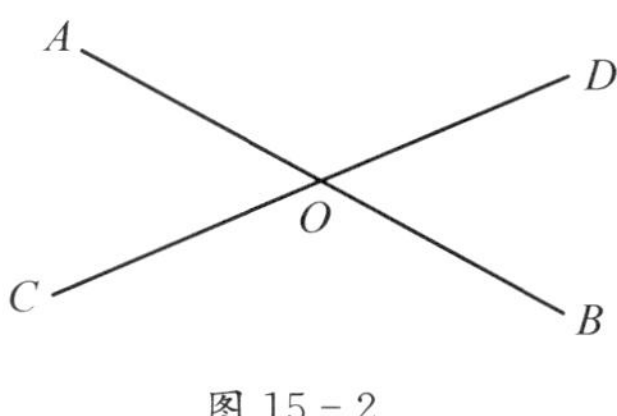

图 15－2

师：你交待的这句话能给个名称吗？

生 1：已知。

师：你的“已知”是从哪里来的？

生 1：画图来的呀。

师：根据图形写出来的已知，要加上“如图”二字。接着可以开始“证明”了吗？我们要“证明”什么呢？

生 1：我们要证明一对对顶角相等，也就是 $\angle AOC=\angle BOD$。

师：我们要“证明”的目标也给它一个名称，叫“求证”。

师：结合图形，你有哪些方法说明$\angle AOC$ 与$\angle BOD$ 相等呢？

师：用“看”行吗？

生(全体)：不行，比如刚才的直角，看着是，但实际测量出来，发现并不是。

师：用“量”行吗？

生(全体)：也不行，度量会有误差，不是每一个问题都能通过度量解决的。

师：那用什么办法？

生 2：因为直线 AB、CD 相交于点 O，所以——

师：哪来的？

生 2：已知的呀。

生 2：所以 $\angle AOC+\angle AOD=180°$，$\angle BOD+\angle AOD=180°$。

师：你怎么知道的呢？

生 2：它们组成了平角，根据平角的概念知道的呀。

生 2：所以 $\angle AOC=\angle BOD$。

师：这个结论你又是怎么知道的呢？

生 2：等式的性质呀，$\angle AOC$ 和 $\angle BOD$ 与 $\angle AOD$ 相加都得 180°，它们当然相等啊。

师：这个理由成立。还可以说是因为什么？

生 2：同角的补角相等。

师：像这样，不凭任何个人的感觉，而是从已知的概念、条件出发，依据已被确认的事实和公认的逻辑规则，推导出某结论为正确的过程，我们称为演绎证明。和观察、测量相比，这种推理方式更能令人信服。

在师生的一问一答之间，学生慢慢感悟证明一个文字命题的一般步骤：①画图，写出已知、求证；②进行证明，并在证明的每一步后面写上推理的依据。

15.3.3 融入历史素材，理解演绎证明

历史上第一位具有“通过演绎推理进行证明”的意识，并用它来思考、解决问题的人非常伟大。那么，是谁最早具有这种意识？数学证明从何而来呢？我们为什么要学习证明呢？本环节利用已选的历史素材，让学生理解演绎证明的价值。

微视频 1：“证明的由来”（历史材料 1）。在视频中，学生了解了证明的由来，并认识了泰勒斯和欧几里得两位数学家以及数学经典著作《几何原本》。

然后，教师将 19 世纪博物学家达尔文的故事（历史材料 2）以推理的形式逐步呈现给学生，让学生体会“演绎证明”的推理模式在生活中的运用。

15.3.4 运用新学知识，实践演绎证明

在上课前，教师已给每位学生下发了一张三角形彩色纸片，并告诉学生，法国数学家帕斯卡在少年时代，通过一张简单的纸片发现了三角形内角和等于 180°。教师让学生通过自己的方式，利用手中的三角形彩色纸片来验证三角形内角和等于 180°，并将学生的方式展示在教室侧面的白板上。

本环节设计是在学生已经知道并理解了演绎证明的基础之上，利用学生在七年级已经学过的“三角形的内角和是 180°”，通过操作和演绎证明，让学生再次体

会进行演绎证明的一般步骤。

探究活动：小组内讨论完成“三角形的三个内角之和等于 180°”的演绎证明。

展示并完善证明过程：

法 1：如图 15－3 左，过点 A 作 BC 的平行线构造两组相等的内错角，$\angle B=\angle DAB$，$\angle C=\angle EAC$，将三角形的三个内角转化为一个平角，得证。

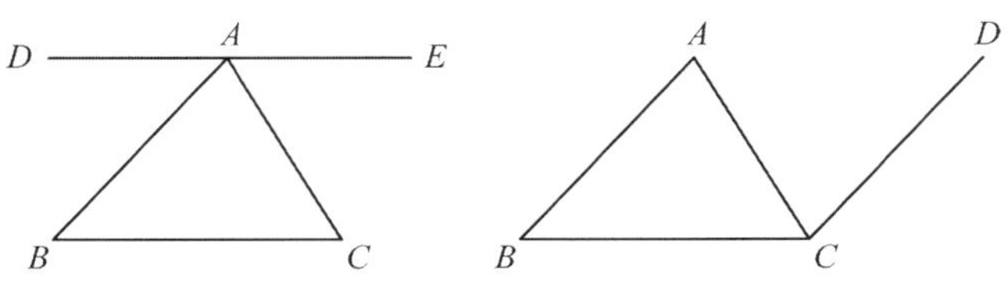

图 15－3 学生证明“三角形内角和为 180°”的方法

法 2：如图 15－3 右，过点 C 作 AB 的平行线构造一对相等的内错角，$\angle A=\angle ACD$，一对互补的同旁内角，$\angle B+\angle BCD=180°$，将三角形的三个内角转化为这对互补的同旁内角，得证。

然后，教师对两种方法进行了小结。对于“三角形内角和是 180°”的证明，用第一种方法的同学非常了不起，因为他用的方法和毕达哥拉斯学派的方法一样。在第二种方法中，若延长 BC 到 E，将$\angle B$ 转化为$\angle ECD$，此时，三角形的三个内角就可以转化为以 C 为顶点的一个平角，而这种方法就是欧几里得在《几何原本》中运用的方法，如图 15－4 所示。教师说道：“你们的方法超越了古人的方法，想到了古人没有想到的方法，将三角形的三个内角转化为同旁内角。”以此激励学生，并告诉学生历史上还有很多不同的证明方法，鼓励学生课后继续探究，去寻找其他的证明方法。

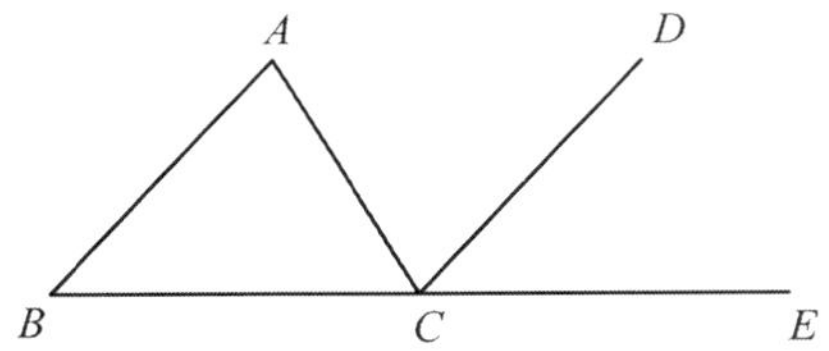

图 15－4 欧几里得在《几何原本》中的方法

另外，发现有学生利用三角形外角性质“三角形的一个外角等于与它不相邻的两个内角之和”来证明内角和定理。按照教科书中的几何体系而言，这种证明是典型的“循环论证”。“三角形的一个外角等于与它不相邻的两内角之和”是由三角形的内角和定理推导而得，而这种方法用三角形的内角和定理推导而得的结论来证明自身，显然陷入了一种循环论证中，是不具有说服力的。再次让学生体会证明的基础在于“已经公认的事实或结论”。

最后，鉴于目前初中学生所学几何均属于欧氏几何，教师通过历史材料 3 向学生介绍了《几何原本》，以及我国清朝康熙皇帝、美国总统林肯学习《几何原本》的故事，并总结道："《几何原本》成就了林肯的人生，如果你对它感兴趣，它也会成就你的人生。"希望在学生心中播下一颗理想的种子。

15.3.5 学生反馈

上课班级共 39 位学生，课后，针对本节课所学进行了学生问卷调查。"请用自己的语言描述什么是演绎证明"一题，有 26 位学生能够理解演绎证明的含义，虽描述方式不尽相同，但基本认为演绎证明是"从已知的公理、定理出发，用严密的推理来得到令人信服的结论"，初步具备公理化思想。有 32 位学生认为演绎证明是最可靠的，因为它"有理有据，逻辑严密"，还有 7 位学生认为演绎证明没有误差和错觉，比观察和测量更可靠。所有学生都能够理解证明的作用在于"使人信服"。对于本节课学生印象最深的环节，学生提到的有微视频"证明的由来"、"两位同学比身高"、"达尔文的故事"、"三角形内角和的探究"、"钓鱼岛"、"认识很多数学家"等，其中排前三的分别为微视频、"达尔文的故事"以及"三角形内角和的探究"，说明数学课堂中融入"人性化"的环节往往会给学生留下深刻的印象，数学课堂中探究活动的设置不可缺少，探究活动可以让学生自主探究生成知识，并深度理解知识。

另外，我们将课上所用的"对顶角相等"定理再次作为测试题，让学生证明图 15－2 中的 $\angle AOD=\angle BOC$。有 37 位学生虽然所写步骤与上课时教师所写步骤不尽相同，但均能够给出正确的证明过程。比较奇怪的一点是，虽然课上学生在证明过程的最后一步给出的理由是"等式性质"或者"同角的补角相等"，但课后测试中仅有 2 位学生写出正确理由，其余学生基本写为"等量代换"，说明虽然学生七年级已经学习了半个学期的几何知识，但学生在"等式性质"和"等量代换"的区别上依然存在困惑。

从学生问卷反馈可知，本节课作为从实验几何过渡到演绎几何的起始课，以激发学生学习几何的兴趣为出发点，利用数学史料，融入大量人文元素，基本达成了相应的教学目标。

15.4 课例评析

15.4.1 数学史的运用方式

本节课教师利用微视频向学生介绍"证明的由来"、讲述达尔文的故事和康熙皇帝以及美国总统林肯学习《几何原本》的故事，均属于"附加式"运用数学史料，目的在于融入"人"的元素，构建人性化的数学课堂，让学生感知数学并不是枯燥而乏味的，而是生动而有趣的。

在三角形内角和定理探究环节，教师向学生介绍帕斯卡利用纸片发现三角形内角和的历史故事，是"复制式"运用数学史，激发学生进行探究的好奇心和兴趣。学生的方法与历史上毕达哥拉斯学派的方法不谋而合，也是在"附加式"运用数学史，实现了学生与古代数学家思想的对话，而教师借助学生的方法 2 介绍欧几里得《几何原本》中的方法则是"复制式"运用数学史，拓宽学生思维的同时，实现学生与古代数学家的思想碰撞。

15.4.2 数学史的价值

虽然本节课诸多数学史料均采用"复制式"融入课堂，但这些史料体现了丰富的德育价值。运用历史材料 1 制作的微视频，不仅让学生认识了几何学鼻祖泰勒斯和欧几里得，还知道了"证明"的由来，明白"证明"的作用——说服别人，从而知道为什么要学习"证明"。此外，在生活中说话、做事也需要"有理有据"，不可凭空臆测。学生只有知其因，才能思其义，从而正其心，究其道。这体现了数学史的"知识之谐"和"文化之魅"。

历史材料 2 中，博物学家达尔文的故事，让学生体会到"学有所用"并不是一种口号，是真实存在的。数学来源于生活，学好数学可以服务于生活，提高生活质量。历史材料 3 中，《几何原本》中的逻辑推理吸引了很多不同文化背景的人去研究它。展出的《几何原本》上保留着康熙做的笔记，可见康熙在阅读《几何原本》时，是十分认真的。美国前总统林肯缜密的思维和清晰的条理与他认真研究《几何原本》有很大的关系，可以说，几何学习成就了林肯的人生。伟人的榜样激励，有助于学生树立远大的学习目标，再次体现了"德育之效"。

在"三角形的内角和等于 180°"探究环节，帕斯卡的故事吸引了学生的眼球，更激起了学生探究的乐趣，学生所用的证法与历史上数学家所用的证法不谋而合，让学生体会与古代数学家进行"学术交流"的独特感受。学生在感到惊讶的同时，也提升了学习数学自信心。因此，数学史的融入有助于营造"探究之乐"，达成"德育之效"。

除历史材料所蕴含的德育价值外，教师在引入环节所提到的"钓鱼岛是中国的领土"，渗透了爱国的情感。在课前三角形纸片"操作探究"时，部分学生采用裁剪操作,而部分学生采用折纸操作,教师在课上评价:"我更喜欢折纸的操作,因为环保,纸片还可以再利用。"这一评价潜移默化地渗透了环保的意识。

15.4.3 小结

本节课也留下了一些值得商榷的问题。

其一,达尔文的故事虽然浅显易懂,充分吸引学生的注意力,可以让学生尽快明白演绎证明是基于一定的假设和事实,故事中确实隐含了"从前提到结论的逻辑演绎推理",但却不是数学中的演绎证明,两者之间的关系在于"演绎证明"是"从前提到结论的逻辑演绎推理",但"从前提到结论的逻辑演绎推理"并不都是数学中的"演绎证明",这个故事的讲述可能会让学生混淆这两者之间的区别。

其二,在数学课中融入大量的人文元素,可以充分调动学生学习的好奇心和注意力,但也会削弱学生在学习新知识时的注意力。如课后反馈问卷中"对顶角相等"的证明,虽然在课堂上教师已作过明确的讲述,学生也未曾提出异议,但答题情况并不理想,也说明了学生的"听懂"和实际"会用"是两回事,在融入人文元素的课堂中,还需要关注知识点的达成情况。

其三,预设与生成总是一对矛盾,在三角形内角和定理探究环节,课前教师查阅历史,准备了这一定理的多种证明,但由于这一知识点在七年级下学期学习过,学生已经忘记可以用哪些知识来进行三角形内角和定理的说理,导致花费时间较长,且学生只给出了两种证明方法,没有时间展示更多更有趣的证明方法。

瑕不掩瑜。本节课通过数学史的融入,实现了数学课堂的人性化,是实施学科德育、落实立德树人的精彩范例。

参考文献

[1] 鲍建生.几何的教育价值与课程目标体系[J].教育研究,2000(4):53—58.
[2] 鲍建生.有关几何课程的若干基本问题[J].数学教学,2005(6):5—10.
[3] 田载今.应继续重视几何教学的理性特征[J].课程·教材·教法,2004,24(7):43—46.
[4] 萧文强.数学证明[M].南京:江苏教育出版社,1990.
[5] 萧文强."欧先生"来华四百年[J].科学文化评论,2007,4(6):12—30.
[6] 张奠宙.构建学生容易理解的数学教育形态——数学与人文意境相融合的10个案例[J].教育科学研究,2008(7):48—50.
[7] Brown, S. I. Towards humanistic mathematics. In: A. J. Bishop. *International Handbook of Mathematics Education* [M]. Dordrecht: Kluwer, 1996.
[8] Hersh, R. *What is mathematics, really*? [M]. New York: Oxford Universty Press, 1997.

16 历史与现实交汇：三角形中位线定理

16.1 背景

三角形中位线是与三角形相关的重要线段之一，通过添加三角形中位线作为辅助线是解决许多与中点相关的几何证明题的有效手段。在现行人教版、沪教版和苏科版教科书中均有三角形中位线相关内容，表 16－1 给出了在三个版本的教科书中三角形中位线定理的位置以及呈现方式。

表 16－1　三个版本教科书中的三角形中位线

教科书版本	位置	呈现方式	证明方法
人教版	八年级下册 18.1.2：平行四边形的判定	作为平行四边形判定一节的例题出现，然后以文字语言给出三角形中位线定理	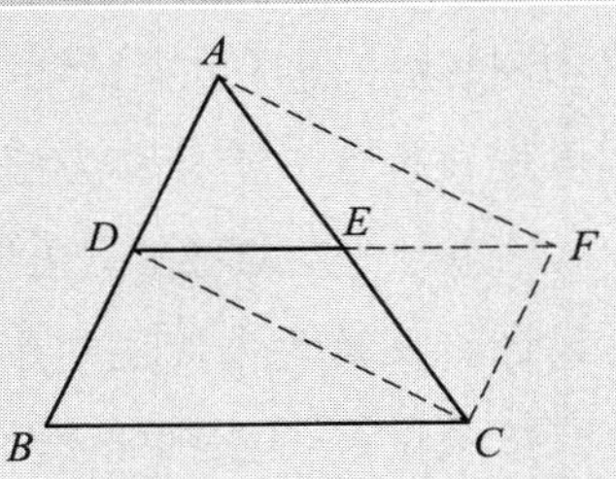 A D E F B C 倍长 DE，然后证明四边形 $ADCF$ 和 $BDFC$ 均为平行四边形
沪教版	八年级下册 22.6.1：三角形中位线	单独作为一节，由操作活动“将三角形通过割补，拼成一个平行四边形”引入	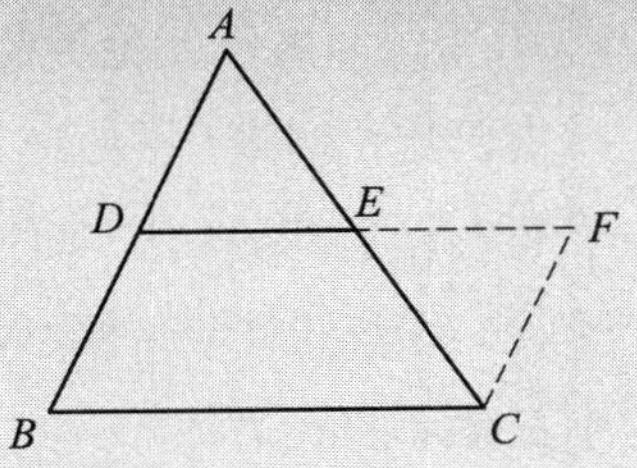 A D E F B C 倍长 DE，然后证明四边形 $BDFC$ 是平行四边形
苏科版	八年级下册 9.5：三角形中位线	同上	同上

三个版本的教科书均将三角形中位线安排在平行四边形相关知识之后，利用平行四边形的性质和判定证明三角形中位线定理。在已发表的有关三角形中位线的教学设计中，有的教师采用开门见山的方式，直接给出三角形中位线的定义，然后对性质进行探究（山丽娜，2017）。也有教师采用复习引入的方式，通过复习三角形中已有的特殊线段高、中线、角平分线以及相关性质，引出三角形中位线。还有教师从学生刚经历过的生活情景入手，设置四等分蛋糕的问题，引出三角形中位线，且用出入相补法对性质进行证明（王玉宏，2017）。

数学学科最大的功能是育人，如何才能充分发挥数学的育人功能？章建跃认为，在课堂教学中，“要以数学地认识问题和解决问题为核心任务，以数学知识的发生发展过程和理解数学知识的心理过程为基本线索，为学生构建前后一致逻辑连贯的学习过程，使他们在掌握数学知识的过程中学会思考”（章建跃，2013）。教科书中的情景设置较为刻意，并未解决学习三角形中位线知识的必要性问题，而已有的教学设计中虽然也有采用与学生相关的现实生活情景，激发学生学习的动机，并将这一情景贯穿始终，且采用了中国古代数学家的出入相补法，但尚未最大程度地发挥这一情景和方法应有的育人价值。

有鉴于此，我们在三角形中位线历史研究的基础上，采用 HPM 的视角进行教学设计。从解决古代现实生活中的问题出发，让学生在设计解决方案的过程中，“巧遇”中位线，发现中位线性质，并在探究定理证明的过程中，掌握重要的数学研究方法。

16.2 历史素材

16.2.1 古巴比伦泥版上的三角形分割问题

古巴比伦时期（公元前 1800—公元前 1600 年）的数学泥版 MLC 1950（图 16-1）上载有以下问题：三角形的高为 50，用平行于底边的直线将其分割成高分别为 30 和 20 的小三角形和梯形，小梯形的面积为 320，求原来的三角形以及分割得到的小三角形的底边。

而在同时期的数学泥版 YBC 4608（图 16-2）上，记载着六兄弟分割三角形土地的问题，三角形的面积和高已知，三角形是用平行于底边且间距相等的直线来分割的。古人已经知道，分割三角形的这些平行线段的长度是按照等差数列递增的，“三角形中位线等于底边的一半”这一性质只是其中的一种特殊情形。

图 16－1 数学泥版 MLC1950

图 16－2 数学泥版 YBC 4608

16.2.2 《几何原本》中的有关命题

欧几里得在《几何原本》中并没有直接讨论中位线的性质，但卷六给出了更一般的命题(命题 VI.2)："将三角形两腰分割成成比例的线段，则分点连线段平行于三角形的底边。"(Heath，1908)欧几里得证明该定理的方法是：将线段之间的关系转化为三角形面积之间的关系，再将三角形面积之间的关系转化为直线的位置关系。这种方法同样适用于三角形中位线定理。

如图 16－3，在$\triangle ABC$中，$AD=DB$，$AE=EC$。连结BE和DC，因$AD=DB$，$AE=EC$，故$S_{\triangle EAD}=S_{\triangle EDB}$，$S_{\triangle EAD}=S_{\triangle CED}$。于是得$S_{\triangle EDB}=S_{\triangle EDC}$，故知$DE\parallel BC$。另一方面，因为$S_{\triangle EBC}=S_{\triangle ABE}=2S_{\triangle BDE}$，而$\triangle EBC$和$\triangle BDE$是等高的，所以，$BC=2DE$。

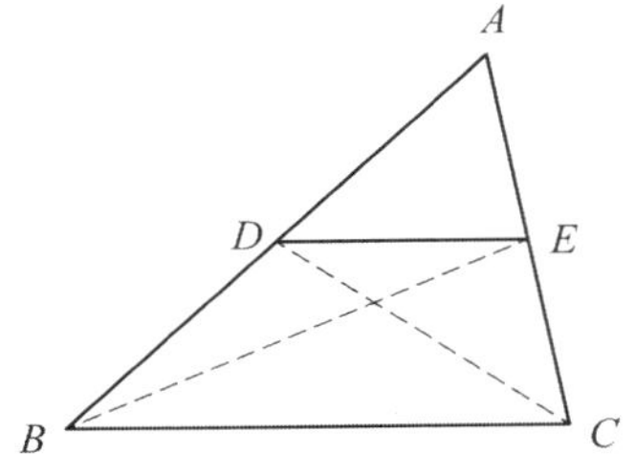

图 16－3 欧几里得的面积方法

16.2.3 刘徽与三角形面积公式

刘徽(3 世纪)对《九章算术》中三角形面积公式作了如下注释："半广者，以盈补虚为直田也。亦可半正从以乘广。按半广乘从，以取中平之数，故广从相乘为积步。"这里，"广"是三角形的底边，"正从"是三角形的高。刘徽是通过割补的方法来推导三角形面积公式的：取三角形两腰的中点，过中点作底边的垂线，将垂线外侧的小三角形补到上方的相应位置(图 16－4)，得到一个矩形，该矩形的面积等于原来的三角形的面积，它的长等于原三角形的高，它的宽等于原三角形底边的一半，即三角形面积等于半底乘以高。刘徽的第二种方法是：连结两腰中点(中位线），过顶点作中位线的垂线，将中位线上方的小三角形分割成两个小直角三角形，分别将它们补到相应位置（图 16－5），得到一个矩形，矩形的长为原三角形的底边长，宽为原三角形高的一半，故三角形的面积等于底乘以半高。

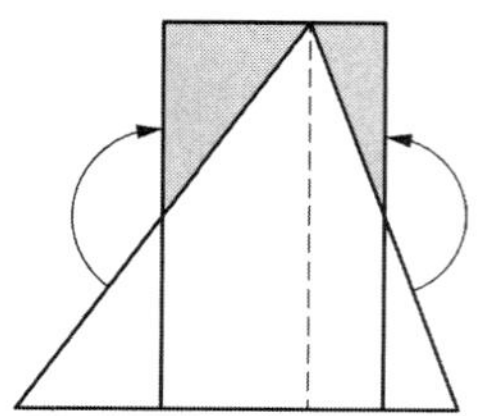
图 16－4　三角形面积推导方法之一

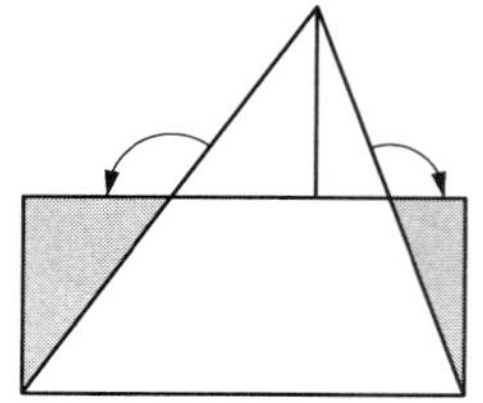
图 16－5　三角形面积推导方法之二

从三角形面积公式的推导过程可以看出，中国古代数学家必然知道中位线与底边的位置关系和大小关系。

16.2.4　早期几何教科书中的三角形中位线定理

针对三角形中位线定理，我们考察了 19～20 世纪出版的 50 种西方几何教科书，发现其中有 41 种以定理或推论形式给出三角形中位线性质，另 9 种则以习题形式给出该性质。31 种教科书给出了中位线性质的证明，证明的方法有反证法、欧氏面积法、同一法和平行四边形法。

（1）反证法

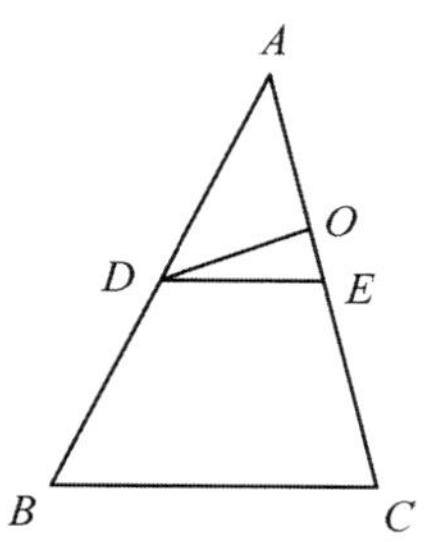

图 16－6　勒让德的反证法

勒让德在《几何基础》中首先证明平行线分线段成比例定理，据此证明以下定理（《几何原本》命题 VI.2 的第二部分）："一条直线截三角形两边成比例，则该条直线平行于第三边。"（Legendre，1819）如图 16－6，已知 $AD:DB=AE:EC$，若 DE 不平行于 BC，设 $DO\parallel BC$，由平行线分线段成比例定理得 $AD:DB=AO:OC$，又已知 $AD:DB=AE:EC$，故 $AO:OC=AE:EC$，这是不可能的，故 $DE\parallel BC$。

若不以"平行线分线段成比例"定理作为推理的基础，而运用欧几里得的面积法，则用勒让德的反证法依然可以证明三角形中位线定理中的位置关系。

（2）欧氏面积法

莱斯利在其《几何基础》中沿用了欧几里得的面积法来证明三角形中位线定理

(Leslie，1817)。这是 50 种几何教科书中第一本不用“过三角形一边中点且平行于另一边的直线必平分第三边”这一定理，而直接证明中位线定理的几何教科书。

(3) 同一法

Phillips(1878)和 Newcomb(1884)都利用“平行线等分线段”定理来证明三角形中位线定理。“平行线等分线段”定理说的是：如果一组平行线在一条直线上截得的线段相等，那么在其他直线上截得的线段也相等。如图 16－7 所示，一组平行线截直线 l_1 所得线段 AB、BC、CD 两两相等，则它们截直线 l_2 所得线段 $A'B'$、$B'C'$、$C'D'$ 也两两相等。如图 16－8，已知点 D 和 E 分别是 AB 和 AC 的中点，过 D 作 BC 的平行线，交 AC 于 E'，则 $AE' = E'C$，因此，DE 和 DE' 重合，故有 $DE \parallel BC$。

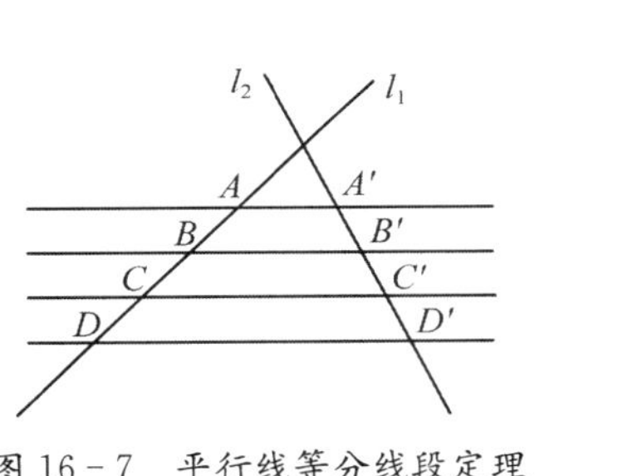

图 16－7 平行线等分线段定理

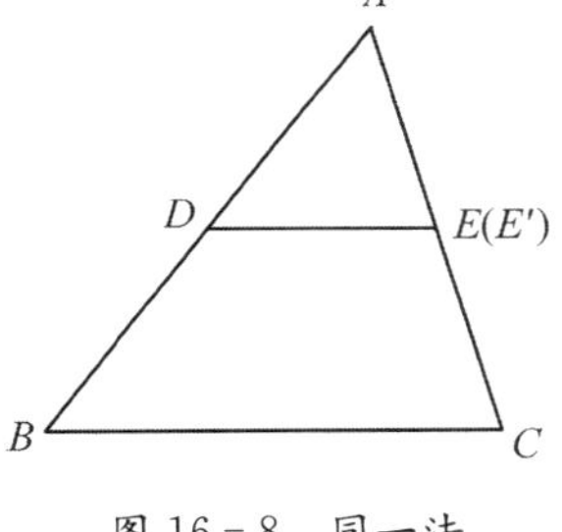

图 16－8 同一法

(4) 平行四边形法之一

Venable(1875)通过构造平行四边形(图 16－9)证明：“过三角形一边中点且平行于另一边的直线平分第三边。”然后以推论形式给出三角形中位线定理，利用同一法证明了中位线与底边的位置关系，再利用上述平行四边形证明了它们之间的数量关系。

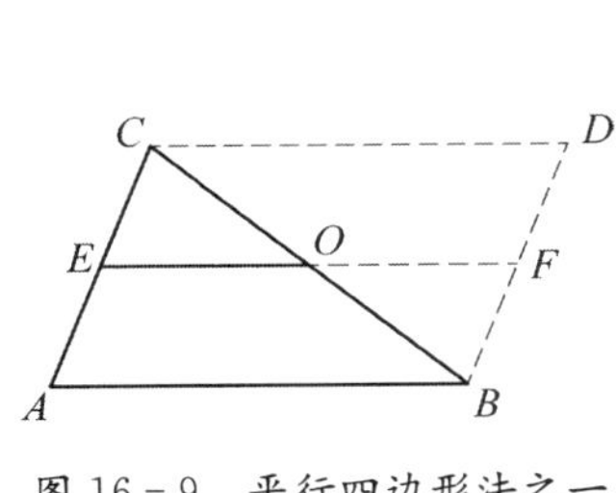

图 16－9 平行四边形法之一

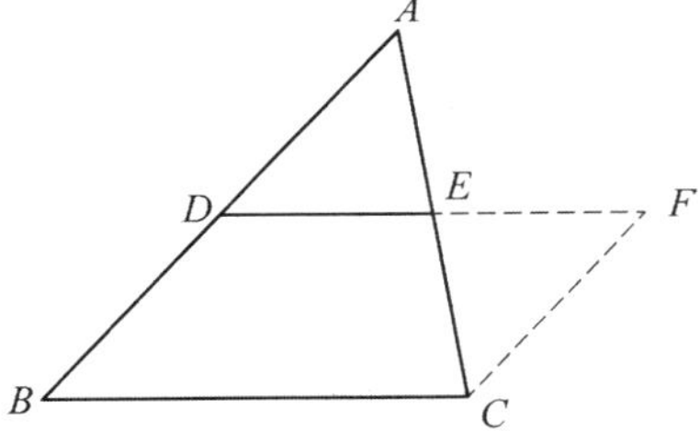

图 16－10 平行四边形法之二

在 19 世纪末 20 世纪初的几何教科书中，大多数采用图 16－10 所示的方法来证明三角形中位线定理：过点 C 作 AB 的平行线，交 DE 的延长线于点 F，易证

$\triangle ADE \cong \triangle CFE$，四边形 $DBCF$ 为平行四边形，从而得到 $DE \parallel BC$，$BC = DF = 2DE$。

今日课堂教学中，上述方法已经衍生出多种形式：如图 16－10，延长 DE 至点 F 使得 $DE = EF$，连结 CF，可证 $\triangle ADE \cong \triangle CFE$，于是得到四边形 $DBCF$ 为平行四边形，从而证得中位线定理。如图 16－11，延长 DE 至 F 使得 $DE = EF$，连结 AF、CF、CD，则四边形 $ADCF$ 为平行四边形，由此得到 $DBCF$ 也为平行四边形。如图 16－12，过点 A 作 AF 平行于 BC，过点 E 作 GF 平行于 AB，则四边形 $ABGF$ 为平行四边形，易证 $\triangle AEF \cong \triangle CEG$，另可证四边形 $ADEF$ 和 $DBGE$ 为平行四边形。

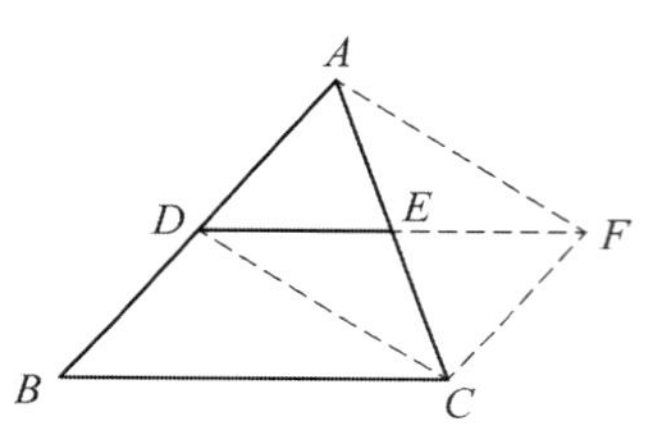

图 16－11　平行四边形法之三

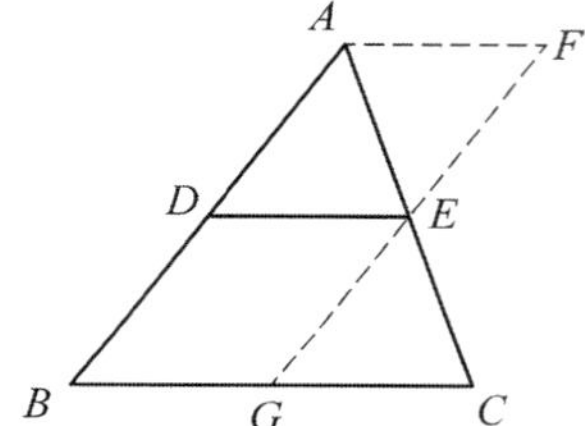

图 16－12　平行四边形法之四

以上我们看到，古巴比伦人在三角形土地的分割实践中，已经知道三角形中位线定理。古希腊数学家欧几里得则证明了更一般的定理。中国数学家刘徽在推导三角形面积公式时，实际上也得出了这个定理，尽管他并未明确提出来。19～20 世纪的西方几何教科书中，该定理主要是以更一般的“平行线分线段成比例”定理或“平行线等分线段”定理的推论呈现的，是一个并不受特别关注的“配角”。相比之下，它在今日教科书的地位要高得多。今日教科书先讲三角形中位线定理，后讲“平行线分线段成比例”定理，更符合学生的认知规律。但今天教师在课堂上经常采用的反证法、同一法、平行四边形法都是历史上的几何教科书曾经使用过的方法。（李霞 & 汪晓勤，2016）

16.3　教学设计与实施①

在了解相关历史后，我们进行了本节课的教学设计并付诸实施。我们拟定本节课的教学目标为：

① 执教者为上海市江宁学校张莉萍老师。

(1) 理解三角形的中位线概念，在经历三角形中位线概念形成和性质发现的过程中，激发学生学数学、用数学的热情，在定理的探索与证明中，让学生体会操作、观察、归纳、推理、假设、应用的数学研究过程，培养学生演绎推理能力以及严谨求实的科学态度。

(2) 在经历探索三角形中位线定理的过程中，运用图形运动的观点来认识添置辅助线的过程和作用，同时体会从特殊到一般的数学思想。

(3) 通过对三角形中位线定理证明方法历史的介绍，感知数学定理的历史文化内涵，通过运用数学知识解决实际问题的这一活动，树立数学来源于生活又服务于生活的信念。

具体教学流程如图 16－13 所示。

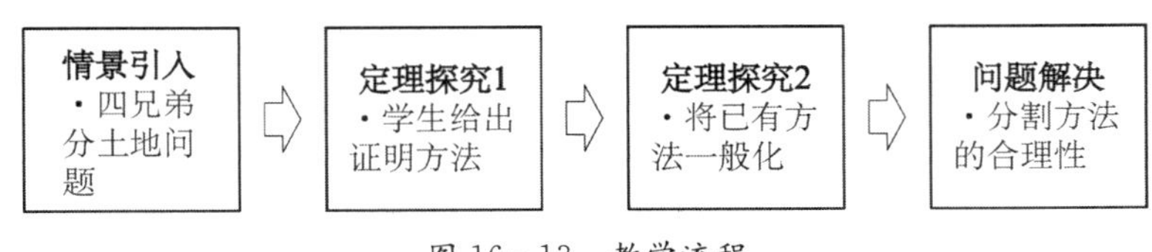

图 16－13　教学流程

16.3.1　改编历史问题引入

为了使中位线的知识引入较为自然，根据数学史料，在课前为学生创设了土地分割问题的情景，在设计方案过程中，部分学生无意识地用到了三角形中位线，由此教师自然引出三角形中位线的概念。

在一块考古学家发现的古巴比伦泥版上记载着这样一个有趣的故事：在巴比伦两河流域，有四位兄弟本来相安无事地生活着，直到一天他们父亲的去世打破了这一平静，大家为了分割父亲留下的一块土地而争论不休，谁都不肯吃亏。土地为三角形形状，请同学们利用所学的数学知识设计方法帮助这四位兄弟解决矛盾，回归平静的生活，同时也要对自己设计的方法有所说明，来说服四兄弟停止争论。

师：每位同学在课前都设计了三角形土地的分割方案。请问你的方案中的分割线段怎样形成？面积相等的理由是什么？

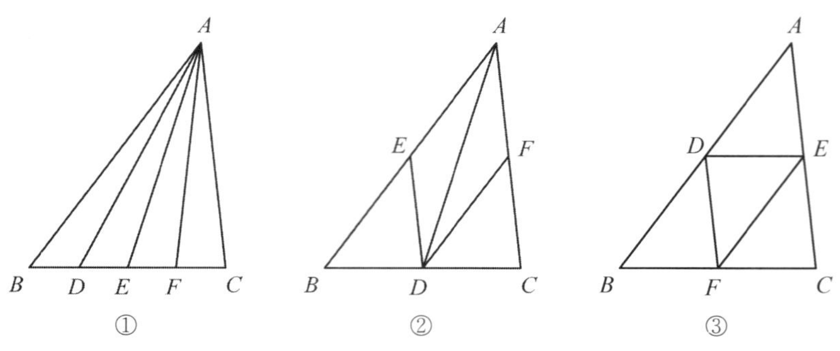

图 16－14　学生设计的分割方案

生 1： 我是先取 BC 的中点 E，再取 BE、CE 的中点，然后和顶点 A 相连进行分割，根据是等底同高三角形面积相等。

生 2： 取 BC 中点为 D，连结 AD，再分别取 AB、AC 中点为 E、F，分别连结 DE 和 DF，根据是等底同高三角形面积相等。

师： 请同学们观察和比较这两位同学分割方案的相通之处。

生： 他们都利用了中线进行分割。

师： 三角形的中线是三角形中较为重要的线段之一，其本身就具有将三角形面积均分的性质，大部分同学都合理地利用了这一数学知识来解决土地分割这一实际问题，学以致用，本身也是学习数学的目的之一。

观察两位学生设计方案的相通之处，让学生感知"三角形中线均分三角形面积"这一性质在解决实际问题中的作用，感知数学来源于生活，为中位线的引出做铺垫。

生 3： 我是取三边中点，然后顺次连结起来。我觉得分割出的 4 个三角形是全等三角形，但是没有找全证明全等的条件。

师： 如果不能用逻辑推理来证明全等，还可以用什么方法来说明这四个三角形全等呢？

生 4： 可以用尺量一下四个三角形的三边的长度。

师：那通过测量来判断全等的依据是什么？

生 4："边边边"判定方法。

生 5：可以将四个三角形剪下来，如果能完全重合，说明这四个三角形全等。

师：判断依据是什么？

生 5：全等形的概念。

师：请回忆：什么叫全等形？

生 5：通过折叠操作能够完全重合的图形称为全等形。

师：实际操作和测量也是研究数学问题的一种方法，而且同学所说的测量和重合都是有理论依据的，是可行的，但操作和测量毕竟会产生一定的误差，所以还是要通过严密的逻辑推理来证明。

师：让我们再来观察第三位同学的设计方案，DE 这条线段实质是连结三角形两边中点的线段，我们把这样的线段称为三角形的中位线，它是三角形中的重要线段，也是我们今天所学的主要内容。

16.3.2 自主证明中位线定理

先猜想结果再对结果进行演绎证明是研究数学问题的一种方法。教师带领学生运用此方法来研究三角形中位线的性质。

师：假设四个小三角形两两全等，那么中位线 DE 和第三边 BC 之间有怎样的位置和数量关系？

生：$DE \parallel BC$，$DE=\frac{1}{2}BC$。

师：反过来，如果我们能证明中位线与第三边的关系，或许它就能帮助我们来证明这四个三角形全等。请同学们进行尝试证明！

课堂活动中大部分学生利用 DE 的倍长中位线，通过构建全等三角形来完成证明，与教科书中的方法相同。教师引导学生加以归纳：倍长中位线的实质是将三角形的问题转化成平行四边形的问题，利用了转化的数学思想。出乎意料的是，一位同学采用了刘徽的出入相补法进行证明。

生 1： 之前在学梯形的时候，有学到过梯形可以补成平行四边形或矩形，刚才同学的方法是补全成平行四边形，我是利用三角形的高，将 $\triangle ADE$ 进行分割，分别转到下方，补成一个矩形，也能够证明中位线和第三边的关系。

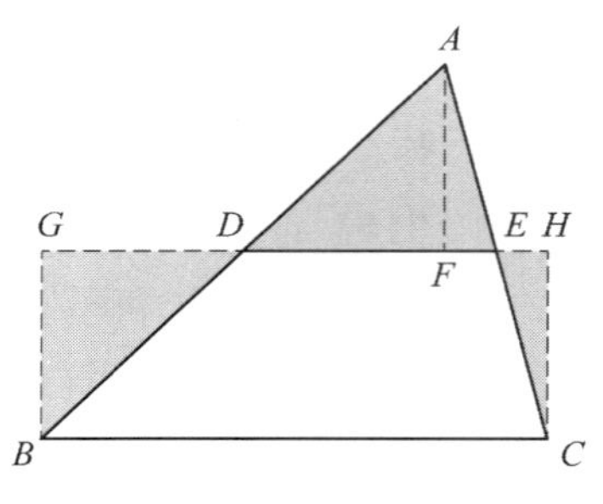

图 16-15　生 1 的证明方法

师： 真棒！我国古代数学家刘徽正是用这种方法推导三角形面积公式的。请同学们观察一下该方法与之前证明方法的异同。

生： 都是利用了倍长中位线：一个利用了 1 次；一个利用了 2 次。都是将三角形问题转化成四边形问题：一个是转化成平行四边形；一个是转化成矩形。

此问题的作用是让学生通过比较两种方法的异同，感知两种方法的相通之处，深刻理解三角形问题转化成平行四边形问题中转化思想的运用，同时为接下来引导出一般证明方法做铺垫。

16.3.3　拓展已有证明方法

倍长中位线是中学最常用的一类辅助线，前面利用倍长中位线构造平行四边形，由此证明三角形中位线定理，符合学生认知基础，也是学生首先能够想到的方法，为了让学生深入理解这一方法，我们利用刘徽出入相补的原理，设置问题，进行拓展，以期创造前后一致逻辑连贯的学习机会，发展学生的逻辑思维能力。（图 16-16）

图 16－16 学生在课堂上给出中位线性质的不同证明

师：生 1 是利用了三角形的高，将图形分割，分别旋转到下方，拼成更为特殊的平行四边形——矩形来解决问题的，同学们还有什么方法可以将 $\triangle ADE$ 分割，转到下方也能证明结论吗？请再尝试并进行小组交流。

生 2：取 DE 的中点利用类似的方法也可以证明。

生 3：取 $\angle A$ 的角平分线也可以。

生 4：他们取的都是 DE 上的特殊点，所以我随便取了个点试试，结论还是可以得证的。

师：大家都非常棒，我们不仅学会了古人的方法，还将这一方法进行更一般的拓展，超越了古人！

因为在分割土地问题中多次提到"中线、高和角平分线是三角形中的重要线段"，所以学生的第一反应是利用中线、角平分线来分割 $\triangle ADE$，有 8 位学生进行了尝试。小组交流过程中，有一位学生取了 DE 上的任意一点。

随后，教师总结："同学们通过作高、角平分线、中线，将 $\triangle ADE$ 进行分割，实质都是取了 DE 上的特殊点。这位同学在 DE 上任意取一点，同样可以通过图形的旋转将三角形问题转化为平行四边形问题。这就告诉我们，取 DE 上的任意一点，都能够证明结论成立，他的这种方法是将前面取特殊点的方法一般化，是从特殊到一般的研究方法。"（图 16－17）

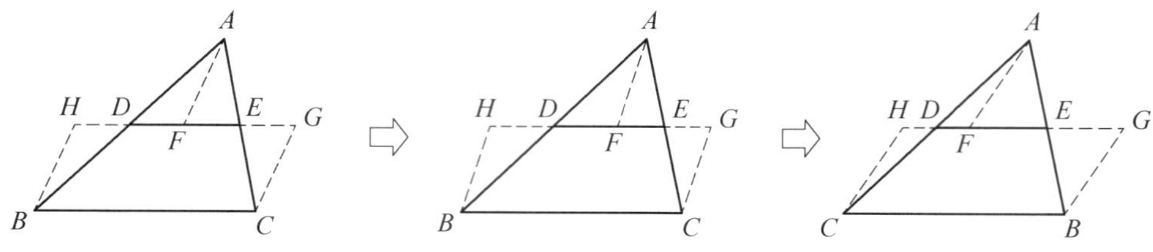

图 16－17 拓展的证明方法

然后，通过教师几何画板演示（图 16－18），让学生再次感知特殊和一般之间的联系。倍长中位线是这一般方法中的特殊情况，无论取 DE 边上的哪一点，都是利用图形的旋转，将三角形问题转化平行四边形问题，从而证明三角形中位线定理。

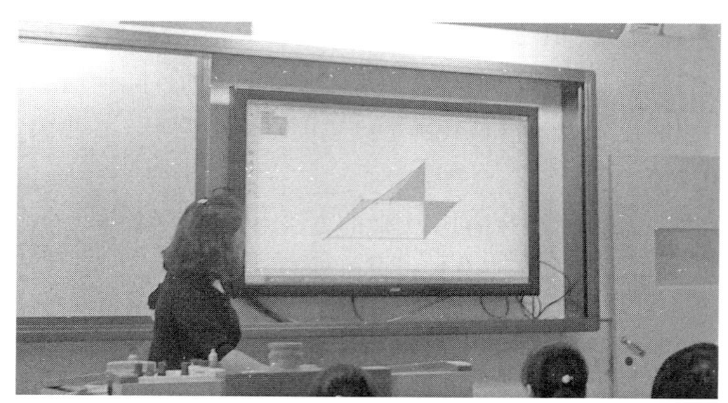

图 16－18 教师用几何画板演示一般的证明

最后，观看微视频“三角形中位线定理的历史”。视频介绍了古巴比伦泥版上的土地分割问题、《几何原本》中利用面积转化证明三角形中位线定理的方法、刘徽推导三角形面积公式的方法以及近代西方几何教科书中的中位线定理的证明方法。通过观看历史上中位线定理的证明方法，让学生感受知识的产生源于生活的需要。历史上的数学家们并没有因为有人已经证明出了中位线定理而停止研究的脚步，而是探究出更多方法。探究不同方法之间的区别和联系进一步深化了我们的思维。视频中展示的丰富多彩的证明方法给学生留下了深刻的印象。

16.3.4 回归解决分割问题

本节课中中位线定理是在学生无法证明分割土地得到的四个小三角形两两全等时，介绍给学生的新知识。学习新知的目的是为了更好地解决此问题，因此学过中位线定理后再回归土地分割问题，使整节课的学习首尾呼应。同时也让学生体会到，数学知识的发展起源于人们在现实生活中的实际需求，利用探究得到新的知识可以解决之前无法解决的问题。

师：学了中位线定理，同学们能解决之前在土地分割问题中遇到的四个三角形两两全等的证明了吗？

解决方法已显而易见，不再赘述。在学生简单阐述证明方法后，教师追问："你喜欢哪种土地分割方案？为什么？"

生 1：我喜欢方案 1，因为说理比较容易，四兄弟比较容易听懂和接受。

生 2：我也喜欢方案 1，因为图形很美观。

生 3：我喜欢方案 3，因为相对于方案 1，方案 1 的土地利用率不高，如果要耕种的话，走一个来回需要很长时间，而且三角形最上端比较窄，无法很好地利用。

生 4：我也喜欢方案 3，因为四个图形一模一样，直观上四兄弟比较容易接受这个设计方案。

生 5：我不喜欢方案 3，因为如果我是四兄弟之一的话，又假使分给我的是中间那块，另外三块就把我包围在里面，万一他们进攻我，我很危险，四面受敌。

生 6：我也选方案 3，因为按照光照来说，四块土地每天能接受到的光照比较均匀，大家种植的庄稼都会长得差不多好。

16.3.5 课后学生问卷反馈

中位线定理证明的探究环节是本课的一次创新之举，全班共 24 人，在教师引导之前，有21人采用倍长中位线的方法，1人采用刘徽“作高”的方法，2人无思路。在展示“作高”方法后，有15人尝试采用“中线”进行分割，8人采用“角平分线”进行分割，1人采用“任意”点进行分割。这说明了老师引导非常有效，学生能够从高联想到运用三角形中的其他特殊线段进行分割。在探究活动中，同学们热情高涨，乐在其中，被新的方法所吸引，被层层深入的探究所折服，同时思维也在不断地升华。

课后让学生对“喜欢的中位线定理证明方法”做了一个排列，很多学生还是把教科书中的方法排在第一，因为只要证明一次全等，相对较为简便，也有同学对微视频中介绍的反证法和同一法很感兴趣。对于“中位线定理证明中所用到的数学思想方法是什么”这一问题，所有学生都提到转化思想，16位学生谈到从特殊到一般的研究方法。

本节课让学生对数学的历史产生了浓厚的兴趣，拓宽了学生的视野，很多学生在针对问题“你喜欢本课中所讲到的数学史吗”的回答中，都说到了自己很佩服古人的意志和探究精神，古人的不断钻研为后人提供了丰富的知识。虽然很早就出现中位线定理，但是人们没有停止追求更丰富的证明方法，这让学生体会到了学无止境的含义。

从知识层面上而言，中位线定理的探究加深了学生对中位线定理的理解，全体同学都能运用“取中点构建中位线”来解决课后反馈问卷中的练习题，中位线定理的探究对学生运用中位线定理的能力的提高也起到了促进作用。

16.4 课例评析

16.4.1 数学史的运用方式

早在古代两河流域，人们已经会用与三角形中位线相关数学知识，更广义地说是利用平行线分线段成比例定理来解决生活中的土地分割问题，所以本节课根据三角形中位线的起源，以改编后的土地分割问题作为引入，是“顺应式”运用数学史。目的在于让学生感受相关知识的起源，数学的发展离不开现实生活，体会数学源于生活的需要，感受证明中位线定理的必要性。

在学生的证明方法正好与刘徽的方法相同时，教师对学生的表扬以及对《九章算术》的介绍是“附加式”运用数学史，让学生了解中国古代数学的历史，增强文化自信，而进一步将刘徽的方法进行拓展是“顺应式”运用数学史。通过对已有方法的拓展和延伸，让学生深入理解从特殊到一般、从一般到特殊的数学思想，从动态的几何图形中找到通法和通解，找到动中不动的关键所在，在不同的情景中把握事物之间的联系，最大程度地发挥几何在训练学生逻辑思维方面的价值。

利用微视频介绍历史上三角形中位线的多种证明方法，是“附加式”运用数学史，让学生在了解证明方法的过程中，感受数学知识的产生与发展，用动态的视角看待数学知识，体会历史上数学家对一个简单知识的研究历程，拓宽学生视野，培养人文素养。

从整节课的设计来看，采用改编的三角形土地分割问题引入，让学生在问题解决的过程中发现三角形中位线概念，并根据中位线分割方案，发现中位线与底边的大小和位置关系，最后利用多种方法对中位线性质加以证明，是“重构式”运用数学史。

16.4.2 数学史的价值

本节课以史为鉴，从三角形中位线概念的产生，到中位线性质的发现，再到中位线性质的证明，整个过程自然、流畅、精彩，充分体现了“知识之谐”。以刘徽推导三角形面积公式的方法为载体而设计的探究活动，看似“多余”，实则为学生创造了发现不同方法之间联系的机会，训练了学生的逻辑思维，培养了学生归纳总结的能力，营造了“探究之乐”，实现了“能力之助”。另外，微视频介绍历史上三角形中位线的多种证明方法，彰显了“方法之美”。

在学生给出类似于刘徽的证明方法后，教师对学生的表扬，对刘徽和《九章算术》的介绍，以及微视频中对国内外证明方法的介绍，开阔了学生的视野，让学生感叹证明方法多样之余，对数学家们产生敬佩之心，更是感受到了数学家们追求知识的不懈努力和奉献精神，从而激发学生对数学的热爱和敢于创新的勇气。尤其是微视频中刘徽的出入相补方法与班里一位同学的方法类似，引起共鸣，增强了学生的自信心。不同时空数学家在中位线定理上的贡献揭示了数学文化的多元性。数学史展示了“文化之魅”，达成了“德育之效”。

16.4.3 小结

传统课堂中，教师更倾向于将本节课的重点放在中位线的应用上，通过一定的练习，让学生学会如何在不同的情形下通过添加中位线来解决问题。而通过精细解读教科书，我们发现沪教版和苏科版教科书中本节课的重点在于“让学生探索三角形中位线的性质并掌握三角形中位线定理，初步学会这个定理的运用”，即重点在于中位线定理的探索和证明。而实际教学中，教师即使希望将重点放在“探索与证明”上，也无材料可用，只能局限于教科书中的“裁剪三角形”而已。三角形中位线定理的证明方法上，辅助线的添法也较为单一，且各种辅助线添法之间并无共性，无法让学生体会数学思想方法的精华。当然，也有教师创建了现实情景引入，但由于缺乏对数学史的了解，而错失很多渗透德育的机会。本课例将数学史融入教学，恰好解决了教师“无米之炊”的问题，且利用数学史落实了数学学科的德育价值。教师利用学生课堂生成的刘徽的“割补法”，将定理的证明方法从特殊到一般进行拓展，让学生理解只要取中位线上任意一点，都可以实现从三角形到特殊四边形的转化，而后再由一般到特殊进行归纳总结，让学生意识到“倍长中位线”只是一般方法的一种特殊情形而已，实现数学思想的升华。这样的处理方式，可以让学生深入理解三角形中位线定理证明中所蕴含的数学思想方法，真正实现了教科书中关于本节课的设计意图。

当然，本课例也存在巧合之处，在课堂中正好有一位学生利用了类似于刘徽的方法，教师借助学生的方法而顺利开展了后续的拓展探究活动。事实上，我们展示的是第二次实施教学的成果，在第一次实施教学时，学生并未给出刘徽的方法，在学生自主完成教科书上的证明方法后，教师提出问题：“你能利用图中小三角形中的一些特殊线段，也实现这样的旋转，由此构造平行四边形吗?”通过这样的设问作为脚手架，学生很快想到了利用小三角形的中线、角平分线和高，然后顺利过渡到本课例中的后续教学环节。

总之，本节课通过融入数学史，为我们展示了一个“历史与现实交汇、数学与人文相融”的精彩案例。

参考文献

[1] 李霞，汪晓勤. 三角形中位线定理的历史[J]. 中学数学月刊，2016(9)：58—60.
[2] 山丽娜. 为数学知识设计自然的理解——以“三角形中位线”为例[J]. 中国数学教育，2017(11)：6—10.
[3] 上海市教育委员会. 上海市中小学数学课程标准[M]. 上海：上海教育出版社，2014.
[4] 王玉宏. 在知识学习中培养创新思维——三角形中位线的教学为例[J]. 数学通报，2017，56(2)：26—29.
[5] 熊蓓. “三角形中位线”的教学设计[J]. 中国数学教育，2018(4)：42—47.
[6] 章建跃. 构建逻辑连贯的学习过程使学生学会思考[J]. 数学通报，2013，52(6)：5—8.
[7] Heath, T. L. *The Thirteen Books of Euclid's elements* [M]. Cambridge: The University Press, 1908.
[8] Legendre, A. M. *Elements of Geometry* [M]. Cambridge: the University Press, 1819.

[9] Leslie, J. *Elements of Geometry* [M]. Edinburgh: James Ballantyne & Co, 1817.
[10] Phillips, W. H. H. *Elements of Geometry* [M]. New York: Sheldon & Co, 1878.
[11] Newcomb, S. *Elements of Geometry* [M]. New York: H. Holt, 1884.
[12] Venable, C. S. *Elements of Geometry* [M]. New York: University Publishing Co, 1875.
[13] Williams, C. L. *Syllabus of Plane Geometry* [M]. Berkeley: Standard Press, 52 - 53, 1905.

17 困境之外新天地：平面直角坐标系

17.1 背景

平面直角坐标系是联系几何和代数的纽带，是学生学习解析几何的开端，也是学生对数形结合思想的认识从一维向二维跨越的重要载体，在初中数学中占有重要的地位，是学生学习正反比例函数、一次函数以及二次函数等知识点的重要基础。表 17－1 给出了人教版、沪教版和苏科版三个版本教科书中“直角坐标系”这一内容的位置、呈现方式以及前后知识顺序。

表 17－1　三个版本教科书中的“直角坐标系”

教科书版本	位置	呈现方式	前后知识顺序
人教版	七年级下册 7.1.2：直角坐标系	以类比数轴如何确定直线上点的位置作为思考问题引入直角坐标系，并给出了象限的定义，在旁注中简要介绍了笛卡儿	前一课时以影院座位、教室座位为实例学习有序数对
沪教版	七年级下册 13.1：直角坐标系	以类比数轴如何确定直线上点与实数之间的联系作为问题引入，再以影院座位作为实例介绍有序数对，引入直角坐标系	前面两章分别学习平行线和三角形相关知识，直角坐标系是七年级下册的最后一章
苏科版	八年级上册 5.2：平面直角坐标系	通过十字路口某一具体地点的描述引入直角坐标系，并给出象限的定义	5.1 学习物体位置的确定，通过地图、心电图和棋盘等生活中的实例学习如何描述物体的位置

三个版本的教科书均以生活实例作为模型，从中抽象出直角坐标系的定义。人教版和沪教版的呈现方式相近，都是从学生已经学过的“数轴上的点与实数一一对应”作为出发点，提出问题“如何表示平面内点的位置”而引出直角坐标系，实

现从一维到二维的跨越，且人教版在旁注中简要介绍了笛卡儿。苏科版和人教版均分2课时引入直角坐标系，第1课时通过生活中的案例学习平面内物体位置的确定，区别在于人教版教科书明确给出了“有序数对”的定义，而苏科版教科书未明确给出。

在已有的教学设计中，很多教师采用类似于人教版和沪教版教科书的设计，从复习数轴上的点与实数的对应关系引入，为直角坐标系的建立做铺垫；再通过教室座位、影院座位等作为现实模型，设计问题引入直角坐标系，让学生感知直角坐标系出现的必要性，实现从一维到二维的跨越。如齐欣(2016)直接用教室座位设计探究活动，让学生类比数轴讨论如何确定教室座位，从而抽象出直角坐标系的定义；刘佳(2018)也从复习数轴上的点与实数的对应关系入手，利用苏科版教科书本节引入中的“描述喷泉位置”作为探究活动，设置问题串推动教学，促进学生独立思考，积极探索；也有教师跳过数轴的复习，直接从现实生活中的模型抽象出直角坐标系，如刘加红(2016)直接从现实生活中的道路抽象出直角坐标系。徐晓燕(2016)通过“编码游戏”、电影院场景创设情境，让学生感受有序数对在生活中的应用，再利用地图“问路”模型设计一连串的问题作为脚手架引入直角坐标系，并简要介绍了数学家笛卡儿。

沪教版教科书让学生根据“数轴上的点与实数是一一对应的关系”，猜想平面上的点与实数之间的关系。这种设计的优势是可以让学生快速掌握如何写出平面内点的坐标，但未顾及学生在从一维到二维转变过程中的认知困难，不能让学生深刻理解引入有序实数对的必要性，进而也不能让学生深刻理解为什么平面内的点和有序实数对是一一对应的关系。我们试图基于数学史设计问题串，重构笛卡儿创建坐标系的过程，让学生感知坐标系建立的必要性，突破学生从一维过渡到二维的认知困难。

17.2 历史素材

17.2.1 起源

直角坐标系的出现与解析几何的产生息息相关，它的起源要从古希腊说起。古希腊数学家研究了大量的轨迹问题。公元3世纪末，帕普斯将轨迹分成以下三类：

(1) 平面轨迹，专指直线和圆；

(2) 立体轨迹，专指圆锥曲线(椭圆、双曲线和抛物线)；

(3) 线轨迹，专指除上述两类曲线以外的曲线。

古希腊数学家所研究的轨迹问题大多属于前两类，公元前 4 世纪末，亚里斯塔欧（Aristaeus）著有《立体几何》，对立体轨迹进行深入的研究。而后，阿波罗尼斯（Apollonius，约公元前 262—公元前 190）著有《平面轨迹》，研究了多种平面轨迹问题。他们碰到的最难的问题莫过于“三线轨迹”和“四线轨迹”了。“三线轨迹”指的是：给定三条直线，若动点到其中两条直线的距离的乘积与到第三条直线距离的平方之比等于常数，则该点的轨迹为圆锥曲线。所谓“四线轨迹”是指：给定四条直线，若动点到其中两条直线的距离的乘积与到另外两条直线的距离的乘积之比等于常数，则该点的轨迹亦为圆锥曲线。他们并未能完全解决这两个轨迹问题。在没有代数工具的情况下，研究轨迹问题并非轻而易举的事。

另外，帕普斯还提出了更一般的轨迹问题（今称“帕普斯问题”）：如果给定 $2n$ 条直线 $L_i(i=1, 2, \cdots, 2n)$，动点 P 到 L_i 的距离为 $d_i(i=1, 2, \cdots, 2n)$，已知

$$d_1d_2\cdots d_n=\lambda d_{n+1}d_{n+2}\cdots d_{2n},$$

或给定 $2n-1$ 条直线 $L_i(i=1, 2, \cdots, 2n-1)$，已知

$$d_1d_2\cdots d_n=\lambda d_{n+1}d_{n+2}\cdots d_{2n-1},$$

其中 λ 为常数，帕普斯说，当 $n\geqslant 3$（即 5 条以上直线的情形）时，动点 P 的轨迹不再是人们已经知道的圆锥曲线，而是属于“线轨迹”。没有人知道它们是什么样的曲线，也没有人知道它们有怎样的性质。在只有纯几何工具的情况下，“三线轨迹”和“四线轨迹”的导出已属不易，更不必说更一般的轨迹问题了，数学家们需要寻找一种新的工具才能突破古希腊数学家们的局限。

17.2.2 单轴的确定

费马（P. de Fermat，1601—1665）曾师从韦达的弟子们学了好几年数学，熟悉了韦达的符号代数学。在那里，他研读了帕普斯的数学著作和阿波罗尼斯的《平面轨迹》，了解到帕普斯“n 线轨迹（$n\geqslant 3$）”的问题，他发现阿波罗尼斯和亚里斯塔欧并没有找到解决轨迹问题的一般方法。他将韦达的符号代数方法用于阿波罗尼斯的轨迹定理，导致解析几何的诞生。写于 1637 年的《平面与立体轨迹引论》包含了费马的解析几何方法。他通常从给定的方程出发，通过建立只含有一条轴（用来度量第一个未知量 x）的坐标系（用来度量第二个未知量 y 的线段与坐标轴不一定垂直），将二元代数方程与几何曲线对应起来。他能够确定对应于任意包含两个变量的二次方程的轨迹，并说明轨迹一定是直线、圆或者圆锥曲线。

而早在 1631 年，笛卡儿也开始关注帕普斯的三线和四线轨迹问题，其著作《几何学》是作为其哲学著作《方法论》的附录出版的。《几何学》分 3 卷，在卷 1 和卷 2 中，笛卡儿解决了“四线轨迹”问题，并讨论了“五线轨迹”的特殊情形，他通常会从设定一条直线为轴，且以直线上一点为原点开始展开研究。

但是，费马和笛卡儿都只用了横轴，而未使用纵轴，纵坐标通常是斜的，横坐标和纵坐标都局限于正数范围内。

17.2.3　负坐标的出现

1655 年，英国数学家沃利斯在《论圆锥曲线》中把圆锥曲线定义为对应于含 x 和 y 的二次方程的曲线（图 17－1），对坐标系作了进一步的探索，有意识地引进负的横、纵坐标，这使得解析几何所考虑的曲线范围扩展到了整个平面。在出版于 1685 年的《代数专论》中，沃利斯在讨论三次方程的几何解法时，也使用了纵坐标轴和负坐标（图 17－2）。后来，牛顿也沿用了这种做法。在 17 甚至 18 世纪，一般只用一根坐标轴（x 轴），其 y 值是沿着与 x 轴成固定角的方向画出的，而在《流数法与无穷级数》中，牛顿引进了新的坐标系，是用一个固定点和通过此点的一条直线作标准，颇像我们现在的极坐标系。

PROP. XXVI.

De Ellipſi abſolute conſiderata.

CUm ſit in Ellipſi (ut oſtenſum eſt, prop. 16.) Quadratum ordinatim-applicatæ $e^2 = ld - \frac{l}{t}d^2$. Licebit jam (ut prius Parabolam, ſic) Ellipſin eo charactere inſignitam, ſuo Cono eximere, atque abſolute quidem & univerſaliter contemplari, acſi nullam omnino ad Conum relationem haberet; ut nec circulus (quæ quidem una eſt Ellipſeos ſpecies) cenſeri ſolet habere.

Ellipſin igitur appello eam (ſive lineam curvam in plano deſcriptam, ſive figuram planam ejuſmodi curva terminatam,) cujus ordinatim-applicatarum ſingularum quadrata, æquantur differentiis binorum rectangulorum; quorum quidem Majora ſunt interceptis-Diametris, Minora vero earundem quadratis, proportionalia. (Nempe $e^2 = ld - \frac{l}{t}d^2$. Sunt enim rectangula ld, ipſis d diametris interceptis proportionalia, propter communem altitudinem l: ipſa vero $\frac{l}{t}d^2$ diametrorum interceptarum quadratis d^2 proportionalia, propter communem rationem $\frac{l}{t}$.)

Diametrum, *Diametros-interceptas*, *Verticem*, *Ordinatim-poſitas*, *Ordinatim-inſcriptas*, (ſive, *Ordinatim-ſubtenſas*,) *Ordinatim-applicatas*, atque *Punctum applicationis*; eodem ſenſu hic accipio quo ſupra de Parabola iiſdem uſus ſum.

图 17－1　沃利斯《论圆锥曲线》书影（沃利斯数学全集，1695）

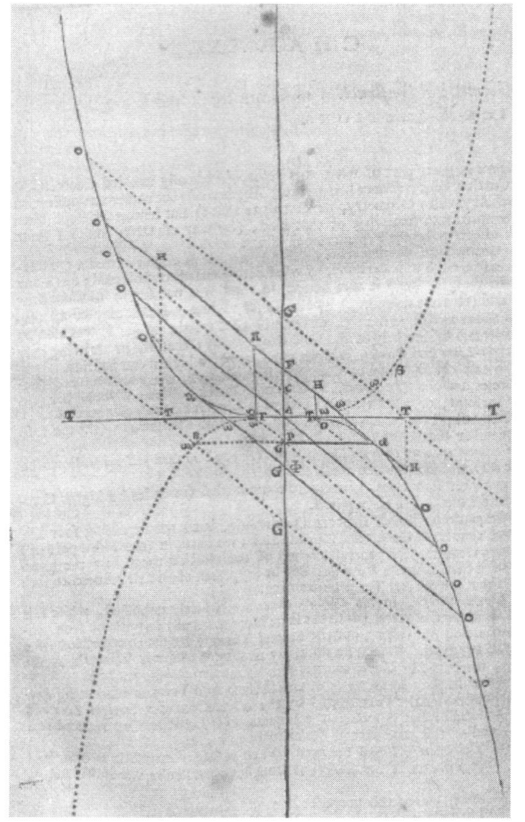

图 17-2　沃利斯《代数专论》中的三次方程几何解法

17.2.4　坐标系的出现

后来经过几何学家的长期使用和不断改进，逐渐产生了我们今天熟悉的直角坐标系，如卡西尼(J. D. Cassini, 1625—1712)的儿子在《天文学初步》一书中，在介绍卡西尼卵形线时，即使用了直角坐标系，与今天的做法基本相同。

但是，历史上任何事物的发展都不是一帆风顺的，坐标系的发展也是如此。在费马和笛卡儿之前，其实已经出现了坐标系的萌芽，如 14 世纪法国数学家奥雷姆(N. Oresme, 1320—1382)首次采用几何图形表示运动，取一横线(奥雷姆称之为“经线”)，其上的点表示时刻，一端在横线上的直线段(奥雷姆称之为“纬线”)表示每一时刻的速度，随着时间的变化，竖直线段的另一端形成一条直线或曲线，即给出了一个变量依赖于另一个变量规律的几何表示，具备了直角坐标系的雏形。但费马和笛卡儿在研究方程和曲线之间的关系时，并没有采用双轴，而都用了单轴，且这一用代数方程研究曲线的思想在 17 世纪也曾发展缓慢，也曾受到很多数学家的质疑。

18 世纪，数学家逐渐开始使用双轴，但普遍采用斜坐标系。从斜坐标系的一统天下到直角坐标系的普遍使用，又是一个漫长的过程。Lardner(1831)使用的仍是斜坐标系(图 17－3)；在 Davies(1841)、Church(1851)中，斜坐标系和直角坐标系并用；而 O'Brien(1844)和 Coffin(1848)均采用了直角坐标系(图 17－4)。可见，大致要到 19 世纪中叶，人们才普遍使用直角坐标系。

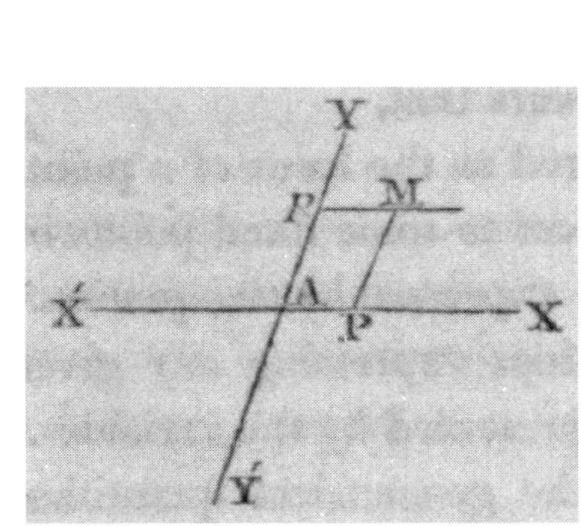

图 17－3　Lardner(1831)中的斜坐标系

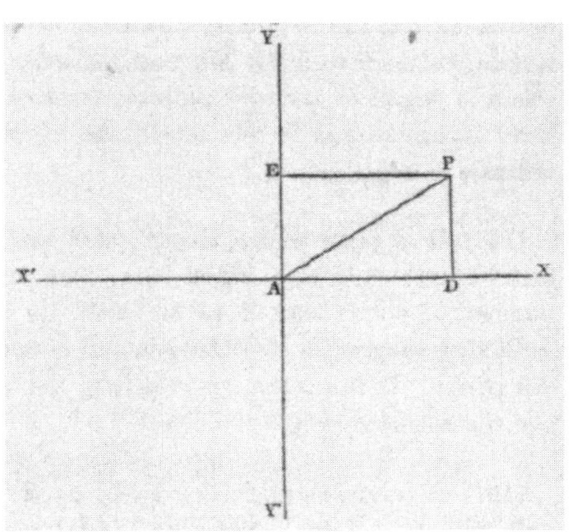

图 17－4　Coffin(1848)中的直角坐标系

坐标系的创建，在代数和几何之间架起了一座桥梁。它使得几何问题可以用代数的方法来描述，代数问题可以借助几何图形来解决，由此形成了数形结合的思想方法。

17.3　教学设计与实施①

基于教科书、已有教学设计以及历史素材，我们尝试从 HPM 的视角，将古代数学家创建直角坐标系的过程重现于课堂，引领学生经历笛卡儿发明平面直角坐标系的过程。拟定的教学目标如下：

① 执教者为上海市武宁中学岳秋老师。

(1) 理解平面直角坐标系的有关概念，知道平面内的每一点都有唯一的有序实数对与它对应。

(2) 会根据直角坐标系内点的位置写出它的坐标，体会数形结合的数学思想。

(3) 重构平面直角坐标系的发生、发展历史，引发学生思维碰撞，培养学生的探索精神，并感受探索的乐趣，感悟数学文化之魅。

具体教学流程如图 17 - 5 所示。

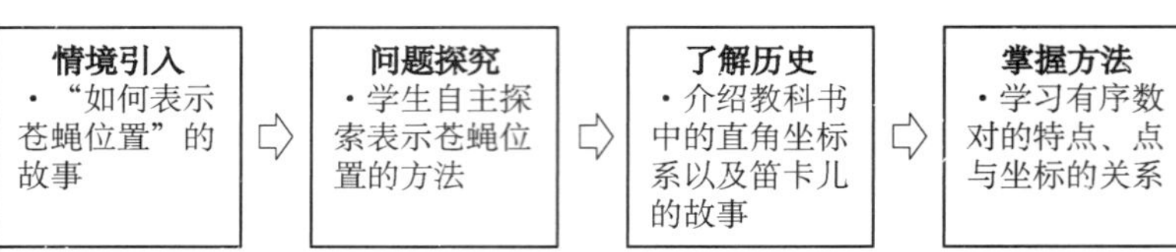

图 17 - 5　教学流程

17.3.1　设计问题情境，引发认知冲突

由于学生已经学习了数轴，所以我们就从数轴入手，运用笛卡儿发明坐标系的历史故事来设计教学情境，并把需要解决的数学问题融入到故事中。

师： 笛卡儿是 17 世纪法国著名哲学家和数学家，他对现代数学的发展做出了重要的贡献。1619 年，笛卡儿所在军队的军营驻扎在多瑙河旁。11 月的一天，他因病躺在了床上，无所事事的他又想起了那个折磨他很久的问题——如何将平面上的点和我们的数联系在一起。天花板上，一只小小的苍蝇慢慢地爬动。笛卡儿想：如果我把苍蝇看成一个点，那么我怎么用数来表示下列苍蝇的位置呢？

问题 1：如果这只苍蝇向右爬了 5 cm，我们怎么用数来表示它的位置？如果向右爬 3 cm 呢？

问题 2：如果这只苍蝇向左爬了 5 cm，我们怎么用数来表示它的位置？如果向左爬 3 cm 呢？

问题 3：如果这只苍蝇向上爬了 5 cm，我们怎么用数来表示它的位置？如果向下爬 3 cm 呢？

问题 4：如果这只苍蝇先向右爬 3 cm，再向上爬 5 cm，那么我们怎样表示它的位置？

17.3.2 经历问题探索，架设数形桥梁

问题 1 和 2 是在一维的层面上，学生很容易用数轴的知识来回答这两个问题。然而问题 3 是一个过渡性的问题，设计意图是让学生意识到平面是二维的。问题 4 是真正引起学生认知冲突的问题，此问题也是本节课的难点，解决了此问题，学生就能真正理解为什么要用“实数对”来表示平面内的点。

关于问题 3，生 1 回答：“我觉得还是＋5，因为把数轴竖起来画的话，把向上看作正方向，可以分别用＋5 和－3 来表示。”关于问题 4，我们安排了学生进行小组讨论。以下是小组讨论之后的教学片段。

片段 1

生：用 8 来表示，因为向右爬 3 cm，用 3 来表示，向上爬 5 cm 用 5 来表示，所以加在一起，用 8 来表示。

师：那么如果苍蝇先向右爬 4 cm，再向上爬 4 cm，那你怎么表示？

生：还是 8。

师：不同的位置，但是你却用一样的数来表示，同学们觉得这样可行吗？

生：不可行。

片段 2

生：用 3 来表示，因为是先向右爬了 3 cm，然后向上爬了 5 cm，然而向上爬的 5 cm 是与数轴垂直的关系，是垂直于 3 的，所以用 3 表示。

师：那如果苍蝇先向右爬 3 cm，再向上爬 6 cm 呢？

生：还是用 3 来表示。

师：那么明明位置不同，你却用同一个数来表示，和刚才那位同学一样，大家再开动脑筋想一想。

片段 3

生：给前面同学加一点，用“5 垂直于 3”来表示；

师：非常好！这位同学用两个数来表示，那么老师再问一个问题，如果按照你的思路，那么如果这只苍蝇先向左爬 3 cm，再向上爬 5 cm，那么你怎么表示？

生：5 垂直于−3。

师：这位同学很棒，用两个数来表示点的位置，那么能不能再简练一点呢？

生：用垂直符号“5⊥3”。

师：这位同学的方法已经非常接近数学家的方法了，数学家也是用两个数来表示平面内一点的，那么我们等一会就看看书本上是如何表示的。下面的同学还没有其他方法？

片段 4

生：我是在纸上向右画了 3 cm，再向上画 5 cm，然后连结苍蝇的起点，量出夹角为 57°，那么可以表示为北偏东 33°。

师：那么我任意在这条线段上取一点，你怎样表示？

生：还是北偏东 33°。

生：我们可以量出长度，用北偏东 33°，距离用 6.7 cm 表示；

师：非常棒！这位同学也是用两个数来表示的，一个是度数 33，还有一个是距离 6.7 cm。这两种表示方法，大家都是认可的，可见表示平面内的一个点必须要用几个数来表示？

生：两个数。

17.3.3 了解相关历史，激发学习兴趣

在上述探究过程中，教师只给出了横轴。教师指出：过平面上任意一点，作横轴的垂线，易于从数轴上读出横坐标，但纵坐标需要通过测量才能知道，因而，仅

仅用一条轴的情况下，确定点的坐标比较麻烦。那么，如何才能更方便、快捷地得出点的纵坐标呢？结合前面的探究，引导学生添加另一根坐标轴——纵轴。

之后，讲授“平面直角坐标系”的定义，介绍坐标原点、坐标轴、x 轴、y 轴等概念。由于在上一环节，学生已经经过充分的讨论，所以这些概念相对容易理解。

在直角坐标系内给出一个点 P，过点 P 分别向 x 轴和 y 轴作垂线，x 轴上的垂足读数为 a，y 轴上的垂足读数为 b，那么点 P 的坐标就记为 $P(a, b)$，其中 a 是横坐标，b 是纵坐标。

师：请同学们比较一下笛卡儿在平面内用坐标表示一个点和刚才同学们讨论得出的第三种答案有什么异同？

生：顺序不同，我们是先说的竖直方向的长度，再说水平方向的长度；而书上是先说的水平方向的长度，再说竖直方向的长度。

师：非常棒，看来我们学生也有当数学家的潜质！数学家能发明出来的东西你们也能想出来，顺序的问题只是后来教科书规定的。其实我们现在所学习的平面直角坐标系也经过了漫长的发展。

接下来，教师简单介绍平面直角坐标系从没有负半轴的斜坐标系，到斜坐标系，再到平面直角坐标系的发展。同时也向同学们介绍了笛卡儿这位伟大的数学家，是他最早提出坐标系的概念，最先提出用代数方法解决几何问题。

选择在此环节介绍直角坐标系的历史和数学家笛卡儿，主要让学生了解直角坐标系的发展不是一蹴而就的，也是经过漫长的过程，随着人们的需求而不断完善起来；同时也让学生感觉他们离数学家并不遥远，他们的想法或许和数学家的很相似，只要勤于思考，人人都可以在数学上有所作为。

17.3.4 掌握基本方法，达成教学目标

至此，学生已经自主解决了如何用数对来表示平面内的点的问题。但还需要让学生学会如何根据直角坐标系内的点写出点的坐标，以及让学生体会“实数对”的有序性，并了解坐标轴上的点以及原点的坐标特征。例 1 的设计意图就是让学生掌握根据点写出坐标的基本方法，在此基础上让学生体会“实数对”的有序性；例 2 让学生通过观察，自主总结出坐标轴上的点和原点的坐标特征。

例 1　写出图 17 - 6 所示直角坐标平面内各点的坐标。

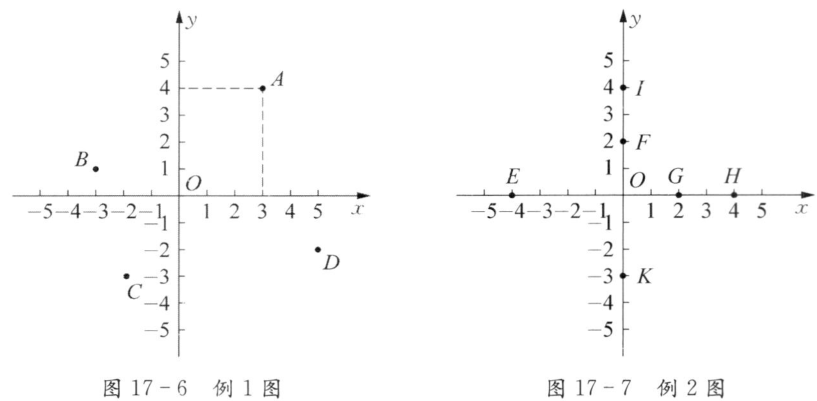

图 17 - 6　例 1 图　　　　图 17 - 7　例 2 图

过点 A 作 x 轴的垂线，垂足在 x 轴上对应的实数是 3；再过点 A 作 y 轴的垂线，垂足在 y 轴上对应的实数是 4，所以点 A 的坐标是(3, 4)；然后让学生自己写出点 B、C、D 的坐标。本例之后，依次让学生思考：

(1) 点 $P_1(2, 4)$和 $P_2(4, 2)$在直角坐标平面内是否表示同一点？

(2) 点 $P_1(a, b)$和 $P_2(b, a)$在直角坐标平面内是否表示同一点？

(3) a 和 b 满足什么条件时，$P_1(a, b)$和 $P_2(b, a)$表示同一个点？

通过上述三个从特殊到一般的问题，让学生深刻理解实数对的有序性。

例 2　写出图 17 - 7 所示直角坐标平面内各点的坐标。

本例中的点都在坐标轴上，但是方法一样，过点 E 作 x 轴的垂线，垂足为点 E，点 E 在 x 轴上对应的实数是 −4；再过点 E 作 y 轴的垂线，垂足为点 O，点 O 在 y 轴上对应的实数是 0，因此点 E 的横坐标是 −4，纵坐标是 0，所以点 E 的坐标是(−4, 0)。其他点的坐标让学生自行完成。最后，教师引导学生总结坐标轴上点的坐标特征：x 轴上点的纵坐标为 0；y 轴上点的横坐标为 0；原点坐标为(0, 0)。

17.3.5　学生反馈

学生的问卷中，有 4 个问题是关于学生对数学史融入课堂教学的感受进行调查，针对问题“这节课老师用融入数学史的方式来讲授平面直角坐标系概念，你是否喜欢”，有 91.7%的学生给出肯定回答。针对问题“你希望教科书里介绍关于平面直角坐标系的由来和发展概况吗”，76.1%的学生表示“非常希望”，23.9%的学生表示“希望”。针对问题“如果教科书里能出现这些史料，你希望是以哪种形式出现”，选择“章节后的阅读材料”、“脚注”、“正文”、“导言部分”的学生分别为100％、85.7％、76％、71％，只有23％的学生选择“根据书本上的链接查阅相关资料”。针对问题“你最希望数学史在数学课堂教学中出现的形式是什么”，57.1％的学生选择“老师讲故事”，42.9％的学生选择“播放相关的微视频”。由此可见，学生对所学知识的由来和发展很感兴趣，多数学生希望以故事或者微视频的方式呈现。针对问题“你认为构成平面直角坐标系最重要的因素是什么”，48.2％的学生回答“坐标原点、x 轴和 y 轴”，36％的学生回答“x 轴和 y 轴”。这表明，学生对平面直角坐标系有了较好的认识。

本节课与传统课堂不同，以学生为主体，学生在探究中体会到了学习数学的快乐，学生在课堂小结环节的发言以及他们对问题“这节课你印象最深刻的是什么，为什么”的回答如下：

生 1： 本节课我认识了一位数学家——笛卡儿。

生 2： 需要用两个数来表示平面内的点，一个数是不够的。

生 3： 我们小组采用的方法与笛卡儿的方法是最相似的，我们很有成就感。

生 4： 了解了直角坐标系是如何发展而来的。

生 5： 知道了直角坐标系的历史，知道了用有序实数对来表示平面内的点。

综合学生在课堂上的表现和问卷中的回答，学生对数学史融入课堂还是非常期待的，学生们愿意体验这种合作式的学习方法。在课堂中他们也的确能积极地参与到问题情境之中，经历合作探究的过程，并体会到了探究的乐趣。这样，提高了学生解决问题的能力，同时也激发了学生学习数学的兴趣。

17.4　课例评析

17.4.1　数学史的运用方式

在数学史的运用上，本课例主要采用了“重构式”和“附加式”。开篇“附加式”地讲述笛卡儿的故事，目的在于吸引学生的注意力，为引出后续的探究问题做铺垫。而后基于学生认知基础所设计的 4 个问题的探究，是“重构式”运用数学史，再现学生从一维到二维过渡的认知困难，学生自行探究尝试解决 4 个问题的过程，重现了历史上直角坐标系产生的过程。令人惊喜的是，学生所想出的用方位角表示点的位置的方法与历史上的极坐标思想相似。历史上直角坐标系的出现确实比较晚，早期数学家们所用的坐标系的纵轴不一定要与横轴垂直，且从所搜集的历史素材中可知，在直角坐标系被广泛应用之前，已有极坐标的思想，这与我们课上学生所想到的方法顺序较为一致，这一探究活动正是在了解相关数学史的基础之上而设计的。

而后，教师向学生介绍了直角坐标系的历史发展、数学家笛卡儿的故事，并与学生在探究活动中所给出的方法进行对照，是“附加式”运用数学史。一方面让学生有历史感，知道数学并非无中生有，而是一步步发展而来；另一方面，了解历史，也是向学生展示数学人文的一面，展示数学家刻苦钻研、追求真理的精神，学生的方法与历史上方法的对照，无疑是增强学生自信心的一条有效途径，正如一位学生在课后反馈中所言：“我们组的方法与笛卡儿的方法最相似，我们很有成就感。”

17.4.2 数学史的价值

本节课中，我们以数轴为学生的认知起点，让他们在笛卡儿的故事情境中经历了坐标概念的自然产生过程，从而在课堂上再现了坐标系的历史。引入部分所提出的 4 个问题，前 2 个用数轴知识来回答，是对数轴知识的复习。问题 3 和 4 引发了学生的认知冲突。正是由于有这样的认知冲突，才促使学生积极思考，想出了出乎意料的 4 种方法。前 2 种方法虽不可行，但恰恰反映出了学生真实的思维。在探究过程中，学生陷入了“不同的位置用同样的数来表示”的困境。这一困境迫使学生突破已有的思维障碍，走出一维的世界，同时用水平和竖直两个维度来表示苍蝇的位置，即用两个数来表示点的位置。另一方面，部分学生已经有了极坐标思想的萌芽，但他们一开始只是用了角度的大小来表示位置，从而陷入了“不同的位置用同样的角度来表示”的困境。经过教师的引导，学生最终找到了同时用方位角和长度来表示点的位置的方法，实现了从一维到二维的跨越。此外，让学生感受到只有横轴的局限性，从而自然引出纵轴。以史为鉴，教师在课堂上更好地揭示知识的自然发生过程，从而构建了“知识之谐”。

问题 4 的讨论时间长达约 8 分钟之久。只要将该问题讨论清楚，本节课的难点就将迎刃而解，学生就能深刻理解引入“实数对”这一概念的必要性。在讨论中，学生在遭遇困境后能想出用“5⊥3”来表示点的位置，这是出人意料的。在后续的访谈中，提出该方法的学生为自己的方法感到十分自豪，他表示："我就是受前面同学的启发，他是 5 加 3，而我想着他们不是和的关系，是垂直的，所以就用'垂直'表示了。"学生在探究中产生极坐标思想，同样令人惊奇，而当教师指明这一方法也是表示平面内点的位置的重要方法时，学生的欣喜之情油然而生。学生在探究中不仅获得了数学活动的经验，而且体会到了成功的快乐。数学史为教师设计探究活动提供了参照，为学生提供了恰当的探究机会，从而营造了"探究之乐"。

引入环节中笛卡儿的故事让学生明白：数学与现实生活息息相关，数学发现的灵感也往往源于生活。而在概念形成环节，我们向学生介绍了平面直角坐标系的简要历史。在笛卡儿和费马之前，代数和几何是彼此分离的，两者的发展缓慢且独立，但是两位数学巨人让两大学科实现联姻，为数学的发展做出了巨大贡献。18 世纪法国数学家拉格朗日说："只要代数同几何分道扬镳，他们的进展就缓慢，他们的应用就狭窄。但是，当这两门学科结成伴侣时，他们就互相吸取新鲜的活力，从那以后，就以快速的步伐走向完善。"数学史的介绍让学生认识数学的演进性，不再用静止的眼光去看待数学；更深刻地体会到今天的直角坐标系的价值，从而改善他们的数学观。

引入环节的故事无疑激发了学生的兴趣和好奇心，也让学生感悟数学背后的人文精神；在探究过程中，当教师指明，学生的方法与历史上数学家的方法一致的时候，学生的自信心得到了提升。更重要的是，学生在探索直角坐标系这一概念形成的过程中，充分感受到思想交流、碰撞的重要性。

总之，在本节课中，教师通过运用数学史，展示了"文化之魅"，达成了"德育之效"。

17.4.3 小结

相同的历史素材，在不同的教师手中，会产生不同的设计和不同的教学效果。这里再提供一版杨懿荔和龚凯敏(2016)利用数学史所进行的设计，他们以复习数轴的三要素以及数轴与实数的对应关系引入，用家长会找座位介绍有序数对，以士兵思考如何报告部队所在位置以及笛卡儿思考如何确定苍蝇位置的故事作为问题载体，介绍直角坐标系的概念；然后在学习了相关知识之后，再让学生利用所学帮助笛卡儿解决问题，让学生感受自己可以帮助伟人解决数学问题，提升学生的成就感，获得学习的乐趣，也不失为一种好的设计。但少了探究，即少了让学生进行"再创造"建构知识的过程，可能无法让学生体会数学以及数学活动的本质。

历史上直角坐标系是伴随着解析几何的产生而发展的，它是几何和代数之间的桥梁，是解析几何产生的根基所在。在初中阶段，学生虽然不会接触“解析几何”一词，但学生在学习一次函数、二次函数相关知识时，实际上已经开始涉及解析几何的范畴，而直角坐标系的认识和熟练运用是学习这些知识的基础，有着非常重要的地位，它可以培养学生数学抽象、几何直观的素养以及数形结合的思想等。本课例基于直角坐标系的发展历史，设计探究活动让学生经历直角坐标系产生的过程，突破从一维到二维的认识困难，课后反馈表明基本达成教学目标。

比较遗憾的是，课堂只有 40 分钟，由于探究所花费时间较多，所以未能留有足够的时间进行小结，让学生回顾反思本节课所学所思，寻求探究环节与其他环节之间的平衡，是未来 HPM 课例研究需要关注的课题。

参考文献

[1] M·克莱因. 古今数学思想(第二册)[M]. 邓东皋，等，译. 上海：上海科学技术出版社，2014.

[2] 刘佳. 课堂教学中如何培养学生的探究能力——以“平面直角坐标系”的教学为例[J]. 初中数学教与学，2018(3)：26—28.

[3] 刘加红. “平面直角坐标系”教学设计[J]. 中学数学(初中)，2016(7)：12—14.

[4] 齐欣. 动态展示　类比引出——“平面直角坐标系”教学设计[J]. 中小学数学(初中)，2016(7)：45—47.

[5] 杨懿荔，龚凯敏. HPM 视角下的“平面直角坐标系”教学[J]. 上海中学数学，2016(6)：6—9.

[6] 汪晓勤. 解析几何的诞生(一)：古希腊三线和四线轨迹问题[J]. 中学数学教学参考(高中). 2007(9)：58—59.

[7] 汪晓勤. 解析几何的诞生(二)：费马与解析几何[J]. 中学数学教学参考(高中)，2008(1/2)：122—123.

[8] 汪晓勤. 解析几何的诞生(三)：笛卡儿与解析几何[J]. 中学数学教学参考(高中)，2008(5)：61—62.

[9] 汪晓勤. 解析几何的诞生(四)：教学设计[J]. 中学数学教学参考(高中)，2008(6)：57—59.

[10] 徐晓燕. 基于初中数学核心概念及其思想方法的概念教学——以“平面直角坐标系(1)”的教学设计为例[J]. 上海中学数学，2016(7—8)：89—93.

[11] Church, A. E. *Elements of Analytical Geometry* [M]. New York: American Book Company, 1851.

[12] Coffin, J. H. *Elements od Conic Sections & Analytic Geometry* [M]. New York: Collins & Brother, 1848.

[13] Davies, C. *Elements of Analytic Geometry* [M]. Philadelphia: A. S. Barnes & Company, 1841.

[14] Lardner, D. *A Treatise on Algebraic Geometry* [M]. London: Whittaker, Treacher & Arnot, 1831.

[15] O'Brien, M. *A Treatise on Plane Co-ordinate Geometry* [M]. London: Deightons, 1844.

分析篇

18 HPM视角下初中数学概念教学的若干特点

——基于“反比例函数”同课异构教学案例的分析①

18.1 引言

反比例函数是刻画现实世界中数量关系的一种有效的数学模型。在此之前，学生已经知道成比例、正比例关系和反比例关系，学习过正比例函数、一次函数和分式的概念。本节课就是要在此基础上，通过分析现实生活中具有比例关系的具体事例，从函数的角度出发研究反比例关系，引出反比例函数的概念，认识其中变量和变量之间的依赖关系，体会函数的意义，为以后高中阶段的函数学习奠定基础。本节课的教学目标是：

(1) 理解反比例函数的概念和意义，掌握反比例函数的表达式。

(2) 体验和探索具体问题中的数量关系和变化规律，能用反比例函数进行描述；经历建立反比例函数关系的过程，体会函数是反映两个变量相互依赖关系的数学模型。

(3) 通过本节课的学习，揭示概念的背景，懂得数学与人类生活有密切的联系，了解数学内容中普遍存在着的变化和相互联系的规律，体会辩证唯物主义观点。

在第四届 HPM 研讨会上，来自江苏的教师 A 和来自上海的教师 B 分别就“反比例函数”这一课题进行了同课异构的教学展示。教师 A 采取了较为常规的教学方式，教师 B 则选择了 HPM 的视角。教学对象为初二年级同等层次的两个班级，授课教师 A 和 B 的教龄均超过 10 年，教师 A 为本班授课，教师 B 是借班授课，对班级情况不熟悉。

本次会议安排同课异构教学展示，目的是为广大数学教育研究者、中小学一线数学教师搭建学术交流平台，为不同视角的概念教学提供相互借鉴和学习的机会，以期建立 HPM 专业学习共同体。HPM 关注历史相似性，提倡将数学史融入

① 本章由作者与研究生王鑫合作完成。

数学教学(汪晓勤,2012)。英国哲学家斯宾塞曾说:“儿童所受的教育必须在方式和安排上同历史上人类的教育一致。”又说:“一般教起来使人觉得枯燥甚至讨厌的知识,依照自然的方法就成为极其有趣和非常有益的。”(斯宾塞,1962)本章拟通过对 A、B 两位教师的教学进行比较,总结出 HPM 视角下初中数学教学的若干特点。

18.2 教学流程比较

表 18－1 给出了两节课的教学流程的对比。

表 18－1 教师 A 与教师 B 的教学流程对比

课堂环节	教师 A	教师 B
新课引入	• 借助“核心概念图谱”复习函数的概念和已学函数	•《太上感应篇》中店主“入重出轻”的故事,引入秤的模型
新知探究	• 探究行程问题,自由设置变量、常量,构造不同函数关系; • 通过 4 个具体情境找出两个变量之间的反比例关系; • 引导学生以填空的形式总结出反比例函数的定义	• 利用天平模型做实验,分别控制变量,得到正比例关系和反比例关系; • 引导学生归纳出反比例函数的定义; • 解释反比例函数中“反”的含义
练习巩固	• 搜集生活中的反比例关系; • 判断和辨析反比例函数; • 应用和变式	• 判断和辨析反比例函数; • 应用; • 寻找生活中的反比例函数
课堂小结	• 教师总结所学知识	• 分析“入重出轻”的利弊; • 学生谈这节课的收获; • 教师总结升华

从表 18－1 可见,教师 A 采用的是较为常规的教学方式,借助“核心概念图谱”复习旧知,回顾函数的概念;接着在行程问题中将路程、速度和时间三个量自由设置成变量或常量进行探究,构造不同的函数关系,引出反比例函数的概念;然后启发学生寻找生活中的反比例关系,并通过练习辨析反比例函数;最后进行课堂小结。教师 B 通过《太上感应篇》中店主“入重出轻”的故事引入新课,利用秤和物理上的天平模型做实验,分别控制变量,引导学生从中发现正比例和反比例关

系，得到反比例函数的概念；然后通过练习判断和辨析反比例函数；最后是课堂小结，并通过法院的图标渗透数学学科德育。

教师A注重学生已有的认知基础，注重数学与生活之间的联系，从学生已经学过的行程问题入手，启发学生去发现诸如工程问题、商品问题和面积问题中蕴含的反比例关系。

教师B也注重数学与生活的联系，且更加注重旧知与新知之间的联系和过渡，但在探究环节利用天平模型得出正比例和反比例关系所花费的时间较长。

18.3 新课引入环节比较

在新课引入环节，教师A借助学生课前所画的“核心概念图谱”回顾函数的概念，复习相关知识。教师B则通过《太上感应篇》中记载的店主“入重出轻”的故事引入新课，并把秤带入课堂，激发学生的学习兴趣。以下是两位教师的教学片段。

【教师A的教学片段】

师： 从今天这节课开始我们要学习反比例函数。在正式开始学习新课之前，请大家关注3个问题：什么是函数？我们学了哪些函数？我们是通过对哪些方面的研究来学习函数知识的？同时打开核心概念图谱，让学生在作业中寻找答案。请同学来为我们分享。（投影展示1名学生的核心概念图谱）

生： 函数是指在变化的过程中，有两个变量 x 和 y，如果每给一个 x 都有唯一确定的 y 与之对应，那么 y 就是 x 的函数。我们学习了一次函数 $y=kx+b(k\neq 0)$。函数的表达方法有三种：列表法、图象法和解析式法。

师： 我们现在学习和掌握了一次函数、正比例函数，通过数形结合，学习了函数的图象、表达方式等等。

【教师B的教学片段】

教师B首先在PPT上展示《太上感应篇》中的一则故事：明朝万历年间，扬州有一家大杂货店，店主在临死的时候吩咐儿子说："我平生起家，全靠这杆秤，这个秤乃是乌木合成，中间空的地方藏有水银，称出的时候就将水银倒在秤头，称入的时候就将水银倒在秤尾。这样的入重出轻，就是我致富的原因。但目前竞争激烈，也只能惨淡经营，希望你更加努力，争取扭转局面。"

师：什么是秤？（PPT 展示秤的图片）秤由四个部分构成：秤盘、提纽、秤杆和秤砣。大家知道怎样使用秤吗？今天老师就带了一杆秤。（教师现场演示如何用秤称橘子）正常称重时，将物体放入秤盘，通过调节提纽和秤砣间的距离找到平衡点。在称的过程中，提纽的位置和秤砣的重量保持不变，因此，物体的重量与秤砣离开提纽的距离之间存在一定的关系。那么，它们之间存在怎样的关系呢？

在本环节，两位教师都借助小道具引入新课。"核心概念图谱"是教师 A 所在学校的特色之一，让学生课后自己整理和总结已学知识，在头脑中自主建构较为完整、系统的知识网络结构，而不是一味地被老师牵着鼻子走，被老师灌输式地注入大量知识。该方法强调了学生的自主性，体现了学生的主体地位。

教师 B 利用"入重出轻"的故事激起了学生浓厚的求知欲望，秤的出现更是令学生眼前一亮，让学生有想要一探究竟、识破店主卑鄙手段的冲动，体现了"德育之效"。但文言文的史料对学生有一定的难度，没有给学生充足的时间阅读领会，建议可以对史料进行适当加工或制作成微视频，使这则故事更加生动易懂，达到更好的教学效果。

18.4 新知探究环节比较

在新知探究环节，教师 A 首先提出问题 1：将行程问题中的路程、速度和时间三个量自由设置成变量或常量，构造不同的函数关系，并给出示例：当 $v=80$ km/h 时，有 $s=80t$，这便是以前学过的正比例函数。学生探究的结果有：令路程为 200 km，则 $v=\frac{200}{t}$，自然便得到了反比例关系。接着，问题 2 给出了 4 个生活中的情境，要求学生用函数表达式分别写出两个变量之间的关系。以下是教学片段。

【教师A的教学片段】

> **师：** 同学们列出的这些式子都具有相同的形式，这种形式就是我们今天要讲的反比例函数的结构。大家回忆一次函数的定义，通过观察进行模仿，尝试自己给出反比例函数的定义。（学生在学案上通过填空完成反比例函数的定义）
>
> **生：** 一般地，形如 $y=\frac{k}{x}$（k 是常数，$k\neq 0$）的函数叫做反比例函数，其中 x 是自变量，y 是 x 的函数，k 是比例系数。
>
> **师：** 很好，这个就是我们对反比例函数的定义。从它的结构 $y=\frac{k}{x}$，结合最近所学的分式，你们认为有没有什么需要注意的？
>
> **生：** x 不能等于 0。

教师B利用秤和物理上的天平模型（如图18－1和图18－2所示）做实验，分别控制变量，引导学生从中发现正比例和反比例关系。

图18－1　秤

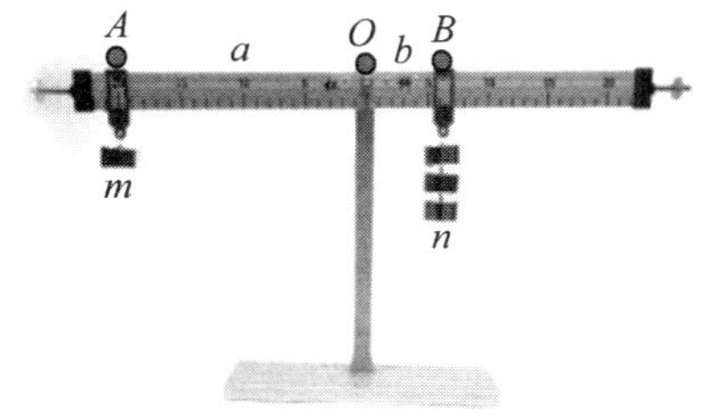

图18－2　天平模型

图18－2中，点 O 是秤提纽所在的位置，m 表示物体的重量，n 表示秤砣的重量。正常称重时，距离 a 和秤砣的重量 n 保持不变，将多次实验得到的数据填入表18－2，可以看出 b 与 m 成正比。类似地，控制 a 和 m 不变，将实验数据填入表18－3，可以看出 b 与 n 成反比。

表 18-2　a 和 n 不变，b 和 m 之间的正比例关系

数据	a(cm)	n(g)	b(cm)	m(g)
第 1 次	8	100	4	50
第 2 次	8	100	12	150
第 3 次	8	100	16	200

表 18-3　a 和 m 不变，b 和 n 之间的反比例关系

数据	a(cm)	m(g)	b(cm)	n(g)
第 1 次	8	100	16	50
第 2 次	8	100	8	100
第 3 次	8	100	4	200

【教师 B 的教学片段】

师： 正常称重时，a 和 n 保持不变，通过调节 b 的大小从而称得 m 的重量，随着 m 的增加，b 也在增加，说明 b 和 m 之间有一定的关系。那么这个内在关系是什么呢？

生： m 和 b 的比值都是 12.5。

师： 可以写成 $\frac{b}{m}=k(k\neq 0)$，两个变量的比值是一个非零的常数，就称 b 和 m 成正比例。如果 b 用字母 y 来表示，m 用 x 来表示，跟函数结合起来，你们觉得 y 是 x 的函数吗？把 y 和 x 的关系式写出来。

生： $y=k\cdot x$（k 是常数，$k\neq 0$）。

师： 如果两个变量符合这种函数关系，它就是我们学过的正比例函数。刚才在正常称重时是这样的，那故事中店主怎样"入重出轻"呢？我们先看"入重"。如果同样是称这个物体，物体的重量不变，提纽的位置是不变的，水银倒向秤尾，相当于改变了秤砣的重量，要调节距离 b 才能达到平衡。也就是 a 和 m 保持不变的时候，b 和 n 之间有什么关系呢？同样地，继续赋予 a 和 m 固定的值，研究在平衡关系下 b 和 n 的数量关系。

（学生上讲台做实验）

师：天平平衡了，你有成就感吗？（全班同学都笑了）观察一下，随着 n 的增加，b 反而减小……

生：是反的。

师：我们觉得成反比，那怎样是反比例？如果两个变量的乘积是一个常数，即 $bn=k(k\neq 0)$，我们称两个变量成反比例。同样，如果把 b 看成 y，n 看成 x，那么 y 和 x 之间的函数关系是怎样的？

生：$y=\frac{k}{x}$（k 是常数，$k\neq 0$）。

师：这样的函数我们把它称作反比例函数。

接着，教师B总结反比例函数的定义，并解释反比例函数中"反"的含义。

师：四个量成比例可以写成乘积的形式 $bn=am$，或者 $\frac{a}{b}=\frac{n}{m}$。a 与 b 的比是左、右两边重量的反比，反比例函数最初的起源就是两个量的反比，"反"其实就是"倒过来"的意思。原来，成正比例和成反比例源于成比例，它们都是等价的。通过刚才的故事，你觉得店主这样做的利弊是什么？"入重"导致读出来的数比实际重量要轻，少了分量。看似店主赚了钱，其实他失了什么？

生：失了信誉。

师：所以，得和失是相对的。再看 $y=\frac{1}{x}$，y 与 x 成反比，y 与 $\frac{1}{x}$ 成正比，所以正和反也是相对的。反比例函数的"反"一开始是"倒数"的意思。当 x 增大时 y 减小，当 x 减小时 y 增大，它们的变化关系是反向变化的。后来随着负数的进入，$y=-x$ 是正比例函数，但它也满足当 x 增大时 y 减小。所以只依据"倒数"来判断是否为反比例函数就不合适了，还要加入"负"的概念，但原来反比例函数这个术语就一直延续下来了，其中加入了新的概念，我们把这种现象称之为“旧瓶装新酒”。比如 $y=-\frac{1}{x}$，在一定的条件下，当 x 增大的时候 y 也是增大的……

在给反比例函数下定义时，教师 A 采用的是“快速切入法”，从特殊到一般，通过实例让学生看到这类与之前所学的不一样的函数——反比例函数，让学生通过类比和模仿，归纳得出反比例函数的定义。

教师 B 以秤为教具，在围绕秤的探究过程中既让学生复习了正比例函数的知识，又为反比例函数作了铺垫，揭示了数学概念自然发生发展的过程，体现了“知识之谐”和“探究之乐”；从具体数据中抽象出函数模型，提高了学生的数学抽象能力，体现了“能力之助”；深入浅出地让学生懂得店主的做法虽然得到了一时之利，但却失去了信誉，对学生进行辩证唯物主义教育，体现了“德育之效”；最后还道出了反比例函数中“反”的深层含义，揭示了数学是一门不断发展演进的学科，体现了“文化之魅”。借助秤这个模型让反比例函数看得见、摸得着，这样的教学设计让数学不再抽象，让学生意识到小小的一杆秤竟然蕴含着正比例函数和反比例函数两个重要的函数模型。不足之处是此处探究环节上所花费的时间较长，还有改进的空间。

18.5 练习巩固环节比较

教师 A 安排学生以 4 人小组为单位，搜集尽可能多的生活中的反比例关系，学生们展开了一场头脑风暴，发现了诸如工程、行程、商品和面积等问题中蕴含的反比例关系。接着，让学生判断和辨析反比例函数，用待定系数法确定反比例函数。

教师 B 先从三个方面帮助学生更好地理解反比例函数：你对“形如”怎样理解？怎样理解 k 是常数？反比例函数与前面所学的什么知识有联系？然后进行反比例函数的辨析和应用，启发学生寻找生活中反比例函数的例子。

由此看出，数学源于生活，在练习环节两位教师都注重将数学与实际生活联系起来，发现生活中的反比例函数，拓宽了学生的思维，练习后学生能够快速准确地辨别反比例函数，达到了知识与技能目标。

18.6 课堂小结环节比较

在课堂最后，教师 A 总结了反比例函数的定义、判断反比例函数的三种形式、反比例函数和一次函数的区别与联系，以及确定反比例函数的方法——待定系数法。教师 B 分析了店主“入重出轻”的利弊，请学生分享这节课的收获，再结合法院的图标谈公平和正义。以下是教学片段。

【教师 A 的教学片段】

师： 这节课学习了反比例函数，反比例函数的定义是大家自己思考、填空、模仿出来的。怎样判断是否为反比例函数？从形式上有常见的三种：$y=\frac{k}{x}$，$y=k\cdot x^{-1}$，以及 $x\cdot y=k$，各取反比例函数不同特征，以后慢慢领会。我们的图谱上又多出一个触角，叫反比例函数。

【教师 B 的教学片段】

师： 根据刚才的学习，你能解释店主的“入重出轻”，以及这样做的利弊吗？当店主卖东西给别人的时候，水银倒向秤头，相当于增加了物体的重量，想要达到平衡，秤砣就要移得更远才行，所以读出来的数重了，店主占了顾客的便宜。这样做合适吗？

生： 不合适。

师： 通过这节课的学习，你有什么收获？

生 1： 成反比例和成比例、成正比例有关系。

生 2： 学会了怎样来判断一个函数是不是反比例函数。

生 3： 学会了反比例函数的多种形式。

师： 最后我们来看看法院的图标，它里面包含天平，是公平、公正、法制的象征。

限于时间，教师 A 快速总结了本节课的要点。教师 B 再次分析“入重出轻”的利弊，前后呼应，渗透了数学学科德育，体现了“德育之效”。总结时将机会留给学生，让学生们有机会各抒己见，体会收获的喜悦。秤作为整节课的一条主线贯穿始终，使课堂连贯有序，增添了历史韵味。

18.7 结语

从两节课的比较中可以看到，HPM 视角下的初中数学概念教学有以下一些特点。

（1）注重探究的过程性。两节课都含有探究活动，教师 A 直接利用了速度、时间和距离之间的关系式；教师 B 没有直接给出有关公式，而是通过实测数据，让学生从数据中发现规律，从而得出反比例函数的概念。HPM 视角下数学教学的重要特点之一是让学生在“做数学”的过程中经历知识的自然发生过程。

（2）彰显知识的人文性。教师 B 在教学过程中充分挖掘了数学背后的人文元素，从而让课堂人性化。“入重出轻”的故事激发了学生的学习兴趣和动机；在得与失的辩证关系中，学生也接受了思想品德教育。可见，HPM 视角下的初中数学教学有利于数学学科德育的实施。

（3）追求设计的新颖性。反比例函数是初中数学中传统的重要内容，要在教学上有所创新，并非易事。而数学史是人类思想的宝库，从中可以获取丰富的教学素材和思想养料，弥补教师现有教学资源的不足。秤的模型就是一个典型例子，历史上的西方代数教科书中就将该模型作为一个例子，清代《数理精蕴》中也含有用秤称重问题。

（4）关注术语的本源性。教师 A 和 B 都注重概念辨析，但教师 B 由于对反比例函数的历史有一定的了解，因而能对“反比例函数”这一术语本身进行考辨。在历史上，人们在讨论各种比例时并没有考虑负数，“反”就是“倒”，“倒”就是“反”，没有歧义。但今天就不一样了，一个非零数既有倒数，也有相反数，“反”有两种不同的意义，因此，学生在“反比例函数”这一术语的理解上存在困难。教师 B 通过揭示术语之源，消除了学生的认知障碍。事实上，在初中数学教学中，我们经常会遇到一类无法用逻辑手段来解决的“为什么”问题，数学史往往成了不可或缺的有效工具。

总之，HPM 视角下的初中数学概念教学在历史与现实、数学与人文之间各架起了一座桥梁，营造了不一样的课堂。当然，由于注重探究过程，必然导致后面巩固练习环节的时间相应减少，一节好的 HPM 概念课必须在不同教学环节之间寻求平衡。

参考文献

[1] H·斯宾塞.教育论[M].胡毅,译.北京：人民教育出版社,1962.
[2] 汪晓勤.HPM的历史渊源[J].数学教育学报,2003,12(3)：24—27.
[3] 汪晓勤.HPM的若干研究与展望[J].中学数学月刊,2012(2)：1—5.
[4] 佚名.太上感应篇[M].北京：经济日报出版社,2011.
[5] 中华人民共和国教育部.义务教育数学课程标准(2011年版)[M].北京：北京师范大学出版社,2012.

19 基于数学史的新知引入分析①

19.1 引言

作为课堂教学的重要环节，新知引入具有引起学生注意、激发学生动机、构建教学目标、明确学习任务以及建立新旧知识联系等功能（侯秋燕，2009），精妙的新知引入往往有“转轴拨弦三两声，未成曲调先有情”之效。同时，新知引入还是一门教学艺术，能起到预示课堂高潮、引导学生思维等效果（李如密，2011）。在我国，绝大多数数学教学都由旧知识引入新知识，这既与“温故而知新”的传统教育方式有关，也符合现代认知主义理论和建构主义思想。但是，部分教师在实际课堂中运用“以旧引新”的方式时淡化了从旧知识到新知识的发生发展过程，甚至在简单复习旧知识后直接把新知识告诉学生，达不到理想的教学效果（涂荣豹 & 宋晓平，2006）。

数学史为丰富和拓宽传统教学新知引入的方式提供了一种有效路径。早在 20 世纪初，美国数学史家卡约黎就指出，“数学史是有效的教学工具”。美国学者琼斯则认为，“数学史提供新课引入的话题以及帮助学生‘发现’新概念或新思想的方法”。美国著名数学家和数学史家 M·克莱因强调，“数学史是教学的指南”。英国数学史家福韦尔将“增加学生的学习动机”作为数学教学中运用数学史的重要理由之一。Tzanakis 和 Arcavi 等学者则相信，“通过数学史，教师可以确定引入一种新数学知识的动机”（汪晓勤，2017）。有关数学史教育价值的各家观点都表明，数学史对于课堂上的新知引入具有重要意义。

有鉴于此，本章对 2014～2017 年 4 年间发表的 10 个具有代表性的初中 HPM 课例进行考察和分析，希望从中总结出基于数学史的初中数学新知引入方式的类型和特点。

19.2 新知引入的方式

基于已有的分类方法（陈晏蓉 & 汪晓勤，2018），结合对初中 HPM 课例的具

① 本章由作者与研究生姜浩哲合作完成。

体分析，我们发现，基于数学史的初中数学新知引入有问题引入、故事引入、演示引入三种类型，如表 19－1 所示。从数学史运用方式上来看，问题引入采用了“复制式”或“顺应式”，故事引入采用了“顺应式”或“重构式”，而演示引入的数学史运用水平最高，全部采用了“重构式”。

表 19－1 基于数学史的初中数学新知引入方式

类别	具体含义	数学史运用方式
问题引入	呈现数学史上或根据数学史改编的一个或多个具体问题，使学生在解决问题的过程中引入新知	复制式或顺应式
故事引入	将数学史上有关知识的发生背景以故事的形式讲述给学生，并依托数学故事设计相关问题情境以引入新知	附加式、顺应式或重构式
演示引入	教师基于数学史设计具有启发性和趣味性的实验活动，引导学生通过实际操作来引入新知	重构式

19.2.1 问题引入

课例“字母表示数”运用“复制式”将数学史融入新知引入教学。教师先通过莱茵德纸草书中的问题帮助学生复习回顾字母可以用来表示未知数，再由古希腊数学家丢番图《算术》中的“已知两数的和与差，求这两个数”问题引入新知。学生会用字母去设所求的两个未知数，然而，两数的和与差虽是已知的，但题中却没有给出具体数值，这使得学生产生了认知冲突，教师继而引导学生进行探究讨论。

课例“一元二次方程的配方法”运用“顺应式”将数学史融入新知引入教学。教师先通过一组课前练习题帮助学生了解古人运用几何图形进行开平方运算的方法，然后改编了 9 世纪阿拉伯数学家花拉子米《代数学》中的问题：一平方与十根等于二十迪拉姆，求根。问题所涉及的一元二次方程 $x^2+10x=20$ 不易用因式分解法来解。教师进而引导学生探索几何解法，引入“配方”的有关内容。

课例“可化为一元一次方程的分式方程”运用“顺应式”将数学史融入新知引入教学。教师在介绍 13 世纪意大利数学家斐波那契的生平后，出示了斐波那契经商时遇到的问题：两次雇用工人搬运货物的详细账目分别见表 19－2 和表 19－3，若两次雇用的工人第一天和第二天的人均所得都相等，分别求表格中的 x 和 y。这道题由《计算之书》中的问题改编得来，学生能在教师引导下审题、找等量关系、列出方程 $\frac{y}{2}=\frac{y+30}{8}$ 和 $\frac{10}{x}=\frac{40}{x+6}$，教师由此要求学生观察、比较问题中的两个方程，引出新课。

表 19－2　第一次雇用工人搬运货物详细账目

	工人人数（人）	人均所得（第纳尔/人）	总金额（第纳尔）
第一天雇人	2		y
第二天雇人	8		$y+30$

表 19－3　第二次雇用工人搬运货物详细账目

	工人人数（人）	人均所得（第纳尔/人）	总金额（第纳尔）
第一天雇人	x		10
第二天雇人	$x+6$		40

19.2.2　故事引入

课例“同底数幂的运算”运用“顺应式”将数学史融入新知引入教学。教师由阿基米德和叙拉古王子盖罗（Gelo）在海边散步时谈论“宇宙沙数”的故事引入：公元前 3 世纪后半叶的某一天，阿基米德和他的朋友、叙拉古王子盖罗在海边散步，阿基米德请朋友猜测脚下的沙滩和整个西西里岛上各含有几粒沙子，盖罗回答有无穷多粒，而阿基米德则详细介绍了自己的大数记数法并告诉朋友，根据他的几何证明，若将沙粒看作罂粟壳那么大，装满整个“宇宙”（以地球为中心，地日距离为半径的球）的沙粒数目不超过 6 个 1 万万相乘再乘以 1 000。教师引导学生用科学记数法表示 1 万万、1 万万个 1 万万……，并思考 6 个 1 万万相乘再乘以 1 000 究竟有多大，进而引出 $10^m \times 10^n = 10^{m+n}$ 的同底数幂运算公式。

课例“平方差公式”运用“顺应式”将数学史融入新知引入教学。教师选择等周问题，将发生在古希腊的欺骗性土地分配事件改编为“庄园主与佃户”的故事来引入：从前，一个狡猾的庄园主把一块边长为 $a(a>5)$ 米的正方形土地租给佃户张老汉。第二年，他对张老汉说：“我把这块地的一边减少 5 米，相邻的另一边增加 5 米，继续租给你，租金不变，你也没有吃亏，你看如何?”张老汉一听，觉得好像没有吃亏，就答应了。回到家中，他把这件事和邻居们一讲，大家都说：“你吃亏了！”由此，教师引导学生比较 a^2 和 $(a+5)(a-5)$ 的大小，判断张老汉是否真的吃亏了，从而引出平方差。

课例“平面直角坐标系”运用“重构式”将数学史融入新知引入教学。教师首先讲述了笛卡儿发明坐标系的历史故事：1619 年 11 月的一天，笛卡儿因病躺在床上无所事事，于是又想起了那个折磨他很久的问题，即如何将平面上的点和数联系在一起？天花板上，一只小小的苍蝇慢慢地爬动。笛卡儿心想，如果把苍蝇看成一个点，那么该怎么用数来表示苍蝇的位置呢？而后，教师根据故事中的情境设计了以下问题串。

问题 1：如果这只苍蝇向右爬了 5 cm，我们怎么用数来表示它的位置？如果向右爬了 3 cm 呢？

问题 2：如果这只苍蝇向左爬了 5 cm，我们怎么用数来表示它的位置？如果向左爬了 3 cm 呢？

问题 3：如果这只苍蝇向上爬了 5 cm，我们怎么用数来表示它的位置？如果向下爬了 3 cm 呢？

问题 4：如果这只苍蝇先向右爬 3 cm，再向上爬 5 cm，那么我们怎样表示它的位置？

课例“反比例函数”运用“重构式”将数学史融入新知引入教学。教师首先由我国古代的劝善书《太上感应篇》中记载的故事引入：明朝万历年间，扬州有一家大杂货店，店主在临死的时候告诉儿子，他的一杆秤乃是乌木合成，中间空的地方藏有水银，称出的时候，就将水银倒在秤头，称入的时候，就将水银倒在秤尾，这样“入重出轻”，就是他致富的原因。接着，教师向学生展示杆秤实物并介绍使用原理，然后出示了与杆秤有同样原理的天平模型。如图 19－1 所示，点 O 相当于提纽所在的位置，点 A 相当于秤盘所在的位置，B 处所挂重物相当于秤砣。这一模型上的 4 个量可以分别设为：$AO=a$ cm，$OB=b$ cm；A 处挂的物体重 m g，B 处挂的物体重 n g。教师进而通过演示实验引导学生探究“a、n 不变时，b、m 有怎样的关系”和“a、m 不变时，b、n 有怎样的关系”两个问题，引出反比例函数。

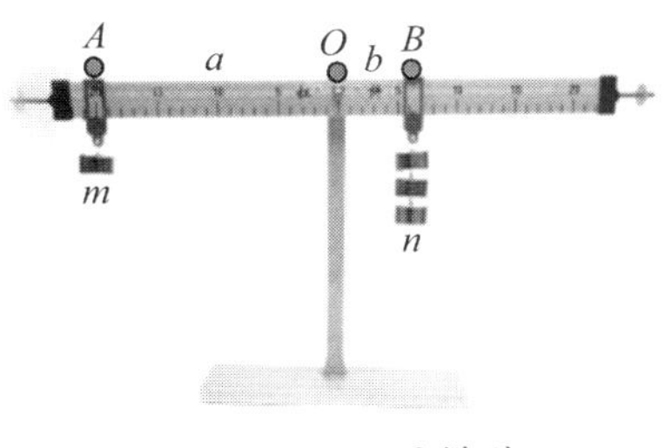

图 19－1　天平模型

19.2.3　演示引入

课例“实数的概念”运用“重构式”将数学史融入新知引入教学。教师根据古希腊毕达哥拉斯学派发现不可公度量的历史，设计了折纸和拼图的教学活动。教师首先抛出“如何求一张 A4 纸长与宽的比”的问题，接着要求学生进行图 19－2 所示的折纸操作，指出折痕 AE（即正方形 $ABEF$ 的对角线）和 A4 纸的长 AD 相等，进而提出“若 AB 长为 1，则 AE 长为多少”的问题，并引导学生通过多种方法将两个边长为 1 的正方形拼成一个以它们对角线为边长的大正方形，随后，教师指导学生运用二分法估算面积为 2 的大正方形边长，自然引出了无理数的概念。

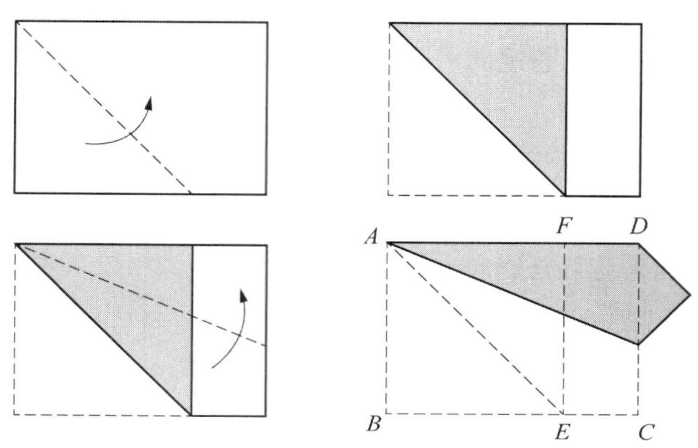

图 19－2　寻找与 A4 纸的长相等的线段

课例“平行线的判定”运用“重构式”将数学史融入新知引入教学。教师基于历史相似性，以《墨经》、《数理精蕴》和《几何原本》中对平行线的判定（定义）方式为切入点，引导学生进行从“用距离刻画平行”到“用角刻画平行”的探究：在教师的提示和启发下，学生首先联想到用两条直线之间的距离相等来刻画平行，接着发现可以先画已知直线 a 的垂线 c，再画直线 c 的垂线 b，得到 $b \parallel a$，而后进一步探索发现了用三角尺的直角沿直尺上推得到两平线直线，最后有学生发现能运用三角尺其余任意某个角和直尺推得平行直线，教师随即演示了这一过程（图 19－3），自然引出了平行线的判定方法和基本性质。

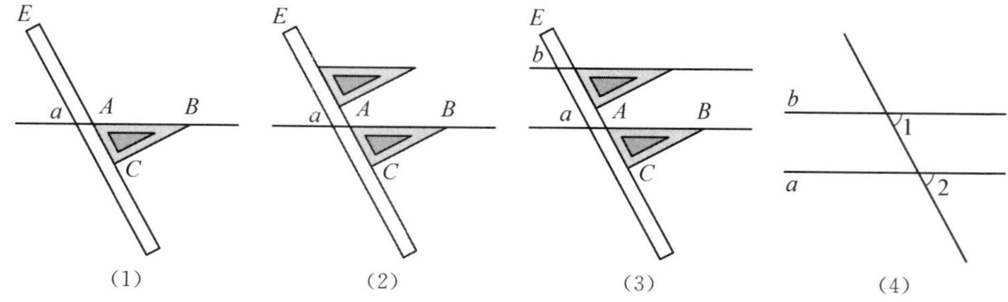

图 19－3　运用三角尺其余任意某个角和直尺推得平行直线

课例“三角形内角和”运用“重构式”将数学史融入新知引入教学。教师基于三角形内角和的历史，引导学生开展泰勒斯当年探究和发现三角形内角和定理的拼图实验：分别将 6 个同样的等腰三角形围绕一个共同顶点无缝且不重叠地拼接在一起(图 19-4)，可以发现具有共同顶点的 6 个角和为 360°，而在这 6 个角中，三角形的 3 个内角∠1、∠2 和∠3 各出现两次，故知 ∠1＋∠2＋∠3＝180°；利用六个同样的不等边三角形重复上述实验(图 19-5)，可以得到相同结论。

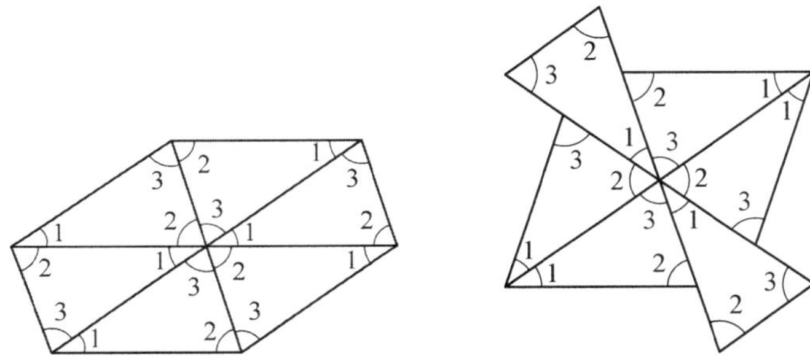

图 19-4　利用六个同样的等腰三角形进行拼图实验

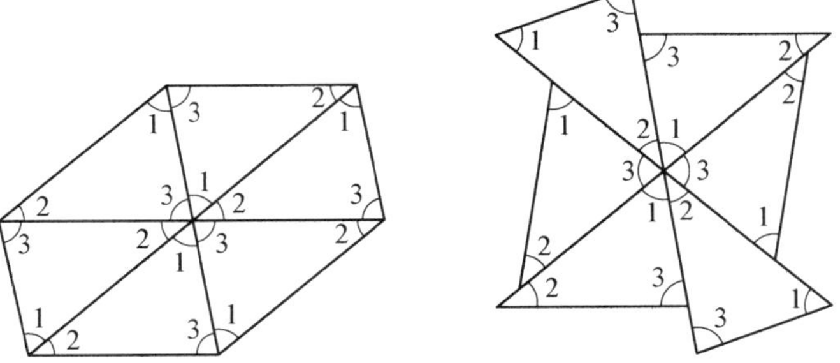

图 19-5　利用六个同样的不等边三角形进行拼图实验

19.3　基于数学史的新知引入特点

根据 M·克莱因提出的四个数学课程原理(兴趣、动机、直观、文化)和波利亚的三个数学教学原理(最佳动机、主动学习、循序渐进)，理想的新知引入方式被认为至少应具备以下特征(涂荣豹 & 宋晓平，2006)：

(1) 可学性，即引入建立在学生已有知识基础之上，易于为学生所理解；

(2) 有效性，即引入能够有效地揭示学习新知的必要性，激发学生的学习动机；

(3) 关联性,即引入能够为后面的相关知识学习服务;

(4) 趣味性,即引入能够激发学生学习新知的兴趣。

基于上述特征,我们依次对初中阶段 HPM 课例引入的特点进行分析。

“字母表示数”是沪教版初中数学七年级上册中的内容,教科书通过列举 4 个实例说明了用字母可以表示数。HPM 课例中,教师则通过 2 个经典的历史问题,在学生“字母能表示未知数”的认知基础之上引入“字母能表示任意数”,体现了可学性、关联性。学生在情境问题中对于如何处理已知数无从下手,教师以此引发学生的认知冲突并进行新课探究,体现了有效性。但是,该课例在趣味性的体现上还略显不足。

“同底数幂的运算”是沪教版初中数学七年级上册中的内容,教科书在要求学生观察 $3^2\times3^4=(3\times3)\times(3\times3\times3\times3)=3^6=3^{2+4}$ 的计算过程后指出:两个同底数幂 3^2、3^4 相乘的结果是底数 3 不变,指数 6 等于 2 与 4 相加,并由此引出同底数幂相乘的法则。HPM 课例通过阿基米德数沙的故事引入,学生随之感受到了用科学记数法表示大数的复杂和困难,教师由此开始讲解同底数幂相乘的有关内容,具备关联性、有效性和趣味性的特点。

“平方差公式”是沪教版初中数学七年级上册中的内容,教科书分别通过代数和几何两种方法引导学生推导得到平方差公式。HPM 课例则由根据历史改编的“庄园主与佃户”故事引入,通过引导学生比较边长变化前后的土地面积引出平方差,有效激发了学生的学习动机,体现了可学性、关联性、有效性和趣味性。

“可化为一元一次方程的分式方程”是沪教版初中数学七年级上册中的内容,教科书通过以全国第 5 次铁路提速为背景的实际应用问题引入,引导学生根据题意列出分式方程后,去掉方程中分式的分母将其转化为一元一次方程求解。HPM 课例则通过改编《计算之书》中的问题,引导学生分别列出整式方程和分式方程,并由此在观察和比较中引出分式方程的特点,体现了可学性、关联性和有效性。HPM 课例中教师还以图文并茂的形式展现了斐波那契的生平,且为问题添加了斐波那契早年随父亲经商的故事背景,因而更具趣味性。

“实数的概念”是沪教版初中数学七年级下册中的内容,教科书通过演示“将两个边长为 1 的小正方形沿一条对角线剪开后拼成面积为 2 的大正方形”这一过程来说明$\sqrt{2}$的存在性。从历史上看,毕达哥拉斯学派是在“万物皆数”的信念引导下,去研究正方形对角线与边长之比;而将两个小正方形拼成一个大正方形,对学生而言,缺乏足够的动机。相比较而言,A4 纸是学生常见的,教师通过 A4 纸长、宽之比问题引导学生进行折纸活动，使得正方形的构造变得更为自然。因此，HPM 课例的引入过程体现了关联性、有效性和趣味性。

“平行线的判定”是沪教版初中数学七年级下册中的内容，教科书从实验几何的角度，引导学生进行平推三角尺的操作实践得到“同位角相等，两直线平行”的判定方法，然后仍然通过要求学生操作实践得到平行线的基本性质。HPM 课例则基于历史相似性，引导学生经历从“用距离刻画平行”到“用角刻画平行”的探究过程，体现了可学性、关联性和趣味性。

“平面直角坐标系”是沪教版初中数学七年级下册中的内容，教科书由“对号入座”问题引入。HPM 课例中，教师巧妙地将问题串与数学故事相结合，引导学生一步步走出一维世界，认识二维平面，既充分考虑了学生的认知基础，又揭示了用“实数对”表示平面内点的必要性，整个引入过程具备可学性、关联性、有效性和趣味性的特点。

“三角形内角和”是沪教版初中数学七年级下册中的内容，教科书通过演示从一块三角形纸板裁下三个角，并拼在一起的实验，引导学生猜想三角形的三个内角和等于 180°。HPM 课例中，教师首先介绍了泰勒斯铺设地砖时的发现，然后基于学生“周角等于 360°”的认知基础，通过引导学生开展泰勒斯的拼图实验引入新知，体现了可学性、关联性、有效性和趣味性。

“一元二次方程的配方法”是沪教版初中数学八年级上册中的内容，教科书先要求学生观察 x^2+8x 和 $(x+4)^2$ 的展开式，然后直接介绍运用配方法求解方程 $x^2+8x=0$。但是，方程 $x^2+8x=0$ 也可以直接通过因式分解法求解，教科书的引入无法体现新知学习的必要性。HPM 课例则对历史进行重构，在学生从代数和几何角度理解“直接开平方法”的基础之上，通过呈现花拉子米《代数学》中的一道用因式分解法不易解决的方程问题，引导学生将几何意义上的“将长方形割补成正方形”与代数意义上的“配方”联系起来，体现了可学性、关联性、有效性和趣味性。

“反比例函数”是沪教版初中数学八年级上册中的内容，教科书通过引导学生探究面积固定的长方形长与宽的相互关系引入反比例函数。HPM 课例则根据《太上感应篇》中关于杆秤的故事设计课堂情境，通过实验演示让学生经历从正、反比例到正、反比例函数的历史过程，具备可学性、关联性、有效性和趣味性的特点。

表 19-4 初中阶段各 HPM 课例的新知引入特点

课题	新知引入类型	可学性	关联性	有效性	趣味性
字母表示数	问题引入	√	√	√	
可化为一元一次方程的分式方程	问题引入	√	√	√	√
一元二次方程的配方法	问题引入	√	√	√	√
同底数幂的运算	故事引入	√	√	√	√
平方差公式	故事引入	√	√	√	√
平面直角坐标系	故事引入	√	√	√	√
反比例函数	故事引入	√	√	√	√
实数的概念	演示引入		√	√	√
平行线的判定	演示引入	√	√		√
三角形内角和	演示引入	√	√	√	√

表 19-4 对初中阶段各课例中新知引入的基本特征进行了总结，大多数 HPM 课例新知引入具备可学性、关联性、有效性和趣味性的特点。与高中 HPM 课例新知引入的特点相比，初中阶段教师更为注重激发学生的学习动机和兴趣，让学生获得积极的情感体验，因而在引入的趣味性上更胜一筹。

19.4 结语

综上所述，在我们所考察的 10 个初中 HPM 课例中，新知引入的方式有问题引入、故事引入、演示引入三种类型。在今日教科书中，数学知识往往是按照特定的逻辑体系来编排的，学生往往不知道为何要学习某个知识点；而一个知识点的历史却揭示了知识发生和发展的动因，这种动因往往又与问题解决息息相关。因此，历史上导致知识发生发展的数学问题就成了引入新知的理想材料。数学史融入初中数学教学的重要目标之一是让数学课堂人性化，当我们关注知识的源流时，往往会涉及数学人物和事件，因此，考虑到初中生的年龄特点，数学故事自然受到教师的喜爱；而从人物故事中引出数学问题，则是引入新知的理想方式。在将数学史融入初中数学教学时，教师需要追溯所教知识的起源，因为古人“做数学”的方式往往与今天不同。实际上，返璞归真，正是“知识之谐”的要求。教师为了再现古人做数学的过程，会让学生通过动手操作和演示作出初步的发现，这便是演示引入的方法。

当然，部分 HPM 课例的引入未能兼顾四种特点，因而在引入方式的选择和运用、数学史料的选取和加工上还有待进一步完善和改进。但是，数学史为一线教师引入新知提供了丰富的素材，基于数学史的课堂引入能大大拓宽传统教学"以旧引新"的方式和意义，使新知识自然而然地"流淌"出来，而非灌输和强加于学生，这印证了本章引言中相关学者的论断和观点；同时，HPM 课例的新知引入环节设计也对今后教科书的修订和编写具有较高的参考价值。

参考文献

[1] 陈晏蓉，汪晓勤. 基于数学史的新知引入课例分析[J]. 上海课程教学研究，2018(1)：38—44.
[2] 洪燕君，顾海萍. 可化为一元一次方程的分式方程：按五项原则融入数学史[J]. 教育研究与评论(中学教育教学)，2015(1)：42—46.
[3] 侯秋燕. 高中数学课堂导入策略的研究[M]. 长春：东北师范大学出版社，2009.
[4] 李玲，顾海萍. 平方差公式：以多种方式融入数学史[J]. 教育研究与评论(中学教育教学)，2014(11)：43—47.
[5] 李如密. 教学艺术论[M]. 北京：人民教育出版社，2011.
[6] 牟金保，孙洲. 平行线的判定：基于相似性，重构数学史[J]. 教育研究与评论(中学教育教学)，2017(5)：34—40.
[7] 齐春燕，顾海萍. 同底数幂的运算：以重构和顺应的方式融入数学史[J]. 教育研究与评论(中学教育教学)，2015(3)：39—42.
[8] 沈志兴，洪燕君. 一元二次方程的配方法：用历史体现联系[J]. 教育研究与评论(中学教育教学)，2015(10)：38—42.
[9] 宋万言，栗小妮. 实数的概念：折纸、拼图中发现，计算、比较中建构[J]. 教育研究与评论(中学教育教学)，2017(8)：41—47.
[10] 孙洲. HPM 视角下的"字母表示数"教学[J]. 数学教学，2017(6)：28—30，46.
[11] 唐秋飞. 三角形内角和：在多个环节中渗透数学史[J]. 教育研究与评论(中学教育教学)，2015(7)：40—44.
[12] 涂荣豹，宋晓平. 中国数学教学的若干特点[J]. 课程·教材·教法，2006(2)：93—93.
[13] 王进敬，栗小妮. 反比例函数：实验重构数学史，故事凸显价值观[J]. 教育研究与评论(中学教育教学)，2017(6)：36—41.
[14] 汪晓勤. HPM：数学史与数学教育[M]. 北京：科学出版社，2017.
[15] 岳秋，张德荣. 平面直角坐标系：利用历史故事，实现维度跨越[J]. 教育研究与评论(中学教育教学)，2016(11)：32—37.

20 基于数学史的初中数学问题提出策略①

20.1 引言

数学史与数学教育之间的关系(HPM)是数学教育的重要研究领域之一,而HPM视角下的数学教学实践研究是HPM领域最主要的工作之一(汪晓勤,2012)。近年来,越来越多的大、中、小学教师对HPM产生了浓厚的兴趣,相关的课例也日益增多(汪晓勤,2017)。在这些课例中,数学史融入教学的方式可分为"附加式"、"复制式"、"顺应式"和"重构式"四种,除了"附加式"以外,其他三种方式都与数学问题提出息息相关。

所谓"问题提出",是指在给定的情境下编制新的问题或在解决问题过程中对问题进行改编(Silver, 1994)。已有研究表明,关于问题提出的一个重要研究方向是探索教师和学生能够提出什么样的问题(Cai, 2013)。在一节数学课中,引入、探究、例题、练习诸环节都离不开数学问题,好的数学问题往往是成功的关键。另一方面,教师通过让学生参与问题提出活动,可以更好地了解学生对知识的理解情况,但这样的活动要求教师自己具备较好的问题提出能力(Leung & Silver, 1997),并且能够创设出适合学生提出问题的情境(Gonzales, 1996)。因此,教师需要掌握相关的素材以及根据这些素材提出新问题的策略。

历史上的数学问题浩如烟海,为数学教学提供了丰富的素材。但历史问题并非都可以直接用于课堂教学,需要经过裁剪和加工;同时,很多历史材料本身并非数学问题,但往往可以成为教师提出新问题的背景或出发点。那么,在已有的初中HPM课例中,教师在提出数学问题时,究竟运用了哪些数学史素材?又采用了哪些策略来提出问题?本章试图通过课例分析来回答上述问题。

20.2 课例的选取

本文选取2014～2017年4年间发表的15个初中HPM课例作为研究对象。

① 本章由作者与研究生丁倩文合作完成。

这些课例的课题主要涉及代数和几何两个领域，对应的内容有数与式、方程与不等式、函数、图形的认识、图形与变换、图形与坐标以及图形与证明。所有课例都是由大学研究者和中学一线教师合作开发。

课例的设计遵循"趣味性"、"可学性"、"科学性"、"人文性"和"有效性"五项原则，都以体现"知识之谐"、"方法之美"、"探究之乐"、"能力之助"、"文化之魅"、"德育之效"为目标。从课型上看，它们都是新授课。课例的选择标准是其中包含基于数学史料提出的数学问题。

20.3 基于数学史料的问题提出策略

已有的研究表明，问题提出的策略有条件操作、目标操作、对称互换和新旧链接 4 种(Silver, 1996)。根据数学史料来提出新问题，当史料本身为一个数学问题时，所用策略或为直接采用，或为改变情境(不改变条件和目标)，或为上述四种之一，所提出的问题分别称为再现式问题、情境式问题、条件式问题、目标式问题、对称式问题和链接式问题。当一则史料不是某个数学问题，而是一个命题、一个故事、一段史实等时，需要根据教学需要来选择问题的条件和目标，此时所用策略不符合上述策略中的任何一种，称为自由设问策略，所提出的问题称为自由式问题。当史料为一个数学问题时，也可能使用自由设问策略来产生新问题。表 20－1 总结了基于数学史的问题提出策略和相应的例子。

表 20－1 基于数学史的问题提出策略分类

策略	描述	例子	问题类别
直接采用	直接采用"原汁原味"的问题或仅仅进行语言的翻译	今有竹高一丈，末折抵地，去本三尺。问：折者高几何？(《九章算术》勾股章原题)	再现式
改变情境	对原问题的情境进行改编或增加符合现代学生生活经验的情境，而保持已知条件和目标不变	大风将学校 1 丈高的木制旗杆吹折，杆头着地，着地处距离杆根 3 尺，请你计算旗杆断裂处离地面距离	情境式
条件操作	对原问题的条件进行改编而保持目标不变	竹高 12 尺，被大风吹折，竹梢着地，着地处离竹根 4 尺。问：折断处离地面有多高	条件式

(续表)

策略	描述	例子	问题类别
目标操作	对原问题的目标(所求项或所证明的结论)进行改编而保持已知条件不变	竹高1丈,被大风吹折,竹梢着地,着地处离竹根3尺。问:折断处离树梢有多长	目标式
对称互换	互换原问题中的条件和目标	竹高1丈,距离地面4.55尺处被大风吹折,竹梢着地,求着地处到竹根距离	对称式
新旧链接	将原问题的目标作为新的已知条件提出新问题	竹高1丈,被大风吹折,竹梢着地,着地处离竹根3尺。求折断部分与未断部分之间夹角的正弦	链接式
自由设问	根据教学需要自由选择问题的条件和目标,不符合上述六种策略的任何一种	大风将学校高15米木制旗杆从距离地面6米处吹裂,随时可能倒下伤及他人,学校现决定从断裂处砍断旗杆,现需要划一个安全警戒区域,你能求出这个区域的面积吗	自由式

20.4 各课例中的数学史问题

在我们所考察的15个课例中,共发现41个基于数学史料提出的数学问题(简称基于数学史的问题或HBP),这些问题分为再现式、自由式、情境式、条件式和对称式5类,各类型的分布如图20-1所示。

由图20-1可知,41个问题中绝大多数为自由式问题,其次为再现式问题。其他类型的问题很少。

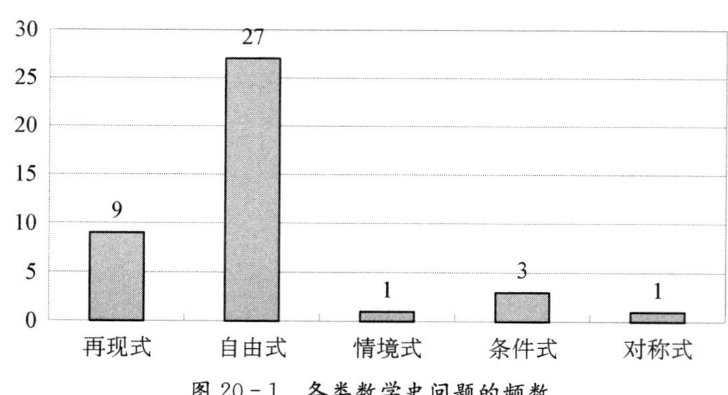

图20-1 各类数学史问题的频数

20.4.1 再现式问题

共有 6 个课例采用了再现式问题。课例“分数指数幂”采用了欧拉《代数基础》中的问题：将 a^2 和 $\sqrt{a}$ 化成指数同为 $\frac{1}{3}$ 的幂。课例“平方差公式”直接采用了丢番图《算术》中的问题：已知两个正数的和为 20，积为 96，求这两个数。丢番图利用“和差术”和平方差公式来解决。课例“字母表示数”(Ⅰ)采用了丢番图《算术》中的另一个问题：已知两数的和与差，求这两数。该问题要求学生用字母表示已知的和与差。

课例“一次方程组的应用”直接采用了斐波那契《计算之书》和程大位(1533—1606)《算法统宗》中的问题：“若甲得乙之 7 第纳尔，则甲的钱是乙的 5 倍；若乙得甲之 5 第纳尔，则乙的钱是甲的 7 倍。问：甲、乙各有多少钱?”，“隔墙听得客分银，不知人数不知银；七两分之多四两，九两分之少半斤。试问各位善算者，多少人分多少银?”这些问题都是数学史文献中原汁原味的数学问题。

20.4.2 自由式问题

有 11 个课例采用了自由式问题。在课例“同底数幂的运算”中，教师根据阿基米德《数沙者》中的大数记法，采用自由式问题来引入新课：

问题 1：从 1 数到 1 万，再从 1 万数到 1 万万，请用科学记数法来表示 1 万万。

问题 2：把第一步得到的数作为一个新数 a，从 a 开始数到 1 万万个 a，请用科学记数法来表示这个数。

问题 3：把第二步得到的数作为一个新数 b，从新数开始数到 1 万万个 b，请用科学记数法来表示这个数。

问题 4：阿基米德得到装满整个“宇宙”(以地球为中心，地日距离为半径的球)的沙粒数目不超过 6 个 1 万万相乘再乘以 1 000，用今天的记数法如何表示?

16 世纪德国数学家斯蒂菲尔在《整数算术》(1544 年)中将幂指数从非负整数推广到负整数，建立了表 20 - 2 所示的指数和幂之间的对应关系。

表 20 - 2 指数和幂的对应表

指数	…	-3	-2	-1	0	1	2	3	…
幂	…	$\frac{1}{8}$	$\frac{1}{4}$	$\frac{1}{2}$	1	2	4	8	…

在课例“分数指数幂”中，教师根据这则材料提出如下问题：

(1) 1、2、4 三个数中，中间的 2 与左右的 1、4 之间究竟有什么关系？

(2) 如果在指数 0 和 1 之间插入平均数$\frac{1}{2}$，那么对应的幂 $2^{\frac{1}{2}}$ 会是什么数呢？

这里，教师借鉴斯蒂菲尔的“幂与指数对应法”，从正整数指数与幂之间的对应关系入手，提出问题，引导学生通过类比得到分数指数幂与方根之间的关系，从而经历分数指数幂的形成过程。

美国数学家贝曼(W. W. Beman)和史密斯在《新平面与立体几何》中、贝兹(W. Betz)和韦布(H. E. Webb)在《平面几何》中分别给出湖畔两点之间距离的测量方法：如图 20-2①，欲测量湖畔两点 A、B 之间的距离，在点 O 处立一个木桩，过点 O 固定线段 $A'B$ 和 AB'，使得 $OA' = OA$，$OB' = OB$，则 $A'B' = AB$；如图 20-2②，在点 C 处立一个木桩，过点 C 固定线段 AA' 和 BB'，使得 $CA' = CA$，$CB' = CB$，则 $A'B' = AB$。课例“全等三角形的应用”根据上述史料，提出更开放的问题：“小明和朋友们游览风景区看到一个美丽的池塘，想知道池边两点 A、B 之间的距离，问有哪些方法？”由此为学生提供更多的探究性机会。

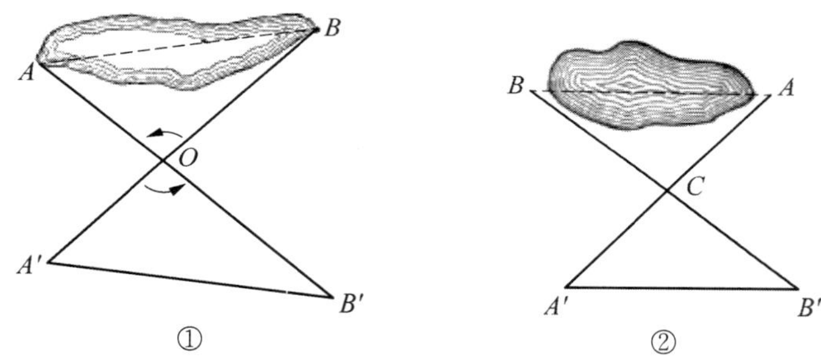

图 20-2　池塘测宽问题

20.4.3　情境式问题

情境式问题仅仅出现在 1 个课例中。斐波那契在《计算之书》中设题：“若干人平分 10 第纳尔，每人得若干。若加上 6 人，再平分 40 第纳尔，则每人所得与前面相同，求第一次分钱人数。”这是一个分式方程问题。课例“可化为一元一次方程的分式方程”对该问题进行改编，添加了“雇工付酬”的生活情境：斐波那契连续两天雇用工人搬运货物(人数和酬金见表 20-3)，若两天人均所得酬金相等，求第一天雇用的工人数 x。

表 20-3 雇用工人搬运货物的账目

	工人人数(人)	人均所得(第纳尔/人)	总金额(第纳尔)
第一天雇人	x		10
第二天雇人	$x+6$		40

20.4.4 条件式问题

有 3 个课例采用了条件式问题。课例"一次方程组的应用"采用了古巴比伦泥版 VAT 8389 上的问题，但对其中的数据作了适当的改编："已知两块地共 5 亩，第一块地亩产 4 担粮食，第二块地亩产 3 担粮食。第一块地的产量比第二块的产量多 6 担。问：两块地的面积各为多少？"

课例"一元二次方程的配方法"将阿拉伯数学家花拉子米《代数学》中的问题"一平方与十根等于三十九迪拉姆，求根"进行改编，将 39 改为 20，使得问题难以直接用因式分解法来解，从而凸显配方法的必要性。

课例"字母表示数"(Ⅱ)将历史上著名的鸡兔同笼问题进行改编，题目改为：有一天，鸡、兔、蜘蛛被关在同一个笼子里，一共有 45 个头，240 条腿。第二天早上，发现蜘蛛被鸡吃掉一半，又有一半的鸡和三分之一的兔逃跑了，剩下的鸡、兔、蜘蛛一共有 130 条腿。问：鸡、兔、蜘蛛原来各有几只？显然改后的问题将原来鸡兔同笼问题的条件和情境做了修改，此题目的在于让学生体会用字母表示未知数。

上述问题有的是直接将数学史问题的条件进行修改，有的则是同时改变问题情境和问题条件，都属于条件式问题。

20.4.5 对称式问题

对称式问题只出现在课例"可化为一元一次方程的分式方程"中。将斐波那契《计算之书》中的原题"若干人平分 10 第纳尔，每人得若干；若加上 6 人，再平分 40 第纳尔，则每人所得与前面相同，求第一次分钱人数"的条件和目标进行互换，即已知第一次分钱人数为 2 人，加上 6 人后，总金额增加 30 第纳尔再进行平分，每人所得与前面相同，求第一次所分的总金额。

20.5 若干特点

20.5.1 历史材料

HPM 视角下的数学教学设计必须遵循科学性原则，因此，15 个课例中的 41

个数学问题均源自历史上的数学原始文献。图 20-3 和图 20-4 分别给出了原始文献的地域和年代分布情况。

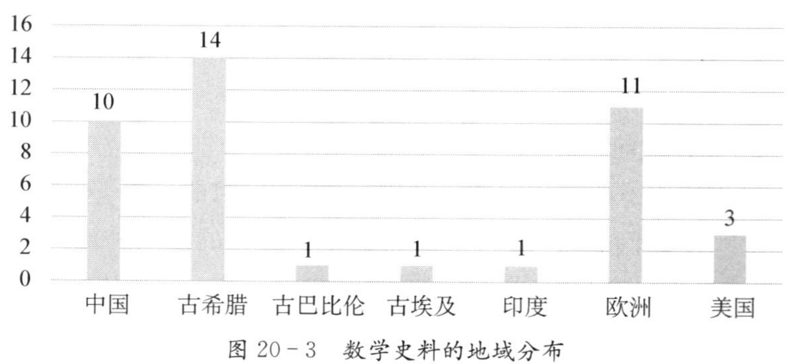

图 20-3 数学史料的地域分布

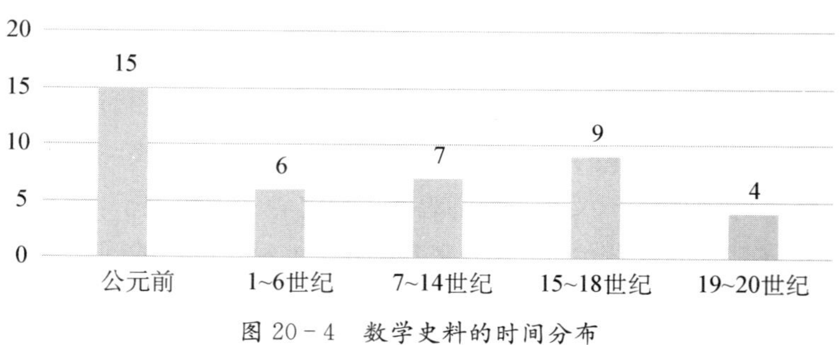

图 20-4 数学史料的时间分布

从图 20-3 可见，基于数学史的问题，主要源自古希腊、中国和近代欧洲的数学文献，但教师在选择史料时并不局限于某一国家或地区。数学名著是教师的第一选择，其中最典型的是欧几里得的《几何原本》、斐波那契的《计算之书》、程大位的《算法统宗》和欧拉的《代数基础》。从图 20-4 可见，这些原始文献分布在各个历史时期。数学史是一座宝藏，蕴含了取之不尽、用之不竭的教学资源。参与课例研究的教师和大学研究人员主要是出于教学设计的需要，才从这些名著中选择素材，但对于数学名著并没有全面、深入地了解；大部分相关人员所能接触到的名著也屈指可数。总的说来，15 个课例所涉及的历史材料十分有限。

20.5.2 问题提出的策略

虽然我们在 15 个课例中发现了 5 类基于数学史的问题，但自由式问题占有压倒性的多数，备受教师的青睐。究其原因，一是相关教师所掌握的历史材料（特别是历史文献中的数学问题）十分有限。二是在所掌握的材料中，能直接用于课堂教学的很少。根据弗赖登塔尔的观点，在教学过程中，教师应该充分利用学生的认知规律、已有的生活经验和教学实际，灵活处理教材，根据实际需要对原材料进行优化组合（Silver，1996）。三是相关教师所掌握的问题提出策略比较单一，而自由式问题相对其他类型的问题显得灵活且易于操作。

15 个课例中未出现链接式问题和目标式问题，进一步说明教师在问题提出策略上还有很大的提升空间。

20.5.3 基于数学史的问题在不同教学环节中的分布

图 20－5 给出了基于数学史的问题在不同教学环节的分布情况。从表中可见，基于历史的数学问题主要用于引入和探究环节。在引入环节，基于历史的问题易于激发学生的学习动机和兴趣；在探究环节，基于历史的问题为学生提供了探究机会，让他们经历新知的发生和发展过程。

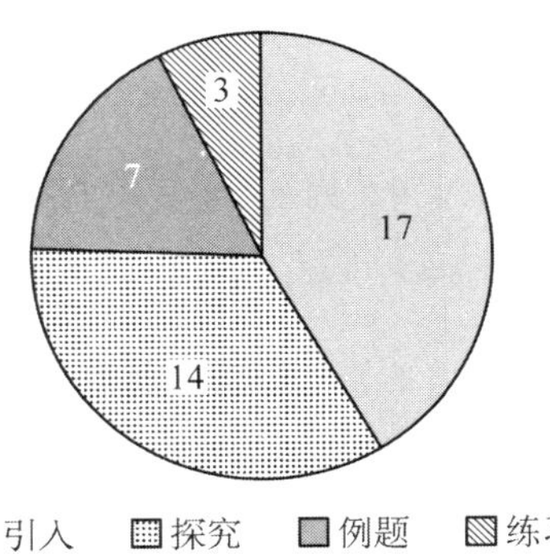

图 20－5 基于数学史的问题的教学环节分布

然而，教师在例题和练习环节很少运用基于历史的问题。究其原因，一是教师在教学中更多地依赖教科书和学校统一使用的学案；二是教师缺乏适合用作例题或习题的历史材料；三是他们可能认为数学史在帮助完成引入或探究任务之后，本来就该悄然谢幕，无需贯穿一节课的始终。

20.6 结语

本文所考察的 15 个初中 HPM 课例，从某种意义上说，是初中 HPM 实践的一个缩影。从中我们看到，根据数学史材料提出数学问题，乃是数学史融入数学教学的重要途径。课例中所涉及的绝大多数历史材料采自不同时空的数学原始文献，确保了科学性；问题提出的策略包括直接采用、改变情境、自由设问、条件操作和对称互换5种，目标操作和新旧链接策略付之阙如，自由设问策略一枝独秀；基于历史的问题主要用于引入和探究环节。

课例分析表明，经典数学名著为问题提出提供了丰富的素材，但教师在名著的研读和材料的搜集上有待于加强，所运用的问题提出策略不够丰富。在教学设计过程中，初中教师有必要与高校研究人员一起对原始文献进行研讨，并掌握史料的选择、裁剪和加工方法，学习HPM视角下的问题提出策略，思考基于数学史的问题的教育价值，从而提高问题提出的能力，获取更加丰富多彩的问题，从而进一步优化HPM教学设计，改善HPM教学实践的效果。

参考文献

[1] 顾海萍，汪晓勤. 一次方程组的应用：从历史到课堂[J]. 教育研究与评论(中学教育教学)，2014(6)：30—34.
[2] 洪燕君，顾海萍. 可化为一元一次方程的分式方程：按五项原则融入数学史[J]. 教育研究与评论(中学教育教学)，2015(1)：42—46.
[3] 李玲，顾海萍. 平方差公式：以多种方式融入数学史[J]. 教育研究与评论(中学教育教学)，2014(11)：43—47.
[4] 李玲，汪晓勤，胡晓娟. HPM视角下"角的和差倍"的教学[J]. 中学数学月刊，2014(11)：57—59.
[5] 牟金保，孙洲. "平行线的判定"：基于相似性，重构数学史[J]. 教育研究与评论(中学教育教学)，2017(5)：34—40.
[6] 齐春燕，顾海萍. 同底数幂的运算：以重构和顺应的方式融入数学史[J]. 教育研究与评论(中学教育教学)，2015(3)：39—42.
[7] 仇扬，沈中宇. "全等三角形应用"：从历史中找到平衡[J]. 教育研究与评论(中学教育教学)，2015(11)：62—67.
[8] 孙洲. HPM视角下的"字母表示数"教学(Ⅰ)[J]. 数学教学，2017(6)：28—30，46.
[9] 汪晓勤. HPM的若干研究与展望[J]. 中学数学月刊，2012(2)：3—7.
[10] 汪晓勤. HPM：数学史与数学教育[M]. 北京：科学出版社，2017.
[11] 汪晓勤，叶晓娟，顾海萍. 分数指数幂：从历史发生的视角看规定[J]. 教育研究与评论(中学教育教学)，2015(4)：59—63.
[12] 沈志兴，洪燕君. 一元二次方程的配方法：用历史体现联系[J]. 教育研究与评论(中学教育教学)，2015(10)：38—42.
[13] 宋万言，栗小妮. 实数的概念：折纸、拼图中发现，计算、比较中建构[J]. 教育研究与评论(中学教育教学)，2017(8)：41—47.
[14] 唐秋飞. 三角形内角和：在多个环节中渗透数学史[J]. 教育研究与评论(中学教育教学)，2015(7)：40—44.
[15] 王进敬，栗小妮. 反比例函数：实验重构数学史，故事凸显价值观[J]. 教育研究与评论(中学教育教学)，2017(6)：36—41.
[16] 叶晓娟，顾海萍. 基于历史相似性的"字母表示数"教学(Ⅱ)[J]. 教育研究与评论(中学教育教学)，2014(10)：29—33.

[17] 岳秋，张德荣. 平面直角坐标系：利用历史故事，实现维度跨越[J]. 教育研究与评论(中学教育教学)，2016(11)：32—37.
[18] 张奠宙，宋乃庆. 数学教育概论[M]. 北京：高等教育出版社，2009.
[19] Cai, J. et al. Mathematical problem posing as a measure of curricular effect on students' learning [J]. *Educational Studies in Mathematics*, 2013, 83(1): 57 - 69.
[20] Gonzales, N. A. Problem formulation: Insights from student generated questions [J]. *School Science & Mathematics*, 1996, 96(3): 152.
[21] Leung, S. S., & Silver, E. A. The role of task format, mathematics knowledge and creative thinking on the arithmetic problem posing of pre-service elementary school teachers [J]. *Mathematics Education Research Journal*, 1997, 9(1): 5 - 24.
[22] Silver, E. A. On mathematical problem posing [J]. *For the Learning of Mathematics*, 1994, 14(1), 19 - 28.
[23] Silver, E. A. et al. Posing mathematical problems: an exploratory study [J]. *Journal for Research in Mathematics Education*, 1996, 27(3): 293 - 309.